龙泉司法档案研究丛书

# 国家治理变迁中的基层刑事司法

## ——以龙泉司法档案为中心的考察

张健 著

中华书局

**图书在版编目(CIP)数据**

国家治理变迁中的基层刑事司法:以龙泉司法档案为中心的考察/张健著. —北京:中华书局,2021.11
(龙泉司法档案研究丛书)
ISBN 978-7-101-15449-8

Ⅰ.国… Ⅱ.张… Ⅲ.刑事诉讼–司法制度–研究–龙泉
Ⅳ.D925.210.4

中国版本图书馆 CIP 数据核字(2021)第 235443 号

| | | |
|---|---|---|
| 书　　名 | 国家治理变迁中的基层刑事司法——以龙泉司法档案为中心的考察 | |
| 著　　者 | 张　健 | |
| 丛 书 名 | 龙泉司法档案研究丛书 | |
| 责任编辑 | 王贵彬 | |
| 出版发行 | 中华书局 | |
| | (北京市丰台区太平桥西里 38 号　100073) | |
| | http://www.zhbc.com.cn | |
| | E-mail:zhbc@zhbc.com.cn | |
| 印　　刷 | 北京瑞古冠中印刷厂 | |
| 版　　次 | 2021 年 11 月北京第 1 版 | |
| | 2021 年 11 月北京第 1 次印刷 | |
| 规　　格 | 开本/920×1250 毫米　1/32 | |
| | 印张 16¼　插页 2　字数 450 千字 | |
| 国际书号 | ISBN 978-7-101-15449-8 | |
| 定　　价 | 96.00 元 | |

# 目　录

## 第一编　民国时期:转型与承续

## 第二编　新中国成立至改革开放前：革命与运动

## 第三编 改革开放时期:变革与前景

# 图表目录

# 总　序

包伟民

　　"龙泉司法档案研究丛书"编写的宗旨是主要依据地方文书，来展开关于我国区域历史的研究。丛书将采取开放的形式，陆续推出高水平的研究专著。第一批几部专著将主要依据浙江龙泉市档案局所藏民国司法档案以及其他相关资料，研究近现代时期龙泉地区的历史。

　　为什么有必要从区域史的视角入手来研究我国的历史，学界对此已有不少讨论。概括讲，我们目前对我国历史的认识，主要是近代史学产生后陆续积累而成的。它们既受数千年来大一统传统的影响，更是近代以来时局制约下的产物。其突出表现，就是在西方文化全方位的影响之下，中华民族历史常常被取以作为西方史学理论的验证物，研究者实际上是站在旁观者的立场来观察我国历史，重在讨论其与外部世界比较之下的整体特征，因此许多认识都是将传统中国作为一个完整的观察体归纳出来的。尽管那些认识不少很有价值，但是如果我们想要进一步深化自己对民族历史的理解，就有必要改变观察的视角，真正站到以民族历史为本位的立场上来,在大量个案分析的基础之上,最后归纳出关于我国历史文化的一些基本特点。

区域史的观察方法,也就是对我国历史展开个案研究,从深入认识局部地区入手,来慢慢地接近认识全局。

我国地域广大,江南塞北,大漠海滨,文化极其丰富多彩,脱离各区域特殊性的抽象的中国历史是不存在的。随着各地考古发现日益增多,如河姆渡,如三星堆,如跨湖桥,人们越来越认识到中华古文明其实是由众多区域性文化汇合而成的。这些区域性文化后世的发展也仍各具鲜明的区域特性。古人云"广谷大川异制,民生其间者异俗",此之谓也。即便是到了帝制时期,作为"海行条贯"而通行天下的国家法规制度,在其具体推行中,也必然存在程度不一的"地方化"过程。现今社会之"上有政策,下有对策"现象,其实是国家法规"地方化"的现代翻版。在国家政治范畴之外,难以用法规制度来整合的社会经济、文化领域之区域性现象,自然更为明显。

另一方面,从古到今,各不同区域的地方文化,不管它们具有多少鲜明的特色,或者相互间差异有多大,又必然呈现出一种本质上的共性。这就是我们通常所说的中华民族文化的共同特征。不过这种共同特征往往隐藏在许许多多丰富多彩的地方文化之中,需要我们去发掘,去认识。我们只有在认识各地特殊性的基础之上,才能从中抽象归纳整体的普遍性,这才是深化对民族文化历史认识的必由之路。

近数十年来,学界于此已经取得了显著的成绩。本丛书的编纂,正是试图对这个宏大目标的实现贡献自己微薄的努力。

想要研究区域性的地方历史，首先必须有足够的资料，这就是为什么近年来学界花大力气搜寻地方文书之原因所在。

我国传统的历史文献虽说号称"汗牛充栋"，但也存在一些片面性之不足，重朝廷轻郡国是其主要表现之一。不要说将探讨的目光聚焦于一些村镇，即便一州一县之类的研究对象，相关资料大多也是零散稀缺，难以据其展开实质性讨论。各地一些地方文书的发现，极大地弥补了这样的不足。所谓地方文书，主要指在传统历史时期不受史家与文人士大夫们关注，在民众日常生活中形成的一些文字性资料，它们绝大多数未经整理出版，但能够相当直接地反映某历史时期民众的社会生活，其中包括族谱、科仪、碑刻、账本、日记、图片、口述等等资料。本丛书第一批几部专著展开研究主要依据的龙泉司法档案，就是这样的地方文书。

2007 年，浙江大学历史系研究人员发现保存于浙江省龙泉市档案馆的《龙泉民国法院民刑档案卷（1912—1949）》（卷宗号 M003—01）具有重要资料价值，于是经与龙泉市档案局联系，双方建立合作关系，对其展开整理研究，至今已经整整十年了。根据当时制订的计划，研究团队对档案展开抢救性的整理，将其全部数字化扫描，并将案卷全部重新编目。在此基础之上，研究团队选编了其中具有代表性的案卷，为之撰写详细提要，编制索引，交由中华书局正式出版，以供中外学界研究利用，这就是从 2012 年起开始陆续出版的《龙泉司法档案选编》。全书计划总共出版五辑 100 册，目前已经出版了第一、二、三辑共 76 册。

与此同时，研究团队也制订了一个利用这一宝贵资料展开专题研究的计划，即以司法档案为主，辅以其他一切可资利用的资料,从各个可能的侧面,展开对清末民国时期龙泉地区的专题研究。为此,研究团队还多次前往龙泉市的各个乡镇,展开田野调查。由于这批档案是民国年间龙泉地方法院审理民刑案件的案卷,因此当初设想的几个专题研究题目,差不多都是从司法史的角度来提出问题的,但研究的目的,或者说关注的着眼点,则绝非局限于司法史,而是希望全面地研究和解剖清末民国时期的龙泉地区。这当然反映了我们自己的一些学术思考。

近年来,随着区域史研究的展开,学界也在不断地反思自己的分析方法与观察视角,以期达到更好的研究效果。这其中的核心依然是个体与全局之间的关系问题。近来经常听到的所谓"碎片化"的批评意见,就是指区域性的研究有时不免存在"只见树木,不见森林"之不足;或者以不同的资料,得出类同的结论。另外,有一些研究往往以对地区性案例的研究,来得出关乎全国性的结论,以偏概全,存在着档案材料的地方性与结论的普遍性之间的矛盾,这也深为学界所诟病。之所以会产生这样的一些不足,一个重要原因就是学者们常常不得不视资料的可能性,仅仅对某一地区的某些具体侧面来展开讨论;这样一来,个案的局部性与研究目标的全局性之间的矛盾,就更为突出了。

17 333卷、88万余扫描页的龙泉司法档案,给了我们某种改善这一境况的可能性。由于档案数量巨大,涉及内容广泛,其所涉及民国年间历年的案卷完整,可以说它是一个记载了民国时期龙泉县地区社会生活方方面面的资料宝库。因此,正如研究团队在2013年提交的国家社会科学基金重大项目招标书中所表述的,"龙泉司法档案为特定区域、特定时期社会变迁的整体史研究提供了基础性档案史料"。与以往某些区域史课题仅仅讨论研究对象的个别侧面不同,这里所说的整体史,就是试图通过设计一组研究专题,整体性地处理某地的文献,相对全面地来分析和讨论研究对象。本丛书首先涉及的是清末民国时期的龙泉地区,试图通过精细的史学分析,呈现其在清末民国时期的整体性结构与演化。这样的设计,虽然研究对象仍然不免是区域性的,但对这个对象的观察则相对全面,或许可以在某种程度上弥补以往研究中的不足。

研究的具体展开,当然不可能漫无目标地全面撒网,而应该视学理的需要与现实的可能,有一定的步骤与方向。目前实际落实的,就是本丛书第一批将陆续推出的这几部专著,它们都是研究团队在 2013 年提交的国家社会科学基金重大项目各子课题的研究成果。其中,有一部专著以"龙泉司法档案与清末民国司法文书研究"子课题为基础,主要梳理民国文书制度与基层司法制度的变迁过程,为以后进一步利用这批档案资料奠定基础。另外四部专著,将分别讨论:1.在政局演变与基层司法制度转型的历史进程中,龙泉地区具体呈现的地方自治与基层司法审判的复杂现象;2.民初地方审判实践如何落实大理院法条以及又可能在哪些层面反过来影响大理院的意旨,以这样上下互动的视角来具体展示我国近代司法制度演进的复杂过程;3.南京国民政府期间,龙泉地方司法实践在检察、证据、侦查、辩护、上诉等司法制度各不同侧面所体现的近代化转型现象;4.以寺庙产权变迁为具体例证,来讨论新的法律体系对于当时基层社会的运作产生了怎样影响的问题。

总之,这几部著作所讨论的,都是民国时期龙泉地区在社会史与司法史领域比较凸显的一些现象。本丛书将采取开放的形式,师友们的佳作将陆续纳入其中。我们希望目前这几部著作所归纳提出来的一些基本范式，能够为今后进一步研究略作引领。最终目标，是通过在各不同领域的深入研究，完成一个中国社会从传统向近代转轨"龙泉样本"的拼图。

由于以司法档案为主要研究资料，所以这几个专题在具体的讨论过程中，有一些共同关心的焦点。主要有二：一是尤其强调观察在近代司法体系转型过程中，基层社会如何回应与调适，以及这种回应对司法体系本身可能造成的影响；二是重视这批资料作为"文本"的历史语境，亦即它们并非一般的社会史资料，而是一种镶嵌于法律诉讼过程和各种类型的法律文书之中形成的档案，它们记录了法律制度、政治政策与社会经济、基层生活、民众观念变迁之间的互动机制和过程，包括人们怎样用法律的语言来陈述自己的生活和遭遇，为自己的行动创制意义。因为只有从这样的视角，我们才可能真正读懂这些资料文本，从而勾画出清末民国时期龙泉地区的社会秩序与观念的变化。

本丛书编纂的宗旨，当然并非仅局限于龙泉地区，而是希望以龙泉研究来抛砖引玉，不断吸纳更优秀的研究成果，踵事增华，逐步接近深化对我们这个伟大民族历史文化的理解这一终极目标。

2017 年 10 月 10 日

# 序 言

胡 铭

晚近十余年，刑事诉讼法学研究的一个重要趋势是从学习西方的比较研究与对策研究转向本土的实践法学，越来越多的学者尝试从经验事实出发，运用社会科学的研究方法提出一般性的概念，实现从经验到理论的跳跃。关于当代基层司法实证研究，诉讼法与法学理论学者多有讨论。不过囿于档案资料缺失，对近现代尤其是民国时期、新中国成立初期基层刑事诉讼变革的实证研究仍显薄弱。近年来地方档案的出土与面世，则使此一研究成为可能。1996 年，美国学者黄宗智与日本学者滋贺秀三等就如何利用清代和民国诉讼档案研究传统中国基层司法审断问题曾产生激烈的争论，并引发了大陆学界持久的争议与批评。那些直接反映地方诉讼实际的司法档案开始受到研究者的重视，针对数量庞大的司法档案所作的实证分析可以洞察到诉讼法学理论研究所忽视的另一面。

不过，学界对地方司法档案的研究依旧不多，对基层刑事诉讼档案的研究更是少见。关于民国，目前所见有对民初大理院司法档案、陕甘宁边区档案、宝坻档案、新繁档案、黄岩档案等的研究。此外,对中国第二历史档案馆档案、南京江宁档案等的研究也陆续展开,但研究多在民事诉讼领域。对于新中国成立初期档案的利用主要集中在社会学,研究者主要通过新中国成立初期的档案个案复原当时的场景。近年来,司法档案的开发与利用使学术研究一定程度上摆脱了传统研究进路过于宏大叙事的缺陷。传统研究多偏重理论、国家法的制度或者表达,而目前档案研究的兴起使得学界从关注中央层级的国家法转向关注地方、基层社会的法律实践,并逐步呈现出精细化、微观化的发展趋势。

该专著的选题来源于龙泉司法档案的发现。2007年,浙江大学的研究团队发现了我国目前所知民国时期保存最为完整、数量最大的基层法律档案文书——龙泉司法档案,引起了国内外史学界、法学界的极大轰动。龙泉司法档案从晚清开始至今百余年,案卷达10余万卷,数千万张状纸,足见其完整性和连贯性。此后,《龙泉司法档案选编》在2012年获得国家出版基金支持,成为国家出版基金重大项目;2013年,"龙泉司法档案的整理与研究"获批国家社科基金重大项目;2015年,龙泉司法档案入选"中国档案文献遗产工程"。晚清以后的百余年,恰恰是我国司法制度从传统向近代转轨的时期,龙泉司法档案因此弥足珍贵。这些珍贵的史料,为我们分析近代以来的基层司法实践提供了极佳的样本。通过对基层刑事司法的历史变迁进行梳理,可以为现代刑事司法的变革提供经验。

本书作者张健副教授数年来一直投身于龙泉司法档案研究,采用一手史料,并进行了深入的田野调查,资料上具有显著的独特性。他从整理原始档案这一基础工作开始展开研究。原始档案浩如烟海，排序错综复杂，使得这一研究工作极为艰难，历时数年。期间，张健也曾于2013年、2014年、2015年、2019年先后多次深入龙泉市法院，龙泉市档案局，龙泉市八都、小梅进行为期数月的调研。

现在呈现在大家眼前的这部专著，是张健多年来研究的一个总结。该著作以龙泉司法档案刑事司法档案作为样本，着重探索龙泉地方基层刑事司法的近代化转型，对司法机关建设、案件受理、侦查制度、检察制度、审判制度、证据制度、刑事辩护、刑事司法裁判、刑罚执行与救济程序作出考察，对基层司法的主要制度进行深入研究，探讨基层刑事司法从传统到近代转型的"变"与"不变"，进化抑或承续，以期挖掘这些主要的刑事司法制度在国家治理转型的大背景下，传承、变迁或者消亡的复杂状况。该研究以小见大，较为深刻地分析了从晚清至今百余年间龙泉这个浙南山区基层社会如何适应中央政府主导的法律、政治与文化激烈变革的独特历史经验。这一进路使得学术研究在一定程度上摆脱了传统研究过于宏大叙事等缺陷，契合了我国刑事诉讼法学界的研究从"表达"转向"实践"的趋势。同时，该著作力图从中发掘民间法与国家法、传统与现代、中国与西方二元模式的契合点，更加强调中国中心观或者法学研究本土化，立足于中国现实，尽可能地提炼本土历史概念，贡献出中国的法学知识。

张健是我指导的第一位诉讼法博士。他基本功扎实，善于综合运用法学、社会学、历史学等学科知识开展交叉研究。在浙大读书时，他曾在《浙江大学学报》《中国刑事法杂志》《暨南学报》等核心刊物发表论文十余篇，多次获得国家奖学金、光华金学金，被评为浙江大学优秀毕业生、浙江省优秀毕业生。该书是在其博士学位论文的基础上修改而成的。他的博士学位论文在外审与答辩的时候被评为优秀，论文答辩的时候得到了中国刑事诉讼法学研究会卞建林会长等答辩老师的肯定与赞扬。该论文于 2016 年被评为优秀博士论文，获得第三届陈光中诉讼法学优秀学位论文奖。毕业后，他主持国家社科基金青年项目两项、中国法学会课题两项、司法部课题一项、博士后面上资助等省部级以上课题八项，获得多项荣誉称号。作为导师，看到学生在学术上不断成长、成熟，深感欣慰。在此予以热情作序！

2020 年 12 月 12 日

# 导 论

## 一 选题背景

### （一）为什么研究基层？

在中国，县域构成了整个国家与社会的庞大根基。"在基层读懂中国"，县域、乡镇、村落依旧代表着中国最大多数的现实场景。所以，即便是那些把研究的目光投向城市标准化司法状况的学者，也很难否认研究基层刑事司法与基层社会治理在中国问题研究中所具有的重要地位。此外，基层也是观察和分析国家权力运作与社会治理效果的最佳场所。的确，也许中国最重要的案件都放在了中级以上的法院审理，但与老百姓日常生活相关的案件，涌入的却是基层法院。所以，关注基层司法机关的运作实践，不仅有助于我们理解国家权力在基层社会的深入情况，而且有助于我们分析国家法运作的逻辑①。

　　本书对基层刑事司法进行专门研究。这里所说的"基层"以中国行政和司法建制作为标准，其范围包括县（县级市、区），以及它们所管辖的区域。本书中所称的"基层刑事司法"指的是基层司法机关在当事人与其他诉讼参与人的参与下，依照法定的程序与要求，解决被追诉人刑事责任问题的活动。本书所考察的对象是我国普通刑事案件第一审的基本审级，它直面基层社会，是司法系统里的最基层。本书的核心议题是基层社会的刑事诉讼状况，不过对刑事诉讼二审、全国性的刑事诉讼运行也有涉及，但这些更多是为进行整体性与参照性的分析而作。

　　基层司法机关是中国司法系统的最基层单位，是地方治理的重要组成部分。在对中国这样一个拥有广阔领土与庞大人口的超大型国家进行治理的过程中，中央的作用有时候是有限的，客观条件的限制使得它难以做到亲力亲为，反而可能需要地方的配合才能达到治理的总目标。基层司法机关处在国家权力与基层社会的交汇点，不仅深受国家治理理念与意识形态的支配，而且受到基层社会政治、经济等诸多因素的影响；既反映了法律知识的渗透与传播，又体现了对基层社会性规范的适应与反制。

　　在基层，包括国家立法在内的国家制度的运行究竟是何种境遇？是正如国家所预期的那样，在实施过程中被原样执行，还是迫于现实压力而发生了微妙的变化？基层司法机关在基层治理中扮演着何种角色，发挥了何种功能？这些均值得我们去关注、探究。

―――――――――

　　①　张文显、徐勇、何显明、姜晓萍、景跃进、郁建兴：《推进自治法治德治融合建设，创新基层社会治理》，《治理研究》2018 年第 6 期。

正是因为"基层"与"地方"在当代中国的法治建设中具有举足轻重的地位,近年来,将"基层"作为研究主题已成为国内众多学者研究的重点,他们对法治建设过程中的地方维度作了深入的探究与学理分析,亮点纷呈。

本书在考察基层司法机关在国家治理中的角色与功能的同时,将基层刑事司法放置于革命与社会变迁的"大历史"中加以考察,在梳理其沿革与演进的过程中,发现刑事司法在基层社会的日常运作逻辑与过程,进一步分析基层刑事司法的百年变革历史与走向。因为,即便是一个村庄、县域的秩序,也是经由国家权威和社区权威二者互动而形塑出来的。从这些琐细而具体的司法实践活动中,我们多多少少都能够探寻到一些基层社会治理的隐秘。从这一角度来说,对基层刑事司法的深入观察和研究还带有拓宽学术视野,弥补学术空白的考虑。

## (二)为什么研究刑事司法?

一是刑事司法是基层政法工作的重心,被誉为法院审判工作的"门面"。在晚近百余年的变迁中,同其他国家机关相比,公检法的变化更为显著。并且,最具争议,对普通公民权利影响最大、最为直接的是刑事诉讼。社会大众了解、熟悉政法工作的传统"入口"与"通道"是刑事审判,刑事审判通过惩罚和打击犯罪极易引起社会的关注,进而也影响了社会公众对公安司法工作,乃至国家法律的认同。

二是刑事司法能够较为全面地体现国家公权力与个人权利的

紧张关系。作为国家人权变化发展的核心领域,刑事诉讼的变化发展一方面能够深刻折射出一个国家人权保障发展的水平,另一方面更能体现出国家权力与公民权利之间的张力①。"刑事法是关于犯罪与刑罚的法律,直接关系到个人的权利和人的尊严。"②本书希望通过对一个地区刑事诉讼的实证数据、典型案例等历史事实的分析,不仅能认识国家权力与个人权利之间此消彼长的紧张关系,更能发现制度变迁的诱因。

## (三)为什么研究龙泉?

当然,笔者对基层刑事司法的关注和研究,不仅出于它的意义和价值,也不仅仅是基于个人的意愿,还与个人的际遇和能掌握的资源有关。本书的选题来源于龙泉司法档案的发现。2007 年,浙江大学历史系的几位学者在浙江丽水考察调研时,无意中发现了一批晚清民国时期的诉讼档案。龙泉司法档案是继巴县档案、南部县档案、台湾淡新档案之后,近代司法档案的又一次重大发现。龙泉司法档案晚清民国部分卷宗共 17 333 件,88 万余页,时间起自清咸丰八年(1858)。更为珍贵的是,由于龙泉僻居深山,民国时期包括抗日战争在内的多次战乱甚少波及,学界推测,龙泉档案极可能是我国目前所知保存最为完整、数量最大的民国时期基层法律档案文书。2007 年发现的龙泉司法档案,其主体部分是诉讼档

---

① 陈光中:《动态平衡诉讼观之我见》,《中国检察官》2018 年第 13 期。
② 〔日〕田口守一著,张凌、于秀峰译:《刑事诉讼法》(第 7 版),法律出版社 2019 年版,第 21 页。

案(民刑卷)①,其中包括晚清至民国各时期由当事人或讼师、律师撰写的诉状、辩诉状的原件及抄本或副状,知县、承审员或法院推事的历次判决、调解笔录、言词辩论记录、庭审口供、传票、保状、结状、领状以及各级法院、检察院、监狱等司法机构之间的来往公函。这些档案传递出的历史信息,包括各类经济形态、社会结构、地方政治等方方面面。此后,龙泉司法档案研究团队又多次深入龙泉的各地山村进行地方文献的收集与田野调查,获得了大量的相关档案、地方志、族谱、科仪、碑刻、账本、日记、图片、口述等资料②。龙泉司法档案的发现,立即引起了海内外研究机构与出版机构的高度重视。龙泉司法档案卷帙浩繁,且排列无序,难以简单影印出版。浙江大学地方历史文书编纂与研究中心将这批档案重新整理,从全部案件中选取典型案例,以历史时间为序,分辑整理影印,名为《龙泉司法档案选编》。《龙泉司法档案选编》出版项目先后获得国家出版基金和国家社科基金重大项目资助。2015 年,龙泉市档案馆申报的"龙泉民国司法档案"成功入选第四批《中国档案文献遗产名录》。2019 年 9月,历时 12 年艰苦整理,《龙泉司法档案选编》(全五辑)总计 96 册,终于由中华书局全部出版。2019 年 12 月 15 日,《龙泉司法档案选编》(全五辑)获得 2019 年中华书局双十佳图书。龙泉司法档案的整理与出版,对研究近现代中国法治转型具有极高的价值③。

---

①　包伟民:《晚清民国:从"大老爷"到"大法官"——"龙泉档案"见证中国基层司法百年》,《中华读书报》2011 年 12 月 7 日。

②　鲍丰彩、叶辉:《龙泉发现民国时期地方司法档案》,《光明日报》2011 年 4 月18 日。

③　赵世瑜:《透过生活细节还原历史现场——〈龙泉司法档案选编〉的启示》,《光明日报》2019 年 11 月 14 日。

龙泉市,目前是浙江省丽水市代管县级市,位于浙江省西南部的浙闽赣边境,一直是瓯江上游最大的水运码头和重要商埠,是浙江省入江西、福建的主要通道,素有"瓯婺八闽通衢""驿马要道,商旅咽喉"之称,历来为浙、闽、赣毗邻地区商贸重镇。龙泉市辖区东西宽 70.25 公里,南北长 70.8 公里,面积 3 059 平方公里,境内层峦叠嶂,河流众多。龙泉市内海拔千米以上的山峰有 730 余座,境内有海拔 1 929 米的江浙最高峰黄茅尖。龙泉市是浙江省最大的林区县(市),森林覆盖率达 84.2%,居浙江省第二,素有"浙南林海"之称。全市土地总面积 456 万亩,"九山半水半分田",山多地少,林业资源是龙泉重要的生产要素和农村居民的主要收入来源。龙泉属于亚热带季风气候,自然灾害以水灾、旱灾为多。

龙泉人文昌盛,自古以出产青瓷、宝剑闻名于世,是著名的"青瓷之都""宝剑之邦"。龙泉自古素有"处州十县好龙泉"之称。东晋太宁元年(323),龙泉属永嘉郡松阳县,建置龙渊乡。唐代武德三年(620),因避高祖李渊讳,改龙渊乡为龙泉乡;唐乾元二年(759)建龙泉县。宋徽宗宣和三年(1121),朝廷诏天下县镇凡有龙字者皆避,龙泉县遂改为剑川县;宋绍兴元年(1131),复名龙泉县。

本书所使用的龙泉司法档案分为两部分。第一部分即龙泉晚清民国司法档案,时间起自清咸丰八年(1858)至 1949 年新中国成立,现藏于浙江省龙泉市档案局。目前学术界关注的龙泉司法档案即是龙泉晚清民国司法档案。第二部分使用了新中国成立以后的龙泉司法档案(按照学术规范,本书对档案里当事人的名字进行了一定的处理),这部分现藏于浙江省龙泉市法院。龙泉司法档案一直绵延不断,从晚清开始至今百余年,案卷总量达数十万,足见其完整性和连贯性。晚清以后的百余年,恰恰是我国司法制度从传统向近现代转轨的时期,因此司法档案弥足珍贵,为我们分析近代以来的基层司法实践提供了极佳的样本。当然,龙泉司法档案的特殊意义并不仅仅在此,更重要的是,这批档案完整地反映了从光绪末年至今百余年间龙泉这个浙南山区基层社会如何适应中国中央政府主导的法律、政治与文化激烈变革的独特历史经验。

正如夫马进所言,龙泉司法档案之所以是极宝贵的史料,"是由于依据这一史料,研究者可以通过对龙泉县这一地区的探讨,窥视到中国整体的变动",同时,研究者也可以经由自己的眼睛通观整个历史的变迁,并非北京和上海,而是在中国的一个普通的县域中,可以对其进行定点观测①。本书以龙泉司法档案(晚清至今)中的刑事案件作为考察样本,重点探索龙泉基层刑事司法近现代化转型的"变"与"不变",进化抑或承续,以期挖掘主要的刑事司法制度在国家治理转型的大背景下,传承、变迁或者消亡的复杂状况。从中我们可以看到法律表达与实践的契合或分离,特定时期司法运作的特有逻辑,新设司法机关乃至整个社会的转型,以期形成一个中国基层刑事司法从传统向近现代转轨的"龙泉样本"。在龙泉基层刑事司法一百余年的发展进程中,其历史变迁也呈现出诸多阶段性特征,表现为不同的样态。当然,这些阶段的划分并非断然分割、泾渭分明,而是存在一定程度的交叉与重叠。不过,通过时间阶段的划分,我们大体可以把握百余年来刑事司法变革的脉络。

---

① 〔日〕夫马进:《〈龙泉司法档案〉及其价值》,《澎湃新闻》2020 年 5 月 26 日。

# 二　文献综述

## （一）清代民国及新中国成立后的司法档案研究

　　把司法档案文书作为底层研究的基本素材,是在"叙事的复兴"浪潮中,年鉴学派第三代、"新文化史"和微观史学家所经常使用的方法。这在国外已经有所使用①。1996 年 9 月,美、日学者召开了"后期帝制中国的法·社会·文化——日美两国学者之间的对话"。会上,美日两国学者就清代州县审断问题提出了两种截然相反的观点。在此后多年中,这次会议所引发的对中国法制史的几个热点问题的探讨就没有停止过②。美日学者观点的差异,除

---

　　①　比如,法国史学家勒华拉杜里利用 14 世纪宗教裁判所的审判记录和其他档案所做的研究《蒙塔尤:1294—1324 年奥克西坦尼的一个山村》;美国史学家戴维斯的著作《档案中的虚构:16 世纪法国的赦罪故事及故事的讲述者》《马丹·盖赫返乡记》;等等。

　　②　相关讨论参见〔日〕滋贺秀三等著:《清代诉讼制度之民事法源的概括性考察——情、理、法》《清代诉讼制度之民事法源的考察——作为法源的习惯》,王亚新、梁治平编:《明清时期的民事审判与民间契约》,法律出版社 1998 年版;〔美〕黄宗智:《民事审判与民间调解:清代的表达与实践》,中国社会科学出版社 1998 年版。另可参见易平:《日美学者关于清代民事审判制度的论争》,《中外法学》1999 年第 3 期;何勤华:《清代法律渊源考》,《中国社会科学》2001 年第 2 期;王志强:《法律多元视角下的清代国家法》,北京大学出版社 2003 年版,第 68—97 页;徐忠明:《明清刑事诉讼"依法判决"之辨正》,《法商研究》2005 年第 4 期。2006 年,张伟仁、贺卫方、高鸿钧等人就传统司法的确定性再次发生争论,参见张伟仁:《中国传统的司法和法学》,《现代法学》2006 年第 5 期;高鸿钧:《无话可说与有( 转下页注)

视野不同外,更与研究素材有关。实际上,黄宗智对滋贺秀三的回应,主要立足点也是其"所赖以立论的乃是针对数量庞大的诉讼档案所做的实证分析,而这种立足新材料系统进行的扎实研究,可以洞察到传统法律史研究所忽视的另一面"①。相对而言,滋贺秀三等日本学者所使用的史料,则基本上属于传统史料(如正史、政书、方志、律例等),多是一些县官的指导手册(如汪辉祖的《学治臆说》),"即便是偶尔利用到原始诉讼档案,也往往数量极其有限"②。

同时,黄宗智的研究也引发了大陆学界较大的争议与批评。梁治平就批评了他的"第三领域"理论③。里赞则对黄宗智所提出的州县官员审断依律的观点提出批评。里赞认为,州县在国家权力体系中是拥有自主性的,而这种自主性尤其表现在审断上。他通过整理、分析原始档案,得出了州县官员审断"告则理,理不一定准,准则审,审不一定断"的结论④。这体现了州县官员对纠纷解决

---

(接上页注)话可说之间——评张伟仁先生的〈中国传统的司法和法学〉》,《政法论坛》2006 年第 5 期;一个较为概括的讨论参见王立民、洪佳期、高珣主编:《中国法制史研究 70 年》,上海人民出版社 2019 年版,第 261—267 页。

①　尤陈俊:《"新法律史"如何可能——美国的中国法律史研究新动向及其启示》,《开放时代》2008 年第 6 期。

②　〔美〕黄宗智、尤陈俊主编:《从诉讼档案出发:中国的法律、社会与文化》,法律出版社 2009 年版,第 498 页。

③　"第三领域"是黄宗智通过对清代四川巴县档案、宝坻档案、台湾淡新档案考察得出的概念。他认为正是依靠这些介于国家与社会之间的"第三领域"准官吏的帮助,正式国家机构才能扩展其空间范围,渗透到基层社会。梁治平认为"第三领域"的概念脱胎于哈贝马斯的"公共领域",尽管黄宗智"抛弃了社会与国家的二元模式,但却不加批判地接受了同样的社会与国家的概念"。相关的争论可以参见梁治平:《清代习惯法:社会与国家》,中国政法大学出版社 1996 年版,第 9—20 页。

④　里赞:《司法或政务:清代州县诉讼中的审断问题》,《法学研究》2009 年第 5 期。

处理的灵活性。

晚近数十年来,国内法律史学界的一个重要的研究转型是开始重视对司法档案的运用,如四川巴县档案、南部县衙档案、台湾淡(水)新(竹)档案、顺天府宝坻县档案、冕宁档案、浙江黄岩档案、上海公共租界会审公廨档案、陕甘宁边区司法档案受到了学界的高度关注,相关机构对此也有不同程度的整理与研究①。大陆学者对州县档案的研究在以前为数甚少,近年来研究者在材料取向与方法反思、司法中的"人"(如诉讼过程中的县官、书吏、衙役、幕友、讼师等人)、官方裁判依据、制度表达与实践、少数民族地区司法实践等方面都有较为深入的研究。可见,由于学界研究方法的地方转向,那些详尽、具体、逼真、原始并能直接反映地方司法实际运作的地方诉讼档案日益受到研究者的重视。

不过,总体来说,学术界对民国时期、新中国成立初期的档案研究依旧不多。关于民国时期,目前所见的有黄源盛对民国初年大理院司法档案的研究;侯欣一等人对陕甘宁边区档案、西安地方法院档案的研究;里赞、刘昕杰等人对新繁档案的研究;王立民对上海公共租界会审公廨档案的研究;汪世荣对陕甘宁边区高等法院、紫阳县司法档案的研究。此外,学界对中国第二历史档案馆司

———————

① 同时,官箴书(如刘俊文主编的《官箴书集成》,郭成伟与田涛点校整理的《明清公牍秘本五种》,田涛、郭成伟、马志冰主编的《中国官箴书集成》等等)、契约文书(其中,对徽州契约文书的整理与研究最为常见;另外,对其他地方档案如清水江文书整理、石仓契约的整理与研究等也在陆续展开)、讼师秘本(比如,杨一凡主编的《历代珍稀司法文献》汇集了明清讼师秘本八种)、社会调查(比如日本学者末弘严太郎根据日军侵华时期南满铁道株式会社调查部 1940—1942 年调查编成的《中国农村惯行调查》,台湾学者戴炎辉等人调查整理的《台湾民事习惯调查报告》)等资料也开始为学界所重视。

法档案、民国江苏司法档案、重庆市江北县司法档案、贵州省安顺县司法档案、民国江津司法档案、南京市江宁司法档案等的研究也陆续展开。对新中国成立初期档案的利用主要集中在社会学领域。目前来看,大量的讨论往往通过对新中国成立初期的档案个案复原当时场景,比如,吴帆的博士学位论文《底层的理性与人民公社的兴起及维持——基于湖北省大冶县矿山公社档案的研究(1957—1964)》就是利用了大冶县矿山公社档案。而应星的《村庄审判史中的道德与政治:1951—1976 年中国西南一个山村的故事》则是利用了新中国成立初期的基层法院刑事审判案卷等材料。另外,学术界利用新中国成立初期的档案对"土改""人民公社化""大跃进"等各种运动展开的研究更是不胜枚举。

　　总之,传统研究过多偏重理论、国家法的制度表达,而目前档案研究转型的兴起使得学界从关注中央层级的国家法转向关注区域的法律实践,并逐步呈现出精细化、微观化的发展趋势。同时,目前研究更加强调中国中心观或者法学研究本土化。这突出表现为近年来学界对利用西方理论框架、概念、范畴或命题解剖中国问题的警惕与批评。学者们越来越强调立足于中国现实,尽可能地提炼本土历史概念,贡献出中国的法学知识①。这种研究更加强调方法与角度的多样化。就方法来说,社会学、文化人类学、新制度经济学等理论方法开始在档案研究中得以运用;就角度而言,从经济史、社会史、文化观念史切入,进行研究的作品日益增多。

--------

① 　苏力:《法治及其本土资源》,中国政法大学出版社 1996 年版,第 211 页。

## （二）社会变迁、乡村治理与法律社会学

晚清以后，中国艰难步入探索现代化的道路。古老的帝国被迫卷入到现代化的大浪之中，此后中国所发生的一系列剧烈而又深刻的革命与变革皆可以追溯到晚清。现代化进程使中国的乡土社会出现了"治理性危机"。一方面，传统的国家治理模式已经难以为继。屡次战争以后，国家统治能力衰退，乡村的失范和无序急速加剧。另一方面，现代化进程又是一个国家权力不断向乡村下沉的过程，特别是以城市发展为导向的中国的现代化。这一过程要求国家从乡村汲取资源，将乡村迅速整合到国家体系中去。国家与农村社会、国家与农民的关系面临大变动和再构造，由此而引发的基层社会治理问题成为 20 世纪以来中国最大的问题之一。

国家政权建设始终贯穿于整个 20 世纪的中国现代化进程之中，甚至可以说，中国的现代化是围绕着"国家政权建设"这一主题展开的。人们也习惯用国家权力不断深入基层这个视角来解释晚清以后中国基层社会治理结构的变化。比如美国学者陈佩华、马德森合著的《一个中国村落的道德和权力》，杜赞奇的《文化、权力与国家》，马若孟的《中国农民经济：河北和山东的农民发展》，黄宗智的《华北的小农经济与社会变迁》和《长江三角洲的小农家庭与乡村发展》，日本学者韩敏的《回应革命与改革：皖北李村的社会变迁与延续》，等等。

在中国大陆，晚近数十年来乡村社会变迁史的研究抢人眼目、热点迭出，一批有分量的专著和论文纷纷面世。此类著述大都以

会、国家与民众以及民众之间围绕刑事纠纷解决所展开的互动过程;围绕刑事诉讼的变迁过程,可以看到国家力量与民间力量在刑事司法场域中此起彼伏的对比①。

第二,田野调查、参与式观察与访谈法。

田野调查指研究者实地参与现场的调查研究工作,也称"田野研究",它被公认为是人类学学科的基本方法,也是最早的人类学研究方法。人类学的田野调查方法可以运用到法学研究,是认识中国社会现实的途径之一,是理解法律与社会、文化之间关联性的桥梁。这一方法可以运用于对法律实际运作情况的研究中。参与式观察是指研究者直接参与到所观察对象的群体和活动中,获取第一手资料。正如英国学者贝尔提到的,参与式观察需要"研究者参与到被研究个体、群体或团体的日常生活中并聆听、观察、质疑和理解(或试图理解)被研究个体的生活"②。访谈是收集资料的一种替代方法,是指访谈者直接向受访者提问的资料收集方式,深

①　"场域"的概念由法国社会学家布迪厄提出。布迪厄将场域定义为:"位置间客观关系的一个网络或一个形构,这些位置是经过客观限定的。"在现实社会中存在着诸多不同性质的场域,比如政治场域、艺术场域等。它们都有着独特的运作规律和逻辑。对于司法场域,布迪厄认为,它既是一个相对独立的场域,有自身行动的内在规则和逻辑,又是一个自主性比较低的场域,即其运作仍旧尚未摆脱其他场域的限制与影响。司法场域是由两个要素所决定的。首先,司法场域的主体主要包括法官、原告(检察官)、被告人、律师等。其次,司法场域的主要依据是既有的立法规则,但亦有其他规则的影响。每个行动者都是追逐利益最大化的理性人,他们在场域内展开竞争与博弈,争夺法律符号资本,如公平、正义、权利等等。所有这些因素有序地排列组合在一起,形塑了刑事司法场域。〔法〕布迪厄著,强世功译:《法律的力量:迈向司法场域的社会学》,《北大法律评论》1999 年第 2 卷,第 496—545 页。

②　〔英〕朱迪思·贝尔著,马经标等译:《社会科学研究的基本规则》,北京大学出版社 2013 年版,第 165 页。

度访谈作为定性研究的重要方法,在社会学领域占据着重要的地位。

在本书写作之前与写作过程中,笔者曾于 2013 年、2014 年、2015 年、2019 年与 2021 年先后数次深入龙泉,进行了为期数月的调研。在此期间,我和龙泉法院的工作人员一起上下班,并记录了工作时间内发生的事件和案例。参与式观察克服了短时间内访谈可能会导致的了解不深这一缺陷。同时,笔者分别对龙泉市法院的院长、副院长、政治处主任、刑庭审判员等人进行了访谈,并访谈了几位退休老法官,从宏观和微观上了解了龙泉法院之前与现在运作的特点和存在的问题。

第三,个案研究。

晚近数十年的历史研究"一面转向社会史,一面更注重区域性,业已取得了显著成就"①。作为社会学分析的基本方法,个案研究有着悠久的历史。个案研究类似于"解剖麻雀",并且,调研起来也比较方便。在过去近一百年的时间里,经由人类学、社会学的共同推动,个案研究已经成为人文社会科学研究中最重要的研究取向之一。个案研究对象既可以是民族国家、政权、区域社会,也可以是村庄、家族、家庭、小群体、个体生命,乃至更加细微的心理活动。本书中的个案研究方法有两层含义:

第一层,龙泉作为研究的个案。改革开放四十多年来,社会史研究是中国史学界最受关注的研究领域之一,为全面、深入理解中国历史和社会,提供了极富启发性的切入角度和理论思考。

---

① 梁治平:《清代习惯法:社会与国家》,中国政法大学出版社 1999 年版,第 183—184 页。

如果说中国社会史研究的复兴建立于对以往史学叙事进行反思的基础之上，那么区域社会史研究的异军突起则立足于如下客观事实：中国幅员广阔，有着丰富多样的地理环境、民族构成和风俗习惯，故难以用恒定一贯的标准或仅仅从中央的立场出发，去解释各地之间的巨大差异，这在客观上要求学界进行分区研究，从具体个案和区域视角理解整体中国。就本书而言，当龙泉司法档案将这一段历史定格在特定区域社会中人们的司法实践时，传统文化、现代法律和革命风潮这些历史叙述的宏大模式，就可能只是一个模糊的时代背景。近代以来的龙泉社会与司法实践究竟是发生了巨变还是一成不变？这一时期的龙泉社会是发生了整体的变迁，还是在回应了几件热闹非凡的历史事件之后仍然按自己固有的轨迹运行？龙泉司法档案提供了解读近现代中国刑事司法变迁的独特视角。这样的视角是有关研究走向创新的必由之路。

第二层，司法档案中的个案。内容不仅涉及具体的刑事诉讼案件，而且还包括各种公文等档案资料。在通过对个案的剖析再现基层刑事司法运作真实场景的同时，利用计量统计展示某一时段刑事司法运作的宏观样态，进而反映不同时期司法实践的变动。将基层刑事司法置于长时段的历史变迁中再考察与再讨论，既可以凸显个案研究在微观研究上的优势，又彰显数量统计在宏观分析上的长处，从而能够更好地理解刑事司法变迁的情形与法理。

# 四　相关理论与术语说明

## （一）治理

"治理"这一常见的词汇在中国语境中往往有几种含义。首先,治理指统治。统治应该是治理最原始的意思,比如,"治大国若烹小鲜"。其次,指秩序安定。在这里,"治"往往与"乱"相对,比如,"国治而后天下平"。最后,指整顿、惩处,比如治罪、治水、治沙等。其中,最后一种含义在当下日常政治生活中随处可见,比如治理整顿、专项治理、综合治理等。在新中国成立以后到20世纪80年代以前的大多数论著里,"治理"一词被广泛用于生态环境领域,如治理黄河、治理大气污染、治理盐碱地等。20世纪80年代后,"治理"开始在社会领域使用,比如治理腐败、治理三乱、社会治安综合治理等。

在西方,"治理"(governance)这一词汇最初来源于拉丁文与古希腊语,在相当长的一段时间里与"统治"一词混淆①。不过,从20世纪90年代开始,西方的政治学家、经济学家们赋予了"治理"新的内涵。全球治理理论的主要创始人詹姆斯·N.罗西瑙在其著作《没有政府的治理》中,对治理与统治的区别作出了探讨。他认

---

① 俞可平:《论国家治理现代化》,社会科学文献出版社2014年版,第14页。

为治理是"一种由共同的目标支持的活动,这些管理活动的主体未必是政府,也无须依靠国家的强制力量来实现"①。全球治理委员会则认为治理是"个人、公共或私人机构用来管理他们共同事务的诸多方式的总称。它是一个连续不断的过程,它使相互矛盾和各不相同的利益群体彼此容纳并且可以实现合作。它包括常规的指示和强制服从的国家政体,同样也包括由民众和机构支持或认同的非常规安排"②。

在西方,"治理"这一词汇含义很广,我们很难给它下一个精确的定义。但是正如有论者认为的,"与传统的'社会管理'的主体仅仅是政府部门不同,'社会治理'的主体是包括政府、私营部门、社会组织、公民个人在内的多元主体"③。我们或许可以从"治理"与"统治"这两个词汇的区别上比较深刻地了解治理的含义。第一,权威主体的差异。统治的权威主体是单一的,治理的主体则是多元的。第二,权威性质的差异。统治的权威是强制性的,而治理的权威有可能是强制性的,但更多的是协商和多元。第三,权威来源的差异。统治权威的来源是强制的国家法,治理权威的来源除了国家法律以外,还有非国家强制的契约等等。第四,权力运行方向的差异。统治的运行方向一般是自上而下,上命下从,而治理的权力运行方向可以是自上而下,但更多的是平行方向。

西方的治理理论有其产生的背景,即西方国家的财政危机、全

---

①　〔美〕詹姆斯·N.罗西瑙主编,张胜军、刘小林等译:《没有政府的治理》,江西人民出版社2001年版,第5页。

②　俞可平:《治理与善治》,社会科学文献出版社2000年版,第35页。

③　徐双敏、宋元武:《协同治理视角下的县域社会治理创新路径研究》,《学习与实践》2014年第9期。

球化浪潮的影响、政府失败等等。西方的治理理论具有一定的价值理性，它担负着追求美好生活的伦理追求，主张社会自我治理以及社会与政府的平等共治①。国内学界在译介、运用治理相关理论时，也往往把治理作为一种价值理性而不是工具理性来使用②。所以，有学者敏锐地发现，把西方治理理论引入我国会面临不少困难和障碍。因为治理本来应当是去国家化、去中心化的，但是在中国，要实现良好的治理或者说"善治"，"首先还是要解决国家自身的治理问题和现代化问题"，"在中国目前的时空条件下，更不可能一下子走到这一步，包括执政党在内的政府力量在整个治理结构中依然处在核心地位"③。这可以说是中国与西方的"治理"在内涵上的根本不同之处。本书使用的"治理"一词采用治理的一般含义，即治理的工具理性。"作为工具理性的治理，意味着传统的治理方式需要变革，不断地从统治走向治理，努力实现公共管理从统治型向治理型转变。"④它是一个中性词汇，不涉及价值判断。

　　本书中出现的另外一个核心词汇"国家治理"亦是如此。"国家治理"在当下中国的语境中，有着非常复杂的含义⑤。在这里，我们认为，国家治理是指国家通过配置和运用公共权力，管理公共事务，

---

　　① 叶方兴：《作为伦理实践的现代国家治理》，《复旦学报（社会科学版）》2020 年第 2 期。

　　② 吴家庆、王毅：《中国与西方治理理论之比较》，《湖南师范大学社会科学学报》2007 年第 2 期。

　　③ 胡伟：《如何推进我国的国家治理现代化》，《探索与争鸣》2014 年第 7 期。

　　④ 徐晓全：《批判地借鉴西方国家治理理论》，《中国社会科学报》2014 年 5 月 9 日。

　　⑤ 周雪光：《中国国家治理及其模式：一个整体性视角》，《学术月刊》2014 年第 10 期。

支配、影响和调控社会,并由此形成不同的国家和社会关系状态的活动。具体而言,第一,国家治理的主体当然是政治国家;第二,国家治理的基本手段是国家权力,也就是国家"通过政治制度及政治机构影响他人或其他集团的能力"①;第三,国家治理的对象是社会公共事务。

## (二)"国家政权建设"

国家与基层社会的关系,是分析近现代中国社会变迁的主线。实际上,目前关于基层社会变革的论著大多围绕这一主线来开展研究,常见的理论范式往往援用"国家政权建设"的理论框架来解释变迁中的国家与基层社会的关系。在一定程度上,理解"国家—基层""国家—乡村"关系的演变与变化成为了探讨基层社会结构变化的重要主题。其实质,乃是国家对基层社会治理的变革。

"国家政权建设"(State-making)是由查尔斯·蒂利(Charls Tilly)等西方学者从近代早期欧洲民族国家的演进过程中提炼出来的理论框架,是指"现代化过程中以民族国家为中心的制度与文化整合的措施、活动及过程,其基本目标是要建立一个合理化的、能对社会与全体民众进行有效动员与监控的政府或政权体系",其客观的外在表现则是"分散的、多中心的、割据性的权威体系,逐渐变为一个以现代国家组织为中心的权威结构"②。国家政权建设最

---

① 潘小娟、张辰龙主编:《当代西方政治学新词典》,吉林人民出版社 2001 年版,第 422 页。

② 韩鹏云、徐嘉鸿:《乡村社会的国家政权建设与现代国家建构方向》,《学习与实践》2014 年第 1 期。

核心的内容是国家能力建设,即拓展国家的管辖范围,将国家的触角延伸到过去放任自流的地方。对于近代中国社会来说,最主要的表现就是"权力下乡"。

中国从晚清开始,开启了帝制国家治理模式向现代国家治理模式的转型。1900 年以后,为促进经济、教育和行政的现代化,清政府开始推行新政。这导致基层逐渐发生了深刻的变化,国家政权建设开始不断下延。"民族国家"在相当长一段时间内被看作现代国家转型的模板得以探索,国家权力深入基层社会,以加强国家对乡村社会的监控和动员能力①。不过必须注意的是,"20 世纪中国国家政权建设与先前欧洲的情况不同"②。作为后发外生型的国家,近代中国从传统帝制国家转型为现代民族国家的时候,并没有原来国家结构中内生的转型动力,而是由民族危机的外部压力压迫所致。彼时通过政党力量建立起国家组织架构,发生了从帝制国家转变为民族国家,到建构民族国家的理性努力遭遇挫折后向党化国家逆转的两次转变③。

晚清以降,在抗击殖民主义和建立现代化"强国梦"的压力下,

---

① 梁治平:《乡土社会中的法律与秩序》,王铭铭、王斯福主编:《乡土社会的秩序、公正与权威》,中国政法大学出版社 1997 年版。

② 〔美〕杜赞奇著,王福明译:《文化权力与国家:1900—1942 年的华北农村》,江苏人民出版社 2008 年版,前言。

③ 现代国家的规范形态是民族—国家(nation-state),中国国家形态则是其转变形态的党化国家(party-state)。关于帝制国家、民族国家、党化国家之间的演变,参见任剑涛:《政党、民族与国家——中国现代政党—国家形态的历史—理论分析》,《学海》2010 年第 4 期;任剑涛:《从政党国家到民族国家——政党改革与中国政治现代化》,《江苏行政学院学报》2013 年第 3 期;周平:《对民族国家的再认识》,《政治学研究》2009 年第 4 期;徐勇:《"政党下乡":现代国家对乡土的整合》,《学术月刊》2007 年第 8 期。

国家政权建设加速,于是,传统中国基于乡村社会结构的国家权力与基层社会间联系微弱的格局,诸如"皇权不下县""士绅乡村治理"的局面彻底改变。百余年来,现代国家政权建设的步伐日趋强劲:政党与政府的权力不断扩张,管理职能的范围不断扩大,管理方式不断精细,管理作用的程度不断深入。传统中国的治理格局遭遇到严峻挑战,基层治理也处于深刻的转型嬗变之中。

现代国家建构是20世纪中国基层政治变迁的重要主题。清末新政开启了中国基层政权建设现代化的序幕,为实现"通过官僚体制的合理化,使国家权力深入基层社会,加强国家对乡村社会的监控和动员"[①],国家权力逐渐扩展到乡镇一级,乡镇从"自治单位"演变为乡村的基层行政单位。然而,20世纪初的中国客观上仍然是一个以小农经济为主的农业国家,并不具备政权现代化的经济基础,加之国民经济发展的低水平,无力为国家政权的下沉提供必要的财力支撑,导致乡镇政权运转效率低下,无法发挥其在民族国家构建中经济动员和政治动员的功能。新中国成立后,中国共产党通过底层动员的方式,摧毁并重建基层权威与秩序,实现了国家政权的一体化。一方面,它通过对社会经济生活的统辖实现了对乡村社会政治及其他一切领域的控制,极大地强化了国家的社会动员能力;另一方面,它也从根本上破坏了乡村社会秩序的基础,产生了影响深远的社会后果。中共十一届三中全会以来的中国农村改革,破除了人民公社体制,建立了"乡政村治"的新型基层治理体制。其总体特征是,代表国家行政权力的政权机关在乡镇,

---

①　马翠军:《从社会经济角度分析新中国初期的政治体制建设》,《中国特色社会主义研究》2005年第3期。

乡镇以下则实行以村民为公共参与主体的自治,标志着国家行政权与乡村自治权的相对分离。

很多研究者往往使用"国家政权建设"来解释晚清王朝到中华人民共和国成立乃至改革开放这段时期内的社会变迁。"国家政权建设理论"是"国家—社会"二元分析框架用于中国乡村研究取得成果最多的研究方向。这些学者指出,国家政权建设是造成基层社会巨变的重要原因。国家权力向基层社会汲取资源,导致近代以来中国的乡村秩序发生了前所未有的变化。费孝通、杜赞奇、黄宗智、张仲礼、萧凤霞等学者有关中国社会史的研究无不涉及到这一点,只是他们使用了不同的概念。进入 20 世纪 80 年代以后,大陆的大量学者开始尝试使用这一框架对中国乡村变革展开研究,并取得了不俗的成绩。比如郑大华、朱德新、李德芳、马敏等对乡村建设、保甲制度及士绅阶层的研究;赵秀玲、张静、张乐天、荣敬本、沈延生、吴理财等对乡村政权组织的研究;徐勇、彭勃、何包钢、朗友兴、吴毅等对村民自治乃至乡村治理的研究;徐勇、程同顺、于建嵘、张鸣等对乡村政治的研究;王沪宁、王铭铭、曹锦清等对乡村社会文化与权力的研究,以及孙立平、应星等学者对改革开放前后中国社会性质变化的研究等。总体而言,他们的方法论具有"宏观把握,微观着手"的特点,在分析乡村社会时基本把握住了多元主义的立场,注重在"国家政权建设"宏大理论叙事下把对中国乡村社会的历史关照与现实考察结合起来,试图从本土经验中提炼出一般性的理论。比如,孙立平提出的"总体性社会"①与荣敬

---

① 孙立平:《中国近代史上的政治衰败过程及其对现代化的影响》,《社会学研究》1992 年第 2 期。

本提炼出来的"压力型体制"①等概念已经为学界所普遍接受,并成为用来描述改革开放前后基层社会变迁的核心概念。

---

① 荣敬本:《"压力型体制"研究的回顾》,《经济社会体制比较》2013 年第 6 期。

# 第一编

## 民国时期：转型与承续

# 第一章 民国时期龙泉刑事司法运作的场景

## 一 晚清礼法之争：从家族主义到国家主义

清代的龙泉，山高水远，僻处深山，远离清帝国统治中心。在国家政权的纵向建设上，历代王朝都把最低一级的地方政权建在了"县"上，对于广阔疆域内的基层社会，国家权力的介入相当有限[①]。学术界一般使用"士绅乡绅模式"或者"地方精英模式"来描述传统中国社会的治理模式[②]。尽管传统中国中央集权制延续千年，然而，这种集权并不是说皇权渗透到社会各个领域，而是指核心权力的集中，对于广阔疆域内的基层社会，国家权力的介入相当

---

① 〔美〕马若孟著，史建云译：《中国农民经济——河北和山东的农民发展，1890—1949》，江苏人民出版社1999年版，第2页。

② 吕德文：《乡村治理70年：国家治理现代化的视角》，《南京农业大学学报（社会科学版）》2019年第4期。

有限①。一个通常的说法是"皇权止于州县"。县是帝国最基层的政权治理单位,中央派遣的官员止于县衙,皇权要求的也只有两件事:税收和招募。在这种情况下,地方是由自治组织来管理的,这种自治组织主要以家族为单位。以士绅为主体的乡村领袖、族长、保甲长以及诸如行会组织是国家与地方政治衔接的桥梁,他们对基层社会实行有效管理,基层社会因此呈现出"绅治"的特征。

首先是士绅阶层。士绅阶层主要由归乡官吏或落第士子、中小地主及宗族元老构成。与基层社会的普通农民不同,士绅是中国历史上科举制度所造就的一个具有独特社会地位与社会功能的特殊社会阶层,是中央权力向基层社会延伸的重要桥梁。他们不仅影响着国家政权的稳固,而且也影响着乡村秩序的安宁。其次是宗族、家族力量。宗族曾是乡土社会一种重要的治理组织形式。由于宗族内部的宗法关系是建立在实实在在的血缘基础之上,因此,这种关系强烈而又稳定。在宗族内部,各种类型的纠纷都有可能发生,比如,成员间的互斗、盗窃、债务、婚姻、田产等等②。在传

---

① 在民国时期,费孝通等学者已经注意到传统乡村社会相对于国家权力的独立性,提出了"上下分治""皇权无为""绅权缓冲""长老统治"等颇具解释力的概念。此后马若孟、黄宗智、杜赞奇等西方学者借助日本满铁调查资料对华北乡村所作的实证研究,进一步印证和深化了这些看法,同时,这些学者也描述了进入20世纪以来国家权力不断下移,乡村社会自主性逐渐被打破的历史进程。参见费孝通:《乡土中国·生育制度》,北京大学出版社1998年版;〔美〕杜赞奇著,王福明译:《文化、权力与国家:1900—1942年的华北农村》,江苏人民出版社2008年版;〔美〕马若孟著,史建云译:《中国农民经济——河北和山东的农民发展,1890—1949》,江苏人民出版社1999年版;〔美〕黄宗智:《华北的小农经济与社会变迁》,中华书局2000年版。

② 汪雄涛:《明清判牍中的亲属争讼》,《环球法律评论》2009年第5期。

统乡土社会,宗族、家族一直是纠纷解决的重要力量。在家族层面上解决纠纷是遵循儒家伦理的必然要求,也是维系家族宗法关系的内部要求。

从龙泉司法档案晚清部分的案例来看,清代的龙泉居民在纠纷产生以后往往首先诉诸家族长老。这是纠纷处理的一种普遍现象。清代龙泉县衙还赋予了宗族与乡里组织调处细故纠纷的职责。宗族与乡里组织处理细故纠纷的场所通常选择在祠堂等庄重威严之地,城镇、集市等交通便利之地,或者是神庙等具有宗教色彩的地方。

与官府的纠纷解决机制相比,通过士绅、家族内部解决纠纷具有优先性。这种优先性更是得到了官府的支持。可以说,在国家法以外是社会广阔的相对自治空间。规范这一广阔自治空间运作的是民间习俗、家法族规等民间法。在基层社会生活的保甲长、士绅、族长以及家族亲友等群体与当事人有密切联系,他们是解决乡村社会纠纷的主要调解人。连接国家与社会的主体是以士绅为代表的精英阶层,地方精英既分享着国家权威以治理乡村,同时,又对抗着国家权力向基层社会渗透。

清代的龙泉县衙既是基层行政机关,同时又是司法机关。兵刑钱谷等大大小小的事务全部集中于县衙门。尽管龙泉县衙的知县作为基层"法官",可自行审结答杖以下的案件(一般为户婚、钱债、田土、继承及轻微的刑事犯罪案件),且无须具引律例条文,可参酌天理、人情、国法作出判决,但是,他们依旧面临着繁重的工作,所以,州县官想方设法进行"息讼"。

清代大多数州县官主张调解或自行和解。比如,在龙泉司法档案晚清部分毛樟和诉毛景隆昧良赖债一案中，当事人毛樟和告诉以后，州县官员批词不准："毛景隆欠尔之款既有契票可凭，何得赖债不还，将田出卖。尔既念同宗之谊，应自行邀族理追，不必涉讼。"①此案经过当事人的反复呈词以后才得以受理。龙泉司法档案中类似案件有很多。对这些档案的研究表明："国家认为这些事情最好由社会（社区、亲族）以妥协为主的纠纷调解机制而不是国家以依法断案为主的法院来处理。事实上，大多数纠纷正是由社区和亲属调解解决的。"②民事案件或轻微甚至一般的刑事案件在州县官员看来属于民间细故，难以进入国家正式司法程序。这都显示出帝制时期的龙泉地方司法实践是依赖民间调解和"官批民调"的方式进行。在这里，相当一部分甚至大部分纠纷向民间社会分流或回流。

至于案件和解的范围，清律第 300 条规定：尊长被杀，卑幼不得私和，卑幼被杀，尊长不得私和；同时，又于第 336 条附例规定诬告不得和息，"除上述二条外，清律并未明文规定其余案件是否准许和息，惟在实务上州县似有斟酌之权，如至于和息之达成，有因州县调处者，有因两造亲友调处者，有因地方绅耆调处者，亦有由两造自行请息者"③。

这一利用准官员解决纠纷，进行地方治理的方式被黄宗智称作是国家治理的"简约治理"或"简约主义"。这种模式诞生于一个高

① 毛樟和诉毛景隆昧良赖债案，包伟民主编：《龙泉司法档案选编》（第一辑晚清时期），中华书局 2012 年版，第 409 页。

② 〔美〕黄宗智：《集权的简约治理——中国以准官员和纠纷解决为主的半正式基层行政》，《开放时代》2008 年第 2 期。

③ 那思陆：《中国审判制度史》，上海三联书店 2013 年版，第 238—239 页。

度集权却又试图尽可能保持简约的中央政府。士绅、宗族力量被看作是传统中国社会稳定的基石,传统中国社会就是一个由数万名官员、数十万名吏役和数百万名乡绅组成的上中下有机衔接的整合体。这样一种独特的组织方式,在漫长的历史岁月中成功地维系了一个地域辽阔、人口众多的农业社会的运作。这种治理模式的出现极可能来源于两个方面的原因。一方面,正如温铁军所认为的,羸弱的小农经济体制难以支撑起一个现代化的官僚行政体制,导致国家不得不采取节省财政开支的简约治理模式①。另一方面,系受官方主导的儒家意识形态中"听民自便",反对官府"多事""扰民"的理念影响②。总之,传统中国中的家族、士绅、行会等民间力量具有一定的自治特性,它们对国家力量进入乡村起到了消解的作用。从此种意义上来看,传统中国的治理模式显得极为粗放。

所以,清帝国作为一个以传统农业为主的松散的经济体,在遭遇近代化战争之前,尽管国内的战争不断,但是清帝国财政体制与汲取能力基本上能够满足传统战争作战的财政需要③。

然而,所有的一切在鸦片战争爆发以后改变了。

鸦片战争爆发以后,晚清帝国极为羸弱的小农经济体制与粗放的国家治理模式被迫转型。当中国身不由己地从"天下"时代进入"万国"时代时,在列强环伺、屡战屡败的背景下,必须重新寻找

---

① 详细论述参见温铁军:《中国农村基本经济制度研究》,中国经济出版社2000年版。

② 〔美〕李怀印:《华北村治——晚清和民国期间的国家与乡村》,中华书局2008年版,中文版序。

③ 李月军:《从传统帝国到民族国家——近代中国国家转型的战争逻辑》,《甘肃行政学院学报》2012年第5期。

一个新的、行之有效的救亡图存之策。在甲午战争败于日本以后，中华民族亡国灭种的危险已经摆在眼前。这就需要国家动用一切有效的力量进行集中与整合，强化社会动员的能力。正如有论者认为的，晚清社会"是一个国家主义狂飙的年代，在社会达尔文主义的导引之下，中国人相信优胜劣汰，相信强权就是公理，相信国家实力就是一切"①。近现代国家主义观念在应对弱肉强食与优胜劣汰的残酷局面中得以产生。

从晚清开始，国家观念经历了从"普天之下莫非王土"的帝制国家到"世界民族之林"的民族国家，从"知有朝廷而不知有国民"的王朝帝国到以国民为主体的国民国家，从"君主一人之天下""主权在君"的君主国家到"天下人之天下""主权在民"的民主国家的现代转型②。鸦片战争以前，国人心目中只有"天下"的概念，没有现代政治意义上的"国家"的意识③。

---

① 许纪霖：《从寻求富强到文明自觉——清末民初强国梦的历史嬗变》，《复旦学报（社会科学版）》2010 年第 4 期。

② 俞祖华：《晚清知识分子现代国家观念的生成》，《河北学刊》2013 年第 1 期。

③ 像今天我们常说的"国家""社会"等等，并非中国传统观念中所有，而是晚清以后新输入的观念。旧有的"国家"两字，与今天的含义不同。在传统中国，"国家"大致指向朝廷或皇室。自从清末列强入侵，又得新概念之输入，中国人始觉悟国民与国家之关系及其责任。这一点梁漱溟等人都有论述。参见梁漱溟：《中国文化要义》，上海人民出版社 2012 年版，第 152—158 页。冯友兰也认为："人们或许说中国人缺乏民族主义，但是我认为这正是要害。中国人缺乏民族主义是因为惯于从天下即世界的范围看问题。"见冯友兰：《中国哲学简史》，北京大学出版社 1985 年版，第 222 页。日本学者沟口雄三曾形象地指出："在中国的传统里，所谓'国家'指的是朝廷或政府；在民众的意识里，民者，与其说是国家（朝廷）之民，还不如说是天下之民。因此，作为王朝的'国家'，它如何兴亡，本来就是民众所关心的事物之外的事情。"见〔日〕沟口雄三著，王瑞根译：《中国的冲击》，生活·读书·新知三联书店 2011 年版，第 105 页。

晚清的知识分子将批判的矛头直指传统中国的"家天下"观念。比如，梁启超痛斥传统中国"无国""非国家"且"无国名"①。他认为，"主权在君"的国家观念实际上混淆了国家与天下的差别：不知朝廷与国家的区别，不知国家与国民的关系。他批评道，所谓"天下观"就是"无国观"。他痛感在一个主权民族国家林立的世界里，"中国的传统政治思想与制度还不足以争强乃至图存，受传统影响的中国人还相当缺乏现代国家的观念和政治能力，所以，必须强调国家思想和国民训练。国家要像个国家的样子"②。而"国家思想者何"？他在《新民说》里指出："一曰对于一身而知有国家，二曰对于朝廷而知有国家，三曰对于外族而知有国家，四曰对于世界而知有国家。"③在由领土、人民、主权三要素组成并构建起的新的国家观念中，梁启超视主权（国权）为构成新国家概念的首要因素。其中，主权与人民关系序位的差异体现了梁启超对宪政的基本政治态度④。

晚清知识分子还论证了新国家观念的正当性，把民权与新国家直接联系在一起。近代民族国家的兴起是国家历史形态的分水岭。"国家观念的生成、现代国家的创建与现代中国国号的形成是在晚清接触西方文明之后的现代性事件"⑤。

① 罗志田：《天下与世界：清末士人关于人类社会认知的转变——侧重梁启超的观念》，《中国社会科学》2007 年第 5 期；李扬帆：《未完成的国家："中国"国名的形成与近代民族主义的构建》，《国际政治研究》2014 年第 5 期。

② 何怀宏：《"国家要像个国家"——重温梁启超的政治思想》，《社会科学报》2013 年 3 月 14 日。

③ 李华兴、吴嘉勋编：《梁启超选集》，上海人民出版社 1984 年版，第 218 页。

④ 赵明：《近代中国的自然权利观》，山东人民出版社 2003 年版，第 202 页。

⑤ 俞祖华：《晚清知识分子现代国家观念的生成》，《河北学刊》2013 年第 1 期。

论及中国传统法律,学人往往不约而同地使用"家族主义"这一概念来说明中国传统法律的特征。而晚清,国家主义论者将中国的积贫积弱归咎于家法政治,称人民只知道有家而不知道有国①。国家通过法律保护家长特权,建立了严格的家族等级制度,家族以血缘关系控制其成员的言行,使家族、宗族成员效忠于家族,家族效忠于朝廷。家庭成员不能直接与国家发生关系。家族制度之下,社会成员只是人,不是"国民"。"人"但知有家,不知有国。中国要想在弱肉强食的险恶环境中生存下来,必须由家族主义进化到国家主义。为什么近代中国人口最多,却在列强入侵的时候显得如此不堪一击,甚至在中日甲午战争和《辛丑条约》签订以后,面临亡国灭种的危险?孙中山认为,家族主义和宗族主义所导致的"一盘散沙"是罪魁祸首。他进而批评说:"中国人最崇拜的是家族主义和宗族主义……中国人的团结力,只能及于宗族而止,还没有扩张到国族。"②

清末变法修律时,家族主义与国家主义成为法理派与礼教派争论的核心内容之一③。1907 年,由沈家本主持的修订法律馆上奏《大清新刑律》草案,在中国法律史上迈出了系统继受西方刑法的第一步。这部法律引发了家族主义与国家主义之间的正面冲突。礼教派提出新刑律的原则应该是"旧体新用",即在体例上用新律,指导思想依旧是旧律,即家族主义。其理由是,中国重视礼

---

① 武树臣:《中国法律思想史》,法律出版社 2004 年版,第 359 页。

② 孙中山:《三民主义》,岳麓书社 2000 年版,第 2 页。

③ 相关的讨论可以参见张仁善:《礼·法·社会——清代法律转型与社会变迁》,商务印书馆 2013 年版,第 253—288 页;夏锦文主编:《冲突与转型:近现代中国的法律变革》,中国人民大学出版社 2012 年版,第 709—742 页;李春雷:《中国近代刑事诉讼制度变革研究(1895—1928)》,北京大学出版社 2004 年版,第 41—45 页。

教风俗,周礼之教深入人心已数千年,久则难变。法理派则认为,应该将当今中国贫弱的原因归于传统中国的家族政治,因此,要打破自古以来的家法之治。

新刑律与旧刑律的根本区别在于两者的指导思想不同,也即"精神上之区别"。表现为,旧刑律以家族主义为依归,新刑律则以国家主义为精神。国家主义,在晚清已经成为了人们追求强国之梦的精神食粮,是"对知识人群最具号召力和影响力的观念"①,具有了压倒性的优势,而家族主义已然是众矢之的。

杨度发表的《金铁主义说》《论国家主义与家族主义之区别》等文章是晚清时期声讨家族主义的檄文。他指出,国家主义和家族主义二者势不两立②。实现国家主义就要"必使国民直接于国家",这意味着国民必须直接效忠于国家,要把他们效忠的对象从过去的家族、宗族、乡里转移到国家身上③。在杨度看来,中国法律以家族为本位造成了国家的积贫积弱,而欲达到中国富强之目的,必须以国家主义代替家族主义。

在晚清礼法之争后不久,随着新文化运动的出现,家族主义、宗法制度等儒家伦理和传统礼教迅速被批判,被边缘化甚至被妖魔化。家族主义、家长制、"三纲五常"、君权、父权、夫权均受到了

①　许纪霖:《从寻求富强到文明自觉——清末民初强国梦的历史嬗变》,《复旦学报(社会科学版)》2010年第4期。

②　陈新宇:《宪政视野下的大清新刑律——杨度〈论国家主义与家族主义之区别〉解读》,《政法论丛》2014年第6期。

③　梁治平:《礼教与法律:法律移植时代的文化冲突》,上海书店出版社2013年版,第79—96页;又见梁治平:《晚清遗产谁人继承?》,《东方早报》2011年10月30日。

近代知识分子的猛烈批判。这无疑极大地动摇了家族主义的基础。南京国民政府时期,作为立法院院长的胡汉民更是提出了"国家至上"的公法观①。在一个列国竞争的政治背景下,在救亡图存的要求下,在富国强兵的目的下,在主权国家的主体预设下,家族主义在晚清、民国时期乃至新中国成立以后都遭到猛烈抨击,被扫入了历史的垃圾堆。

清末变法修律时,人们注意到了民事案件与刑事案件的差异。犯罪行为不仅侵害了个人的利益,"对既存秩序和政治权威也是一种破坏与蔑视"②,更是对国家主义、国家统治秩序的挑战与破坏。沈家本在完成《刑事诉讼律草案》之后的奏折中,论及了诉讼方式等问题,对公诉制度的必要性作了论述。其中,明确提出检察官代表国家,不得随意舍弃起诉权:

> 二曰检察官提起公诉。犯罪行为与私法上不法行为有别:不法行为不过害及私人利益,而犯罪无不害国家之公安,公诉即实行刑罚权以维持国家之公安者也,非如私诉之仅为私人所设,故提起公诉之权,应专属于代表国家之检察官。
>
> ⋯⋯⋯⋯⋯⋯
>
> 六曰当事人无处分权。查民事诉讼乃依私法上之请求权。请求私权之保护者,当事人于诉讼中均得随时舍弃。惟刑事诉讼乃依公法之请求权,请求国家科刑权之适用者,其权故属国家,虽检察官不得随意处分,被告更不待言。是以近日

---

① 武树臣:《中国法律思想史》,法律出版社 2004 年版,第 357—363 页。
② 汪海燕:《刑事诉讼模式的演进》,中国人民公安大学出版社 2004 年版,第62 页。

各国立法例,除亲告罪外,不准检察官任便舍弃起诉权,不许犯人与被告人擅行私和,并在诉讼中撤回公诉。①

从上述沈家本的论述中,我们看到,在清末变法修律时,人们已经意识到刑事纠纷与民事纠纷在性质上存在着巨大差别。民事纠纷往往可以看作是个人之间的矛盾,而刑事案件则被视作国家与个人之间的冲突。因此,民事案件由于涉及到个人之间的利益纠葛,所以秉持了意思自治的原则,当然可以允许私人之间达成和解来化解矛盾。而刑事纠纷则因为涉及到国家秩序、公共利益,不允许当事人之间做出自由协商,不存在讨价还价的余地,只能采取公力救济(国家介入)的方式来解决。

清末变法修律确立的国家追诉主义观念无疑对刑事诉讼的运作产生了革命性的影响。在晚清,地方官员就认识到了国家设立专门机关起诉犯罪的重要性。如汪庆祺的《各省审判厅判牍》收录了奉天高审厅某学习推事所作的"修习日录"。"修习日录"提到,"刑事诉追之制有三,(一)一般人民均可诉追。(二)被害者自为诉追。(三)国家设立机关代为诉追……第二项中国行之最久,驳之者谓被害者自行诉追乃基诸个人之利益,非基诸国家之利益,故外国采用殊稀。然利益之为公为私,不过属诸理论。而有伸有屈,关诸事实者更大也。惟有国家设一机关,代被害者负其责,即为一般人民负其责,对社会可以杜滥诉之弊,对裁判可以免压抑之虞,

---

① 李贵连编著:《沈家本年谱长编》,山东人民出版社 2010 年版,第 287—288 页。引文中"不许犯人与被告人擅行私和",似应为"不许犯人与被害人擅行私和"。

制殊善也……"①这一观念在民国时期也被反复提及：

> 关于刑诉者，我国既采国家诉追主义为原则，则检察官除有特别规定外，悉与代表国家一切刑事事件有关……故检察官除告诉乃论之私诉外，对于一切刑诉，悉可干预。

> 自社会观念发达后，不认个人复仇，以保护其生命财产之自由，而采国家诉追主义以保护公安善俗之法益（即公共安宁秩序善良风俗）。盖认犯罪之被害者，不仅个人，国家亦处被害之地位。其以被害地位诉追犯罪，则与审判机关，不能相容；故于代表国家实行审判机关外，别立国家诉追之机关，以实行审判独立不受拘束之精神。此就贯彻国家诉追主义之形式言，检察制度之利一也。②

在国家主义观念的指引下，国家权力开始大规模地进入到基层社会，并试图主导一切刑事诉讼的流程，改造传统中国的刑事诉讼规则。既然犯罪被认为是对公共秩序的挑战，侵犯了国家的统治利益，那么，国家有权要求犯罪人承担一定的刑事责任，而刑罚则是最为妥当的责任实现方式。刑罚不仅能够实现对犯罪者的惩罚，而且还能彰显抽象的公平正义。于是，公诉权也得以诞生。而在这一过程中，所谓的州县官员主张的刑事案件私和则被认为是原始的、落后的、野蛮的事物而被排除在外③。

---

① 汪庆祺编，李启成校：《各省审判厅判牍》，北京大学出版社2007年版，第428页。

② 闵钐编：《中国检察史资料选编》，中国检察出版社2008年版，第169—170页。

③ 杜宇：《理解"刑事和解"》，法律出版社2010年版，第80页。

国家权力强力介入乃至垄断刑事纠纷是国家权威、国家力量的宣示与在场。在这一过程中，国家关心的并不仅仅是纠纷能否真正解决，被害人损伤以及社会关系的恢复；它更为关心的是通过国家追诉主义的实施来宣示国家权威的存在。它通过暴力手段来集中传递"国家在场"的信息。而在"私了""私和"案件中，人们难以感知到国家的存在。此时，国家统摄刑事纠纷，使人们感觉到国家权力的无所不在，刑事司法也就成为国家权力集中控制、独断的重要领地。所以，对犯罪行为的追诉应当由法定的国家机构依法行使，检察机关代表国家对涉嫌实施犯罪的人向法院提起诉讼。

"民族国家的形成是国家政权与国家权力向基层社会下渗的过程。"①通过政权的官僚化与合理化，政权向基层、乡村渗透，以扩大国家的汲取能力。国家权力企图深入乡村社会的努力，最早始于晚清新政②。1908 年，清廷颁布《城镇乡地方自治章程》，明确规定城镇与乡为县领导下的基层行政建置，实行地方自治，近代以来国家政权建设的进程从此起步。此后，自晚清开始的国家政权建设，在民国时期得以延续，在政权建设上，初步建立了乡镇一级的基层政权③。

传统中国，科举考试是乡绅阶层存在的关键。乡绅阶层往往是通过科举考试取得绅士地位，从而跻身于地方精英之列的。然

①　于建嵘：《国家政权建设与基层治理方式变迁》，《文史博览》2011 年第 1 期。

②　〔美〕杜赞奇著，王福明译：《文化、权力与国家：1900—1942 年的华北农村》，江苏人民出版社 2008 年版，第 2 页。

③　朱明国：《村庄：构建怎样的公域秩序？》，《广东社会科学》2014 年第 2 期。

而,清末新政及以后爆发的辛亥革命给士绅阶层带来了巨大的冲击。科举废除,"绅"的正规来源当即断绝。士绅阶层这一原本与皇权共荣共生的集团也从源头上被切断。同时,在科举考试制度取消,传统文人、士绅更替机制中断以后,西学得以兴盛,国人也深感传统体制已不足以应付"三千年未有之变局",于是要求变求新。光绪三十一年(1905),龙泉废书院,兴学堂。金鳌书院改为剑川学堂,其他书院、社学陆续改之。龙泉的徐杰、李为蛟、周传濂、李为麟、翁望甫、李有麟等人考取官费留学日本。法学教育等作为显学开始出现。

不过,同时也要看到,士绅阶层被遗弃后,其影响尚存,还有一个过渡期。因此,在民国初期,基层社会依然存在着士绅治理的惯性,传统士绅的落日余晖还将延续较长一段时间。比如,民国初年的龙泉县陈知事在季正荣诉连得荣、刘加物违禁吸烟一案中还作出批词:"现值民国光复,秩序初定,全赖各绅衿热心赞助,顾全大局……"①

同时,受到新式教育的知识分子的生活空间由传统中国的乡村转移到城市,乡村社会自民国时期开始衰败,士绅阶层的衰落使得乡村社会文化生态不断失衡与蜕化,乡村社会失去重心。这是中国乡村社会千年来所未有之大变局。在此之后,土豪劣绅趁机填补空白,他们开始对地方资源进行垄断,农民赋税负担日益苛重。

总之,从晚清开始,国家主义开始拥有巨大的话语权,并在很

---

① 季正荣诉连得荣、刘加物违禁吸烟案,卷宗号:M003-01-13245,浙江省龙泉市档案局藏。

大程度上主导了龙泉社会的近现代化走向。晚清以后，一个大的历史趋势是，无论是新文化运动还是此后民国时期的社会运动与制度变革，以至于新中国成立以后发生的政治革命，家族主义都成为了革命或者改革意欲清理的对象。从晚清开始的梁启超的"新民说"、晚清的"军国民运动"、民国时期的"公民教育运动"，乃至中华人民共和国建立后的"土改""人民公社化"与"社会主义教育运动"等等，凡此种种无一不是个人服膺于国家，国家对个人身体、社会进行改造与规训的过程。而这一时期开始的国家权力下沉与占据主导地位的国家主义观念，对基层刑事司法的运作也产生了深远的影响。

## 二　从县衙到法院：新式法院的建立与运行

清代，龙泉设知县，并设有吏、户、礼、粮、兵、刑、工、承发等八个科房办事，龙泉隶属于处州府①。州县是地方基层政权，也是基层审判组织②。《大清律例》明文规定："民间词讼细事，如田亩之界址沟洫，亲属之远近亲疏，许令乡保查明呈报，该州县官务即亲加剖断，不得批令乡地处理完结。"帝制时期，尽管存在清官、循吏等，但是，高度集中的权力，往往导致冤案发生。晚清，中国被迫开启司法变革的宏大序幕。晚清与北洋政府的改革者经过

---

① 浙江省龙泉县志编纂委员会编：《龙泉县志》，汉语大词典出版社 1994 年版，第 454 页。

② 陈光中、沈国峰：《中国古代司法制度》，群众出版社 1984 年版，第 21 页。

长期的努力,试图在龙泉建立一套崭新的司法系统,然而迫于人才、财政的极端缺乏,加之政局动荡,政治变革曲折复杂,晚清民初的龙泉司法机关变动不居,未能实现。1906 年,清廷宣布从改革官制入手预备立宪,司法改革成为了预备立宪、官制改革的重头戏。但这些计划在龙泉还未及实施,辛亥革命即爆发。在清政府迅速灭亡的同时,筹办新式司法机关的任务被遗留给了北洋政府。

合格的司法人员与充沛的司法经费是筹设新式法院的前提条件。晚清民初,毕业于法政学校的法科人才并不多,民初财政又多艰窘迫,"初恃外债以图存,继借内债以补苴"①。推行新式法院建设面临种种困难,这就导致北洋政府时期的龙泉地方司法机关在改革与妥协中艰难前行。短短十几年,民国初期的龙泉县司法机关出现了剧烈的变动。1912 年 5 月,龙泉县公署设执法科,执法长由知事兼。1913 年 5 月,龙泉县公署设审检所。1914 年 4 月,袁世凯为复辟帝制,龙泉和全国各县一样,审检所被裁撤。1916 年,浙江第二次宣布独立,龙泉于 9 月复设审检所。1917 年 4 月审检所又被裁撤,改设承审处;1924 年改称司法科。1927 年,南京国民政府成立,县公署改称县政府,龙泉仍设司法科。1929 年 10 月 25日,浙江高等法院命令龙泉等十县同时设立法院,龙泉法院遂于当年 11 月 1 日正式成立。自此,历代司法行政合一制开始废止,改由县法院单独受理本县诉讼案件。1935 年 4 月,浙江省政府为加大对共产党和进步力量的迫害,下令县政府设军事法庭,一直到 1947

---

① 贾士毅:《民国财政史》(上册),商务印书馆 1917 年版,第 45 页。

年3月才撤销。1935年,《法院组织法》施行,龙泉县法院改称龙泉地方法院。1949年5月13日,龙泉解放,龙泉法院被接管①。下面展开详细说明。

在1929年龙泉法院没有建立之前,龙泉的司法工作由历任地方行政长官兼任。县公署、县政府配备了1到2名承审员,协助县知事、县长处理全县的司法审判工作。这一时期龙泉司法官员的变动也极为剧烈(表1):

表1　龙泉法院建立前龙泉历任知事、县长名单②

| 职　别 | 姓　名 | 籍　贯 | 到任时间 | 备　注 |
|---|---|---|---|---|
| 民事长 | 李为蛟 | 龙泉 | 辛亥年十一月 | |
| 知事 | 陈蔚 | 丽水 | 民国元年四月 | |
| 知事 | 朱光奎 | 青田 | 民国元年九月 | |
| 知事 | 黄黻 | | 民国二年六月 | |
| 知事 | 杨毓琦 | 临海 | 民国三年三月 | |
| 知事 | 王宗海 | | 民国四年五月 | |
| 知事 | 张绍轩 | | 民国五年一月 | |
| 知事 | 范贤礽 | 宁波 | 民国五年九月 | |
| 知事 | 王施海 | 湖南湘乡 | 民国六年四月 | |
| 知事 | 赖丰煦 | 福建 | 民国八年九月(民国十年一月卸任) | |

①　浙江省龙泉市人民法院编:《龙泉法院志》,汉语大词典出版社1999年版,第3页。

②　浙江省龙泉市人民法院编:《龙泉法院志》,汉语大词典出版社1999年版,第6页。

续表

| 职 别 | 姓 名 | 籍 贯 | 到任时间 | 备 注 |
|---|---|---|---|---|
| 知事 | 喻荣华 | | 民国九年三月 | 赖丰煦生病期间代理 |
| 知事 | 习艮枢 | 江苏南通 | 民国十年一月 | |
| 知事 | 黄丽中 | 湖北随县 | 民国十一年十月 | |
| 知事 | 彭周鼎 | 丽水 | 民国十三年五月 | |
| 知事 | 蔡龄 | 龙泉 | 民国十三年九月 | |
| 知事 | 彭周鼎 | 丽水 | 民国十三年十一月 | |
| 知事 | 吴涛 | 福建闽侯 | 民国十三年十二月 | 任期内病故 |
| 知事 | 陈电祥 | | 民国十五年三月 | 暂代 |
| 知事 | 陈毓璇 | | 民国十五年三月 | |
| 知事 | 许之象 | 福建 | 民国十五年五月 | |
| 知事 | 王文勃 | 江西 | 民国十六年一月 | |
| 县长 | 端木彧 | 丽水 | 民国十六年五月 | |
| 县长 | 方炜 | 临安 | 民国十六年七月 | |
| 县长 | 黄樨贤 | 杭州 | 民国十七年一月至民国十八年十月 | |

以下展开论述。

1912年年初至1913年，龙泉执法科时期。辛亥革命爆发以后，浙江成立军政府。此后不久，《法院编制法议决案》颁布，浙江省设立三等法院，即县法院、地方法院、省法院。然而，受到种种限制，与浙江省大多数县一样，民国初年的龙泉县并未成立县法院。在1912年年初颁布的《浙江军政府都督公布施行案第五号》中，对未设立法院的各县作出临时性的规定。该法令第5条规定："官制施行后,凡各属司法机关未成立以前,县知事暂行兼理执法长,并得以设执法科……"执法科存在的时间仅有一年多,尽管执法科仍旧在县知事之下工作,并由县知事兼理执法科,但是它多少意味着传统中国的诉讼模式发生了变化,也为以后新式司法机关的出现打下了基础①。

1913年至1914年,审检所时期。1913年2月1日,《浙江公报》刊登北京政府致浙江省、陕西省都督公电,命令两省改革地方行政机关,与北京政府保持统一。此后,为与北京政府保持一致,原来没有设立法院的各县设立审检所。龙泉县执法科也改为审检所。审检所在实施过程中遭遇到各种各样的问题,其中最为核心并且难以解决的主要是两个:第一是县知事应不应该执行检察事务,第二是帮审员与县知事的权力如何配置。然而,审检所制度在推行不久就面临财政困难,司法总长许世英的司法计划未及实施,就迫于国家财政窘境与各种政治势力的角逐而退出历史舞台。

1914年至1927年,县知事兼理司法时期。北洋政府设立审检所的目的是要立足于现实而逐步实现司法独立,但是在实际实施过程中由于国家财力窘迫、法学人才配置不足等问题,加上审检所在实践中面临的种种困难,未完成预期目标。1913年,梁启超担任司法总长以后,逐步实施县知事兼理司法制度。县知事兼理司法制度从1914年推行以后一直延续到1927年才结束。1914年《县知事兼理司法事务暂行条例》颁布以后,龙泉县与全国其他多数县

---

① 唐仕春:《北洋时期的基层司法》,社会科学文献出版社2013年版,第53页。

一样,开始施行县知事兼理司法制度。

县知事兼理司法的出现,往往会使人认为它是传统旧制的回归,毕竟,县知事兼理司法是由行政长官行使司法权①,但实际上,只要认真考察县知事兼理司法的实践就会发现,北洋政府时期的县知事兼理司法制度有其特定的含义。县知事兼理司法制度,表面上看来和县官掌刑名的旧制十分相似,但是在实质上存在一些区别。其一,从承审员到书记官、检验吏、承发吏、法警等辅助人员,都是国家机关的正式职员,领取规定的薪俸,而不是身份暧昧的吏役或由主官私人雇佣的幕友长随。其二,县知事拥有检察权和审判权,承审员分享审判权;承审员一般是新式法律专业人士,如法政学校的毕业生。其三,县知事兼理司法制度的审判程序和审判依据出现了司法近代化的特征。所以,县知事兼理司法制度反映了中国传统设官分职的新发展。在龙泉县的司法实践中,承审员逐渐开始尝试独立办案,并走向完全负责。在裁判程序与审判依据中,也越来越呈现出近代化的特征。显然,县知事兼理司法制度已经与旧制有巨大不同②。

县知事兼理司法制度是在民国初期特殊的社会背景下出台的。为了适应司法近代化的趋势,县知事兼理司法制度融合了中西法律传统,并在其施行期间实现了一定程度的基层司法近代化

---

① 相关论述参见韩秀桃:《司法独立与近代中国》,清华大学出版社2003年版;吴燕:《论民初"兼理司法"制度的社会背景》,《求索》2004年第9期;刘昕杰:《政治选择与实践回应:民国县级行政兼理司法制度述评》,《西南民族大学学报(人文社科版)》2009年第4期。
② 吴铮强:《龙泉司法档案所见县知事兼理审判程序及其意义》,《浙江社会科学》2014年第7期。

的目标。作为基层司法近代化的重要一环,县知事兼理司法制度起到了承前启后的作用。民初,在政治目标驱动下,独立司法成为宪法原则,县知事兼理司法制度一经出台就面临合法性危机。然而,由于人才的匮乏和财政的拮据,新式的法院和近代的司法制度无法在基层落地生根。县知事兼理司法制度的提出,是应对当时司法环境的无奈之举。在内地广大的农村社会,变革近乎静止,这为县知事兼理司法制度提供了坚实的社会基础和广阔的适用空间。县知事兼理司法制度本身是对新旧司法传统进行调和的方式。所以,在经过对新旧传统的调和之后,县知事兼理司法这一重大体制性问题基本回归传统,司法实践也呈现出新旧杂糅的色彩,所保留的新式制度多为技术层面的内容。县知事兼理司法制度实现了较低限度的独立司法、一定程度的审判人员专业化以及较高程度的诉讼程序形式化。

1927 年 4 月 18 日,南京国民政府成立。1927 年 10 月 25 日公布的《最高法院暂行条例》规定,最高法院为国民政府最高审判机关,同年 11 月 17 日最高法院在南京正式成立。11 月 1 日南京国民政府下令将原审判厅改为法院,11 月 14 日任命殷汝熊为浙江高等法院院长。此后,县法院开始在各地相继成立,并在1932 年《法院组织法》颁布后,逐步将原县法院改组为地方法院。由于经费缺乏,县法院及地方法院设立的进度并不理想,到 1934年底各地仅有地方法院 129 所。龙泉县较早设立了县法院与地方法院。

南京国民政府成立后,原龙泉县公署改组为县政府,设司法科,并继续施行行政长官兼理司法制度。1929 年 10 月 25 日,浙江高等法院命令龙泉等十县同时设立法院,当年 11 月 1 日龙泉县法院正式成立,宣告行政长官兼理司法制度至此废止。1935 年 7 月 1 日,龙泉县法院又根据《法院组织法》改组为龙泉地方法院,直至 1949 年 5 月 13 日。因此在南京国民政府成立以后,龙泉县的审判机构经历了龙泉县政府(1927 年 4 月至 1929 年 10 月)、龙泉县法院(1929 年 11 月至 1935 年 6 月)、龙泉地方法院(1935 年 7 月至 1949 年 5 月)三个阶段。

龙泉县法院筹备成立时,一度借县政府多余房屋办公。1929 年 11 月 28 日又暂借婺州会馆(东后街下林路上首)办公。1930 年 2 月 19 日,龙泉县法院迁入孔庙明伦堂(今龙泉第一中学部分旧址)。1932 年 11 月 27 日,龙泉县法院迁入集福寺(俗称西寺,后来成为龙泉市文化馆馆址),并在法院大门前向西平街通道中建布告亭。

南京国民政府时期,龙泉法院主要具有如下职能:1. 处理刑事诉讼案件。管辖除内乱、外患及妨碍国交之外的刑事第一审案件,即负责相应刑事案件的侦诉与审判,具体包括:实施侦查、提起公诉、协助自诉和审理判决等。2. 处理民事诉讼案件。地方法院管辖各类民事一审案件,负责相应民事案件的受理、审理、判决和执行。3. 人犯监管。龙泉法院附设看守所,关押未决人犯,代管部分已决人犯。表 2 所示为 1944 年龙泉法院内部组织机构,这些组织机构构成了南京国民政府时期龙泉基层司法的图景:

表2　1944 年龙泉法院内部组织机构

| 内部组织 | | | | | 员　额 |
|---|---|---|---|---|---|
| 科(课)室以上名称 | | 主　管 | 官　等 | 职　称 | |
| 民事庭 | | 傅朝阳 | 荐任 | 院长 | 1 |
| 刑事庭 | | 赵毓麟 | | 首席检察官 | 1 |
| 书记室 | 文牍科 | 王容海 | | 推事 | 2 |
| | 民事科 | 陈宝安 | | 检察官 | 1 |
| | 刑事科 | 陈宝安 | | 法医师 | 1 |
| 统计室 | | 陈宝安 | 委任 | 书记官长 | 1 |
| 会计室 | | 郑矩为 | | 主任书记官 | |
| 民事执行处 | | 谢诗 | | 书记官 | 7 |
| 民事调解处 | | 赵毓麟 | 雇用 | 检验员 | 1 |
| 登记处 | | 傅朝阳 | | 录事 | 8 |
| 公证处 | | 傅朝阳 | | 执达员 | 3 |
| 检察处 | 检察官室 | 蒋印梁 | | 法警长 | 1 |
| | 书记室 | 龚远谋 | | 法警 | 8 |
| 看守所 | | 卢念扬<br>（所长） | | 庭丁 | 3 |
| | | | | 公丁 | 4 |

民国时期,法治热潮勃兴,司法理念剧变,由于政治法律制度革新的现实需要以及办学者和求学者的功利心态等原因,法学教育盛行。各种法学高等教育机构纷纷兴办,呈现爆炸式增长之势,为基层法院建设提供了庞大的人才资源。

## （一）法院的人才配置

近代中国司法变革的基本诉求之一就是实现法律的近代化，建立一个比较完整的司法体制。然而，欲在一个近乎空白的基础上迅速建立起一个完整的新式司法体制，面临的最基本的现实问题是人才匮乏与经费无着。这一目标的实现在晚清、北洋政府时期就遇到了不可逾越的障碍，因为在全国范围内普设新式法院不仅需要大量的司法人才作为储备，更是需要耗费大量的财力、物力，因此，以当时的情况，在广大的中国版图内按照行政区划迅速普设新式法院显然难以实现。北洋政府在 1912 年和 1919 年曾两次提出普设法院的五年计划，但是计划均未完成。这一情形在南京国民政府时期发生了转变。

1929 年 10 月 25 日，浙江高等法院命令龙泉成立龙泉县法院。同年 11 月 1 日，龙泉县法院和龙泉县法院检察处正式成立。这一时期，在经历了晚清民初法学教育的普及以后，法学人才短缺的局面已经基本解决。龙泉县法院领先全国，较早建立了新式法院，并配备了专业的法律人才。这些拥有法律专业文凭的司法人才，使龙泉法院初步具备了"精英司法"的特征。但是必须注意，司法人才数量的增加并不必然产生"精英司法"。国民政府时期的"人才司法"模式，导致司法不公、司法陋规、司法腐败屡禁不绝，距离"精英司法"甚远①。

---

① 张仁善：《南京国民政府时期司法腐败防治机制的功能障碍及负面效应》，《江海学刊》2003 年第 4 期。

表3　南京国民政府时期龙泉法院历任院长名录

| 姓　　名 | 别　名 | 籍贯 | 学　　历 | 到任时间 |
|---|---|---|---|---|
| 高维浚 | 景川 | 杭州 | 浙江公立法政专门学校法律科毕业 | 民国十八年十月底 |
| 李素 | 虚白 | 东阳 | | 民国二十年五月 |
| 吴泽增 | | 嘉兴 | 浙江公立法政专门学校法律科毕业 | 民国二十一年五月二十七日 |
| 金平森 | 仲陶 | 东阳 | 国立北京大学法律系毕业 | 民国二十五年九月 |
| 杨益民 | | | | 民国三十年九月（暂代三个月） |
| 郑式康 | 啸泉 | 天台 | 浙江公立法政专门学校毕业 | 民国三十年十二月 |
| 谢诗 | 学言 | 温岭 | 国立北京大学法律系毕业 | 民国三十二年四月 |
| 杜时敏 | 逊志 | 东阳 | 浙江公立法政专门学校毕业 | 民国三十四年六月 |

从表3中我们可以看到，除个别人员信息不明以外，龙泉法院的司法官员均受过专门的法学科班教育。其中，来自浙江公立法政专门学校的司法官员最多。这所学校的前身是浙江公立法政学堂。1905年10月，清政府通知各省设立法政学堂。1906年秋，浙江巡抚张曾敭着手筹办浙江公立法政学堂，1907年春开始上课。此后，这所学堂先后培养各类毕业生约1 800人。另外，值得注意的是，龙泉县有的检察官和院长甚至是北京大学等法学教育重镇的毕业生。也就是说，尽管龙泉法院刚刚建立，但在这一新生儿诞生之初，无论是在机构设置还是人员配备上，龙泉法院就已经具备了某些现代化的特征。就司法人员的学历来说，他们已具备了"人才司法"的特点，符合了西方"精英司法"的某些特征。与传统中国龙泉的地方州县官员司法模式相比，"人才司法"具有以下几个特点：

第一，获取司法知识的途径不同。传统中国，官员通过科举考试进行选拔，熟读四书五经，习作八股文章才有可能通过科举考试，进而掌理司法事宜。州县官员的司法知识并不是经系统学习获得的，而是需要在长期的司法实践中累积。"边工作，边学习"是司法主体的常态。"人才司法"模式则不然。新式法官们一般都在正规法律院校学习过，系统掌握了近现代法学知识且必须通过司法官选拔考试；获得司法官资格后，还须经过学习和候补等阶段，才能最终成为正式司法官。"先学习，再工作"是"人才司法"模式中司法主体的常态①。

第二，职业生涯不同。传统的司法模式中，基层司法由州县官员兼理，他们不仅处理案件，而且还要管理钱粮、征税等行政事务。传统中国的司法官员，其职业生涯的重点往往不是司法工作，而是行政工作。但是"人才司法"模式中的法官很少会离开司法舞台，这说明专门的司法职业群体在龙泉地方已经开始出现。

第三，决策方式不同。传统中国州县官员处理案件大多依靠幕友或师爷，幕友或师爷具有较大的权力，不具备司法知识的州县官员一般会接受他们的案件处理意见。所以，传统中国的州县官员大多并不实际进行司法决策。"人才司法"则改变了这一现象，这些司法官具备了较为系统的法学知识，进而能够作出裁断，书记官、执达员、庭丁、法警和公役等大量司法辅助人员参与到诉讼程序中，使得司法官摆脱了收发、记录等司法琐事，专心审理案件，诉讼效率得以提升。

---

① 唐华彭：《镇江地方法院研究（1928—1949）》，中国法制出版社 2014 年版，第 99—100 页。

第四,管理制度不同。传统社会中,行政官员兼理司法,没有专门针对司法官的管理制度。而在"人才司法"模式下,针对司法主体的专门管理制度逐渐形成。

在表3中我们也同时可以看到,龙泉法院院长任职变动频繁。民国司法官员的人事变动频繁,大致有以下两个原因:一是社会大环境的混乱导致人们的生活变动不居;二是民国时期司法行政界的门户观念很深,派系斗争比较激烈,以至于当时不得势者离职。民国时局动荡,随着城头大王旗的变换,司法官员也是一朝天子一朝臣。当时,中央最高司法长官不断更换,地方司法机关的情况更是有过之而无不及。法院司法人员走马灯似地频繁变动,大大影响了司法职业化进程与司法治理的连续性。

## (二)检察机关

如上文所言,在审检机构设置方面,南京国民政府时期做了多次改革。国民政府建立后,推行"审检合一",将检察官置于法院之中。1929年张冰被任命为龙泉县法院检察处首席检察官,陈首明为学习检察官。1929年11月1日,检察官宣誓就职。检察制度的确立,对传统中国的诉讼结构带来了革命性的影响。它打破了以刑为主、民刑不分、诸法合体的传统法律模式,"仿效大陆法系民刑相分、程序与实体有别的立法体系,逐步构筑起一套门类划分清晰、制度规范理性、调整手段和方法相得的近代成文法体系"①。表

---

① 方立新:《传统与超越——中国近代司法变革源流》,法律出版社2006年版,第67页。

4 是南京国民政府时期龙泉法院历任首席检察官名录：

表 4　南京国民政府时期龙泉法院历任首席检察官名录

| 姓　名 | 别名 | 籍　贯 | 学　历 | 到任时间 |
|---|---|---|---|---|
| 张冰 | 雪抱 | 江苏淮安 | | 民国十八年十月底 |
| 何敏章 | 季逊 | 江山 | 浙江公立法政专门学校毕业 | 民国十九年八月五日 |
| 黄文彬 | 雅然 | 浦江 | 浙江公立法政专门学校毕业 | 民国二十年六月十五日 |
| 杜时敏 | 逊志 | 东阳 | 浙江公立法政专门学校毕业 | 民国二十三年五月五日 |
| 何日暄 | | 黄岩 | 北平朝阳大学毕业 | 民国二十三年九月十一日 |
| 刘荣杰 | 耀三 | 江苏泰县 | 上海法政大学毕业 | 民国三十年一月六日 |
| 熊觉民 | | 江苏太仓 | | 民国三十四年 |
| 金作伦 | 玄门 | 江西上饶 | 上海法政大学毕业 | 民国三十七年十二月 |

一般而言，龙泉法院检察处有首席检察官、学习检察官、主任书记官、候补书记官、学习书记官各 1 人，录事若干人。然而，这样的安排并非一成不变。1935 年 6 月，龙泉县改组法院，裁撤了学习检察官，改设候补检察官。根据《刑事诉讼法》《法院组织法》等中央立法及其他地方法令，在一般刑事案件中，检察机构的职责是：承担实施侦查、提起公诉、协助自诉、担当自诉、指挥刑事裁判的执行及其他法令所定职责。实践中，检察官是检察机关具体行使各项检察职权的主要人员，代表检察机关依法进行各项检察活动。检察官直接受检察长、首席检察官领导、指挥、监督，贯彻控审分离原则，充当国家代理人角色，实现对审判机关的监督。

晚清民国时期司法改革的一个重要趋势就是分权与制衡。在打破传统中国行政与司法合一的司法模式的同时，又引入了检察制度，从而形成了审检分立的局面。检察与审判机关各自独立行使职权。控审分离原则要求国家在追究、惩治犯罪过程中，检察官与法官做到相互制约、相互独立。这意味着传统州县官员集侦查、起诉和审判为一身的超能动主义模式已经从制度上完全被打破①。检察官对审判职能的行使情况进行监督，对审判活动以及判决执行情况进行监督，是大陆法系检察制度长久以来的传统。在职能的设置上，检察官在监督审判权运行上，有莅庭监督、提起刑事上诉、要求回避、调阅案卷、列席审判厅会议等权限。如果检察官的证据不足以证明被告人有罪，法院一般会作出有利于被告人的判决。法院作为实质的审判机关，执行着审判职能，在司法场域中占据了主导地位。在审判中，法官可以充分利用其职权，查明案件事实以作出判决。

## （三）监所的设置与运行

1929年，浙江省高等法院公布成立龙泉法院。龙泉法院下设看守所与监狱，主要负责看守、羁押、拘禁人犯。看守所与监狱由看守所长、看守员、监狱长、管狱员、教诲师等人员组成。民国时期，龙泉法院监所人满为患成为常态。龙泉法院监所因人定额20名，1932年7月、8月实际收容30人。1936年3月23日，龙泉监所

---

① 王志强：《辛亥革命后基层审判的转型与承续：以民国元年上海地区为例》，《中国社会科学》2012年第5期。

管狱员向县法院呈报称：监所共有监舍 16 间，只可容人犯 110 人，现尚有已决、未决犯 210 人之多。监所羁押超员现象在一定程度上反映了现代司法文明改革的艰巨性和复杂性。

## （四）新式法院的运行

近代的中国是一个积贫积弱的国家。社会生产力低下，加之列强掠夺、军阀割据、内外战事不断以及自然灾害频繁，使政府和民众都十分贫困，司法建设缺乏必须的物质经济条件。而且，司法官职业化也缺乏一个适当的政治环境。传统法律文化在民众中积淀已久，根深蒂固，而移植来的法律制度与传统法律存在冲突，纸面法律的蔚然可观与司法实践的步履维艰形成鲜明的反差，法律的实施十分艰难，立法的效果也就不佳。在这样的社会现实里推行司法官职业化必定困难重重，成效与期望相去甚远。所以，尽管在人员配备与制度设计上，龙泉法院已经相对具备了新式法院的特征，但是，在人才问题这一困扰龙泉司法改革的困难解决以后，财政问题却始终困扰着龙泉法院。

第一是法院建设问题。龙泉县法院筹备成立时，借龙泉县政府的余屋办公。1929 年 11 月 28 日，暂借婺州会馆，借期为一年六个月，然而不久，就有东阳金振声、永康朱振基等九人向浙江高等法院诉龙泉法院侵占私产。12 月，军队过境，又有士兵捣乱喧闹，并殴打法警，阻止办案，扬言不迁就立即捣毁。后来，龙泉县法院被迫向县政府租借关帝庙、贫民讲习所、西大寺等均未果。最后商定借用孔庙后面的余屋作为暂时办公地点，但不久教育委员会和教育款产委员会就以保护文物和古树为由,多次召开联席会议要求龙泉县法院搬离,并向浙江省教育厅反映。12 月 31 日,浙江省高等法院致函龙泉县法院,告知如果孔庙不能借用,可以借租民房。但是,正如龙泉县法院复函省高院所说那样,前迁婺州会馆已经支出银元 60 元,后又修理孔庙以及增添吏警房共支付 235 元,再租用私民房产比租借婺州会馆还要贵。此后,龙泉县法院再次请求浙江省高等法院和龙泉县政府商借集福寺。取得寺庙住持和县佛教会的同意以后,龙泉县法院向县内商贾筹措经费,略为修葺院舍,1932 年 11 月 27 日,法院院址才算确定。1942 年,在集福寺最后一位和尚圆寂以后,集福寺的院舍才全部为法院公用。

　　第二就是法院的日常开支问题。龙泉法院的经费,每年由浙江省财政厅按照预算核准逐月下拨,不足部分由司法收入拨补。自龙泉法院成立以后,法院经费往往不能如期下拨,不时积欠,间或由县政府支给;又因为地方财政的短绌,虽一再催促,仍然无款可拨。1934 年,浙江省已经欠发龙泉县法院经费 4 295.64 元;1936年,欠发经费 4 452 元,加上公债抵经费尚欠 2 316.26 元。连同其他垫款,到 1941 年欠发经费已经达到了 2 万元以上。为使员工不至于断炊,1930 年,龙泉县法院曾将向社会募捐而来的建造县监狱的余款挪过来以暂时周转。由于经费紧张,龙泉法院一再裁员。所有这些,都是新式法院日常运作中面对的现实问题,而这些问题又对法院审判产生了影响。

　　晚清民国时期,龙泉地方司法机关一直变动不居。的确,辛亥革命的爆发埋葬了清王朝,但是辛亥革命并没有在晚清与民国这两个看似迥异的时代之间造成深刻的断裂。民国初期乃至南京国民政府时期的基层法院建设,实际上多多少少都在延续晚清变革的路线。此一时期,龙泉县司法机关的变革与妥协不仅深刻地影响了以后的法治进程,其流变也展现了国家治理、政治变革与法制改革之间错综复杂的关系。

近代中国,有识之士目睹了日本等国家在制度改革后迅速成长为世界强国的事实,加之在西方外在压力之下,民国法律人试图通过学习和移植西方法律制度,扫除西人眼中传统中国法制愚昧、野蛮的印象,从而能够尽快收回治外法权,并借此使中国跻身先进国家之列,因此,中国开始学习与引进西方法律及其司法制度,但这是在战争失败、主权沦丧等不利条件下被逼出来的产物,先进的制度及其理念并非来自于中国本土,在某种程度上,甚至与传统文化及国家能力相排斥。加上1937年后战乱不止,民心涣散,因而总体上来说,司法制度的实践效果并不理想,其运作存在诸多弊端和不足,为时人所诟病。

# 第二章 审前程序:侦查与起诉

## 一 侦查制度的建立与运行

1912 年至 1927 年,与当时多数地方一样,龙泉县并没有设立专门的侦查机关与公诉机关,1914 年《县知事审理诉讼暂行章程》规定:"凡刑事案件,因县知事之访闻,被害者之告诉,他人之告发,司法警察官之移送,或自行投首,县知事认为确有犯罪之嫌疑时,得径行提审。但必须亲告之事件,不在此限。"

实践中,县知事审查当事人起诉的内容,决定立案的标准是"确有犯罪之嫌疑"。至于如何确定是否存在"犯罪之嫌疑",在收到刑事诉状后,县知事会根据案件的实际情况,做出不同的批示。一是对严重的暴力犯罪,往往批示司法警察将犯罪嫌疑人"拘案讯办""令警拘缉",并签发拘传票,派出司法警察去现场对案件进行调查,必要时可将犯罪嫌疑人缉拿归案,以便进一步查实案情。司法警察调查后通常会递交调查报告,向县知事报告调查的经过和结果。二是对普通刑事案件一般批"候传讯夺",不发拘票缉拿。县知事会根据案件调查情况认定犯罪嫌疑人是否"确有犯罪之嫌疑",视情况决定下一步的行动。三是对普通案件,少数情况下因告诉人无法证明犯罪事实,县知事通常会做出不予受理的批示。在缺乏侦查与公诉机关的情况下,为了构建刑事诉讼的三角关系,在县知事兼理司法的实践中不得不借鉴传统的做法,把被害人及其近亲属当做原告,并课以一定的证明犯罪之责。这样,在刑民分野不够清楚的模糊地带,当事人起诉时也往往会刑民不分;侦查、起诉与审判也就必定交织在一起,县知事既是侦查主体、公诉主体,又是审判主体。

实践中,县知事侦查的手段丰富多样。相较于庭审,侦查手段具有秘密性、主动性、灵活性,在查清犯罪事实方面具有天然优势。在县知事派员侦查,甚至是自己亲临一线主持侦查活动,案件的证据链条已经完备,证人证言、验尸结论、凶器物证、被告人供述已相互印证,县知事对侦查结论的心证形成,有了较为完整的证据链条后,庭审环节才会开始。

1929年,龙泉县法院成立,并设立检察官,由检察官代表国家行使刑事诉讼原告职权。检察官因告诉、告发、自首及其他原因发现犯罪时,即开始侦查,侦查权进一步规范化。图1为1929年龙泉县法院设立检察官之后,刑事案件的侦查与诉讼的基本流程图:

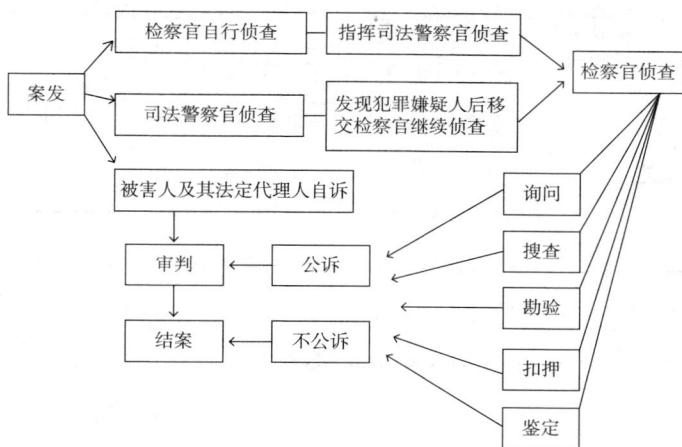

图 1　南京国民政府时期龙泉刑事案件诉讼流程图

## (一)检察官指挥侦查

南京国民政府时期,实行"检警一体制",把检察官确立为刑事诉讼上的侦查主体,而把司法警察官和司法警察作为其辅助机关,检察官具有对司法警察的调度与指挥权。在侦查活动中,如果有检察官的参与,那么司法警察就处于服从和辅助地位,必须协助或服从检察官的指挥、命令,由检察官来决定是否对刑事案件开展侦查。

南京国民政府时期,广义上的司法警察,除了法院自行设置的之外,还有协助检察官的第一类司法警察官、接受检察官指挥的第二类司法警察官,以及接受检察官和司法警察官的命令进行侦查犯罪的狭义上的司法警察。第一类司法警察官具有与检察官相同的地位,而第二类司法警察官的地位要低于检察官。

第一类司法警察官即 1928 年《刑事诉讼法》第 227 条所规定的"县长、公安局长及宪兵队长官",他们在其管辖区域内拥有"侦查犯罪之职权,与检察官同"。所谓"与检察官同",是指司法警察官与法院检察官相同,拥有侦查犯罪的职权。不过,由于司法检察官所拥有的"与检察官同"的权限,只是限于侦查犯罪的职权,并没有检察官所享有的起诉权,故而"一旦查获犯罪嫌疑人之后,除有必要情形外,应于三日内移送该管检察官侦查"。第一类司法警察官不但可以自行侦查犯罪,而且具有指挥第二类司法警察官,以及命令司法警察,进行侦查犯罪等权力。第二类司法警察官是指《刑事诉讼法》第 228 条所规定的"警察官长、宪兵官长、军士及依法令规定,关于税务、铁路、邮务、电报、森林及其他特别事项,有侦查犯罪之权者"。而狭义上的司法警察则是指该法第 229 条所规定的"警察和宪兵"。狭义上的司法警察"并无自行侦查犯罪之权,仅得为侦查之补助而已",也就是说,狭义上的司法警察如果发现了犯罪嫌疑人,必须要报告司法警察官或者所属区域的检察官,等待其命令而不能自行开始侦查;只有在发现现行犯的时候,可以径行逮捕而不用等待命令。

1935 年《刑事诉讼法》出台,将第一类司法警察官增加了三类人员,即"市长、警察厅长和警务处长",而且在第 208 条规定:"司法警察官应将侦查之结果移送该管检察官。如接受被拘提或逮捕之犯罪嫌疑人,认其有羁押之必要时,应于二十四小时内移送该管检察官;但检察官命其移送者,应即时移送。"把之前规定的三日内移送修改为二十四小时,要求更为严格。之所以要以检察官作为侦查活动的主体,赋予其调度、指挥司法警察的权力,一方面自然是出于快速打击罪犯,维护国家社会秩序的需要;另一方面也是以受过严格法律训练的检察官来保障警察活动的合法性,尽可能地避免警察侵犯民权的流弊产生。

虽然国家在法律文本上赋予了检察官对司法警察的调度、指挥权,但在实际运作过程中,检察官行使权力却阻力重重。为改变此种情况,南京国民政府于 1945 年 4 月公布了《调度司法警察条例》,其中增加了检察官在必要时,请求保安、警备机关进行协助办案的权力,一定程度上缓解了检察官在侦查过程中无法有效调度司法警察的尴尬状况。《调度司法警察条例》共 14 条,明确了辖区内市长、县长、设治局长、警察厅长、警务处长、警察局长或警察大队长以上官长对检察官均有协助之责;警察分局长、宪兵队连长或以下官长应听其指挥;警长警士、宪兵、铁路森林渔业矿业等各专业警察机关之警长警士、海关监场之巡缉员警为司法警察,应受检察官、推事之命令执行职务,不得借词延搁,并规定司法警察办理该条例规定事项著有成绩或有废弛职务之情形者,该管首席检察官或法院院长得径予嘉奖、记功、记大功或申戒、记过、记大过,其废弛职务情节严重者可商请该管长官予以撤职或其他处分。

## (二)龙泉的侦查实践

依据 1928 年《刑事诉讼法》的规定,检察官在侦查中具有对人的强制处分权,诸如传唤、拘提、讯问、羁押被告人,传唤、询问证人、鉴定人及拘提证人等;同时还具有对物的处置权,诸如扣押、搜

索及勘验等。在龙泉诉讼实践中,有以下几类侦查手段:

1. 传唤。包括对被告人、证人及鉴定人的传唤。侦查时所用传票由检察官签发,传票上应记载被传人的姓名、性别、住址、职业、应到的处所,无故不到者受拘提的处罚。

2. 拘提。对经传唤无故不到的被传人可以拘提。对于下面一些情况,可以不经传唤径行拘提:无一定住址;有逃亡的可能;有湮灭或伪造变造证据的可能;有勾串共犯或证人的可能;所犯罪状有被处以最轻本刑为五年以上有期徒刑的可能等。

3. 通缉。通缉是指对逃亡或藏匿的重大犯罪嫌疑人或犯人,检察官嘱托其他机关将其解送到一定处所的侦查行为。通缉书一旦通知或布告就立即生效,各处检察官、司法警察官对被通缉人员可以拘提或逮捕。通缉书需记载被通缉人的姓名、性别及特征,犯罪行为,通缉的理由,犯罪的日期等。

4. 讯问。在科技不甚发达,以口供为案件主要审理依据的年代,讯问在侦查中占据重要地位。讯问被告人,应首先讯问被告人的姓名、年龄、籍贯、职业、住址,以便查验缉拿之人有无错误,如果发生错误,就要将其释放。在讯问时,应告知犯罪嫌疑人所犯罪名,并制作笔录。

5. 羁押。羁押是检察官依据命令将被告人关押在一定处所,限制其自由的侦查措施。羁押的条件与拘提的条件相同,羁押需由检察官签发押票,由司法警察将被告人解送至指定处所。

6. 扣押。扣押是指检察官在刑事诉讼中就证据及可以没收的物件强行占有,并在必要时保持占有的侦查措施。实施扣押时,应制作详细记载扣押物名目的收据,给予所有人或持有人,扣押物应加封缄或其他标识,由扣押的公署或公务员盖印。

7. 搜索。为查找证据及犯罪嫌疑人,检察官在必要时可以对身体、物件及住宅或其他处所进行搜索。搜索票中应记载被搜索的被告人的姓名或应扣押的物品、应搜索的处所等。

8. 勘验。侦查中,检察官为了查看证据及其他犯罪情形,有权实施勘验。自清末起,法律法规中的"勘验"与"检验"二词往往通用。勘验的对象为犯罪场所或其他与案情有关系的处所、被告人或被害人的尸体等。

9. 鉴定。鉴定是刑事案件中检察官就所取得的事实,委托具有学识经验或经公署委任而有鉴定职务的人予以查验,出具报告的行为。

检察官指挥、调度警察侦查案件时,往往会以口头或书面的形式,或者凭司法部统一制发的指挥证指挥、命令警察,必要时,还可以通过电话进行指挥、命令。检察官命令法警实施调查、传讯、拘押等审前程序所使用的文书,一般以票的形式出现。吏员或法警在完成票的相关任务后,需书面向审判机构报告实施情况,或者以送达登记书、回证等文书形式证明其已执行事务。这些报告、送达证书是票类文书的附属性文书。

其中,拘票用于拘提。如图 2 所示,此拘票为 1930 年杨仲清诉毛伯华抢夺一案中,龙泉县法院拘提毛伯华的拘票。拘票横栏标以"浙江龙泉县法院拘票",左侧填写编号。竖栏首列填写执行拘票处所、执行时间、执行理由、执行司法警察、执行时限;以下填写拘票正文,正文内容为:"为拘提事,因民国十九年拘字第　　号,为杨仲清诉毛伯华抢夺一案,应行讯问,火速拘提到院听候审讯,毋延。此令”；以下开列被拘人姓名等信息；最后填写发票日期与承审员。拘提由司法警察执行，拘提事务又有配套的报告书以报告拘提情形。

押票用于将需要收监之人押往看守所。押票竖栏首列填写被押人姓名、年龄、籍贯住址、案由、羁押理由、押所普通室或优待室、状貌特征与备考；以下填写收押信息，包括公文“此送看守所长查照办理”，以及监所收到时间、发票时间等。押票也有回证，格式与押票相同，但押票中的“状貌特征”，在回证中为“状貌押征”。

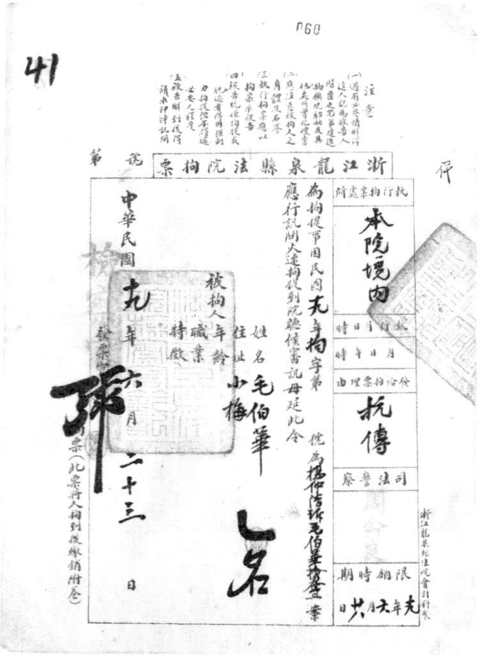
浙江龍泉縣法院拘票
第　號
執行拘票處所　本院境內
執行月日時
月　日　午　時
發給拘票理由　抗傳
司法警察
限銷時期　十九年六月廿六日
為拘提事因民國十九年拘字第　號
應行訊問火速拘提到院聽候審訊毋延此令
姓名　毛伯華
住址　小梅
被拘人年齡
職業
特徵
中華民國十九年六月二十三日
拘票（此票將人拘到後繳銷附卷）

图 2　1930 年浙江龙泉县法院拘票

另外,还有提票与搜索票等。其中,提票用于从看守所提审涉案人员,有提票回证与之配套。提票横栏标以"浙江龙泉县法院提票",左侧填写编号;以下填写姓名、押票号数、案由、年龄、籍贯住所、状貌特征与备考等;其下有龙泉县法院落款,看守所长盖章,发票日期,发票人、承审员、持票人姓名。表格外又注明"此证提讯后再交人时带回附卷"。提票回证格式与提票基本相同。搜索票用于搜索物证,在龙泉司法档案中十分罕见。搜索票的格式分四栏,首栏先题"搜索票"三字,下为公文"为搜索事。现因民国×年×字第×号为××一案,因行严密搜索,务获送厅(县)核办。此令";第二栏为搜索对象的姓名、住址、职业;第三栏为搜索事项;第四栏为发票年月日、发票人及收票人姓名,栏外须填写搜索时限。

如民国十九年(1930)发生的祝水发杀人未遂案。1930 年 12 月 30 日,徐春德以被祝水发持刀杀伤为由向龙泉县法院检察官提起刑事告诉,检察官当日即开展验伤等侦查程序。徐春德之父徐连香于徐春德具状之前已向龙泉县政府提起告诉,并请求县政府派警察拿凶送法院重办等。龙泉县公安局派警察将祝水发拿获预审,并于 12 月 31 日移交检察官侦办。档案中未见徐连香向县政府提起告诉之书状及公安局预审的相关文书,但保存着县政府为移交人犯而致县法院检察官的公函。县政府移交祝水发后,检察官即对祝水发展开侦查并将其收押,又形成点名单、侦查笔录及押票回证等文书。档案中保存着这次传唤的传票 3 件、传票回证 6 件,以及 1931 年 1 月 14 日侦查讯问时形成的点名单、侦查笔录及提审祝水发的提票回证,其中所使用的传票为法院传票①。

实践中,侦查的结果有两种:一是依据侦查所得证据足以认为有犯罪嫌疑者,应该向法院提起公诉;二是在犯罪嫌疑不足或者其他法定条件下应作不起诉处分。民国期间,龙泉地区社会动荡,政局多变,加之检察机关的职能又相对模糊,检察机关依旧延续了之前"等案上门""坐堂问案"的作风。检察机关对告发、告诉,一律按照法律规定作为平常诉讼案件办理。对于重大的刑事案件,检察官则往往高度重视。这里以一起殴人致死案件为例说明。

此案发生在1941年。原告吴陈荣于1941年3月19日呈状,"为被告无故殴死人命,请求迅准验明尸首……以慰冤魂,而儆不法事……"因为该案是伤害致死的重案,所以此案在当事人呈状以后,检察官立刻开启了侦查程序。以下为该案侦查笔录的一个片段:

> 点呼吴陈荣入庭问姓名等。
>
> 答:……
>
> 问:刘根妹是你老婆吗?
>
> 答:是我老婆。
>
> 问:你老婆几时死的?
>
> 答:昨天夜死的。
>
> 问:是谁打的?
>
> 答:刘吉富打的。
>
> …………

① 祝水发杀人未遂案,卷宗号:M003-01-11127,浙江省龙泉市档案局藏。

在侦查笔录中,我们看到原告认为刘吉富打死了他的老婆刘根妹。在听原告陈述基本案情以后,检察官点呼刘吉富入庭:

点呼刘吉富

…………

答:劈她耳光是有的。

问:劈她耳光怎会打死?

答:是他夫妻相争吃盐卤死的。

问:她盐卤什么时光吃的?

答:是夜里十点钟以后吃的。

问:吃落后过多长久才死?

答:吃落后及刻把钟死了。

问:你怎晓得她是盐卤吃死的?

答:她屋在我屋隔很近……当时既有许多人磨豆浆,有许多人灌得。

被告人刘吉富并不承认刘根妹是被他打死的,而是指出刘根妹是食用盐卤自杀身亡。在得到双方矛盾性的陈述以后,检察官再次点呼吴陈荣入庭:

再问:吴陈荣你老婆是吃盐卤死的,你怎么好乱告?

答:是他打死的。

…………

问:吃过豆浆又见是盐卤吃落?

答:我到家她已死了,我只哭叫人,都晕了。

问:到底怎样死的,你老实说。

答：请你去验好了。

…………①

双方的陈述存在巨大的矛盾，检察官再次点呼证人彭肇琮、傅陈妹、吴马炎等入庭展开询问。然而，在得知该案仍旧存在争议以后，检察官遂派法警与检验吏去当地侦查、勘验。在得到"吴刘根妹……系受微伤后服盐卤毒身死，于无别故"的检验结论，并听取证人证言以后，检察官作出了起诉书："查已故吴刘氏……系生前受微伤后服盐卤后自杀，经灌救无效身死，业经督吏验明填单附卷。讯据告诉人……惟查吴刘氏之服盐卤远非被告刘吉富所能预见。其死亡与伤害行为又无相当之因果关系，自不能令被告负伤害人致死之罪责，惟其伤害行为既经吴刘氏之配偶告诉，依刑事诉讼法第二百一十二条第二项规定仍应论罪科刑，基上结论……被告刘吉富实犯刑法第二百七十七条第一项，援依刑事诉讼法第二百三十条第一项，第二百四十三条提起公诉，应请依法审判。"

上述吴陈荣诉刘吉富殴人致死一案因系涉及到人命的重案，所以，检察官对待侦查工作尚能够做到一丝不苟。相似的例子另如林发祥诉潘金全、廖三养杀人一案②。该案缘于原告在1928年1月4日呈状"为胞兄林陈仁被潘金全等公共杀人害命，犯未捕获，心实不愿……"第二天，检察官命令法警黄绍璋等人拘传犯罪嫌疑人，但并未成功。此后龙泉法院发布通缉书，并致函金华地方法院

_____

① 吴陈荣诉刘吉富殴人致死案，卷宗号：M003-01-13729，浙江省龙泉市档案局藏。

② 林发祥诉潘金全、廖三养杀人案，卷宗号：M003-01-07107，浙江省龙泉市档案局藏。

协助拘传。后又屡次派法警下乡拘传犯罪嫌疑人，但依旧未成功。1928 年 3 月 31 日，法警叶树生回来报告：

> 为报告事，现为票拘廖三养到案讯问杀人一案等因，奉此遵即前往水南坞地方严密拘提。讵该被拘人廖三养外出不家，警旋问村人。据村人云他是孤单一人，年老七旬，东来西去不知其往。因此无从拿获，奉票前因，理合将往情形据实具报，仰祈钩长鉴核。谨呈。

检察官批词极为简单："再拘。"此后龙泉法院又几次派遣法警姜成周、朱洪海、徐孝祥、杨寿等下乡拘传，表现出对该案的重视。然而，龙泉法院依旧是得到"该案犯早已逃遁，无从拘提"的报告，未能成功。1930 年 2 月 22 日，检察官在得知告诉人提及被告人已逃往丽水以后，致函丽水地方分院，公函中写道：

> 检察官起诉潘金全杀人一案迭经鄙院饬警拘提未获，兹据告诉人林曹氏等声称该被告现在逃避丽水沙埠地方捕鱼为生等语，据此相应函请贵院迅予饬警拘提，解送过院以凭核办……

然而，不久之后丽水地方分院检察处回复称"查丽水并无沙埠地名，并无潘金全等人"，龙泉法院遂又呈请浙江高等法院发布指令再次通缉。

由此看到，遇到重大刑事案件，检察官对于侦查工作往往极为重视。但是，在其他轻微的刑事案件中，当事人将呈状告诉至检察处以后，检察官往往并不急于派出法警展开侦查，而是将工作重心放在对当事人的调解工作上。伤害类案件是龙泉司法档案中较为常见的一类案件，我们以徐项氏诉徐根寿、徐根禄、徐余氏等伤害案为例加以介绍：

> 检察官点呼徐项氏入庭
>
> 问：姓名年岁住址？
>
> 答：徐项氏，名佳娜，年二十三岁，住临江本岭。
>
> 问：你告啥人把你打了？
>
> 答：我老公根寿把我打了。
>
> 问：用啥东西把你打了？
>
> 答：用拳用脚踏。
>
> 问：打你什么地方？
>
> 答：用拳打我头上。
>
> ············
>
> 问：还有别人打你没有？
>
> 答：还有我的大伯根禄也打我。
>
> 问：你告徐余氏什么事？
>
> 答：徐余氏是根禄的老婆，同我丈夫相好，被我看见，我大伯根禄回来，我对大伯说，大伯说我诬陷他的老婆，把我的髻扭去，我大伯把我抱住就打了。
>
> 问：几时打的？
>
> 答：前天。①

检察官在对被害人作出简短的讯问以后，当场谕令检验吏入庭依法检验。当检察官得到检验结果为"左膝有擦伤一处，斜长四

---

① 徐项氏诉徐根寿、徐根禄、徐余氏伤害案，卷宗号：M003-01-07473，浙江省龙泉市档案局藏。

分宽三分,微红色。余无伤"以后,判断被害人的伤情轻微,于是在堂上就对双方当事人进行了调解,使案件得以和解,余下的侦查工作都未来得及开展就结案了。

类似案例在龙泉司法档案中极为常见。再比如,庄福英诉汤兴海等伤害一案:

> 点呼庄福英入庭问姓名等
>
> 答:庄福英,廿岁,住坛湖后岭。
>
> 问:你被哪个打伤?
>
> 答:被公公汤兴海、老公汤如信打伤。
>
> 问:你哪里被他们打伤?
>
> 答:右手同左足被他们打伤。
>
> 问:伤现在好吗?
>
> 答:现在好点起来。
>
> 问:……是自己的丈夫,伤好起来还打什么官司?①

在庄福英诉汤兴海等伤害一案中,因为案情简单,并且该案的被告人是告诉人的老公等人,所以检察官在庭上直接调解结案。这起案件中检察官根本没有签发侦查命令。

也就是说,对于轻微普通的刑事案件,检察官往往利用手中的自由裁量权,将工作的重心放在双方的调解工作上。检察官的侦查工作往往在比较重大的刑事案件(比如上文列举的故意杀人案件,另外,如妨害兵役以及龙泉县警察局、龙泉县政府移交的禁赌、

---

① 庄福英诉汤兴海等伤害案,卷宗号:M003－01－13692,浙江省龙泉市档案局藏。

禁烟毒、禁娼妓等犯罪案件)中得以实现。下面以一起妨害兵役案为例说明。检察官在得知案情以后不久就发出了指挥令：

检察官指挥令

令司法警察翁远聪

　　查兰渠乡第八保民人蒋中立等诉该保保长项永绥妨害兵役等一案，据诉称乡长叶封因念人民饥饿痛苦呈请上峰据借军粮救济，而该保长项永绥假借贫民名义借领军粮五千斤……有无其中图利情事，仰该警迅往兰渠乡，着该乡长叶封提出书面答复，并再赴官田村一带讯问借粮各户姓名、数量及利率各点详实具报(限本月廿日前具报)。①

此案发生不久，法警就把侦查情况加以汇报。该案发生在小梅。1944年6月上旬，龙泉暴雨成灾，稻田积水数尺，小梅、黄南、茶丰一带大水泛滥；中旬以后又久晴不雨，导致多地绝产，饥民多以树皮草根裹腹。乡长叶封借军粮赈济灾民，保长项永绥却被告贪污。所以，在该案呈状以后检察官迅速签署指挥令进行侦查，显示出检察官对此案件的重视。

相似的情形也出现在禁赌博、禁鸦片等案件中。南京国民政府警察的主要任务是禁赌、禁烟毒、禁娼妓等。禁烟毒不仅是秉承孙中山"拒毒"的遗训，更是南京国民政府建设国家的一项重要任务。所以对待此类案件，检察官往往极为重视。表5为1939年龙泉县侦查案件统计表，从该表中我们可以大体看到这一时期龙泉侦查案件的概况。

--------

① 蒋中立等诉项永绥妨害兵役案，卷宗号：M003-01-07912，浙江省龙泉市档案局藏。

表 5　1939 年龙泉县侦查案件统计表①

侦查案件表

造报机关：浙江龙泉法院

| 罪名 → / 受理案件数（起）↓ | 渎职 | 妨害公务 | 脱逃 | 湮灭证据 | 伪证及诬告 | 公共危险 | 伪造货币 | 伪造文书及印文 | 妨害风化 | 妨害婚姻家庭 | 侵害坟墓 | 妨害农工商 | 杀人 | 伤害 | 遗弃 | 妨害自由 | 妨害名誉及信用 | 盗窃 | 抢夺强盗 | 侵占 | 诈欺 | 恐吓 | 赃物 | 毁弃损坏 | 违反兵役法治罪条例 | 违反贪污暂行条例 |
|---|---|---|---|---|---|---|---|---|---|---|---|---|---|---|---|---|---|---|---|---|---|---|---|---|---|---|
| 共计 | 2 | 4 | 5 | 2 | 18 | 6 | 1 | 10 | 5 | 24 | 5 | 2 | 5 | 78 | 2 | 54 | 4 | 84 | 28 | 12 | 20 | 2 | 1 | 25 | 24 | 6 |
| 旧收 | | | | | | | | | | | | | | | | | | | | | | | | | | |
| 新收：由于告诉 | | | | | | | | | | | | | | | | | | | | | | | | | | |
| 由于告发 | 1 | 3 | | 1 | 15 | 6 | | 10 | 1 | 24 | 5 | 2 | 4 | 78 | 2 | 54 | 4 | 72 | 27 | 9 | 13 | 2 | | 25 | 6 | 3 |
| 由于自首 | | | 1 | | | | | | | | | | | | | | | | | | | | | | 4 | 1 |
| 由于请求 | | | | | | | | | | | | | | | | | | | | | | | | | | |

① 浙江省龙泉市人民法院编：《龙泉法院志》，汉语大词典出版社 1999 年版，第 28 页。

续表

| 罪名 | 渎职 | 妨害公务 | 脱逃 | 湮灭证据 | 伪证及诬告 | 公共危险 | 伪造货币 | 伪造文书及印文 | 妨害风化 | 妨害婚姻家庭 | 侵害坟墓 | 妨害农工商 | 杀人 | 伤害 | 遗弃 | 妨害自由 | 妨害名誉及信用 | 窃盗 | 抢夺强盗 | 侵占 | 诈欺 | 恐吓 | 赃物 | 毁弃损坏 | 违反兵役法治罪条例 | 违反贪污暂行条例 |
|---|---|---|---|---|---|---|---|---|---|---|---|---|---|---|---|---|---|---|---|---|---|---|---|---|---|---|
| 受理案件数(起) 新收 由于他法院检察及移送 | 1 |  |  | 1 |  |  |  |  |  |  |  |  | 1 |  |  |  |  |  |  |  |  |  |  |  |  |  |
| 受理案件数(起) 新收 由于检察及自行检举 |  |  | 1 |  |  |  |  |  |  |  |  |  |  |  |  |  |  | 3 | 3 | 1 |  |  |  |  |  |  |
| 受理案件数(起) 新收 其他 |  | 1 |  |  | 3 |  | 1 |  | 4 |  |  |  |  |  |  |  |  | 9 | 1 | 2 | 7 |  | 1 |  | 14 | 2 |
| 受理案件数(起) 共计 | 2 | 4 |  |  |  |  |  |  |  |  |  |  |  |  |  |  |  |  |  |  |  |  |  |  |  |  |
| 终结案件数(起) 共计 | 3 | 3 | 5 | 2 | 18 | 6 | 1 | 10 | 5 | 24 | 5 | 2 | 5 | 78 | 2 | 54 | 4 | 84 | 28 | 12 | 20 | 2 | 1 | 25 | 24 | 6 |
| 终结案件数(起) 起诉 |  | 1 | 5 | 2 | 3 | 2 | 1 | 3 | 2 | 6 |  |  | 3 | 23 |  | 3 |  | 31 | 4 | 1 | 4 | 1 |  | 5 | 20 |  |
| 终结案件数(起) 不起诉 | 1 | 1 |  |  | 15 | 4 |  | 7 | 3 | 18 | 5 | 2 | 2 | 55 | 2 | 51 | 4 | 53 | 24 | 11 | 16 | 1 | 1 | 20 | 4 | 6 |
| 终结案件数(起) 移送他管 | 1 |  |  |  |  |  |  |  |  |  |  |  |  |  |  |  |  |  |  |  |  |  |  |  |  |  |

　　总之,在南京国民政府时期,龙泉地方侦查制度呈现出巨大的变革,一个大的趋势就是逐渐独立化与规范化。此一时期虽政局动荡不定,但关于侦查的法律法规却日益完备,这些纷繁复杂的侦查法律体系为基层侦查的运作提供了制度层面上的规范,基层侦查制度获得了相对独立的发展空间。

## 二　案件的受理与起诉

　　晚清民国时期,基层刑事案件的受理程序发生了巨大的改变。这当中不仅仅是文书的名称发生了改变,文书的格式、内容、法律依据及文书背后所承载的法律程序、司法模式等方面的改变更引人瞩目。

### (一)"准"与"不准"之间:晚清民初司法官员对案件的受理

　　在传统中国,"无讼"既是评价州县官员政绩的重要标准,也是儒家所追求的社会治理目标。龙泉知县对于自理案件,首先着眼于调处。有清一代,民事纠纷以及轻微、一般的刑事案件发生以后,民众一般只有在民间调解不能得到满足时,才会选择诉讼。并且,即使民众将案件告诉至州县官员,州县官员往往也会批示当事人找亲邻、族长、乡保解决纠纷,如果在此期间乡里调处成功,当事人可以请求官府销案。州县官员总是力求息讼于公堂之前。所以,在清代司法实践中不经调处,州县官员直接判决的案件很少,只有调处不成时,才令两造对簿公堂,进而剖明曲直。

在传统中国,司法行政一体,且司法审判中民刑亦不作区分。以现代眼光来看,州县官吏在基层司法实践中行使了法官、检察官、警长、验尸官的职责。所以,传统中国并不存在现代刑事诉讼中立案的程序设置。但面对源源不断的大量案件,清代司法也有自己的过滤机制——设立禁止性要件。这些禁止性要件包括了制度资源与话语资源①。在清代的龙泉,除了命盗重案以及谋反、叛逆等重情之案没有时效限制外,州县官员对于民事案件与轻微的刑事案件的"告诉"有时间限制,每年在农忙季节(即每年的四月初一到七月三十)不予受理。一般来说,州县官员的审断往往开始于当事人的告诉,对于告诉,清律规定了"有告必理"。尽管国家法律规定了"告则理",但面对大量的案件,州县官员在审断实践中往往是"理不定准"。那思陆曾根据《大清会典》总结了常见的州县官员"不准"的几种情况,比如:以赦前事呈控者;呈词内牵连无辜者;事不干己而呈控者;等等②。在已经研究的南部县衙档案、巴县档案、冕宁档案等中都有关于州县官员对案件不准的规定。这种情况在龙泉亦存在。在龙泉司法档案晚清部分,我们发现了清代宣统年间龙泉县衙对案件不准的规定:

　　一、户婚田土细故,假控大题,希图耸准者,除呈□□,立

---

①　尤陈俊:《"案多人少"的应对之道:清代、民国与当代的比较研究》,《法商研究》2013 年第 3 期。

②　那思陆:《清代州县衙门审判制度》,中国政法大学出版社 2006 年版,第 67 页。

将告状人及代书分别斥责。

二、考取代书后,有不遵状式,限□将手本投递□,以一事分作两呈,希冀纠缠控情妄告者,不准。

三、告状须将做状人姓名填写,如系自来之稿,代书亦即注明。不得过四百字,外双行迭写及无代书戳记者,概不准。

四、告状不得罗织多人,□者不得过五名。违者代书究办,呈词不亲身投递,混□□□替代者,不准。

五、告失盗不开出入情……赃物不投相邻保者,不准。

六、告事田产,不粘契据及钱债无欠约,诈贼无过付见证,婚姻无媒妁庚贴者,概不准。

七、奸非奸所现获,□□□□被殴处所及何项伤痕,混行具控诉。除不准外,立提代书并主唆之人究处。

八、生监、妇女、年老、残疾不列抱告者,不准。

九、有夫之妇出头控诉,除不准外,立提本夫责究。

十、旧案不录,前批已结,远年之案,混行力翻者,不准。①

从龙泉县衙的案件受理规定中,我们可以看到清代龙泉县衙在普通案件受理上所做的种种限制。这些限制包括对诉讼时效的限制,比如远年之案不准;对被告人的限制,比如生监、妇女、年老、残疾不列抱告者不准;对证据的限制,比如户婚、田宅案件须有媒妁之言、契约;对诉状格式的限制,比如对官代书的限制;等等。这些案件受理上的禁止性规定,有效地构成了轻微乃至普通刑事案

---

① 瞿长青诉瞿自旺、瞿自祖夺祭案,卷宗号:M003-01-13822,浙江省龙泉市档案局藏。

件的过滤机制。尽管对我国传统司法,学者多斥为"重实体轻程序",然而,就案件启动的程序与要件规定来说,清代州县官员的要求显然极为严格,对犯罪告举的格式都有严格限制。违反文书格式与告诉程序,案件不仅得不到受理,当事人或者代书还可能要承担责任。

除此之外,对于轻微与一般的刑事案件,州县官员也具有相当大的自由裁量权。案件呈送到州县官员手中,他们往往会迅速地浏览案情,判断案件是否应当进入审理程序。所以,在晚清民国龙泉司法档案中,我们会看到大量知县所作的批词。

批词在传统司法实践中多为州县官等基层司法官吏审理案件时所用,大量地出现在受理案件的环节,这也是一般司法诉讼的起始环节。什么案子受理,什么案子不受理,州县官员根据诉状进行批驳。如果州县官员同意受理诉状,常见的批词是"候传案讯究,此批"或"准唤讯";如果州县官员认为案件没有必要进入审理程序,往往会批"不准",或为当事人指出纠纷解决的其他途径。

因为州县官员的职责繁重,"知县掌一县治理……靡所不综"①,加上龙泉地方历来是"健讼之地",所以,就司法实践而言,州县官都会通过批词争取减少词讼,至少不至于使案情反复或者招来上司的驳诘苛责。这等于是州县官员为自己在接下来与讼师的交锋中奠定了胜算基础。因此,明清时期的州县官员都普遍重视批词的撰写,力争使得自己的批词能够"揣度人情物理,觉察奸刁诈伪,明大义,谙律例。笔简而赅,文明而顺,方能语语中肯,事事适当",以期"奸顽可以

---

① 瞿同祖著,范忠信等译:《清代地方政府》,法律出版社 2011 年版,第 27 页。

折服其心,讼师不敢尝试其伎",从而避免"冤申无路"或"波累无辜"①。晚清时期诉状中常见的州县官员的批词是"不准",或者通过批词进行调解,从而辅助司法官推动诉讼进程。这里以谢银元诉谢祥昌窃盗耕牛一案为例说明②。此案经过谢银元呈送以后,知事不予受理,而是批示当事人通过和解的形式予以结案,他作出了以下批词:

> 据称谢银元之妻与叶大荣之子口角起衅,业经中人理息自可了事。乃叶大荣居然牵伊耕牛抵偿药资,殊嫌过度。该民属在中证地位,仰即邀同原中先将耕牛交换谢银元受领,并谢银元酌送医资以昭公允,毋庸推诿。切切。此批。

然而,本案当事人并不罢休,此后不久又再次呈案。知事再次作出批词,依旧批示当事人通过和解的方式结案了事:

> 前据该民与谢祥昌控诉各情,业已明白批示在案。兹阅呈词,该民尚未邀同原公人酌送医资,徒欲追还耕牛,殊嫌执拗,着即遵照前批先由公人酌送医资,一面牵还耕牛,自可了息。

从以上的批词中,我们可以看到中国传统批词在司法领域使用的一些特点。第一,批词贯穿于诉讼过程的始终,主要以解决程序性问题为主。常见的如在受理阶段决定是否立案,或在诉讼中实行某一行为,或就实体审判后的执行问题作出指示。第二,相对于判词,批词无论从格式上还是内容上,自由度都相对较高。判词理论上没有固定的格式,但需要交代事实、理由以及结果等内容,篇幅不可能

---

① 李双:《古代判词的现代启示》,《人民法院报》2011 年 4 月 15 日。
② 谢银元诉谢祥昌窃盗耕牛案,卷宗号:M003-01-01015,浙江省龙泉市档案局藏。

太短;而批词根据具体情况,可以长短各异,长的可洋洋洒洒数千字,短的甚至只有几个字。第三,传统批词往往带有强烈的道德评判色彩,如"可恶之至""逆子""人人得而诛之"等评语,从现代角度来看,均非严格意义上的法律评价。这一方面与传统中国缺乏程序法有关,另一方面也是传统中国道德观和正义观的体现,司法官吏往往选择泾渭分明的方式来给诉讼双方抑或犯罪嫌疑人定性,以彰显"正义"。第四,批词常带有司法官的个人评判甚至好恶,指令性明确,有强烈的职权主义色彩。判断呈诉人到底是否"乱闹",并没有统一的客观评价标准,全靠司法官吏的主观判定。在传统中国,批词以解决程序性事项为主,涉及对案件实体问题处理的情况相对较少。

## (二)南京国民政府时期的公诉与自诉

就司法体制而言,清末变法的一个重要变革,是在"司法独立"理念的倡导之下,司法权与行政权开始正式分离。同时,检察制度的引入,结束了传统中国州县官员司法与行政不分、控审合一的高度集中的超能动主义诉讼模式。1928 年《刑事诉讼法》规定了国家追诉主义的原则,由检察官代表国家对犯罪进行追诉,从而实现了起诉与审判的分离。1929 年,龙泉县法院检察处建立,这在地方司法实践中具有重要意义。

1928 年《刑事诉讼法》规定了检察官提起公诉必须具有一定的形式,原则上以书面形式为主,即制作起诉书。起诉书需要载明以下事项:1.被告人;2.犯罪事实;3.起诉的证据材料;4.适用的刑法条款;5.检察官的姓名。这里以张世妹、徐森荣诉邱宽永、季世妹、刘四奶、巫复声、巫刘魁、王荣樟、汤长发妨害自由及抢夺一案为例说明。该案原告于 1932 年 7 月 2 日以"为强暴抢夺妨害秩序恳请察核法办以维国法而儆凶顽事……"的一纸诉状诉至检察处。检察官作出"状悉,候传讯核办。此批"的决定。此后该案经过侦查以后,检察官于 7 月 13 日作出了起诉书:

龙泉县法院检察官起诉书

被告季世妹,男性,年二十五岁

邱宽永,男性,年三十岁

汤长发,男性,年三十岁

右开被告为民国二十一年度侦字第七号妨害自由及抢夺一案业经本检察官侦查完毕,认为应行提起公诉,兹将该被告犯罪事实、起诉理由及所犯法条开列于后。

犯罪事实

缘谦太米行于本月四日有米五袋出售,已由刘四奶、巫刘魁、邱宽永、季世妹等背去四袋。徐森荣背第五袋放上肩头而汤长发、季世妹以徐森荣未入公会,遂将米袋推落不许背米,彼此汹汹势将用武,当经该行伙名水生者出为排解,劝买主再买一袋交徐森荣背去,又同日,张世妹由埠头挑运洋烛米饼各一箱过官仓街口,而季世妹、邱宽永又以其未入工会不准挑运为辞辄夺其铁钩,并将其所挑之二箱洋烛米饼一并挑去,于是张世妹、徐世荣以邱宽永、季世妹、刘四奶、巫刘魁、汤长发、王荣樟等奉巫复声命强暴抢夺等情告诉到案。

起诉理由及所犯之法条

上开事实已据谦太米行之店伙水生述证如绘,又经该被告等直承无隐罪证,人自极确鉴,虽被告邱宽永以在埠头的工人很多,如许没有入会的人挑运东西试点了,仍要我入工会人赔得等语为抗辩,然查工会不得强迫工人入会,不得妨害未入工会工人之工作为工会法所明定。刚未入会工人在埠头挑运系行使正当权利而入工会工人自不能借口埠头人多而妨害其工作。被告汤长发实犯刑法第三百十六条第二项,季世妹、邱宽永实犯同法同条第一项及同法第三百四十三条第一项之罪嫌,除不能证明巫复声教唆被告等抢夺铁钩及妨害未入会工人工作,巫刘魁、刘四奶、王荣樟未曾共同实施犯罪,均不予起诉外,该被告季世妹、邱宽永、汤长发合依刑事诉讼法第二百五十三条第一项起诉。此致。

中华民国二十一年七月十三日

检察官:陈首明①

从以上检察官的公诉书中,我们可以清晰地看出南京国民政府时期龙泉法院检察处的检察文书的基本格式。检察制度的发展使得检察官在起诉过程中,有了统一法定的司法文书及书写规范。南京国民政府时期的检察文书样式已具备了近代化的特征。首先是具有题名、文书编号与被告人的基本信息;其次是具有被告人的前科、犯罪事件、地点以及查证的犯罪事实和证据,并援引法条说明被告人所触犯的罪名和刑罚;最后是起诉书在落款标明了办案检察官的姓名和日期。公诉书不似批词般无法考证具体日期。并且在这一时期,批词在档案中已经越发少见。

---

① 张世妹、徐森荣诉邱宽永、季世妹、刘四奶、巫复声、巫刘魁、王荣樟、汤长发妨害自由及抢夺案,卷宗号:M003-01-07809,浙江省龙泉市档案局藏。

检察文书作为载体,无疑是记录近代中国司法现代化转型的重要证据。到了南京国民政府时期,各类检察文书呈程式化的现代性特征,结构、内容全面,多为格式文本,语言平实客观,以客观视角阐述已查明的案件事实以及所援引的实体和程序法条文,条理清晰,通常具有一定的法律逻辑性。这正是对中央司法改革目的的一种契合。

南京国民政府时期的刑事诉讼以公诉为原则,自诉为例外。自诉是指被害人直接向法院提出控告,要求法院追究被告人刑事责任的诉讼行为。自诉人仅限于有行为能力的直接被害人本人,且检察官有协助自诉之义务。刑事自诉应向管辖法院提出自诉状,同一案件经检察官终结侦查者,不得再行自诉,而侦查终结前检察官知有自诉者,应即停止侦查,将案件移送法院。表6为1939年龙泉法院自诉案件统计表。

**表6　1939年龙泉法院自诉案件统计表**

| 刑事自诉案件 | | | | | | | | | |
|---|---|---|---|---|---|---|---|---|---|
| 造报机关 | 浙江龙泉法院 | | | | | | | | |
| 罪　名 | 妨害婚姻及家庭 | 侵害坟墓 | 伤害 | 遗弃 | 窃盗 | 抢夺 | 侵占 | 毁弃损坏 | 总计 |
| 受理案件数（起） 共　计 | 2 | 1 | 1 | 1 | 5 | 2 | 5 | 3 | 20 |
| 旧　受 | | | | | 1 | | | | 1 |
| 新　收 | 2 | 1 | 1 | 1 | 4 | 2 | 5 | 3 | 19 |

续表

| 刑事自诉案件 | | | | | | | | | | |
|---|---|---|---|---|---|---|---|---|---|---|
| 造报机关 | | 浙江龙泉法院 | | | | | | | | |
| 终结案件数（起） | | 共　　计 | 2 | 1 | 1 | 1 | 5 | 2 | 5 | 3 | 20 |
| | | 撤　　回 | | | 1 | | | | | 2 | 3 |
| | 判决 | 科刑 | 1 | | | | 1 | | 1 | | 3 |
| | | 无罪 | | 1 | | | 3 | 2 | 4 | | 10 |
| | | 免诉 | | | | | | | | | |
| | | 不受理 | 1 | | | 1 | 1 | | | | 3 |
| | | 管辖错误 | | | | | | | | | |
| | | 其他 | | | | | | | | 1 | 1 |

总体而言,民国时期的自诉案件不多。关于自诉案件,以 1937 年蔡凤娥与陈孟能解除婚约一案为例进行说明。蔡林氏于 1937 年 4 月 2 日向龙泉法院呈递刑事状,称养女蔡(曾)凤娥之赘夫陈孟能违背婚约、私自离家、不负担扶养义务等,遂以遗弃罪对陈孟能提起刑事自诉。虽被告人陈孟能未到庭答辩,但龙泉法院经审讯,仍以自诉人蔡林氏并非无自救能力,且以蔡凤娥供称婚约不符合其意愿、尚未结婚等为由,确定陈孟能遗弃罪不成立,于同年 4 月 12 日判决陈孟能无罪[1]。

## （三）不起诉

随着新式法院的设立,新型刑事司法模式的运行,诉讼再也不

---

[1] 蔡凤娥与陈孟能解除婚约案,卷宗号:M003-01-18935,浙江省龙泉市档案局藏。

像清代那样在意识形态中无多少道德正当性可言。对于地方司法官员来说,他们再也不能像其前辈那样高度倚重"无讼""贱讼"等话语压制民众的诉讼需求。但与此同时,新式司法系统由于程序繁琐、审级过多、司法官员人数相对不足等原因,解决纠纷的能力随着案件的增多而捉襟见肘。在这种情况下,"不起诉"制度在民国时期的龙泉被广泛适用。

我们翻阅南京国民政府时期的龙泉司法档案,发现刑事诉讼程序的一个最大的特征就是存在大量的不起诉现象。对大量的案件,龙泉县法院检察处通过不起诉的方式解决了。对于不起诉文书,兹以1942年吴马通诉张端午毁损一案作说明:

浙江龙泉地方法院检察官不起诉处分书

被告:张端午

右列被告民国三十一年度侦字第335号毁损一案正侦查间,复据告诉人声请撤回告诉。核其所诉系刑法第三百五十条之罪,依同法第三百五十条规定须告诉乃论之罪等条文,告诉人于第一审辩论终结前既已撤回告诉。兹告诉人既已撤回,依刑事诉讼法第二百三十一条第五款不起诉。①

分析吴马通诉张端午毁损一案的不起诉文书,我们发现,民国时期检察官对于不起诉的处理适用了1935年的《刑事诉讼法》第231条第5款与1935年《刑法》所规定的告诉乃论之罪等条文。关于1935年《刑法》的告诉乃论之罪,此类犯罪,当事人的告诉或者请求是起诉的必要条件,如果当事人将告诉或者请求予以撤回,也

---

① 吴马通诉张端午毁损案,卷宗号:M003-01-00287,浙江省龙泉市档案局藏。

就不再存在合法告诉,检察官只能作不起诉处分。

实际上,自 1929 年龙泉法院建立以后,检察官对案件作出不起诉决定的比例一直比较高,多数年份达 60% 以上。表 7 为龙泉法院检察官 1929 年至 1941 年受理案件的不起诉率统计表:

表 7　龙泉法院检察官(1929—1941 年)受理案件不起诉率统计表①

| 时间(民国) | 审判案件(起) | 侦查案件(起) | 说　明 | 不起诉率(%) |
|---|---|---|---|---|
| 十八年 | 157 | 451 | | 65.2 |
| 十九年 | 233 | 673 | | 65.4 |
| 二十年 | 332 | 673 | | 50.7 |
| 二十一年 | 279 | 641 | | 56.5 |
| 二十二年 | 316 | 661 | | 52.2 |
| 二十三年 | 215 | 424 | | 49.3 |
| 二十四年 | 158 | 362 | | 56.4 |
| 二十五年 | 77 | 318 | 半年度 | 75.8 |
| 二十六年 | 124 | 384 | | 67.7 |
| 二十七年 | 95 | 243 | | 60.9 |
| 二十八年 | 121 | 430 | | 71.9 |
| 二十九年 | 165 | 627 | | 73.7 |
| 三十年 | 289 | 624 | | 53.7 |

龙泉县检察官适用不起诉决定的法律依据是 1928 年《刑事诉讼法》和 1935 年《刑事诉讼法》。两部《刑事诉讼法》均规定了检察

①　浙江省龙泉市人民法院编:《龙泉法院志》,汉语大词典出版社 1999 年版,第 22 页。

官有较大的自由裁量权。下面我们对 1935 年《刑事诉讼法》"不起诉"条款进行分析。

1. 1935 年《刑事诉讼法》中对不起诉的规定

1935 年《刑事诉讼法》规定的不起诉包括了第 231 条之"应为不起诉"、第 232 条之"得为不起诉"、第 233 条之"于应执行之刑无重大关系者"而"得为不起诉",以及第 234 条之"其他理由不起诉"。

关于"应为不起诉",1935 年《刑事诉讼法》第 231 条规定了 10 种情形①。对于"应为不起诉"的这 10 种情形,检察官没有自由裁量权。但是,对于告诉乃论之罪,"告诉或请求乃论之罪,其告诉或请求已经撤回或已逾告诉期间者"检察官应为不起诉。1935 年《刑法》规定了大量的告诉乃论之罪。1935 年《刑事诉讼法》第 217 条规定,告诉乃论之罪中告诉人于第一审辩论终结前得撤回其告诉,所以,对于告诉乃论之罪,检察官可以通过做当事人的工作来作出不起诉处分。此外,规定"犯罪嫌疑不足者"不起诉,看似立法规定已经十分严格,但是在实践中仍有较大的操作空间。

关于"得为不起诉"。《刑事诉讼法》第 232 条和第 233 条规定了"得为不起诉"②。其中,在司法实践中,具有巨大自由裁量空间

---

①　即曾经判决确定者;时效已完成者;曾经大赦者;犯罪后之法律已废止其刑罚者;告诉或请求乃论之罪,其告诉或请求已经撤回或已逾告诉期间者;被告死亡者;法院对于被告无审判权者;行为不罚者;法律应免除其刑者;犯罪嫌疑不足者。

②　1935 年《刑事诉讼法》第 233 条规定的内容为:被告犯数罪时,其一罪已受或应受重刑之判决,检察官认为他罪虽行起诉,于应执行之刑无重大关系者,得为不起诉之处分。

的是《刑事诉讼法》第 232 条①。该条规定,检察官于《刑法》第 61 条所列各罪之案件,参酌《刑法》第 57 条所列事项认为以不起诉为适当者,得为不起诉之处分。而《刑事诉讼法》第 232 条提到的"得为不起诉"主要是针对《刑法》第 61 条所规定的轻罪案件和第 57 条所规定的情形②。

1935 年《刑事诉讼法》第 233 条规定,检察官在作出不起诉处分之前,需要"经告诉人同意,命被告为左列各款事项:一、向被害人道歉;二、立悔过书;三、向被害人支付相当数额之抚慰金"。这一规定使得告诉人的主体地位得以提升。被追诉人的赔偿程度及其认罪态度成为其是否会被起诉的关键。由于民国时期底层社会经济资源的严重匮乏,被追诉人及时提供经济赔偿是其不被处罚的关键要素。此外,被追诉人的认罪态度也很重要。如果其态度很好、语言恭敬,往往就能够获得原告方的谅解,因为被告方传递出友好信

---

① 该条规定:检察官于《刑法》第 61 条所列各罪之案件,参酌《刑法》第 57 条所列事项认为以不起诉为适当者,得为不起诉之处分。检察官为前项不起诉处分前并得勘酌情形,经告诉人同意,命被告为左列各款事项:一、向被害人道歉;二、立悔过书;三、向被害人支付相当数额之抚慰金。前项情形,应附记于不起诉处分书内。

② 1935 年《刑法》第 61 条规定,情节轻微,显可悯恕,认为依第 59 条规定减轻其刑仍嫌过重者,得免除其刑:1.犯最重本刑为三年以下有期徒刑、拘役或专科罚金之罪,但第 132 条第 1 项、第 143 条、第 145 条、第 186 条、第 272 条第 3 项及第 276 条第 1 项之罪,不在此限;2.犯第 320 条之窃盗罪;3.犯第 335 条之侵占罪;4.犯第 339 条之诈欺罪;5.犯第 349 条第 2 项之赃物罪。《刑法》第 57 条规定,科刑时应审酌一切情状,尤应注意下列事项为科刑轻重之标准:1.犯罪之动机;2.犯罪之目的;3.犯罪时所受之刺激;4.犯罪之手段;5.犯人之生活状况;6.犯人之品行;7.犯人之智识程度;8.犯人与被害人平日之关系;9.犯罪所生之危险或损害;10.犯罪后之态度。

息,给了原告方足够的人情和面子,而原告方基于这种高度的"尊重",大多会原谅被追诉人,案件就以检察官不起诉的方式结束。

南京国民政府颁布的《刑事诉讼法》实行国家追诉主义,但是在案件的处理过程中,"检察官发现应不起诉或以不起诉为适当之情形者,得撤回起诉",检察官始终掌控着公诉案件的进程①。对提起公诉的刑事案件,是否追究被追诉人刑事责任的权力,完全掌握在了检察官的手里,检察官在诉讼中的自由裁量权扩大了。这样,检察官就可以通过作出不起诉决定的方式,使得大量案件在侦查、起诉阶段得以分流。

2. 不同类型案件的不起诉处理

为了更好地考察不起诉的种类与运作,我们按照法益的不同,选择两大类刑事案件,每一大类分别选择特定种类案件为代表加以说明。侵犯国家法益的案件选择贪污罪,侵害个人法益的案件则以伤害罪与毁损罪为考察对象。

(1)侵犯国家法益案件:以贪污罪为例

在晚清民国时期龙泉司法档案中,我们随机查阅到以"贪污"为由的不起诉案件计62起,其中纯粹"贪污"的案件为55起,其他类型案由如"贪污、妨害兵役"等案件为7起。就贪污类不起诉案件来说,嫌疑人大多是保长和乡长,他们是龙泉县级政权的基层公务人员,在基层进行统治和管理,在税收、兵役、治安等方面行使公权力,自然难免受到各方面的告诉或告发,因而须接受刑事司法程序的检验,从而从法律上判定嫌疑人是否有罪以及如何定罪量刑。

---

① 　何勤华主编:《检察制度史》,中国检察出版社 2009 年版,第 362 页。

分析这 62 起贪污罪不起诉案件,适用的法条都是 1935 年《刑事诉讼法》第 231 条,这意味着检察官对贪污罪不起诉案件作出的是"应为不起诉处分",因为贪污罪是南京国民政府致力于严惩的公务员犯罪,不属于 1935 年《刑事诉讼法》第 232 条所规定的微罪不起诉处分的情形。就 62 起贪污罪不起诉案件所适用法条而言,适用第 231 条第 10 款("犯罪嫌疑不足者")的有 46 起,适用第 231 条第 8 款("行为不罚者")的有 10 起,同时适用第 231 条第 8 款、第 10 款的有 2 起,适用第 231 条第 7 款("法院对于被告无审判权者")的有 3 起,适用 231 条第 1 款("曾经判决确定者")的有 1 起。其中,适用第 231 条第 7 款者主要涉及到南京国民政府的军法审判。南京国民政府在司法体制方面实行普通法院审判和军法审判的双轨制审判,将军事类以及与军事有关的案件纳入军法审判,使军法审判独立于普通法院审判。

所以,贪污类案件不起诉理由主要分为了两类:《刑事诉讼法》第 231 条第 8 款所规定的"行为不罚者"和第 10 款所规定的"犯罪嫌疑不足者"。其中,"行为不罚者"的法律界限较为清晰,即《刑法》明文规定不处罚者。就 1935 年《刑法》文本分析,"行为不罚者"有未满十四岁人之行为(第 18 条)、心神丧失人之行为(第 19 条)、依法令之行为(第 21 条)、业务上之正当行为(第 22 条)、正当防卫行为(第 23 条)、紧急避难行为(第 24 条)。

在这里,适用最多的是第 10 款。如 1945 年徐月松乡长贪污案,本案起因为乡长多收赋谷,检察官经过侦查后发现,乡长多收赋谷的原因为解决出夫者伙食,缺乏《惩治贪污条例》的非法得利要件,故依据 1935 年《刑事诉讼法》第 231 条第 10 款作出"应为不起诉处分"。贪污贿赂罪大多被认为"罪嫌不足",从而作出"应为不起诉处分",检察官通过此种处理方式可以堵住悠悠之口。

（2）侵犯个人法益案件:以伤害罪和毁损罪为例

在龙泉司法档案中,查阅到 225 起伤害罪不起诉案件与 74 起毁损罪不起诉案件,下面以这些案件为例进行讨论。

在 225 起伤害罪不起诉案件中,适用 1935 年《刑事诉讼法》第 231 条第 5 款的案件有 145 起,适用第 231 条第 10 款（"犯罪嫌疑不足者"）的案件有 37 起,适用第 232 条（"微罪不起诉"）的案件有 14 起,适用第 231 条第 8 款（"行为不罚者"）的案件有 4 起,同时适用第 231 条第 5 款及第 10 款的案件有 10 起,同时适用第 231 条第 5 款及第 232 条的案件有 6 起,同时适用第 231 条第 8 款及第 232 条的案件有 1 起,同时适用第 231 条第 8 款及第 10 款的案件有 1 起,申请再议的案件有 6 起。适用第 234 条规定,即其他理由为不起诉处分的案件仅为 1 起,即 1945 年季贤保诉郑祖勤等伤害、鲁一山教唆伤害案。这是笔者所查阅的所有伤害罪不起诉案件中唯一一起伤害罪适用《刑事诉讼法》第 234 条的案件。此案检察官不起诉处分书叙述理由如下:"龙泉县警察局巡官并军警稽查队副季贤保诉郑祖勤等伤害、鲁一山教唆伤害,验得季贤保左颧有拳伤一处,微红肿;经传讯,附据季贤保声请撤回告诉……亦承认失礼引发《刑法》第二百七十七条第一项之罪,依二百八十七条但书之规定,虽不得撤回,伤既轻,为维持机关情感、息事宁人起见,自以不起诉为较有益,援依《刑事诉讼法》第二百三十四条第一项不起诉。"[1]此案不起诉处

---

① 季贤保诉郑祖勤等伤害、鲁一山教唆伤害案,卷宗号:龙泉司法档案 M003-01-16527,浙江省龙泉市档案局藏。

分所持理由基本上是告诉人撤回告诉，以行动表示谅解。检察官认为"为维持机关情感、息事宁人起见，自以不起诉为较有益"。

在74起毁损罪不起诉案件中，因1935年《刑事诉讼法》第231条第5款规定，撤回告诉而为不起诉案件者有44起；罪嫌不足而为不起诉案件者有17起；因第231条第8款规定，行为不罚而为不起诉的案件有6起；同时因罪嫌不足和行为不罚而为不起诉的案件有3起；因《刑事诉讼法》第232条规定而微罪不起诉的案件有3起；适用第234条（其他理由）的案件有1起。

综合分析伤害罪和毁损罪不起诉案件，因告诉乃论罪撤回告诉而作出应为不起诉处分的比例较高。其中，伤害罪有145起，占总体不起诉案件（225起）的64.4%；毁损罪有44起，占总体同类不起诉案件（74起）的59.5%。之所以出现如此高比例的撤回告诉，是因为伤害罪和毁损罪为侵犯个人法益的犯罪类型，一些轻微犯罪本身具有转化为民事案件的可能，告诉乃论的设计为双方当事人提供了对话与和解的制度通道。

民国时期《刑事诉讼法》不起诉处分的制度设计来源于晚清"新政改革"引进的近代化的诉讼法律。自1912年民国建立起，不起诉处分成为中国刑事司法实践的重要内容，其制度设计经北洋政府大理院判例解释例、1921年《刑事诉讼条例》、1928年中华民国《刑事诉讼法》的"接力式"发展，到1935年中华民国《刑事诉讼法》达到完善成熟的程度。就民国《刑事诉讼法》的不起诉处分来说，具有如下两大基本特点：

第一，不起诉案件多，不起诉比例相当高，一般为50%以上。在整个北洋政府时期，龙泉的不起诉处分比例一般也是高于50%。

也就是说，整个民国时期，龙泉法院的不起诉处分的比例皆维持在了一个较高的水平。造成如此高比例的不起诉处分，可能有两个原因。一是 1935 年《刑法》文本的特点。1935 年民国《刑法》有"大刑法"特点，规定了大量的轻微犯罪。这一方面为检察官作微罪不起诉处分提供了可能，另一方面，检察官拥有较大的自由裁量权，可以相对从容地认定证据，以"犯罪嫌疑不足"而为不起诉处分。1935 年《刑法》文本还规定了大量的告诉乃论罪名，被追诉人和被害人之间达成和解后撤回告诉，检察官会依据《刑事诉讼法》第 231 条第 5 款作出不起诉处分。二是处理"违法犯罪"方式的多元化。南京国民政府处理"违法犯罪"有军事手段、特务手段、司法手段三种方式，真正进入诉讼程序（即通常的侦查、起诉、判决）的案件只是军事手段、特务手段处理之后"剩余"的部分，此类刑事案件（贪污、妨害兵役等除外）与国家政权利害关系要弱一些，此时主政者也会倾向于宽和的刑事政策，较高的不起诉率恰恰是"国家理性"，即节约司法资源的体现。各类案件的不起诉处分特点各异，如贪污罪和妨害公务罪不起诉案件只有"应为不起诉处分"，多数是依据《刑事诉讼法》第 231 条第 8 款"行为不罚者"和第 10 款"犯罪嫌疑不足者"作出不起诉处分。伤害罪和毁损罪不起诉案件突出的特点是依据告诉乃论罪撤回告诉而不起诉。

第二，不起诉处分制度设计中存在潜在的和解机制。不起诉处分制度设计的"和解"机制主要包括告诉乃论罪，撤回告诉须为不起诉处分（1935 年《刑事诉讼法》第 231 条第 5 款）以及微罪不起诉处分的被告悔过条款（第 232 条）。告诉乃论罪，其刑事诉讼程序的和解价值在妨害婚姻及家庭罪、伤害罪和毁损罪不起诉案件中得以充分的体现。微罪不起诉处分的被告悔过条款同样体现了被追诉人与被害人之间一定程度的和解。

所以,就文本层面而言,中央层面试图通过立法、人事任免等方式推进中国法律体系和司法制度的近现代化。民国时期检察官制度的确立使龙泉的刑事司法呈现出近现代司法的景象。换言之,彼时的司法体制在形式上已经初步完成了近现代化转型。但是,传统的中国社会不可能在短短几十年间被完全颠覆,而检察官也无法脱离社会成为空中楼阁,镶嵌在中国传统社会中的司法制度在实践层面依然受到现实的制约,结构体系的现代化并不能掩盖其功能上的传统主义倾向。不可避免的结果便是,一方面,检察机关的快速建立及其文书的现代化都是国家立法推动的结果;另一方面,中国数千年来形成的传统社会不可能在短短几十年内解体,在实际的司法实践中,检察制度的运行总是不可避免地一再陷入到中国传统式的司法运行模式中。虽然这一状况随着时间的推移而有所好转,但始终无法实现改革的目标。受过良好现代法学教育的检察官,却总是有意无意地扮演着传统中国地方父母官的角色。正是这种制度与实践层面恒久的张力,导致了两者的分离与割裂。

# 第三章　审判

## 一　管辖

　　龙泉法院管辖的区域与龙泉县行政区域基本相同,民国时期的龙泉县幅员辽阔,层峦叠嶂,人口少,居住分散。除了龙泉至蒲城、云和、小梅有公路以外,其他地方的交通极为不便。法警下乡办理诉讼案件或当事人去法院告诉只能靠步行,只有院长和首席检察官可以轿代步。表8为我们理解民国时期的龙泉刑事司法运行提供了社会背景:

表 8　1941—1943 年龙泉法院管辖区域表[①]

| 管辖区域 | 乡镇政府驻地 | 距县城(华里数) | 往返步行时间(天) | 管辖区域 | 乡镇政府驻地 | 距县城(华里数) | 往返步行时间(天) |
|---|---|---|---|---|---|---|---|
| 东升镇 | 县城内 | | | 剑池乡 | 夫人殿 | | |
| 西平镇 | 县城内 | | | 福泽乡 | 塔石 | 15 | 1 |

---

　　① 　浙江省龙泉市人民法院编:《龙泉法院志》,汉语大词典出版社 1999 年版,第 4 页。

续表

| 管辖区域 | 乡镇政府驻地 | 距县城（华里数） | 往返步行时间（天） | 管辖区域 | 乡镇政府驻地 | 距县城（华里数） | 往返步行时间（天） |
|---|---|---|---|---|---|---|---|
| 民权乡 | 蓁保 | 10 | 1 | 兰巨乡 | 豫章 | 20 | 1 |
| 梧垟乡 | 村头 | 20 | 1 | 三溪乡 | 黄南 | 65 | 2 |
| 福源乡 | 陈山头 | 25 | 1 | 竹垟乡 | 盖竹 | 65 | 2 |
| 剑湖乡 | 坦湖 | 30 | 1 | 龙溪乡 | 荒村 | 70 | 2 |
| 桐溪乡 | 桐山 | 30 | 1 | 黄鹤乡 | 外双溪 | 70 | 2 |
| 锦溪乡 | 下锦旦 | 30 | 1 | 双平乡 | 源口 | 70 | 2 |
| 雁川乡 | 杨梅岭 | 30 | 1 | 岱垟乡 | 贵溪源 | 75 | 2 |
| 金石乡 | 何坑 | 35 | 1 | 金田乡 | 周山头 | 75 | 2 |
| 瀑云乡 | 溪口 | 40 | 1 | 小梅镇 | 小梅 | 80 | 2 |
| 茶丰乡 | 小查田 | 45 | 1 | 住龙乡 | 住溪 | 80 | 2 |
| 道太乡 | 道太 | 50 | 1 | 龙南乡 | 蛟垟 | 80 | 2 |
| 查川乡 | 查田 | 60 | 2 | 上东乡 | 上田 | 80 | 2 |
| 八都镇 | 八都 | 60 | 2 | 屏南乡 | 坪田 | 90 | 2 |
| 安仁镇 | 安仁 | 60 | 2 | 宝溪乡 | 塘上 | 90 | 2 |
| 天平乡 | 大舍 | 60 | 2 | 龙门乡 | 汤侯门 | 115 | 3 |

在检察官公诉或被害人提起自诉以后，案件进入审理阶段。检察官在提起公诉时，应将检察处侦查卷宗连同起诉书以公函形式移交法院刑庭。国民政府《刑事诉讼法》及《法院组织法》等法律构建了一套近代意义上的刑事审判制度。该制度系统庞杂，内容丰富。根据《法院组织法》《刑事诉讼法》和《刑法》的规定，龙泉法院管辖除"内乱、外患及妨害国交"外的一审的刑事案件。龙泉法院管辖案件

即以此为原则,但同时又受到了特别司法机关和特别刑法的影响,在"政治案件"和"烟毒案件"等案件的处理上较为特别和复杂。

## 二　刑事案件审理的流程

法院在案件审理之前,需要开展准备工作,包括确定庭审日期,传唤或通知相关人员于庭审日到庭。法院传唤被告人及其代理人时使用传票,传票至迟应在审判日期三日前送达。法院为准备审判,可以在第一次审判日期前讯问被告人,检察官及辩护人可以在进行讯问时到场。

南京国民政府时期的刑事诉讼制度属于职权主义模式,即:检察官代表国家行使公诉权;法官主动调查取证并讯问被告人;控辩双方虽然亦可进行平等对抗,但要在法官的严格控制下进行。如图 3 所示,刑事案件庭审流程一般包括以下步骤:

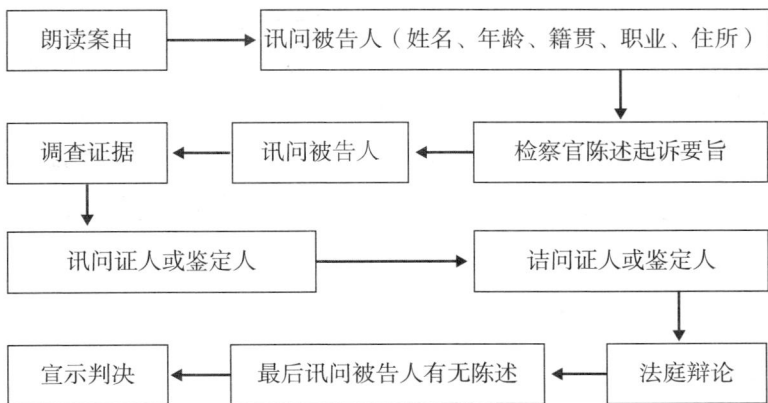

图 3　南京国民政府时期龙泉法院刑事案件庭审流程图

1. 书记官朗读案由。法院审理以书记官宣读案由为开始,朗读时,全体人员应起立以示郑重。

2. 讯问被告人。推事讯问被告人的姓名、年龄、籍贯、职业、居所等,以判断审判对象是否正确。

3. 检察官陈述案件要旨。由检察官陈述起诉要旨,即陈述被告人犯罪事实,作为法院进行审判及当事人言词辩论的根据。

4. 事实讯问。推事就检察官所陈述的犯罪事实讯问被告人及证人、鉴定人,以认定犯罪事实。推事每调查一件证据完毕,应讯问被告人有无意见,并告知被告人可以提出有益证据以证明自己无罪或者罪轻。

5. 法庭辩论。调查证据完毕后,相关人员就事实及法律展开辩论,辩论按检察官、被告人、辩护人的顺序展开。推事为求在辩论中查明事实真相,可以展开多次言词辩论。

6. 最后讯问被告人有无陈述,宣示判决。法庭辩论终结后,法院当庭或者择日宣示判决。判决结果包括科刑、免刑、无罪、免诉、不受理、管辖错误等六种。判决应自辩论终结之日起七日内向当事人当庭宣示,并告知上诉的期限及上诉法院。判决是刑事诉讼流程中最后的环节,推事依据案件审理情况,按照刑法的规定,对被告人进行定罪与量刑,进而产生司法结果。龙泉法院的诉讼档案显示,刑事案件的判决基本上都以规范化的判决书方式作出。

## 三 刑事辩护

从龙泉司法档案中我们可以看到,民国时期律师参与刑事案件主要起到的作用有：会见当事人，撰写状纸，搜集证据和出庭辩护。

　　律师一般在接办刑事案件后，第一步要做的工作就是到捕房或看守所会见被羁押的当事人，以便知晓案情，并根据案情考虑此后的辩护策略。由于会见犯罪嫌疑人对律师刑事辩护工作具有重要作用，所以，不少律师都特别在意搞好与捕房或看守所等羁押机关工作人员的关系，以便在工作时不受刁难。

　　不过，律师更多的作用往往是通过撰写各类法律文书来体现，即主要集中在状纸的写作上。在档案中，我们就发现当事人称律师为"状纸先生"。以民国时期龙泉县较为著名的律师季观周为例，尽管季观周在 1919 年就曾参与诉讼，但是，季观周的主要业务是为当事人撰写相关法律文书；在少数情况下才会接受当事人委任，参与刑事辩护。一起刑事案件经过批准立案后，犯罪嫌疑人一般都会找律师写刑事辩诉状。状纸开头大多为"为挟嫌诬告，请求侦查讯办事""为诈欺未遂，诬告窃物，奉批辩诉"等语。从律师所作的状纸来看，民国时期的基层刑事司法与晚清时期相比，法言法语的基调色彩变得较为浓重。

　　关于传统中国的状纸写作，寺田浩明曾用"冤抑"一词来概括。他引用了其老师滋贺秀三的话，认为清代的状纸往往在"叙述对方如何无理、自己如何不当地被欺辱的冤抑之情上花费大部分篇幅"①。明清时期流传下来的各种讼师秘本往往对此有相近的叙述。传统的诉讼策略一般对对方进行道德贬低，往往会冠之以

---

① 〔日〕寺田浩明著，王亚新等译：《权利与冤抑：寺田浩明中国法史论集》，清华大学出版社 2012 年版，第 259 页。

"兽""猪""巘"等字眼,而对于自己则往往用"蚁""弱"等词汇,一般会用"冤黑无诉""冒死奉天""冤蔽覆盆"等表示自己极为弱势、遭受欺压的一面。陈述冤抑的事实是诉状最重要的部分,也最富含话语修饰技巧。大量出现的"恃""仗"等字眼,展现出被告人总是凭借各种势力,恣意欺压原告,而原告总是表现为谦恭与忍让。诉状最末的话语一般是用以渲染案件所带来的危害,并要求司法者立即采取行动。通过这样的渲染,可以让本身普通的案件显得意义重大,使司法者难以小视。

民国时期律师撰写的状纸受此影响颇深,依旧采用传统中国的诉讼策略,对自己往往进行道德上的包装,比如"恩怜老朽""哀哀叩乞""贫病交加",而对被告方的描述则是"丧尽天良""人面兽心"等,试图以此博得司法官员的同情心与怜悯。不过,需要指出的是,民国时期,龙泉的律师尽管试图在道德与感情上继续做文章,并对对方进行道德与人格上的丑化,但是在称谓上已经不存在晚清状纸中的"毒""枭"等蔑称,更多的是称呼对方为"被告"或者"被告人"。由此变化我们看到,法律语言已经进入到了基层,开始用法言法语指称对方。这说明律师的诉讼策略乃至法律意识已经出现了转型。比如,1933年李刘氏诉李维进窃盗案的诉状:

> ……且被告在青天白日之下明目张胆,累次窃取他人之所有物,意图为不法自己之所有,业已触犯刑法三百三十七条之罪。叩请钧院准予拘案讯究,依法律处分,责令赔偿,氏有山莫管……何以儆效尤而弭盗风?此诉。①

---

① 李刘氏诉李维进窃盗案,卷宗号:M003-01-07065,浙江省龙泉市档案局藏。

在这份状纸中,我们可以看到律师所使用的法言法语,比如"窃取他人之所有物,意图为不法自己之所有"。这说明伴随着国家法逐步渗入基层,一种新式的法律治理技术也开启了其运作的序幕,律师们的诉讼策略与诉讼话语必须要与新式的司法场域相适应。而从这个意义上讲,法言法语的使用与其说是律师知识结构与诉讼策略的转型,倒不如说是司法场域的巨大变革。

通过阅读龙泉法院刑事案件的庭审记录,我们会发现,整个庭审呈现出强职权主义的色彩,推事讯问被告人或询问证人部分占据了庭审笔录的大部分内容,法律辩论非常简短,这表明司法官审理案件的重点在于查明案件事实,而非考察法律的适用;被告人辩护的重心也是在否认检察官所指控的犯罪事实,而非援引法律维护自身权益。刑事审判在法官的主导下进行,绝大部分发问针对被告人,其次是证人或鉴定人。

在庭审阶段,律师的发言主要集中在法庭辩论阶段。他们的辩护反映在对案情的阐述、证据的真实性以及对对方的辩驳上。在民事案件中,律师参与度和活跃度都较高,对于对方代理人之攻击点能够及时反驳,并佐以证据,对判例、法律条文的应用十分熟练,充分行使诉讼权利。但是,在刑事案件庭审阶段的法庭事实调查过程中,以法官发问、检察官控告和被告人、证人回答为主,辩护律师的参与并不多。律师参与辩论往往是在事实调查之后。在法庭辩论阶段,法官先让检察官对案件起诉发表意见,然后辩护律师起立再行发表意见。在法庭审理过程中,少有见到当事人与律师提出新事实和证据,他们只是简单地否认或辩解。就笔录来看,难以看到庭审中的"辩"与"论",只有"总结陈词"。在庭审中,法官讯问被告人和询问证人的时间占总时间的比重较大,这使得证据没有被充分重视。法庭辩论部分被严重压缩,使得双方当事人的观点无法展开。这种现象表明,虽然《刑事诉讼法》规定了法庭辩论的环节,但相当一部分被告人与辩护律师并不善于言词辩论。这明显削弱了庭审应有的对抗色彩,也使得庭审的实际功效大打折扣。

我们在一些案件中也能够发现律师在庭审中发挥了重要作用。比如,在张世妹、徐森荣诉邱宽永、季世妹、刘四奶、巫复声、巫刘魁、王荣樟、汤长发妨害自由及抢夺一案中,辩护律师刘子才提出了无罪辩护意见:

> 推事请被告等辩护律师陈述辩护意旨
>
> 刘子才律师起立陈述,略谓证人翁水生前后的口供都不对。在侦查庭供邱宽永、季世妹二人共同抢夺铁钩挑货去的,今天只说季世妹一个夺的。请将前后口供详查核实明白……又查抢夺罪的犯罪意图为自己或第三人不法所有而抢夺他人所有物方成立犯罪。邱宽永等没有把货挑到别处去,仍然挑到泰隆店里去。那么,也便不成立抢夺罪之罪。请宣告被告无罪。①

该案中,法官采纳了辩护律师刘子才的关于证人证言以及犯罪构成方面的辩护意见。该案判决书写道:"关于抢夺部分,似难成立,盖抢夺罪以意图自己或第三人不法之所有为要件,本件季世

---

① 张世妹、徐森荣诉邱宽永、季世妹、刘四奶、巫复声、巫刘魁、王荣樟、汤长发妨害自由及抢夺案,卷宗号:M003-01-07809,浙江省龙泉市档案局藏。

妹、邱宽永以张世妹未入会阻止挑运,仍将其原挑洋烛米饼箱件为之挑运原泰隆南货店,是其无为自己或第三人之所有即难为有罪之判决。季世妹、邱宽永之抢夺部分犯嫌不能证明,应依刑事诉讼法第三百十六条谕知无罪。特为判决如主文。"法官作出了无罪判决。

在南京国民政府时期的龙泉法院,无罪案件较多。在我们翻看的100份刑事判决书中,有32起案件是无罪判决(其中包括13起部分无罪案件)。在这些无罪案件中,律师的辩护作用得以彰显。尽管如上文所阐述的,将检察处设立于同级法院之内的制度安排使得在刑事司法场域中法官具有比较大的主导权,但是,南京国民政府时期大量的无罪辩护也说明了律师从中所发挥的重要作用。

## 四 证人出庭

清代龙泉县多数案件的审理,必须依靠证人证言。在探索实体真实的传统中国司法中,证人证言是主要的证据形式,其在司法审判中的地位不言而喻。证人在刑事案件审理中必须作证,但证人的地位也很低下,在诉讼中跟原被告人一样,都要跪着参与庭审。为了获取证人证言,知县对证人往往进行逮捕与刑讯。

及至民国,南京国民政府时期的《刑事诉讼法》以实体的真实发现为意旨,法官有依据其判断自动积极地搜集证据的权限与责任,对于证人证言的真实性,法官往往会积极探知真相。1928年、

1935 年《刑事诉讼法》规定了直接审理的原则,比如 1935 年《刑事诉讼法》的第 164 条、第 200 条、第 267 条。其中第 200 条规定:"判决除有特别规定应经当事人之言词辩论为之。"这与清末变法修律大臣沈家本"凡该案关系之人与物必行直接讯问调查,不凭他人申报之言词辩论及文书,辄与断定"的主张相似①。

1935 年 8 月 23 日,司法行政部训字第 4375 号训令《办理刑事诉讼案件应行注意事项》第 31 条规定:"刑事诉讼采直接审理主义,故证人必须到庭亲自陈述。而有不得已情形,亦须就其所在地讯问,其仅以书面陈者不得作为证据采用。又证人委托他人受讯,即非亲历之人,亦不得视为合法证言(刑诉法一六四、参照最高法院二十一年第二八六号判例)。"国家法对证人庭前证言效力的否定,使得南京国民政府时期龙泉法院刑事案件的证人出庭率较高,涉及到证人证言的案件大都有证人出庭。在我们考察的 105 起案件中,涉及 321 名证人,其中出庭的证人为 225 人,证人出庭率 70.1%(包括部分证人出庭)。比如 1932 年季喜妹诉季根旺伤害一案庭审之前的点名单:

点名单

被告:季根旺,到

告诉人:季喜妹,到

证人:季光荣,到

季大海,到

为了保证证人证言的真实性,在民国时期,证人依旧需要具

① 陈瑞华:《刑事诉讼的前沿问题》,中国人民大学出版社 2016 年版,第 8 页。

结。"具结,乃是自誓其所陈述系据或将自己所知,而无增减匿饰之意识表示。"①具结的目的在于保证证人陈述事实的真实性,如果证人为不实之陈述,则将因犯伪证罪而受到处分。所以,在民国时期龙泉司法档案的审判笔录中,我们常常会看见下面的一段话:

> 问:你为证人要说实话。假话是要办罪的。
>
> 答:说实话。
>
> 问:你要具结?
>
> 答:愿具结。
>
> 谕知作证人之责任并命令具结。②

关于证人具结的模式,比如张世妹等诉季世妹等人妨害自由及抢夺一案所示:

> 证人结
>
> 今到案为证人,谨当据实陈述并无匿饰增减。此结。
>
> 证人:翁水生
>
> 注意:刑法第一七九条规定,证人供前或供后具结而为虚伪供述者,处一年以上七年以下有期徒刑。
>
> 　　　　　　　　中华民国二十年七月廿六日。
>
> 　　　　　　　　　浙江龙泉法院结文。③

---

① 蔡枢衡著,种松志、马潇点校:《刑事诉讼法教程》,中国政法大学出版社2012年版,第200页。

② 季喜妹诉季根旺伤害案,卷宗号:M003-01-07889,浙江省龙泉市档案局藏。

③ 张世妹、徐森荣诉邱宽永、季世妹、刘四奶、巫复声、巫刘魁、王荣樟、汤长发妨害自由及抢夺案,卷宗号:M003-01-07809,浙江省龙泉市档案局藏。

并且,法律在规定证人作证义务的同时,还对拒绝作证的行为规定了处罚措施,以保证诉讼的正常进行。如 1935 年《刑事诉讼法》第 165 条规定:"证人经合法传唤无正当理由而不到场者,得科以五十元以下之罚锾,并得拘提之,再传不到者亦同。"

对于证人证言的真实性,法官往往会积极探知真相。这就是南京国民政府时期刑事证据上的实体真实发现主义原则。这里仍旧以季喜妹诉季根旺伤害一案为例①。此案的庭审笔录如下:

审判笔录

被告:季根旺

右列被告因伤害事件,浙江龙泉县法院于中华民国廿一年七月廿七日上午九时在刑事庭公开审理,出席职员如左。

…………

推事问:季根旺为啥打你?

答:他欠我钱,还要赊肉,我不肯,他便打我。

问:几时打了你?

答:七月五号。

问:打你哪里?

答:打我右脚。

…………

问:他用什么东西打你?

答:他用砖打我。

问:他打你何人看见?

---

① 季喜妹诉季根旺伤害案,卷宗号:M003-01-07889,浙江省龙泉市档案局藏。

答:季光荣、季大海二人都看见。

问:他二人是你本家吗?

答:那天他二人在我家里嬉,不是我本家。

点呼季根旺入庭问姓名、年籍、业业等项。

…………

问:你为啥打季喜妹?

答:没有打他的,他自己跌的。

问:他说你欠他钱,又去赊肉,他不肯,你打他。

答:欠他钱是实的。打是没有打的。

点呼季光荣、季大海入庭问姓名、年籍、住业等项,谕令具结。

…………

问:季根旺打季喜妹你看见吗?

答:那天我在喜妹家里嬉,季根旺打他。

问:为什么打他?

答:季根旺向季喜妹赊肉,喜妹不赊,因此打的。

问:用什么东西打的?

答:先用烟筒打,后用石块打。

点呼季大海问年籍、住业等项。

…………

问:季根旺打季喜妹你看见吗?

答:看见的。

问:用什么东西打?

答:先用烟筒打,后用石块打。

问：打是几时？

答：七月五号。

问季根旺：现在这二个证人都说你打他，你还要怎么说？

答：他二人同我有气。

问：有什么气？

不答。

在经过证人出庭作证以后，法官认定了被告人的犯罪事实。该案最后的判决理由是，"查被告季根旺虽狡不供承有伤害季喜妹的事，然季喜妹右肩韧受有石块伤痕，经检察官验明并传讯证人季光荣等到庭，指证被告实施伤害属实"。从中我们看到，刑事庭审过程中证据的采集，都由法官亲自进行，证据只有经过法官直接的调查并经其衡量、评判以后，方能作为裁判的依据。

再比如，1930 年邓森茂诉俞石有、俞常峰共同抢夺案①。下面是该案判决书的一个片段：

> 查该被告俞石有于民国十八年二十九日纠同未到案俞常峰、吴黄犬以强暴胁迫阻止邓森茂等在箍桶源山开路，以妨害其运木之权，不独邓森茂当庭指供历历，即证诸证人吴宗元在侦查中之供述亦称我们三人去开路，他有十几个人来阻止的，我只认识俞石有、俞常峰两个人云云。则其成立妨害人行使权利之罪已属毫无疑义。至该被告抢夺刀斧一节，询据被害人邓森茂虽称确有其事，然被告既始终不认有夺取刀斧之事

---

① 邓森茂诉俞石有、俞常峰共同抢夺案，卷宗号：M003-01-07919，浙江省龙泉市档案局藏。

实而被害人除自己单方面之陈述外,又无其他证据来佐证,本院调查后被告当日究竟有无抢夺刀斧实属无从证明,故本院认该被告之行为之成立刑法第三百十八条第一项之罪,不能以抢夺罪论也……

在该案中,对被告人俞石有阻止邓森茂等开路的犯罪事实,不仅有邓森茂这一被害人的陈述,亦有吴宗元的证人证言佐证,所以成立妨害权利罪无疑。然而,至于抢夺罪,因为"被害人除自己单方面之陈述外,又无其他证据来佐证",所以法院认为,"被告当日究竟有无抢夺刀斧实属无从证明",故不能以抢夺罪论处。

证人出庭作证有利于发现案件事实真相,实现公平公正。通过言词辩论,被告人的合法权益得到保障,法官在法律适用上作出的审断也会更为精准。对同一个事实,不同人会有不同的认识,从而提供的证言也会出现差异,在面对有矛盾的证言时,要求证人来进行质证,可以使法官在这个过程中,寻求审判所需的事实真相,这也就提高了证人证言的客观真实性。

# 五 审判依据

民国初期,龙泉地方司法机关审理刑事案件主要沿用《暂行新刑律》,龙泉法院建立以后,对于普通刑事案件,龙泉法院主要依照《刑法》以及判例、解释例和有关刑事训令、决定等作出裁判;对于部分特种刑事案件,根据国民政府颁布的单行刑事特别法规作出裁判。一般案件,一审均由法官一人独任审判,个别案情重大的则由推事三人组成合议庭审理。下面辅以案例展开论述。

发生在 1914 年的吴世妹、柯陈福、王丕成、李奶儿赌博一案，是笔者在龙泉司法档案中接触到的较早出现判决书的案件。该案是由龙泉县审检所作出的判决词：

龙泉县审检所判决词

（一）犯罪人之姓名、籍贯、住址

赌犯吴世妹，籍隶龙泉县，住城东

柯陈福，同。

王丕成，同。

李奶儿，同。

（二）判决主文

判令吴世妹、柯陈福、王丕成各监禁二个月，李奶儿系俱发罪合并折处监禁一年刑期，自确定之日起算，限满分别释放，赌具销毁。此判。

（三）证明犯罪事实及缘由

缘吴世妹、柯陈福、王丕成、李奶儿在李忠明家用纸牌赌钱，经县知事、警所长暨本帮审员查夜得悉，即饬法警当场拿获……各供认赌不讳。惟李奶儿夜间在候审所拆墙图脱，经警长得悉，严加看守尚未逃走，质之吴世妹等供称睡熟不知，似无同谋情事。准上缘由合行援律如左。

（四）援据法律某条并理由

查新刑律第一百七十六条内载赌博财物者处一千元以下罚金，又同律第一百六十八条内载既决未决之囚及其他按律逮捕监人脱逃者处四等以下有期徒刑或拘役，又同律第二十三条内载确审判前犯数罪者为俱发罪各科其刑各等语。此案吴世妹、柯陈福、王丕成违禁赌博财物殊属不法,合依刑律第一百七十六条各处以罚金六十元,因无资力完纳,照刑律第四十五条第二款折易监禁。至李奶儿既犯赌博,又犯脱逃,除照吴世妹等同科外,复依刑律第一百六十八条处以五等有期徒刑十个月,系俱发罪照同律第二十三条第三款合并折处监禁。应下判决如主文。

帮审员:侯继繙

书记员:叶士芳

中华民国三年一月十六日。①

该案的判决书以"判决词"形式出现,体现了民国时期龙泉法院早期已使用裁判文书的特征。判决书分为了犯罪人之姓名、籍贯、住址,判决主文,证明犯罪事实及缘由,援据法律某条并理由四部分。这延续了晚清《直隶省各级审判检察厅暂行章程》中关于裁判文书写作格式的规定。该案裁判文书典型地显示出近现代司法文书程式化与逻辑化的特征,这是传统中国司法裁判文书所未有的。吴世妹、柯陈福、王丕成、李奶儿赌博案发生于民国三年即1914 年,时值龙泉审检所时期。

该案裁判的依据是《暂行新刑律》。北洋政府时期,袁世凯曾下令:"现在民国法律未经议定颁布,所有从前施行之法律及《新刑律》,除与民国国体抵触各条应失效外,余均暂行采用,以资遵

---

① 吴世妹、柯陈福、王丕成、李奶儿赌博案,卷宗号:M003-01-04590,浙江省龙泉市档案局藏。

守。"①所以,北洋政府时期的《暂行新刑律》是在《大清新刑律》的基础上做出修订而完成,体现了近代立法的延续性。在篇章体例上,它与《大清新刑律》相比,变化不大。就内容来说,变化主要体现在两个方面:第一,删除了《大清新刑律》中有关帝制、皇室特权等与民国共和体制不相符的条款,如删除"侵犯皇帝"全章 12 条,删除"毁弃制书""伪造御玺"等条款;第二,《暂行新刑律》的条文内容适应了民国时期国家与社会的巨大变化,如将"帝国"修改为"中华民国",将"臣民"修改为"人民",将"恩赦"修改为"赦免"等等。

不过,此后不久龙泉县公署时期的裁判文书格式发生了些许变化。比如 1916 年谢四奶诉王金富奸匪一案的裁判文书:

龙泉县公署刑事堂谕

民国五年审字第九十一号

堂谕正本

姓名、籍贯、住址、年龄、职业

原告人:谢四奶,龙泉南乡梅垟村,年三十七岁,农业

谢陈氏,龙泉南乡梅垟村,年二十五岁

被告人:王金富,龙泉南乡梅豫章庄,年五十一岁,工业

证人:张国仁,龙泉南乡梅垟村,年四十九岁,农业

林茂良,龙泉南乡梅垟村,年四十四岁,农业

乡警:邬能泉,龙泉南乡梅豫章庄,年六十三岁,警

右列被告人因奸匪案,经本署审理堂判如左。

---

① 《司法公报》1912 年 3 月 11 日,中华民国北京政府印行。

案缘原告人谢四奶状诉被告人王金富于七月十八日(即阴历六月十九日)任伊外出帮工时,对其妻谢陈氏胁迫强奸。其妻拒不顺从,以致头面均被王金富持刀砍伤,心坎小腹亦受拳足殴踢,后经村临张国仁等来家查问致被脱逃等情状,请庭验前来,当经验得该氏额头及左颔颊各有碎片划伤一处,均深不及分余,无别伤。核之供状不符,复为传集质讯,讯得谢四奶供称每日出外帮工,王金富屡在其家缝纫,曾闻村中人说王金富与其妻有染,究竟是否属实,从未目见,不敢妄指。复据其妻谢陈氏自白今年二月初旬,王金富在伊家缝纫时,适丈夫出外帮工,渠因一时错误,曾被调戏通奸一次,嗣后二次、三次间或有之,与王金富供词一致。证人张国仁、乡警邬能泉等亦均素所知悉。此次起衅原因,实由王金富写立婚书逼令谢四奶列押出典而谢陈氏始允复悔,是以状诉强奸。夫王金富对于谢陈氏虽非强奸,而平日和奸,双方业已直认,并邻居乡警本夫已均所素知悉,则奸夫奸妇均属法无可宥。应依暂行新刑律第二百八十九条之规定各处五等有期徒刑六个月。此谕。

县知事:张绍轩
承审员:沈宝琢①

该案发生在龙泉县公署时期。裁判文书以"堂谕"形式出现。很明显,该案的裁判文书采取了"主文、事实、理由"的三段论模式。在此后(包括南京国民政府时期)出现的裁判文书中,这种模式被

———————

① 谢四奶诉王金富奸匪案,卷宗号:M003-01-04116,浙江省龙泉市档案局藏。

固定下来。

龙泉县公署时期的裁判文书的变化不仅反映在形式上,而且对于现代刑法原则的适用亦有体现。罪刑法定的刑法原则在晚清时期引入中国①。在晚清著名的"礼法之争"中,法理派与礼教派对于"罪刑法定"与"比附援引"产生了巨大争论。1912 年 4 月,在对《大清新刑律》予以直接删改的基础上,北洋政府颁布了《暂行新刑律》。关于罪刑法定原则的规定,《暂行新刑律》与《大清新刑律》中第 10 条的表述("法律无正条者,不问何种行为不为罪")基本一致,使得清末在我国确立的罪刑法定原则得到延续和发展,罪刑法定原则也得以在基层司法实践中呈现。比如发生在 1918 年的杨思有诉杨思荣挟嫌诬告及抬棺敲诈一案,该案被告人因不服龙泉一审判决提出上诉。下面是浙江永嘉地方审判厅刑事判决书的一部分:

> 查新刑律第三百五十七条以对人以加害生命、身体、自由、名誉、财产之事相胁迫为犯罪成立之条件。今控诉人等以思忠之枢置于思忠所住之房屋内历久不出,固属非是。然新刑律上并无正条,判依同律第三百五十七条处以拘役三日殊

---

① 传统中国究竟是否存在"罪刑法定"原则,在学术界有争议。肯定说的代表人物包括沈家本、蔡枢衡、杨鸿烈、孔庆明等人;否定说的代表人物主要是张晋藩等人。相关的学术争论可以参见杨鸿烈:《中国法律思想史》,商务印书馆 1936 年版,第 100 页;俞荣根等著:《中国法律史研究在日本》,重庆出版社 2002 年版,第 98、100、235 页;张晋藩、林中、王志刚:《中国刑法史新论》,人民法院出版社 1992 年版,第 267—273 页;彭凤莲:《中国罪刑法定原则的百年变迁研究》,中国人民公安大学出版社 2007 年版;陈新宇:《从比附援引到罪刑法定——以规则的分析与案例的论证为中心》,北京大学出版社 2007 年版;劳东燕:《罪刑法定本土化的法治叙事》,北京大学出版社 2010 年版。不过,近现代意义上的罪刑法定原则在晚清才得以出现。

属错误,检察官论告亦以宣告无罪为请,特判决如主文。①

该案缘于杨思有呈状:"为呈诉抬棺索敲无法无天,喊叩迅赐饬警押退并提案惩办事……"该案呈状以后,县知事签署批词:"杨思荣等如果确有将尸死杨思忠棺木抬入尔家并坐食情事,殊属目无法纪,候立饬法警前往押退并带案讯办。此批。"该案经过法警下乡调查,当事人与证人论辩以后,县知事在点名单后面简单作出了判决:

> 本案杨思有、杨思钦如有房屋纠葛系另一个问题。应由当事人依法移民事起诉方能核办……杨邦瑞、杨邦然等实犯刑律第三百五十七条对人以加害生命相胁迫之罪。姑念该尸棺现已抬埋,着各按律处拘役三日。此判。②

该案的原审判决即龙泉县公署一审适用了《暂行新刑律》第357条,对被告人作出了拘役三日的判决。但是被告人上诉以后,二审法院(永嘉地方审判厅)作出了"……固属非是。然新刑律上并无正条,判依同律第三百五十七条处以拘役三日殊属错误……宣告无罪"的改判。此案体现出罪刑法定原则在司法裁判上的运用。此后,1928 年《刑法》与 1935 年《刑法》再次重申罪刑法定原则。

---

① 杨思有诉杨思荣挟嫌诬告及抬棺敲诈案,卷宗号:M003-01-16659,浙江省龙泉市档案局藏。

② 在民国初期的龙泉司法档案中,大量的裁判文书以草稿或者定稿的形式在"点名单"中出现。由于档案的遗失或其他种种原因,一些案件的"判决书"只在"点名单"中简单出现,而正式的判决书在卷宗中却找不到。

另外,民国初期的龙泉法院进行刑事司法裁判的一个重要依据是大理院的判例与解释。这里以 1919 年叶大运诉吴连义诱奸拐掳的判决书为例予以说明:

龙泉县公署刑事判决

告诉人:叶大运,年五十岁,龙泉县人,住城北,农

被　　告:吴连义,年四十九岁,同,同,抬轿

被害人:叶阔氏,年四十八岁,同,同,同

右告诉人告诉被告诱奸拐掳一案业经本署审理判决如左。

主文

告诉人告诉被告奸拐叶阔氏之部分驳回。

被告搬去告诉人家用器具,断令被告赔还告诉人银洋四元。

事实

缘阔氏叶秀自幼配与陈世妹为妻,世妹夭亡时,阔氏年仅十二岁,世妹之母季氏因家贫无靠,于光绪二十年招告诉人之弟叶大通入赘,将媳阔氏配与大通为妻,迨季氏病故,大通与阔氏于光绪二十八年还北乡扬寮地方与兄叶大运(即告诉人)同居生子,幼殇。至光绪三十四年,告诉人与弟夫妇复还石门枕同居至民国五年,大通病故。告诉人与弟妇阔氏同移清修寺对门瓦窑屋内居住,告诉人时常外出与人帮工,阔氏遂与被告姘识。本年一月,被告将阔氏带到义泉社外首同住,家用杂物概被搬去,惟俱不大值钱,告诉人遂以诱奸拐掳到署告诉。经本公署审理,据被告供称搬来器具数件属实,惟不大值钱,

据被害人供称因亡夫无子自愿招吴连义为夫属实。以上为案之事实。

　　理由

　　按大理院解释,统字第三百六十四号、新刑律第三百五十五条,告诉权之范围,女子除被害之本人及未成年之监督人外,其已成年未嫁者尊亲属仍有告诉权,其孀居者,夫之尊亲属亦有告诉权,如尊亲属以外之亲属关系者亦许有告诉权则未免过于广泛等语,依此解释,则告诉人当然无告诉权,至被害之本人又自供称自愿招被告人为夫,是依律须告诉乃论之案,不能凭无告诉权人之告诉遽为受理。告诉人告诉被告奸拐叶阔氏之部分应即驳回。惟告诉人之家用器具据被告已供认搬有数件,虽不甚值钱,亦应酌令赔偿银洋四元归还告诉人。本上理由遂判决如主文。

中华民国八年一月廿九日判决

二月六日宣示

二月六日牌示

县知事:王施海

承审员:谢伯镕①

　　北洋政府时期,司法实践中的法律适用呈现出极为复杂的局面,由于军阀混争,南北对峙,立法权并不统一,而国会立法职能又难以正常运行,导致国家立法远不能适应司法实践的需要。为了

---

　　①　叶大运诉吴连义诱奸拐掳案,卷宗号:M003-01-00623,浙江省龙泉市档案局藏。

改变这一法律适用混乱的局面,作为最高司法机关的大理院运用司法解释权,通过司法创制的形式确立了大量的判例与解释例。所以,大理院的判例与解释也是这一时期龙泉法院审判案件的重要依据①。

1927 年,南京国民政府命司法部长王宠惠依据北洋政府时期的《刑法第二次修正案》修改《刑法》,1928 年遂颁布施行。1928 年《刑法》是在北洋政府时期《暂行新刑律》基础上修订完成的。同一年,南京国民政府颁布实施《刑事诉讼法》。这是中国历史上第一部以"刑事诉讼法"为名称的法律②。这里以张世妹、徐森荣诉邱宽永、季世妹、刘四奶、巫复声、巫刘魁、王荣樟、汤长发妨害自由及抢夺一案为例说明两部法律的适用。该案原告于 1932 年 7 月 2 日以"为强暴抢夺妨害秩序恳请察核法办以维国法而儆凶顽事……"为由提起诉讼,该案经过侦查、起诉、法庭辩论以后,龙泉法院遂作出了刑事判决:

龙泉县法院刑事判决

主文

汤长发以强暴胁迫妨害人行使权利一罪处罚金二元,如经强制执行未完纳,以一元折算一日易科监禁。

季世妹、邱宽永共同以强暴胁迫妨害人行使权利一罪各处罚金三元,如经强制执行未完纳,以一元折算一日易科

①　更多讨论可以参见黄源盛:《民初大理院与裁判》,台湾元照出版有限公司 2011 年版。

②　民国建立以后,曾长时间援用清末《刑事诉讼律(草案)》。1921 年,北京政府将《刑事诉讼律(草案)》修改为《刑事诉讼条例》,并颁布实施。

监禁。

事实

缘谦太米行于本年七月四日出售五袋米,当由徐森荣肩负一袋,而汤长发以徐森荣未入会,推落其米袋,强自肩去。又同日,张世妹由埠头挑运至泰隆南货店洋烛米饼各一箱,适过官仓街口有季世妹、邱宽永二人阻止其挑运,谓其未入会,将其所挑之洋烛米饼各一箱取其铁钩强挑至泰隆南货店。事后,徐森荣、张世妹即将上列事实诉讼,本院检察官侦查终结认为,汤长发实犯刑法第三百十八条之罪,季世妹、邱宽永犯同法同条及第三百四十三条第一项之罪提起公诉。

理由

本件分两部分说明之。

(一)关于汤长发部分。查汤长发以徐森荣未入会于本年七月四日将徐森荣所肩负谦太米行出售之米袋强行推落强自肩负。是项事实不独徐森荣言之鉴鉴,即质讯谦太米行翁水生亦供认相符,汤长发独以先肩米袋为辞,殊难凭信,自应绳以强暴胁迫妨害人行使权利之罪。

(二)关于季世妹、邱宽永部分。查季世妹、邱宽永亦以张世妹未入会于本年七月四日将张世妹所挑运至泰隆南货店洋烛米饼各一箱阻止其挑运,取其铁钩强挑至泰隆南货店。关于是项事实已经张世妹陈述明晰,并质讯当场目见之翁水生供证相符,该被告等辩称张世妹借其铁钩未还,故为之挑运云云,益显狡诈。则其构成妨害自由罪极为明显。惟关于抢夺部分,似难成立,盖抢夺罪以意图自己或第三人不法之所有为要件,本案季世妹、邱宽永以张世妹未入会阻止挑运,将其挑洋烛米饼箱件挑运至泰隆南货店,是其无为自己或第三人之所有,即难为有罪之判决。

基上论结,汤长发以强暴胁迫妨害人行使权利一罪依刑法第三百十八条第一项处以罚金二元,季世妹、邱宽永共同以强暴胁迫妨害人行使权利一罪依同法第四十二条、第三百十八条第一项各处罚金三元,被告等所处罚金如经强制执行未完纳,依同法第五十五条第二项及第三项前段之规定均以一元折算一日易科监禁。至季世妹、邱宽永之抢夺部分犯嫌不能证明,应依刑事诉讼法第三百十六条谕知无罪。特为判决如主文。①

该案适用的法条出自1928年的《刑法》。1928年《刑法》虽然是南京国民政府成立之后作为"六法"之一制定和颁布的法典,但实际上是晚清以后刑事立法演变的结果。同时,它也只是一个阶段性成果。因为,其实施不久,国民政府就开始了又一次刑法修订工作。究其原因,主要为以下几点:《刑法》条文繁复,施行以后应各地请求,最高司法机关作出了许多司法解释;由于时势变化,刑事政策也随之变更,在《刑法》之外不断颁布各种刑事特别法,这虽然能弥补刑法规定之不足,但也造成刑事立法和司法的混乱;随着《中华民国民法》于1931年的全面实施,1928年《刑法》中若干内容更暴露出了缺陷,如体现传统重男轻女的宗族亲属制,与《民法》

---

① 张世妹、徐森荣诉邱宽永、季世妹、刘四奶、巫复声、巫刘魁、王荣樟、汤长发妨害自由及抢夺案,卷宗号:M003-01-07809,浙江省龙泉市档案局藏。

所规定的血亲与姻亲制存在矛盾等。经过一系列讨论和审议之后，新《刑法》终于被立法机关通过，并于 1935 年元旦获得公布，同年 7 月 1 日起施行。这样，随着 1935 年这一新《刑法》的实施，1928 年《刑法》也就停止了其效力。关于新刑法与旧刑法交替之间的适用规则，这里以 1935 年王盛招诉孙招云伤害一案的判决书为例加以说明：

> 查告诉人王盛招阴户被击成伤业经检察官督吏验明填单附卷，讯据被告孙招云仅认相争属实而否认有实施伤害之事实。但告诉人伤既验明，复经证人孙松发、王顺长、邱观泉到庭证明，指认确为被告加害，而被告又自认相争属实，则被告伤害人之罪责岂容空言狡卸。惟查被告犯罪在新刑法施行前，而旧刑法第二百九十三条第一项比较新刑法第二百七十七条第一项为重，依新刑法第二条第一项上段应依新刑法论科，合依《刑事诉讼法》第二百九十一条、《刑法》第二百七十七条第一项、第二百八十七条、第四十六条判决如主文。①

1935 年《刑法》第 2 条规定，行为后法律有变更者，适用裁判时之法律；但裁判前之法律有利于行为人者，适用最有利于行为人之法律。该案中被告人犯罪发生在新刑法颁布实施之前，涉及到刑法的溯及力问题。本案适用了从新兼从轻的原则。从新兼从轻原则认为新法具有普遍追溯力，但旧法规定较轻时为例外。所以，本案适用了新刑法科处刑罚。

---

① 王盛招诉孙招云伤害案，卷宗号：M003-01-07295，浙江省龙泉市档案局藏。

另外，值得注意的是，刑事特别法发达是南京国民政府时期刑法的突出特征。以下两个案例的判决依据是刑事特别法。首先是夏火生、刘叶金妨害兵役罪一案的判决书：

浙江龙泉地方法院刑事判决

主文

夏火生、刘叶金顶替兵役各处有期徒刑三月。

事实

缘本县龙溪乡第十一保、第十四保应征壮丁李承乐、刘潘弟等两名于年龄征集之时分别贿买被告夏火生、刘叶金冒名顶替兵役为龙泉县政府察觉，前情经将被告函解同院检察官侦查起诉。

理由

查被告夏火生、刘叶金等二人分别顶替兵役，业据供认不讳，核其在龙泉县政府及同院侦查中所供相同，事实已臻明确，自应依法判处有期徒刑三月，以示儆惩。

基上论结，应依《刑事诉讼法》第二百九十一条上段、《刑法》第十一条、《妨害兵役治罪条例》第十五条第一项判决如主文。①

在龙泉司法档案民国后期部分中，有关妨害兵役的案件开始增多，表现出这一时期龙泉县抗战动员的情形。此案的判决依据就是《妨害兵役治罪条例》。关于刑事特别法的适用，再以发生在1946年的潘臣青贪污一案为例说明：

---

① 夏火生、刘叶金妨害兵役罪案，卷宗号：M003-01-07175，浙江省龙泉市档案局藏。

　　据右论结,合依《特种刑事诉讼案件诉讼条例》、《惩治贪污条例》第三条第二款、第七条第一项、第十一条、第十三条、《刑法》第三十七条第二款、《刑事诉讼法》第四百九十二条后段、第五百零六条第一项判决如主文。①

　　民国时期的刑事特别法在立法和司法上具有重要地位,不仅内容丰富,而且种类较多。一般地,民国刑事特别法分为以下几类:1. 惩治盗匪法。在《暂行新刑律》中,并无盗匪罪的罪名,只有强盗罪,特别法里增加了匪徒罪,合称"盗匪"。例如:《惩治盗匪法》(1914 年)、《惩治盗匪暂行条例》(1927 年)、《惩治盗匪条例》(1944 年)等。2. 惩戒烟毒特别法。包括对传统的鸦片烟犯罪和新出现的吗啡、高根、海洛因犯罪等的处罚。例如:《吗啡治罪法》(1914 年)、《禁烟法》(1928 年)等。3. 政治性特别法。带有政治色彩的特别法在广州、武汉国民政府时期和南京国民政府时期较多,例如:《暂行反革命治罪法》(1928 年)、《危害民国紧急治罪法》(1931 年)、《戡乱时期危害国家紧急治罪条例》(1947 年)等。4. 经济类特别法。此类特别法惩治的是经济犯罪,有些具有强烈的适应一时经济政策需要的色彩。例如:《私盐治罪法》(1914 年)、《黄金外币买卖处罚条例》(1947 年)等。5. 职务犯罪特别法。专门规定惩治职务犯罪的特别法较少,但其他特别法中也有关于公务人员犯相关罪行加重处罚的规定。例如:《官吏犯赃治罪条例》(1914 年)、《惩治贪官污吏条例》(1927 年)等。6. 军事特别法。所有的军事特别法都可以看作是对法典的补充。例如:《陆军刑事条

---

　　①　潘臣青贪污案,卷宗号:M003-01-07893,浙江省龙泉市档案局藏。

例》(1915 年)与《海军刑事条例》(1915 年)、《陆海空军刑法》(1929 年)等。7. 其他特别刑事实体法。这是一些不便归入以上类别的特别法规,数量也不少。例如:《贩运人口出国治罪条例》(1921 年)、《暂行特种刑事诬告治罪法》(1928 年)等。8. 特别刑事程序法。例如:《陆军审判条例》(1915 年)与《海军审判条例》(1915 年)、《参审陪审条例》(1927 年)、《特种刑事案件诉讼条例》(1944 年)等。9. 附属刑事特别法。附属刑法依附于其他法律而存在,例如:《票据法》(1929 年)附属之刑事特别法(第 136 条第 1 项、第 2 项、第 3 项)、《破产法》(1935 年)附属之刑事特别法(第 152 条至 159 条)、《邮政法》(1935 年)附属之刑事特别法(第 36 条至第 47 条)等①。

刑事特别法是近代刑事法律的组成部分,在中国法制近代化的过程中具有重要地位。因为法典必须保持相对稳定,不能频繁修改,即使修改法典,法律的修改程序也过于烦琐与复杂,而特别刑事法规补充了其不足。不过,特别法过多,普通司法机关与特别司法机关并存,以及由此导致的普通司法程序与特别司法程序的相互杂糅,"这种做法不仅在很大程度上恢复和强化了传统司法的功能与效用,而且助长了以刑为主、镇压为先的传统司法观念的复萌与蔓延"②。

就判决书形式而言,南京国民政府时期的判决书基本上由以下几个部分组成:1. 标题与案号。标题一般是"龙泉法院刑事判决书";案号的标注稍显复杂,抗日战争全面爆发后对烟毒案件单独

---

① 张道强:《民国刑事特别法与法制近代化》,《法学杂志》2011 年第 10 期。

② 方乐:《民国时期法律解释的理论与实践》,北京大学出版社 2016 年版,第 715 页。

编号,为"××年度烟特字××号",其他特别刑事案件为"××年度特字××号"。2. 当事人。公诉人一般仅标注为"本院检察官",被告人依次列明,其内容有姓名、年龄、籍贯、住址等项,职业有时标明。3. 主文。推事以简短语句标明被告人所犯罪行及所处刑罚。4. 事实。推事写明被告人的犯罪行为及侦查公诉情况,内容根据具体案情或长或短。5. 理由。在此部分,推事对案件审理过程作简要总结,对相关证据作简单分析,对判决理由作一定阐释,对判决依据作细致说明。"理由"部分是判决书的核心和关键内容,是判断判决公正与否和推事水平高下的重要依据。6. 推事姓名、书记官姓名及判决日期,若检察官出庭会注明"本件经检察官×××莅庭执行职务"。

这反映了民国时期龙泉刑事司法的巨大变化,这种变化并不只表现在形式上,而且就内容而言,这个时期的判决书已经相当成熟与稳定①。它已经淡化了有清一代道德说教的色彩,更加倾向于在明确案件事实的基础上,准确适用法律。司法权是国家权力的重要组成部分,司法统一是现代国家的重要标志。司法统一分为形式与实质两个方面。就前者来说,它是指司法机关审级管辖的完整与统一;就后者而言,则是指国家法律的适用统一性。民国时期,国家法在龙泉地方的适用反映出龙泉法院对于国家法的遵守与遵循,它改变了清代知县审断情理法交融的局面和国家治理碎片化的模式,表现出国家力量给基层刑事司法运作带来的深远影响。

---

① 侯欣一:《创制、运行及变异:民国时期西安地方法院研究》,商务印书馆2017年版,第182页。

# 第四章　罪名、刑罚、上诉与执行

## 一　罪名

在南京国民政府时期，龙泉县一直处于国民党中央政权的有效统治之下，包括 1937 年至 1945 年抗日战争全面爆发阶段，龙泉法院的工作一直都在正常、有效地开展。龙泉法院刑事案件的管辖范围为内乱罪、外患罪、妨害国交罪以外的案件，是政治色彩较淡的普通刑事案件。

民国时期龙泉犯罪多发，从产生的原因上看，这既与龙泉作为浙江省抗战后方，外来人口的激增使总人口超出资源承载力，战时后方经济社会环境恶化，物资供应不足，社会民生凋敝等因素有紧密关系，也与大后方较为封闭的自然环境下社会秩序失范，社会风俗败坏，道德沦丧等因素有关。从罪名上看，这一时期排在犯罪案发率前四位的罪名始终是侵害、窃盗、妨害自由、赌博。1928 年《刑法》和 1935 年《刑法》规定的内乱罪、外患罪、妨害国交罪，在龙泉法院的刑事审判记录中一直未出现过。表9为1934年龙泉法院刑事一审案件统计表,虽不能充分说明民国时期龙泉刑事审判的情况,但也可从中窥见其一斑:

表9　1934年龙泉法院刑事一审案件统计表

| 民国二十三年度刑事第一审案件年表 | | | | | | | | | | | | |
|---|---|---|---|---|---|---|---|---|---|---|---|---|
| 罪　名 | 受理数量（起） | | | 终结数量（起） | | | | | | | | 未终结（起） |
| | 旧受 | 新收 | 计 | 科刑 | 无罪 | 免诉 | 不受理 | 管辖错误 | 命令错误 | 其他 | 计 | |
| 渎职罪 | | | | | | | | | | | | |
| 妨害公务罪 | | 8 | 8 | 7 | | | | | | | 7 | 1 |
| 妨害选举罪 | | | | | | | | | | | | |
| 妨害秩序罪 | | | | | | | | | | | | |
| 逃脱罪 | | 5 | 5 | 3 | | | | | | 2 | 5 | |
| 藏匿犯人及证据罪 | | | | | | | | | | | | |
| 伪证诬告罪 | 1 | 8 | 9 | 9 | | | | | | | 9 | |
| 公共危险罪 | | 2 | 2 | 2 | | | | | | | 2 | |
| 伪造货币罪 | | | | | | | | | | | | |
| 伪造度量衡罪 | | | | | | | | | | | | |
| 伪造文书印文罪 | 1 | 8 | 9 | 4 | | | 3 | | | 1 | 8 | 1 |
| 妨害风化罪 | | 1 | 1 | 1 | | | | | | | 1 | |
| 妨害婚姻及家庭罪 | | 2 | 2 | 2 | | | | | | | 2 | |
| 亵渎祭祀及侵害坟墓尸体罪 | | | | | | | | | | | | |

续表

| 罪　名 | 受理数量（起） | | | 终结数量（起） | | | | | | | | 未终结（起） |
|---|---|---|---|---|---|---|---|---|---|---|---|---|
| | 旧受 | 新收 | 计 | 科刑 | 无罪 | 免诉 | 不受理 | 管辖错误 | 命令错误 | 其他 | 计 | |
| 侵害农工商罪 | | | | | | | | | | | | |
| 鸦片罪 | | | | | | | | | | | | |
| 赌博罪 | 1 | 8 | 9 | 9 | | | | | | | 9 | |
| 杀人罪 | 1 | 2 | 3 | 1 | 1 | | | | | | 2 | 1 |
| 侵害罪 | 1 | 26 | 27 | 16 | | | 9 | | | | 25 | 2 |
| 堕胎罪 | | | | | | | | | | | | |
| 遗亲罪 | | | | | | | | | | | | |
| 妨害自由罪 | | 14 | 14 | 12 | | | 1 | | | 1 | 14 | |
| 妨害名誉及信用罪 | | 4 | 4 | 2 | | | 2 | | | | 4 | |
| 妨害秘密罪 | | | | | | | | | | | | |
| 窃盗罪 | 11 | 10 | 21 | 10 | 3 | | 2 | | | 5 | 20 | 1 |
| 抢夺强盗及海盗罪 | | 4 | 4 | 3 | 1 | | | | | | 4 | |
| 侵占罪 | | 8 | 8 | 5 | | 1 | 2 | | | | 8 | |
| 诈骗及背信罪 | | 9 | 9 | 7 | 1 | | 1 | | | | 9 | |
| 赃物罪 | | 1 | 1 | 1 | | | | | | | 1 | |
| 毁弃损坏罪 | | 6 | 6 | 3 | | | 3 | | | | 6 | |
| 惩治盗窃暂行条例 | | 7 | 7 | 7 | | | | | | | 7 | |
| 合　计 | 16 | 133 | 149 | 91 | 19 | 1 | 23 | | | 9 | 143 | 6 |

# 二　刑罚

## （一）民初刑罚改革及其波折

定罪量刑是刑事判决的核心。晚清刑罚制度的变革描绘了近代中国以自由刑为中心的刑罚改革蓝图，对此后影响很大，而这一时期构建的以自由刑为中心的刑罚体系与中国传统刑罚体系相比，呈现出刑罚轻缓化的趋势。然而，这并不意味着晚清民国时期刑罚制度变革的一蹴而就。实际上，在民国初期，笞刑和流刑都不同程度地返回了历史的舞台。

1912 年 3 月 10 日，袁世凯在北京就任中华民国临时大总统后颁布的《暂行援用前清法律令》，确定了辛亥革命后"有条件地援引前清法律令"的法制发展原则，使民国时期的法律与旧法之间形成了既有断裂又有传承的格局①。援用前清法律当然包括继续采用西方式的以自由刑为中心的刑罚体系。

不过，在袁世凯宣布沿用前清法律之后不久，《徒刑改遣条例》于 1914 年 7 月 30 日以教令形式颁布。在这一条例中，将徒刑修改为早已废除的发遣边疆的刑罚。袁世凯认为，"狱政尚未修明""设备多仍旧贯"这样的监禁条件，不仅起不到"感化"作用，反而成为

---

①　马建红：《辛亥革命：法制的断裂与传承——以〈暂行援用前清法律令〉为中心的静态考察》，《河北法学》2011 年第 9 期。

"学习犯罪之地"，为此制定《徒刑改遣条例》，规定凡无期徒刑及五年以上有期徒刑之内乱、外患、妨害国交、脱逃、放火决水、伪造货币、伪造文书印文、发掘坟墓、强盗、略诱再犯、窃盗再犯、诈欺取财再犯等罪，得改为发遣；发遣地为吉林、黑龙江、新疆、甘肃、川边、云南、贵州、广西等地；改遣犯人，须出本省足三千里；改遣犯人到配所后，服狱处之定役，并编入该处户籍。根据该条例，北洋政府恢复了《大清新刑律》中业已废除的遣刑。

此后，民国北京政府司法总长梁启超提出"改良司法计划"，基于疏通监狱的考虑，要求适当恢复笞杖刑罚，将轻刑犯酌情处以笞杖，免去囚禁之苦。袁世凯将建议书发交政治会议讨论。1914 年 10 月 5 日，司法部公布《易笞条例》，重新恢复临时政府时期明令废止的笞刑。此条例规定，凡犯奸非、和诱、盗窃等罪，应处以三个月以下有期徒刑、拘役或百元以下罚金折易监禁者，照刑期一日改易笞刑二下。笞刑由检察官或知事会同典狱官监视，于狱内执行，若照犯人体格一次不能终了时，分二次执行。执行笞刑，先由医师诊视犯人，出具堪受笞刑证书，对不堪受者，暂缓执行，责交保证；如满三个月，尚认为不堪受笞刑时，仍执行本刑。

比如发生在民国初年的杨峻麒诉柳汉龙等人诱奸图占一案，该案的判决书这样写道：

> 查《暂行新刑律》第三百四十九条第二项之规定与柳汉龙所犯之罪实相符合，惟因贫与卖尚属情有可原，故从轻判处五等有期徒刑二月零十日。杨峻麒预谋收受罪与卖者同等，亦应判处五等有期徒刑二月零十日。俟判决确定均照判执行期

满。项氏仍归前夫柳汉龙领回完聚。杨峻麒与柳项氏所生之子仍归杨峻麒领回。案经柳汉龙当庭请求因贫不克受刑,准即照章折笞保释。典卖各据当庭涂销。此谕。①

该案的起因是柳汉龙因为家计困难,于民国二年(1913)元月将妻柳项氏典当给杨峻麒。该案刑罚的依据就是民国初年的《易笞条例》。

笞刑和流刑恢复的直接原因乃为监狱的人满为患。西方以自由刑为中心的刑罚体系被引入我国,伴随新的刑罚体系而生的,除了刑罚轻缓以外,还有监狱人满为患的问题。由于监狱改良措施没有到位,频繁的内战致使国库空虚,一切经费日趋拮据,民初狱政建设不免大受影响,监狱拥挤状况在所难免,这不仅不利于罪犯改邪归正,而且如果管理不善,还可能导致犯人间疾病的交叉感染。所以,当模仿西方模式以改变固有的制度而遇到困境之后,人们将解决问题的途径便又转向了传统,因此统治者希望暂时地用恢复传统刑罚如笞刑、流刑来解决现实问题。这也是为什么这些试图恢复传统刑罚的努力都是以颁布条例、暂行条例的形式进行而并没有被纳入正规的刑法典的原因,上述两个条例均在其颁布的两年后被废止。

所以,民国时期的刑罚制度在实践中基本上延续了清末变法修律的方向,呈现出文明化与轻刑化的趋势与特征,但是在此期间也曾多次进行过恢复传统刑罚的努力。论及刑罚的恢复,论者常

---

① 杨峻麒诉柳汉龙、柳仁宝、柳水旺诱奸图占案,卷宗号:M003-01-02323,浙江省龙泉市档案局藏。

常坐而论道地抨击其为"逆历史潮流而动的明证",然而,这一论点忽视了刑罚改革背后的困境——民国时期造成恢复传统刑罚的一个共同原因就是为了"疏通监狱"——司法资源的拮据①。法律文本只是纸面上的法律,而只有将法律实践与法律文本有机结合起来,才能使文本意义上的法律落地生根。

## (二)民国时期量刑的轻缓化

南京国民政府时期,龙泉法院根据立法规定与犯罪嫌疑人的犯罪行为、犯罪动机、犯罪对象、犯罪后果、犯罪情节和悔罪表现等因素进行定罪量刑。为了更为全面地考察这一时期龙泉法院的刑罚适用情况,我们选取了 100 个样本进行讨论。100 个样本中,罚金的适用数量最多,其中单处罚金的数量为 40 个,占比为 40%;有期徒刑 32 个,占比为 32%,有期徒刑时间最长为十年,其余判处有期徒刑的案件,有期徒刑时间在数月左右;判处拘役的案件数量较少,只有 7 个;无期徒刑 1 个,其余为无罪案件,判处死刑的案件则没有。在从刑当中,褫夺公权出现的数量为 6 个,并处罚金出现的案件数量则为 5 个,没收为 2 个。另外,缓刑的数量为 15 个,占案

① 在民国初期,许世英担任司法总长,这个曾经在清末工作于刑部,并在 1900 年被派往欧洲巡视司法系统与新式监狱的改革家上任以后,就把普设新式法院、监狱改良工作置于首要地位,立即着手监狱的扩建与改造。在完成县监情况的调查以后,一个雄心勃勃的计划出台,即用五年的时间建设几百所新监狱,相当于在全国 1700 个县的每 6 到 7 个县中建立一所新监狱。但显然,这一计划难以实施,一个致命的问题就是监狱扩建与改良计划为经济所束缚。此后该方案一再缩水,财政困难最终使这一计划成为了空中楼阁。

件总数的15%。大部分案件从轻量刑,少部分案件从重量刑,量刑呈现出轻刑化的特点。

关于罚金刑的适用。比如,1944年发生的杨显元诉王显禄侵占一案:

> 王显禄侵占处罚金三百元。如无力完纳,准以三元折算一日易服劳役。①

关于本案的判决理由,裁判书写道:"惟被告年事尚轻,犯罪情节较轻,故科以低度之刑以示惩处。依《刑事诉讼法》第二百九十一条前款,《刑法》第三百三十五条第一项,第四十二条第二项判决如主文。"罚金刑即"剥夺犯人财产之刑罚也"②。罚金刑是民国时期主刑中最轻的刑罚,也是龙泉法院适用最多的刑罚种类。1935年《刑法》第42条规定,罚金应于裁判确定后两个月内完纳,期满而不完纳者,强制执行;其无力完纳者,易服劳役。易服劳役以一元以上、三元以下折算一日,但劳役期限不得逾六个月。

关于有期徒刑的适用。比如发生在1916年的许元盛诉罗吴寿发掘坟墓案:

> 讯得被告人各认发掘坟墓不讳,且由洪三妹起意,墓内各物均由洪三妹取出,是各成立发掘坟墓损害殓物罪名,证据确鉴,应依照刑律第二百六十二条及司法部呈准加等办法处洪三妹以三等有期徒刑四年零十一月;处罗吴寿以三等有期徒刑三年零二月;季世奶于案已发觉之后竟日投首,其情

---

① 杨显元诉王显禄侵占案,卷宗号:M003-01-00662,浙江省龙泉市档案局藏。
② 王觐著,姚建龙勘校:《中华刑法论》,中国方正出版社2005年版,第385页。

可原,应依照第五十四条减等处以四等有期徒刑一年。此判。①

再比如发生在1935年的孙招云、孙马传互控伤害案:

孙招云伤害人之身体处有期徒刑二月,裁判确定前羁押日数以一日抵徒刑一日。②

该案适用的法条是1935年《刑事诉讼法》第291条,1935年《刑法》第46条、第277条第1项、第287条。其中,1935年《刑法》第46条规定了裁判确定前羁押之日数以一日抵有期徒刑或拘役一日或第42条第4项裁判所定之罚金额数。自由刑的大量使用反映了自由刑"在现代国家,乃为刑罚之中心"的地位③。

关于拘役,适用情况并不多。比如王满田诉邱观泉、邱玉才、邱马氏共同伤害一案:

邱观泉、邱玉才、邱马氏共同伤害人各处拘役二月缓刑三年。王满田、徐满达、王阙氏被诉妨害自由部分均无罪。④

该案的理由:"据以上论结,邱观泉、邱玉才、邱马氏依《刑事诉讼法》第291条、第298条,《刑法》第28条、第277条第1项、第74

---

① 许元盛诉罗吴寿发掘坟墓案,卷宗号:M003-01-15965,浙江省龙泉市档案局藏。

② 孙招云、孙马传互控伤害案,卷宗号:M003-01-07295,浙江省龙泉市档案局藏。

③ 陈瑾昆著,吴允锋勘校:《刑法总则讲义》,中国方正出版社2004年版,第288页。

④ 王满田诉邱观泉、邱玉才、邱马氏共同伤害案,卷宗号:M003-01-02605,浙江省龙泉市档案局藏。

条第 1 款；被告王满田、徐满达、王阙氏依《刑事诉讼法》第 293 条第 1 项及第 508 条第 2 项分别判决如主文。"

关于缓刑的适用。比如李泰富诬告案：

> 被告李泰富实犯《刑法》第一百八十条第一项之罪，量处有期徒刑六个月，裁判确定前羁押日数依《刑事诉讼法》第六十四条以二日折抵徒刑一日。又查被告年逾六旬，未曾受拘役以上刑之宣告，依《刑法》第九十条第一款同时宣告缓刑三年予以自新之路，援依《刑事诉讼法》第三百十五条为判决主文。①

缓刑作为"近世刑事政策成功之美果"②，适用于虽有犯罪但是有时并无科刑之必要，甚至有时科刑反而更有弊端者，即对于偶然初犯者，往往只判决论罪加以警戒而已③。在龙泉法院的司法实践中，缓刑占据了相当大的比重。以 1939 年龙泉法院缓刑适用为例，如表 10 所示，当年大多数缓刑都在两年以上三年以下。

关于褫夺公权的适用。资格刑在中国法制史上由来已久，褫夺公权作为一种资格刑，最早出现于清宣统二年（1910）十二月公布的《大清新刑律》中。这种刑罚制度是在西方刑法理论的影响下建立起来的。龙泉司法档案中从刑适用褫夺公权的案件不多，大多

---

① 李泰富诬告案，卷宗号：M003-01-07048，浙江省龙泉市档案局藏。

② 陈瑾昆著，吴允锋勘校：《刑法总则讲义》，中国方正出版社 2004 年版，第320 页。

③ 1935 年《刑法》第 74 条规定了缓刑的适用规则与适用范围："受二年以下有期徒刑、拘役或罚金之宣告而有左列情形之一，认为以暂不执行为适当者，得宣告二年以上、五年以下之缓刑，其期间自裁判确定之日起算：一、未曾受有期徒刑以上刑之宣告者；二、前受有期徒刑以上刑之宣告，执行完毕或赦免后五年以内未曾受有期徒刑以上刑之宣告者。"

表 10　1939 年龙泉法院缓刑适用情况统计表

| 刑事缓刑 | | | | | | | | | | | | | | |
| --- | --- | --- | --- | --- | --- | --- | --- | --- | --- | --- | --- | --- | --- | --- |
| 造报机关 | 浙江龙泉地方法院 | | | | | | | | | | | | | |
| 罪　名 | 妨害公务 | 脱逃 | 公共危险 | 伪造文书 | 妨害婚姻及家庭 | 杀人 | 伤害 | 妨害自由 | 窃盗 | 侵占 | 诈欺 | 毁损 | 违反兵役 | 总计 |
| 缓刑人数 | 2 | 3 | 2 | 1 | 1 | 1 | 5 | 1 | 14 | 1 | 3 | 1 | 3 | 38 |
| 缓刑情形　未曾受有期徒刑以上刑事宣告者 | 2 | 3 | 2 | 1 | 1 | 1 | 5 | 1 | 14 | 1 | 3 | 1 | 3 | 38 |
| 缓刑情形　前受有期徒刑以上刑事宣告执行完毕或赦免后五年以内未曾受有期徒刑以上刑事宣告 | | | | | | | | | | | | | | |
| 缓刑期间　二至三年 | 2 | 3 | 2 | 1 | 1 | 1 | 4 | 1 | 14 | 1 | 1 | 1 | 3 | 35 |
| 缓刑期间　三至四年 | | | | | | | | | | | 2 | | | 2 |
| 缓刑期间　四至五年 | | | | | | | 1 | | | | | | | 1 |
| 缓刑期间　五年以上 | | | | | | | | | | | | | | |
| 现行科役　两年以下有期徒刑 | | | | 1 | 1 | 1 | | | | 1 | 1 | | | 5 |
| 现行科役　拘役 | 1 | 2 | | | | | 1 | | | 1 | | 1 | 2 | 8 |
| 现行科役　罚金 | 1 | 1 | 2 | | | | 4 | 1 | 12 | | 3 | | 1 | 25 |

出现在杀人、强盗与毒品犯罪等案件中。这里以毛存其诉廖礼峰、江一清伤人致死一案为例说明：

　　廖礼峰使人重伤，致人于死，处有期徒刑七年，褫夺公权三年。江一清无罪。①

该案的判决理由是："基上论结,被告廖礼峰使人重伤,致人于死,应依《刑事诉讼法》第二百九十一条上段,《刑法》第二百七十八条第二项、第三十六条、第三十七条第二项处有期徒刑七年,褫夺公权三年……"根据 1928 年《刑法》和 1935 年《刑法》的规定,宣告死刑或无期徒刑应褫夺公权终身,但"宣告六月以上有期徒刑,依犯罪之性质认为有褫夺公权之必要者,宣告褫夺公权一年以上十年以下"。至于何谓有褫夺公权之必要者,1935 年《刑法》并无详细规定,对被告人是否科处此刑种仍由审判人员自由裁定。

# 三　上诉

1928 年《刑事诉讼法》与 1935 年《刑事诉讼法》均规定,第一审判决后,当事人若不服判决,应在自判决书送达后十日内以上诉状向原审法院提起上诉,上诉状由原审法院转呈,第二审审判程序准用第一审的规定。刑事诉讼第三审则为法律审,即仅审理判决是否违背法令。提起刑事诉讼第三审有限制条件。1928 年《刑事诉讼法》规定,科一年以下有期徒刑及专科罚金案件;1935 年《刑事诉讼法》规定,最重本刑为三年以下有期徒刑或拘役及专科罚金案件,以第二审为终审,其他重罪,若被告人不服第二审判决,可以向

---

① 毛存其诉廖礼峰、江一清伤人致死案,卷宗号:M003-01-15093,浙江省龙泉市档案局藏。

第三审法院提起上诉。除上诉以外,这时期不服审判的刑事诉讼程序有抗告、非常上诉、再审等。其中,抗告因不服原审法院之裁定而提出,非常上诉则由最高法院首席检察官向最高法院提起,再审程序则是由于原判决在事实认定方面存在缺陷。

在龙泉司法档案毛伯华抢夺等一案中,法院判决杨仲清有期徒刑而判决毛伯华无罪,杨仲清不服判决,于1930年12月30日请求提起上诉,随后又就龙泉法院检察官不上诉之批示提起抗告。浙江高等法院第一分院于1931年1月29日以杨仲清的抗告不符合条件为由裁定驳回抗告。此外,杨仲清、沈建成又对贩卖私盐案之判决提起上诉,经浙江高等法院第一分院二审判决后又提起第三审上诉,最高法院判决发回重审。浙江高等法院第一分院在重新审理后,于1933年7月15日以原判证据不足为由撤销原判决,改判杨仲清、沈建成无罪。龙泉司法档案中保存着浙江高等法院第一分院驳回杨仲清抗告的裁定①。

## 四 执行

如上文所述,龙泉法院也负责案件的判决、执行与人犯监管等工作。龙泉法院附设看守所,关押未决人犯,代管部分已决人犯。表11为民国时期龙泉县监所在押囚犯数量统计情况。在刑事判决确定后,法院需将人犯移交检察处,由检察处执行判决。如祝水

---

① 毛伯华抢夺等案,卷宗号:M003-01-10031,浙江省龙泉市档案局藏。

发杀人未遂案中,龙泉法院于 1931 年 11 月 13 日判决之后,又于 12 月 7 日以公函将该案卷宗及人犯祝水发等移送县法院检察处。12 月 8 日,检察处向龙泉县监狱署下达执行书,并将人犯祝水发送交龙泉县监狱署执行。档案中保存着该执行书之存根以及监狱署收到执行书之收条。后经减刑,祝水发于 1933 年 6 月 20 日执行期满释放。档案中保存着释放祝水发的释票回证①。

表 11　民国时期龙泉县监所在押囚犯统计表

| 时　间 | 年终在监数(人) | 其中:司法人犯(人) | 其中:军事寄押犯(人) | 备　注 |
|---|---|---|---|---|
| 民国十三年 | 30 | 未决 9,已决 21 | | 其中女犯已决 2,未决 1 |
| 民国十八年 | 32 | 32 | | 其中女犯 2 |
| 民国二十五年 | 93 | 未决 2,已决 18 | 未决 16,已决 57 | |
| 民国三十一年二月 | 110 | 已判 17,未判 3 | 已判 37,未判 53 | |
| 民国三十五年四月 | 51 | 37 | 14 | |

民国时期龙泉法院执行中的一个重要现象,就是大量的犯罪者会以保释的形式释放。一份普通保状通常由几部分组成:保人与被保人之基本情况、被保人平素行为、恳请保释之理由、保人签字画押、日期、县长批示、写状收费单。如徐泾泉诉周开隆毁损一案中林蔚然的保状:

具保状:林蔚然,年四十一岁,住城东

被保人:周开隆

---

①　祝水发杀人未遂案,卷宗号:M003-01-11127,浙江省龙泉市档案局藏。

为保状事,缘徐泾泉诉周开隆毁损一案,兹蒙庭判,判处缓刑终结,交保在案。兹将周开隆保出在外安分守法,如违,向保交案执行。所具保状是实。

谨状

龙泉县法院公鉴

中华民国二十一年四月

具保状人:林蔚然①

大多数被保人为能获得保释,往往极尽渲染之能事,理由大多数都是照料父母或者抚养子女,寄希望于司法官员能对其家人的处境有所体会和感受。被保或者保人往往以人之常情与乞求同情怜悯之心去说服司法官员,而非诉诸法条法理。在传统中国,赡养父母与抚养子女等理由是"仁"的体现,即使在民国时期依旧是合理与值得嘉许的。它是一种在"乡土中国"极有效用的"说法",因为它是一种县长和民众都能理解与接受的话语体系。用这种话语体系说理,被认为是最合适最有力的。

那么,民国时期龙泉法院为什么有如此多的假释案件? 晚清的法制改革废除传统五刑,曾经的肉体刑范围又多被自由刑取代,导致短期自由刑过度扩张。基层社会的旧监所,无不因陋就简,而建设新式监狱,花费巨大,动辄十余万,小则亦数万,政府却对监狱建设投入不足,所以,假释就成为了刑罚的替代品,刑罚的威慑力可谓荡然无存。也就是说,短期自由刑的监犯充塞监狱的状况比

---

① 徐泾泉诉周开隆毁损案,卷宗号:M003－01－15401,浙江省龙泉市档案局藏。

较多,不断加大对犯罪的惩治力度而不考虑加强监狱建设,这对于本已紧缺的司法资源而言,无异于雪上加霜。对犯罪者施以假释处分,很大程度上替代短期自由刑,也是司法资源不足而被迫疏通犯人的权宜之计。当时监狱中贫困、饥饿、瘟疫流行,传染病、自杀、虐待犯人、高死亡率等现象频发,即使国家模范监狱也面临人满为患与资金短缺的严峻现实,那么其他数以百千计的旧式普通监狱的情况则更是难以想象了。在龙泉,更是如此。赤贫的囚犯往往半饥不饱,处于半死不活的状态。面对人满为患的监狱,面对普遍缺乏的空间与食物,定期释放一些危险性不大的犯人才能保持监狱相对合理的空间,解决食物短缺的问题。

# 第五章  刑事和解：国家与民间的互动

　　刑事和解在中国有悠久的历史①。有清一代，州县官员作为基层"法官"，只被授权就处刑不过笞杖或枷号的案件作出判决。这类案件被称为"自理词讼"（即在州县官全权审判之下的词讼）②。

---

①　陈光中、葛琳：《刑事和解初探》，《中国法学》2006 年第 5 期；陈光中：《刑事和解再探》，《中国刑事法杂志》2010 年第 2 期。

②　需要指出的是，清代并不存在"民事"与"刑事"案件的区分，当下学界对清代案件的民刑分类多少有些"倒放电影"的意味，即以现代的眼光审视传统。实际上，在清代，案件的分类大体有两种方式："讼"与"案件"，"细故"与"重情"。何为细故？一般是指户婚、田宅、钱债、偷窃等案件。关于这一问题的讨论参见范忠信等编：《中国文化与中国法系——陈顾远法律文集》，中国政法大学出版社 2006 年版；张晋藩：《中国法制史》，群众出版社 1991 年版；杨一凡：《中华法系研究中的一个重大误区——"诸法合体、民刑不分"说质疑》，《中国社会科学》2002 年第 6 期；吴佩林：《清代县域民事纠纷与法律秩序考察》，中华书局 2013 年版，第 41—43 页；王涛：《中华法系研究的后现代话语检视》，《政法论坛》2011 年第 4 期；邓建鹏：《词讼与案件：清代的诉讼分类及其实践》，《法学家》2012 年第 5 期。徒刑以下案件（即笞杖刑案件）是州县自理案件，州县官员的堂断被称为"审语"，并以此可以定案；如果是徒刑以上的较重的刑事案件，州县官员审理完毕以后，尚须上司衙门复审。此时县衙门的堂断被称为"看语"，也就是说，州县官员调查审问以后作出判决意见，这个意见须要向上司衙门审转。对于此类案件，州县官员必须定拟罪行。对于此问题的讨论参见吴佩林：《万事胚胎于州县乎：〈南部档案〉所见清代县丞、巡检司法》，《法制与社会发展》2009 年第 4 期；茆巍：《万事胚胎始于州县乎？——从命案之检验再论清代佐杂审理权限》，《法制与社会发展》2011 年第 4 期。邓建鹏：《词讼与案件：清代的诉讼分类及其实践》，《法学家》2012 年第 5 期；陈长宁：《清代诉讼概念框架中的"民事刑事"》，《学术交流》2017 年第 4 期。

无论是户婚、田土及钱债纠纷,还是轻微人身伤害刑事犯罪乃至社会风化等纠纷,亲族调解、自行和解、保甲调处、乡绅调处、中人调处司空见惯。比如,龙泉司法档案中咸丰元年李联芳控韩林秀强霸阻砍一案,当事人李联芳的状词就这样写道:

> 强霸阻砍,挽迈图诈,亟赐签拘,究强杜诈事……生于本春雇工登山砍伐为货,诓地恶韩林秀、坛秀不思业经父手杜卖,专恃强横莫敌……胆拥山内,恃强凶宿,抢击砍伐……旋即回家报明生知,随投庄保朱芝裕、朱芝邦往向理谕莫何……为此抄粘各据,伏乞廉明父师迅赐拘究以儆凶宿……①

咸丰元年(1851)李联芳控韩林秀强霸阻砍案是目前龙泉司法档案中所见发生时间较早的案件。在这起案件的呈词中我们就可以看到,李联芳在向州县官员呈诉之前,就曾将案件投报于庄保朱芝裕、朱芝邦等人,请他们出面理谕调解,未果以后,原告李联芳才将案件呈控于县衙。并且,此案也是经过当事人反复呈词以后才得以受理的。龙泉司法档案中类似案件很多。这都显示出帝制时期基层刑事司法在一定程度上依赖民间调解和"官批民调"方式进行。这一利用准官员和民间纠纷解决机制进行地方治理的方式,被黄宗智称作中央集权下的"简约治理"模式②。

清末变法修律以后,刑事诉讼引入检察制度与国家追诉主义原则。国家追诉主义强调国家对犯罪的有效治理和刑罚权的统一

---

① 李联芳控韩林秀强霸阻砍案,包伟民主编:《龙泉司法档案选编》(第一辑晚清时期),中华书局 2012 年版,第 4 页。

② 〔美〕黄宗智:《集权的简约治理——中国以准官员和纠纷解决为主的半正式基层行政》,《开放时代》2008 年第 2 期。

行使,将国家公诉机关与被告人置于完全对立的地位,要求法官作为超然的中立者居中裁判①。晚清《大理院审判编制法》首次以法律的形式规定了检察官提起公诉的责任②。1907 年,《高等以下各级审判庭试办章程》确立了以检察公诉为原则,受害人自诉作为补充,审判厅直接审理为例外的刑事案件审判启动机制。并且,该章程第 106 条规定:"凡经检察官起诉案件审判厅不得无故拒却,被害者亦不得自为和解。"这里明确使用了"和解"一词,并以国家法的形式明确摒弃了在我国历史悠久的刑事和解实践。在此之后的中华民国北京政府、北洋政府均以维持政府存亡为当务之急,以本国法律与西方法律趋向一致为方向,秉持了快速移植西方法律的立法模式,西方法律制度被持续、大规模地移植到了中国。南京国民政府 1928 年《刑事诉讼法》和 1935 年《刑事诉讼法》都明确规定了国家追诉主义原则③,检察官代表国家提起公诉、惩治犯罪,传统的刑事和解被认为落后而不为国家所承认。然而,在民国龙泉的刑事司法实践中,刑事和解是否存在呢? 如果存在,它究竟是如何运作的呢?

通过对龙泉司法档案的梳理,我们发现刑事和解普遍存在于晚清与民国时期的司法实践中。我们根据 1 000 余份龙泉司法档

---

① 陈瑞华:《刑事诉讼的私力合作模式——刑事和解在中国的兴起》,《中国法学》2006 年第 5 期。

② 刘清生:《中国近代检察权制度研究》,湘潭大学出版社 2010 年版,第 96 页。

③ "采国家追诉主义,以检察官代表行使刑事原告职权。惟值此注重民权时代,举凡被害者均须先向检察官告诉,其不起诉者,即不得受正式法院之裁判,揆诸保护人民法益之本旨,容有未周,故特设例外规定,使被害人有告诉权者,得就其被害事实,自向法院起诉,谓之自诉。"谢振民:《中华民国立法史》(下),中国政法大学出版社 2000 年版,第 1019 页。

案,梳理出 1929 年到 1949 年间完整有效的刑事案件 245 起。这些案件中,通过和解结案的数量达到了 102 起,占案件总数的 41.6%[①];以法院审判结案的有 65 起,只占到了所有案件的 26.5%;其余案件则是由于证据不足、变更为民事案件等原因,检察官以不起诉形式处理了。102 起刑事和解案件涉及 112 个罪名,不仅包括轻微刑事案件,而且在今天看来严重侵害公共法益的恶性犯罪比如抢劫罪、强奸罪等也能以和解结案。这些案件涵盖了几乎除政治性犯罪、杀人罪等之外所有罪名。其中,包括伤害罪案件 36 起,窃盗罪案件 29 起,毁损罪案件 14 起,妨害自由罪案件 10 起,妨害婚姻罪案件 5 起,公共危险罪案件 3 起,妨害家庭罪案件 2 起,诈欺罪案件 2 起,妨害风化罪案件 2 起,妨害兵役罪案件 2 起,重婚罪案件、抢夺罪案件、赌博罪案件、恐吓罪案件、强奸罪案件、妨害名誉罪案件、伪造文书罪案件各 1 起。也就是说,尽管国家法层面确立了国家追诉主义的原则,然而,刑事和解作为一种“潜规则”在民国的司法实践中仍旧占据相当大的比重。既然当时的国家法层面并不承认刑事和解,那么这些案件是如何运作的呢? 民国时期的司法官员又是如何进行司法说理的呢?

## 一　刑事和解的模式与流程

民国刑事纠纷解决系统存在三个基本的组成部分。首先是国

---

①　其中有 2 起案件涉及数罪,法官对其中 1 罪予以和解,另外 1 罪予以判决。笔者将这种情况也归结为和解案件。

家的正式司法系统,其次是通过民间宗族调解解决争端的民间体系,以及介于两者之间的"官批民调"制度。对于严重的刑事案件,因为其危及社会稳定,当事人双方利益分歧重大,司法机关根本不会调解。这种情况主要集中在政治性犯罪和杀人案件。对于此类案件,检察官会直接提起诉讼,使案件得到法官的判决。对于轻微乃至一般的刑事案件,司法官在案件开始后一般会询问当事人案件是否经过了调解。之后,一部分案件由于司法官对案件进行调解而息讼结案;另一部分案件则可能是由于司法官员劝谕当事人进行和解,后通过族人乡邻等社会力量介入等方式了结案件。龙泉司法档案中所反映的刑事和解主要集中在检察官起诉阶段。此时的检察官承担了重要的案件分流作用,使存在和解可能的案件在进入审判程序之前以和解形式结案。总体而言,民国时期龙泉的基层刑事和解按照调解主体身份的不同,可以分为官方调解、"官批民调"与民间调解三种类型。

## （一）官方调解

官方调解模式又有检察官调解和法官调解两种具体的表现形式,其中,绝大部分案件是检察官调解的,法官调解的案件不多见。对于轻微刑事案件,检察官具有较大的自主权,他或依法公诉,或亲自调解,或委托他人调解,形式灵活。其中,经过检察官亲自当庭劝谕和解的比例为 28.7%。帝制时期,地方长官权责高度集中,构成了基层审判"超能动主义"司法模式的基本特征。及至民国,检察机构设立,检察官承担了"超能动主义"司法官员勘验、侦查、逮捕、举证、讯问等职能。尽管检察官的出现本身就意味着民国司法机构的现代化，也尽管此时的检察官大都受过法学科班训练，但通过考察发现，他们仍没有完全摆脱传统中国司法官"教谕式调停"的司法模式。检察官解决纠纷的重点并非完全在于双方的是非曲直，而更多是在维护社会秩序的和谐稳定。此时检察官的身份不是成文法意义上的国家追诉的代理者，而更像传统中国的司法官员，是一位居中调停者。对于检察官进行调解结案的案件，当事人双方一般会屈服于检察官的意志，然后出具息讼甘结，案件也就此了结。比如吴耀新诉刘世铨毁损一案经过检察官当庭劝谕，原告撤诉，检察官予以不起诉处理："查吴耀新告诉刘世铨毁损山树一案系犯《刑法》第三百五十四条之罪嫌，依同法第三百五十七条规定须告诉乃论，既据该吴耀新于告诉后当庭请求撤回，合依《刑事诉讼法》第二百三十一条第五款处分不起诉。"①

　　对于刑事和解的说理，尽管国家立法层面不承认刑事和解，但1928年和1935年的《刑事诉讼法》都确立了不起诉制度。其中，1935年的《刑事诉讼法》第231条规定了不起诉的十种类型。对于告诉乃论之罪，1935年《刑事诉讼法》第217条规定了告诉乃论之罪中告诉人于第一审辩论终结前可以撤回其告诉，所以，对于告诉乃论之罪的当事人和解撤诉申请，检察机关可以直接援引《刑事诉讼法》第231条第5款说理即可，这并不困难。兹以邓兴诉李发根伤害一案为例作说明。检察官的不起诉书这样写道："查邓兴告诉李发根伤害身体一案，系《刑法》第二百七十七条第一项之罪嫌，依

---

① 　吴耀新诉刘世铨毁损案，卷宗号，M003-01-07455，浙江省龙泉市档案局藏。

同法第二百八十七条之规定须告诉乃论。既据该告诉人于告诉后当庭声请撤回告诉,合依《刑事诉讼法》第二百三十一条第五款规定处分不起诉。"①

对于非告诉乃论之罪,检察官适用的法律依据是《刑法》第57条和第61条。上述条款规定了检察机关提起公诉的自由裁量权,其可以根据《刑法》条文的规定自由裁量,司法说理也并不困难。兹以刘绍岐诉刘廷贤侵占一案检察官的不起诉书为例说明:"查核案情,被告虽不无《刑法》第三百三十五条第一款之罪嫌,但其系同法第六十一条所列各罪之案件。经参酌第五十七条所列事项,自以不起诉为适当。援依《刑事诉讼法》第二百三十二条不起诉。"②检察官援用上述两种情形作出的不起诉处理,占据了刑事和解不起诉说理的绝大部分。除了上述两种情形以外,检察官对刑事和解不起诉的理由还有"证据不足",但是这种情况并不多见。

## (二)"官批民调"

"官批民调"的程序一般分为"官批""民调"以及"呈禀"三个阶段。首先是司法官将诉至司法机关的刑事纠纷依职权批令给保甲长、乡长、家族亲友、乡约、宗族、乡绅、行会、会馆、庙会等民间力量;然后,接受司法官批令的民间力量介入纠纷从事调处;最后,主持调处的民间力量将调处的结果呈送于司法官进行审查。经过

---

① 邓兴诉李发根伤害案,卷宗号,M003-01-00627,浙江省龙泉市档案局藏。
② 刘绍岐诉刘廷贤等侵占案,卷宗号:M003-01-07220,浙江省龙泉市档案局藏。

"官批民调"的刑事案件,最后的结果无外乎两种情形。一是经调处双方达成和解协议的,司法官将案件予以撤销。比如练柳芝诉陈马英、李青翠伤害一案①。告诉人经过调处成功以后提出撤诉申请:"为案经和解请求准予撤回告诉事……兹被告托出公人而和解,着被告负担医药费用,以氏伤势轻微,劝氏息讼,双方承认无异为此状,请查核准予销案是为德便。"司法官的批词写道:"状悉,准予此批。"二是对于调处不成功的,则由原告再行告诉,此时的司法官一般不再试图去调处,而是径直依法作出判决。比如俞志梅诉张树根伤害一案②,就是因为保甲长调处不成,司法官遂作出了判决。

　　龙泉司法档案中"官批民调"的刑事和解案件很多,为了更为直接地进行论述,我们以季业马珠诉陈贵松伤害案为例,考察民国时期的"官批民调"是如何运作的。该案经过保甲长调处成功以后,保甲长予以报告,在报告中保甲长写道:"案据本乡第四保住民何樟根据称于古历九月十四日下午有本保第九甲季业马珠同女季观招等到何樟根、叶妹儿苞萝山内窃取苞萝……经该村甲长及住户良民劝解,姑念该季业马珠夫故,女流之辈,下次不得再盗资物……"对此案调处的结果,司法官的批词是:"状息,准予此批。"此后,两造甘结,这起案件以检察官不起诉形式结案:"查季业马珠、季观招母女等告诉陈贵松伤害身体一案从属实情,系犯《刑法》第二百七十七条第一项之罪,列于同法第六十一条款,情节轻微,

---

① 练柳芝诉陈马英、李青翠伤害案,卷宗号:M003-01-07049,浙江省龙泉市档案局藏。

② 俞志梅诉张树根伤害案,卷宗号:M003-01-0C527,浙江省龙泉市档案局藏。

既据被告当庭述称嗣后不敢再有同样情事发生,愿具悔过书一纸附卷,明明已有悔过之表示,且征得告诉人之同意,显堪悯恕,自应酌以该法第五十七条第十款不起诉为适当,合依《刑事诉讼法》第二百三十二条第一项、第二项第二款处分不起诉。"①

"官批民调"处在国家正式司法机关和民间力量处理纠纷的结合点,也是国家与民间相结合解决刑事纠纷的主要途径。这样,轻微的刑事案件便通过官方制度与民间力量的互动而得以解决。在纠纷解决过程中,正式制度与非正式制度对话,并有其既定的规则和程序,所以,形成了一个半官半民的纠纷处理地带,即"第三领域"。纠纷当事人一旦将轻微的刑事案件起诉,便会触发官方与民间两套制度之间的沟通与互动。"官批民调"本质上是调处纠纷的一种模式,它具备调处的一般特征。然而,与单纯的民间调处或者官方调处相比,它有自身的特点。首先,与民间调处相比,"官批民调"案件进入诉讼程序以后,官方的意志介入案件纠纷解决的过程。它与国家司法机关直接相关,此时案件不再局限于民间领域,而具有了官方的性质。其次,与官方调处相比,"官批民调"的案件虽然进入了国家的司法程序,然而,案件并没有走完这一程序,而是在官方的意志下,转向了民间,通过民间力量解决纠纷,最终案件以非官方判决的形式予以化解。在这第三领域,官方力量、民间力量、民间习俗等诸多因素综合在一起发挥作用,促成了刑事案件和解的达成。

学界的研究显示,清代民事案件的"官批民调"已经发展得比

---

① 季业马珠诉陈贵松伤害案,卷宗号:M003-01-07185,浙江省龙泉市档案局藏。

较精细和成熟①。相比之下，龙泉司法档案反映出的民国时期的刑事和解"官批民调"制度则更为简化。轻微的刑事案件被司法官受理以后，司法官要么在批词中写道"状悉，仰该民投凭该管保甲向其理讨可也，此批"，要么在讯问阶段指令当事人找保甲长调处，案件就此了结。在此之后，保甲长将调解结果"呈禀"于检察官或法官的案件并不多见。并且，与黄宗智统计的清朝"官批民调"模式占全部调解案件数量40%的比重相比②，龙泉司法档案中民国时期刑事和解中"官批民调"的比重只有24.5%，数量相差很多。笔者认为这可能与浙江省保甲制度的发展状况有关。国民党设立保甲制度的目的在于征兵"剿匪"，导致保甲长事务繁忙，再加上保甲制度经费不足，地方豪绅对保甲长的工作故意设置重重障碍，致保甲长工作积极性不高③。民国时期龙泉县域面积广，崇山峻岭，县法院距乡镇和农村遥远，保甲长又事务缠身，案件经过调解以后，只要达成和解，司法官就默认了保甲长调解的结果，对案件予以审查的并不多，于是，纠纷大多由民间力量处理了。

① 相关研究参见〔美〕黄宗智：《民事审判与民间调解：清代的表达与实践》，中国社会科学出版社1998年版；〔美〕黄宗智、尤陈俊主编：《从诉讼档案出发：中国的法律、社会与文化》，法律出版社2009年版；〔美〕黄宗智：《过去和现在：中国民事法律实践的探索》，法律出版社2009年版；田平安、王阁：《论清代官批民调及其对现行委托调解的启示》，《现代法学》2012年第4期。

② 黄宗智经过统计认为清代"可能有40%"的案件通过官批民调这一"几乎制度化了的常规程序得以解决"，相关的论述见〔美〕黄宗智：《过去和现在：中国民事法律实践的探索》，法律出版社2009年版，第63页。

③ 丰箫：《近代浙江省地方自治制度与实践》，《史学月刊》2008年第7期；杨焕鹏：《南京国民政府时期县级以下行政区划的变动——以浙江省为例》，《东方论坛》2008年第3期。

## （三）民间调解

黄宗智曾在其《民事审判与民间调解：清代的表达与实践》一书中说："如果不结合民间的调解制度来考虑，官方的中国法制是无法理解的，也许传统中国和现代西方最显著的区别就是在于前者对民间调解制度的极大依赖。"①在民国刑事纠纷解决的三种模式中，民间调解的作用最大。根据调解主体的不同，民间调解又可以分为家族亲友、乡长、保甲长调解以及当事人的自行和解等几类。

民国时期的龙泉县尽管一定程度受到了现代化的冲击，但依旧保持了相对封闭的熟人社会模式。102 起刑事和解案件涉及到了 112 个罪名，其中，伤害罪 36 个，窃盗罪 29 个，占总量的近六成，案件当事人大多数是熟人。和解案件的司法档案一般记录了当事人"当庭表示悔悟，并征得告诉人之同意，命被告出悔过书附卷，显可悯恕""蒙恩庭谕息讼，民亦知悔过自新，嗣后不敢再生事端"等语。而之后的检察官的不起诉书也写有"情节轻微，既据被告等当庭述称不敢再有同样情事发生。愿具悔过书一纸附卷，明明已有悔过之表示，且征得告诉人之同意，显堪悯恕。处分不起诉"等语。

民国时期是近代国家治理转型的重要时期，国家试图加强对基层社会的控制，但是又无力将此项目标全面实现，因此不得不借

---

① 〔美〕黄宗智：《民事审判与民间调解：清代的表达与实践》，中国社会科学出版社 1998 年版，第 199 页。

助民间力量来维持乡村社会的秩序。所以，民国时期刑事纠纷的解决依赖以国家司法运作为主的正式系统和以和解为主的非正式系统的结合。这套制度的运作能否顺利，关键取决于两者的相互配合程度。正如我们所看到的，民国时期这套制度的运作比较成熟，多数刑事纠纷的解决不是通过正式的检察官公诉继而由法官审判结案，而是通过刑事和解来完成；而检察官主持调解和"官批民调"的运用则大大减轻了司法机关运作的负担。

## 二　刑事和解的基本特征

### （一）纠纷解决的实用主义进路

虽然民国时期的刑事和解一定程度上具有帝制时期调解的基本特征，但随着现代法律制度向基层的逐步推进，民国的刑事和解具备了一些新的特征。比如，此时的调解更加注重法律说理。这与清朝"情理法并用，制定法只是冰山一角"的情况形成了鲜明对比。此前，滋贺秀三和黄宗智曾对清朝司法是"情理调解"还是"依法审判"有过争论。但龙泉司法档案反映出，民国检察官并不仅仅是像滋贺秀三所认为的"教谕式的调停者"，也不是像黄宗智所认为的"依法判决"者。民国的检察官更像是法官和调解人的结合体，"能调则调，当判则判"，相当灵活。他们着眼于纠纷的解决，或依法公诉，或亲自调解，或委托他人调解。民国刑事和解所反映出来的纠纷解决的实用主义进路对当下仍旧存在影响。实际上,从民国延及当下,中国基层司法的核心都是围绕如何解决纠纷的实用型司法模式。

## (二)调解方式与调解主体的多样性

民国时期刑事和解的方式包括了官方调解、"官批民调"和民间调解等三种形式。调解主体则包括了检察官、家族亲友、保甲长、乡长以及当事人等。这说明民国时期刑事和解方式和调解主体的多样性。在其中,我们还可以看到半官方力量存在着广泛的影响。在半官方的力量中,保甲长发挥的作用最为显著。有些案件检察官会指令保甲长等人进行调解,在检察官当庭劝谕和解的案件中,保甲长也在场。保甲长有时还起到了对刑事和解案件调处结果的执行情况进行监督的作用。民国时期的刑事和解具有强制力,当事人和解一旦达成,一般不得反悔。此时的调解也以教化为主,加害者往往仅受到要求道歉、赔偿或者具结悔过等象征性的处罚,这并非真正意义上的刑罚。

## (三)情理法交融

有清一代的中国司法是"情理调处"还是"依法审判",对此问题学术界一直存有争议①。及至民国时期,反映到刑事和解中,则

---

① 相关争论,见〔日〕滋贺秀三等著:《清代诉讼制度之民事法源的概括性考察——情、理、法》《清代诉讼制度之法源的考察——作为法源的习惯》,梁治平、王亚新编:《明清时期的民事审判与民间契约》,法律出版社 1998 年版,第(转下页注)

是情理与法律并用。这从法院调处的下列案件就可以看出来：

> 司法官问李维进：你兄弟虽死，这毛竹还是属于他老婆管的。
>
> 答：是的。
>
> 问：你还她九角就是了。
>
> 答：好的。
>
> 问李刘氏：叫他还你九角，你歇讼了吧。
>
> 答：是的，我撤诉。①

我们看到，在此案调解过程中，法官首先依据民法规则，对被告人李维进阐明李刘氏是因为继承而获得了山林的所有权，他的窃盗行为构成了犯罪；此后，法官对二人作出调解，让李维进进行赔偿，就此结案。与传统中国相比，民国时期的刑事和解更加强调法律的适用，从而从性质上区别于传统调解。民国的司法官大多秉持了实用主义的策略，情理法并用，这体现了国家权力在深入基层社会并建立现代秩序规范方面的进步。

————————————

(接上页注)19—96页；〔美〕黄宗智：《民事审判与民间调解：清代的表达与实践》，中国社会科学出版社1998年版；易平：《日美学者关于清代民事审判制度的论争》，《中外法学》1999年第3期；何勤华：《清代法律渊源考》，《中国社会科学》2001年第2期；林端：《中西法律文化的对比——韦伯与滋贺秀三的比较》，《法制与社会发展》2004年第6期；徐忠明：《明清刑事诉讼"依法判决"之辨正》，《法商研究》2005年第4期。2006年，张伟仁、贺卫方、高鸿钧等人就传统司法的确定性再次发生争论，参见张伟仁：《中国传统的司法和法学》，《现代法学》2006年第5期；高鸿钧：《无话可说与有话可说之间——评张伟仁先生的〈中国传统的司法和法学〉》，《政法论坛》2006年第5期。

① 李刘氏诉李维进窃盗案，卷宗号：M003-01-07065，浙江省龙泉市档案局藏。

## （四）效力的强制性

案件经过刑事和解，调解一旦生效，就具备了强制性效力，纠纷当事人必须遵守，不得提出异议。这里以"官批民调"案件为例予以说明。"官批民调"的案件在堂下经过亲族乡邻、里甲乡约等民间力量调处后，再回到堂上由当事人甘结，调处后回禀司法机关准予销案，这个过程具有半官方性，相应地，其结果具有强制性。司法机关以"甘结"的形式来达到抑制两造反悔的目的，经"官批民调"结案的刑事案件，会要求原、被告人双方具结，以表示悔过、和解、服输等，若当事人再行起诉，司法官则不再受理。如毛恒马诉金克水等抢劫一案。毛恒马之前已经甘结悔过："民亦知恩，悔过自新，嗣后不敢再生事端，如有仍蹈前辙，愿甘坐究，所具甘结是实。"司法官将该案予以和解撤销。然而，四个月后毛恒马又以"民人物两空，冤无伸雪，心何以甘？"再次提起诉讼。对此案，司法官不予受理："状悉，案查该民悔过甘结从宽免究在案。兹据来状所称滥用职权勒捺花押具结完案。迄今事越数月案已确定，所称难准。"①

## （五）纠纷治理的简约化

一起完整的刑事案件，在经过当事人的告诉以后，立案、讯问、

---

① 毛恒马诉金克水等抢劫案，卷宗号：M003-01-00421，浙江省龙泉市档案局藏。

审判、执行等程序会随之而来。由于新设法院和检察处人力、财力缺乏，民国时期龙泉地方的司法官认为单独依靠自身力量难以处理所有的刑事纠纷。对于故意杀人罪以及内乱罪、外患罪等危害国家政权的重罪，官方严厉打击，不存在刑事和解的可能，司法官会径直依法公诉继而审判结案；对于比较轻微的刑事案件，司法机关一般采取调解的方式予以结案。民国时期检察官刑事和解的案件涵盖了除政治犯罪、杀人罪外几乎所有的刑事案件。因此，在刑事诉讼过程中，如何充分发挥民间力量参与解决纠纷，成为了司法官员的一项重要工作。也就是说，民国时期大量的刑事案件以和解结案并非仅仅出于道德或"无讼"的考量，更是由于司法资源的匮乏。人力和财力上的短缺，才是司法机关拒收案件的根本原因。机构的设立意味着人员的增加和财政开支。然而，民国时期内忧外患消耗了国家和地方大量的财政收入，政治上的你死我活成为了压倒一切的中心任务。南京国民政府统治时期，每年的军费在财政支出中占 60—70% 以上，庞大的军费开支使地方司法建设的经费大大减少。

　　由此，乡邻、宗族、家族等民间力量在诉讼中发挥了重要作用。这说明尽管新式的刑事立法已经确立了国家追诉主义原则，民国承接了晚清以来基层政权建设下沉的趋势，基层的宗族力量日渐式微，"简约治理"模式逐渐被国家制度的设计者所摒弃。然而，基层的社会结构并没有发生根本性的变化，传统因素对近代国家治理的影响随处可见，基层社会的自治性力量依然有相当程度的影响力，从而也就造成了在现代国家的建构过程中国家与地方社会的复杂关系。传统中国依赖准官员和民间力量解决纠纷的简约治理方法依旧被沿袭下来。

# 三 刑事和解的原因

## （一）司法机关应对"诉讼爆炸"的措施

长期以来,有关中国古代社会无讼、厌讼的命题被认为是理解中国传统法律文化的一个前提。然而,伴随着法律史研究的不断深入,尤其是对古代档案、地方志、家族宗谱以及文学作品等实证资料的考察,这一结论越来越多地受到质疑。史料和档案表明,中国自汉代以后,各个历史时期都存在"诉讼社会"的现象①。伴随着商品经济的发展和人口的激增,到宋朝尤其是明清时期,诉讼爆炸的端倪已经出现。司法官面对诉讼爆炸"力不从心"的尴尬在当时

---

① 法律史研究不仅通过还原史实纠正了这一认识的误区,而且已经开始深入细致地分析和研究这一问题背后经济、社会乃至体制的原因。相关论文参见〔美〕黄宗智:《清代的法律、社会与文化:民法的表达与实践》,上海书店出版社2001年版,第75—209页;徐忠明、杜金:《清代诉讼风气的实证分析与文化解释——以地方志为中心的考察》,《清华法学》2007年第1期;尤陈俊:《清代简约型司法体制下的"健讼"问题研究——从财政制约的角度切入》,《法商研究》2012年第2期;尤陈俊:《"厌讼"幻象之下的"健讼"实相?——重思明清中国的诉讼与社会》,《中外法学》2012年第4期;范愉:《诉讼社会与无讼社会的辨析和启示——纠纷解决机制中的国家与社会》,《法学家》2013年第1期;黄艺卉:《诉讼人口比与清代诉讼实态——以巴县为例》,《法律和社会科学》2018年第1期;汪雄涛:《清代州县讼事中的国家与个人——以巴县档案为中心》,《法学研究》2018年第5期。

的档案和资料中已经显现出来①。到了民国，具体到龙泉地区，政权变动、战争、贫困带来大量的失业者；更为重要的是，此时龙泉地区人口剧增，随之而来的是土地流转和山林纠纷的日益频繁，人地矛盾的日益尖锐②。日本侵华时期，由于省城杭州陷落，外地人口迁至龙泉达到了高峰③。兵荒马乱、自然灾害严重的龙泉地区一时纠纷堆积如山。龙泉地区从清朝时期就有健讼的风气，至民国健讼之风愈演愈烈。"龙泉人民昔本好讼，今为尤甚，虽系争标的仅值数元之微，亦必穷审级而后已，甚或子孙相继结讼累世不绝，纵荡产倾家所不惜也。"④这从龙泉法院历年受理的刑事案件数量上就可以看出来。从表12中我们可以看到，单就刑事案件而言，用"诉讼爆炸"来形容此时的龙泉地区毫不夸张，在案件数量最高的年份（1930年和1931年）已经达到了673起。

---

①　清朝时期州县衙门事务之繁剧，只要读一读瞿同祖的《清代地方政府》就可见一斑。参见瞿同祖著，范忠信等译：《清代地方政府》，法律出版社2003年版。为了缓解"诉讼爆炸"与有限司法资源之间的尖锐矛盾，清代州县衙门通过制定严格的民事诉讼规则的方式，比如对证据种类、诉讼主体资格、民事诉讼的状告日期、诉状格式、官代书的形式审查职责等种种规定，来达到抑制民众民事诉讼行为之目的。这些在黄岩司法档案中已经有所体现。参见胡谦：《"抑讼"观念与清代州县民事诉讼规则》，《求索》2008年第4期。

②　1912年龙泉县人口为123 372人，到全面抗战时期人口一度增至约160 000，增长近30%。参见浙江省龙泉县志编纂委员会编：《龙泉县志》，汉语大词典出版社1994年版，第58页。

③　1943年龙泉县政府调查报告称："本县自民国三十一年度人口激增，外来机关军队公共户口约3万余人。"参见浙江省龙泉县志编纂委员会编：《龙泉县志》，汉语大词典出版社1994年版，第61页。

④　尹伟琴：《论宗祧继承和财产继承的分离——以民国时期女儿的祭田权利为例》，《法学》2011年第2期。

表 12　龙泉法院历年受理刑事案件数量表(1929—1941 年)①

| 时间（年） | 1929 | 1930 | 1931 | 1932 | 1933 | 1934 | 1935 | 1936 | 1937 | 1938 | 1939 | 1940 | 1941 |
|---|---|---|---|---|---|---|---|---|---|---|---|---|---|
| 侦查数（起） | 451 | 673 | 673 | 641 | 661 | 424 | 362 | 318 | 384 | 243 | 430 | 627 | 624 |
| 一审数（起） | 157 | 233 | 332 | 279 | 316 | 149 | 158 | 77 | 124 | 95 | 121 | 165 | 289 |

那么,此时龙泉法院能否应付得过来呢? 我们从《龙泉法院志》找到了龙泉法院的人员配备情况:

> 龙泉法院建立以后,当年成立民庭、刑庭。当时民庭、刑庭庭长均由法院院长兼任。刑庭只有推事 1 名,亦由院长兼任。如遇有事故时,以民庭推事代理。在此之后,状况有所好转,但人员变动频繁。民国二十一年,龙泉县法院人员总数为33 人(包括雇佣人员);民国二十六年,龙泉地方法院全体人员为 23 人(不计看守所);1944 年为 42 人,包括院长 1 人,首席检察官 1 人,推事 2 人,检察官 1 人,法医师 1 人,书记官长1 人,书记官 7 人。其余为雇佣人员,包括检验员 1 人,录事 8人,执达员 3 人,法警长 1 人,法警 8 人,厅丁 3 人,公丁4 人。②

通过文字的记载我们可以看出,与大量的诉讼案件形成鲜明对比的是龙泉法院人员配备的捉襟见肘。司法改革必须要有充足

---

① 参见周功富:《龙泉法院志》,汉语大词典出版社 1996 年版,第 22 页。
② 周功富:《龙泉法院志》,汉语大词典出版社 1996 年版,第 8—10 页。

的经费保障，这是改革取得成功的重要条件，但民国时期基层法院都面临着司法经费短缺的巨大困难。以 1940 年的龙泉法院为例，此时检察处的办公人员除去负责办理记录、文牍、统计、庶务、印发、油印、勘验、会计的主任书记员、书记官、录事、检验员，真正负责侦查的只有首席检察官 1 人和检察官 1 人，刑庭负责刑事审判的法官仅仅只有 1 人，而此时检察处的刑事案件数量已经达到了 627 起，分摊到两名检察官身上，人均一天受案数量为 0.86 起。一旦这 627 起刑事案件都涌入法院刑庭，后果将不堪设想。毕竟，一起完整的刑事案件经过当事人的告诉以后，勘验、侦查、逮捕、举证、讯问、审判、辩论、执行程序将一一随之而来①。面对大量的诉状，人力物力缺乏的司法官员显然难以招架，他们在自身能力和精力有限的条件下不得不在权衡取舍后再作处理。所以，他们处理案件时主要考虑的并不是完成整个司法程序及严格适用新式法律，而是自主灵活地掌握程序与规则，综合运用情、理、法，以最便捷有效，也最能为当事人接受的方式了结纠纷。

## （二）小民百姓的诉讼策略

轻微的刑事纠纷发生后，当事人一般首先找保甲长或者家族亲友调解；调解不成，当事人才将纠纷诉至司法机关。然而，这并

_____

　　①　民国时期的龙泉地区富裕辽阔，层峦叠嶂，居住分散，交通极为不便。一般乡镇距离县城都超过了 60 里路，法警下乡取证，当事人诉讼往返需步行 2 天以上。加上法警人数极少，侦查技术有限，一起案件尤其是刑事案件需要数月才能审结，审判任务繁重。参见周功富：《龙泉法院志》，汉语大词典出版社 1996 年版，第 5 页。

不意味着调解就此停止。如果诉讼过程中对方展现出诚意，满足了原告的要求，那么诉讼就会出现转机。这种情况在龙泉司法档案中普遍存在。原告之所以提起诉讼，很大原因在于之前的民间调解效果不明显，并没有达到他们的心理预期。比如练柳芝诉陈马英、李青翠伤害一案，当事人提起告诉的原因就是因赔偿问题难以达成一致。该案已经过甲长的调解，但是，"经本甲甲长劝阻责令负担医药费用拒不接受，为此不得不状请察核，法惩凶暴，并令负担费用，实为德便"①。在经过公人调解，对方满足了原告的诉讼请求以后，当事人便提出了和解撤诉申请。

更有些当事人在诉讼中不惜浓墨重彩，夸大其辞，制造胆战心惊的惨状耸动司法官，典型的案例比如郑永直诉陈文兴伤害一案。原告的诉状如下："今因年关要需向讨，不特粒米不交，敢将手执烟竿向民头角殴打，皮破血流，当即晕倒，幸有邻人谢庆兰排解，否则或遭毙命。似此特蛮逞凶，请求依法诉办，并请勒令请偿租米，负担药费，实为德便。"在这份诉状中，原告郑永直称被打得"皮破血流"，"当即晕倒"并且"或遭毙命"，其惨状不可胜言。然而，富有戏剧性的是，不久之后原告竟请求撤诉，原因是"民告诉陈文兴伤害一案，兹经公人出面调解，以民同属村人，伤势不重，由被告负担药资，偿还租米了事，民亦不愿苛求，请求免予传讯并予撤回告诉，实为德便。"②从"或遭毙命"到和解结案，均系当事人郑永直一人意思之表达。该案从起诉到撤诉不过一个月，双方竟然达成和解。

① 练柳芝诉陈马英、李青翠伤害案，卷宗号：M003-01-07049，浙江省龙泉市档案局藏。

② 郑永直诉陈文兴伤害案，卷宗号：M003-01-07806，浙江省龙泉市档案局藏。

从这些和解的案例中，我们可以得出一个结论：民国时期刑事案件的当事人并不是要单纯通过法律手段维护自身权利，而是把法律作为一种实现其利益的工具。我们可以认为这是小民百姓的一种诉讼策略。他们提起诉讼并没有打算"将诉讼进行到底"，毕竟一起完整的诉讼案件需要消耗大量的成本。诉讼只是当事人向对方施压的手段，如果在诉讼中对方满足了原告的利益要求，那么和解往往容易达成。这个过程就像苏力在《法律规避和法律多元》一文中分析的那样，国家法律在整个规避过程中仍然扮演了一个重要角色，但是，国家法律仅仅沦为当事人可资利用的工具①。在当事人眼里，国家法律的震慑与权威始终是在场的，也是他们必须首先予以考虑的，只是当事人在诉讼中为了获得眼前可以兑现的实际利益，理性地做出了规避国家法律的选择。

这一诉讼策略与民国这一特定时期及乡村社会这一特定社会模式有关。在相对封闭、世代厮守的乡村社会，尽力维持人际之间表面的相安无事是中国传统社会的一个显著特征。然而，这并不意味着当事人的一味退让。当对方是"无赖之徒""恃强凌弱""纠众逞凶""无法无天"的时候，它已触及了当事者的伦理和生存的底线，加上民国时期经济资源的严重匮乏，一旦基本利益发生危机，或者个人颜面受到挑衅，无论是因物质生存空间之争，还是人格和声誉之争，他们都会为保卫自己的生存资源、人格尊严，为追求基本的社会承认而投入战斗②。而此时一旦对方满足了原告方的要

---

① 苏力：《法律规避和法律多元》，《中外法学》1993 年第 6 期。

② 应星：《"气"与中国乡土本色的社会行动——一项基于民间谚语与传统戏曲的社会学探索》，《社会学研究》2010 年第 5 期。

求,案件也往往可以因和解撤诉而告结束。龙泉司法档案中有不少案件,检察官还没来得及侦查,当事人就已将撤诉的申请交到了检察处。

## (三)司法官的为官处事之道

刑事和解的大量存在也反映了民国时期司法官的工作心态和工作环境。在民国时期的官僚体系中,县级司法官员处于中下层位置。在国家政治关系网络内,他们在其中上下腾挪、左右逢迎,谦恭以奉上、倨傲以临下。由于在整个政治网络中县级司法官员起着承上启下的作用,他们的工作往往又受到多方的干涉和牵扯。民国时期时局动乱,司法官在任职期间,可能会遇到许多意想不到的阻力和障碍,仕途荆棘,丢官卸职,乃至破家灭门。加上民国时期官员不在本籍任职,他们到与自己家乡不同风俗的地方任职,语言不同,地方人情不明,难免带有一定的风险。基于司法官对自身处境和个人仕途的考虑,他们会选择"官批民调"这一方式,将一些刑事案件推诿于乡里或让纠纷双方自行和解,这不仅可以借此来标榜"讼清、政通、人和",而且谨慎政事能明哲保身。

刑事和解的广泛存在也在一定程度上反映了司法官工作怠慢、漫不经心的司法态度。由于轻微刑事案件的处理对司法官的考核、升迁没有太大影响,因此他们不会把精力放到纠纷的解决上。面对数量庞大的诉讼,尽管司法机关也受理一定数量的诉讼(主要是重大的刑事案件),但更普遍的是,司法官们采取各种手段尽可能地把这些纠纷阻止于诉讼之外,让民众寻求其他途径进行解决,以此减轻工作压力,而此时家国同构的社会结构又为他们提供了便利。尽管民国时期行政机构和政府官员形成的显性国家权力试图进入乡村社会,但是乡里、保甲、宗族等基层权威依旧存在,并为国家权威所认可。在多种权威支配下形成的基层社会秩序,一定程度上为以非诉讼方式解决纠纷创造了条件。在民国时期的刑事和解中,法律之外的社会资源如保甲、亲朋、邻里、熟人等关系被纳入进来,这为官方的纠纷解决提供了便利。在这一社会结构下,宗族领袖、地方精英、乡约保甲在纠纷解决中发挥了强大的作用。这是刑事和解制度得以运行的重要社会基础,也是司法官员倾向于调解的又一重要原因。

总之,晚清民国时期,刑事司法开始落实国家主义。立法者认为"乡愚无知,往往有贪利私和之弊","被害人公益上之观念较为薄弱,每因私和而不肯诉追"[1],于是国家法确立了国家追诉主义,从表象上来看国家垄断了刑罚权,刑事和解传统则因为落后而被国家法所摒弃;然而,在实践中,刑事和解依旧保持了巨大的惯性被承继下来,在民国的刑事案件处理中发挥了相当大的作用。这直接导致了民国时期法律制度表达与实践的分离。表达与实践、形式与精神、躯壳与灵魂、立法与司法、效力与实效之间的深刻矛盾和二律背反,成为了近现代法律变革的重要特征。

王日根认为,在中国传统社会,追求"官民相得"的政治目标是儒家政治伦理中最重要的内容之一,也是几千年来维系传统社会稳定发展的思想基础;"官民相得"的基础为"道"和"德","官民相

---

[1]　更为深入的讨论,参见张培田:《近代中国检察理论的演进——兼析民国检察制度存废的论争》,《中国刑事法杂志》2010年第4期。

得"的目标是在"公"与"私"两个系统的配合之下达成的①。"官民相得"的实现途径主要体现在"官易民俗、导民向善"和"民助官治"这两方面。在民国时期的刑事和解中,我们依然能够看到国家与民间的互补、"相得"而益彰。通过以上理论和实践的解析,我们可以看出刑事和解给民间力量提供了一个施展作用的空间。

---

① 王日根:《"官民相得"传统与现代社会治理》,《社会治理》2016 年第 2 期。

# 小 结

　　晚清民国时期，国家对乡村基层的渗透可以看作是国家治理由"传统"向"现代化"转型的进程，它投射到法学领域就是中国法制近现代化的转型。这构成了民国时期刑事司法转型的基本场景。

　　这一时期是中国社会发生巨变的时期。在某种程度上，这一巨变直接为此后的一系列社会革命提供了契机，其产生的深远影响则延续到今天①。近现代中国的法治话语与"国家图富强"紧密联系在一起，构成了以国家为本位的话语诉求。因为内忧外患、家国分裂的惨痛现实，更是强化了人们对一个强大国家的渴求和期待。近代以来，传统的家族主义受到了来自国家主义与个人主义的双重挑战。晚清时期，对家族主义的挑战主要来自国家主义。清末修律时，即发生了国家主义与家族主义的论争。论争双方围绕家族主义是否适合中国的现实需要，是否有碍于国家富强；追求国家富强是否必须破坏家族制度与家族主义；国家的目标是实现其道德价值还是追求国家自身的富强等问题，发生了激烈的思想交锋。国家主义、民族主

---

①　张小军：《象征资本的再生产——从阳村宗族论民国基层社会》，《社会学研究》2001 年第 3 期。

义适应了近代中国从中华帝国向现代民族国家转型的历史需要,因而在近代中国广为传播①。这一争论的影响力也远远超越了晚清民国。而近代中国在亡国灭种的背景下必须动用国家力量对基层进行有效整合,从而整饬两端,强化社会治理与动员能力。晚清之后国家政权向基层渗透,也使得基层刑事司法发生了前所未有的大变革。

晚清之后,由于政治动荡尤其是社会机构的巨大变化,使得传统中国依靠宗族、家族、士绅乡绅阶层等进行治理的模式式微。晚清实行新政废除科举制,基层社会的士绅阶层出现分裂;民国初期的龙泉,军阀混争与流民流寇使得农村经济恶化,农民难以安身立命,频繁的人员流动使传统的保甲制效能不再。这一时期,宗族力量对于家族内部的惩罚权的合法性也受到质疑并随着新式的刑事司法机关的建立而逐渐退出历史舞台,反映出国家治理犯罪的专业力量渐趋强大。这一时期,刑事司法有如下特征:

# 一　司法场域内部:强化国家权威,贯彻国家主义

法治建设和国家政权建设在现代化的进程中紧密相连,在强

---

① 有学者曾对民国时期 28 位司法界领袖进行比较考察,"很容易得出民国时期中央司法人事的一贯模式:法政出身、党人、民族主义者","事实上,不论法治观点激进与否,亦不论党派观点如何,民国时期形成了一个以民族主义为目标的司法核心人物群体"。在民国司法界,存在着由法政出身的人所形成的强大的民族主义认同,即创建中央集权的强大民族国家。具体参见江照信:《司法民族主义(1922—1931):司法的政治参与、进程与意义》,《清华法学》2017 年第 1 期;江照信:《法律民族化运动:关于民国司法改革的一个整体观点》,《师大法学》2019 年第 1 期。

国林立的国际体系中，处于由传统帝国向民族国家转型时期的中国必须面对国家政权现代化的问题。国家法的扩张是传统国家政权向现代国家政权转型的关键之一，也是国家政权建设的基本要素。传统中国的国家法虽然比其他任何古典文明的国家法都要发达和成熟，但仍然不足以使国家政权完全实现对社会的直接统治。现代国家建设的过程必然伴随着国家法的扩张和其他类型法律的萎缩。反过来说，国家法对基层社会不同类型规范的超越与替代也是国家由间接统治转向直接统治的关键之一。从这一意义上来说，国家法的扩张是现代国家形成的基本要素之一。由于现代国家具有法律理性权威，传统国家向现代国家的转型意味着国家政权越来越多地使用法律手段来执行各种任务。作为由国家政权颁布和实施的法律，国家法促进了国家政权对社会成员的直接统治，从而有助于达成国家政权建设的目标。

就龙泉而言，从民国初期的急剧动荡的司法机关变革到1929年龙泉法院、龙泉法院检察处等国家刑事司法机关的建立，龙泉县在一定程度上实现了司法独立。龙泉法院配备了较为专业的法律人才，并制定了较为精细的考核机制。在刑事诉讼过程中，一系列近现代刑事诉讼规则开始得到落实，包括原告诉权的保障、侦查措施的规范化、证据制度的转型、被告人辩护权的实现、律师制度的出现与完善、审判依据中国家法的落实等。它体现了民国时期龙泉基层刑事司法对程序主义的追求，也表现了在其运作过程中依据国家法来改变与维护社会秩序的努力。民国时期的基层刑事司法始终贯彻着国家主义的立法思想，通过严厉的刑事处罚强化国家权威。这种状态就体现在民国时期龙泉的刑事司法场域内部。

当然,"法律创制的超高效率,并不等于司法实践的顺畅"①。立法者大笔一挥,法律条文就有可能被增加、删除或者修改,但法律条文背后的因素却难以为立法者所左右②。国家法大的制度框架已经建立,但现实环境却难以让基层社会的刑事司法像国家法规定的那样有效运作。民国时期,龙泉刑事司法场域内部的传统与现代的转型与承续、矛盾与妥协也是诸多因素共同作用所致。从大的方面来看,国家分裂、政局动荡、军阀干涉、外国入侵、司法经费的严重短缺等问题导致晚清民国时期的政权难以安心、有效地开展新式法院司法建设。就龙泉来说,司法经费的短缺、日军对浙江省入侵带来的种种影响尤甚,以至于民国时期的龙泉法院刑事司法始终是传统与现代多元化并存的局面。

民国时期龙泉基层刑事司法虽然呈现出了与传统时代不尽相同的历史面相,却也与"法治主义"对近现代刑事司法的要求依然有不小的差距。基层的刑事诉讼程序尽管在表面上依照国家立法开展,然而在实质上仍缺乏近代司法所必需的事实发现过程与规则运用的严格程序。民国时期,龙泉基层刑事司法之所以呈现上述特征,其原因不仅在于近代司法运作的具体场景仍然保留了熟人社会的基本结构,更在于基层司法机关的定位,基层司法机关集中通过审判和调解来实现对社会纠纷的解决,以维护一方社会的稳定。

所以,民国时期龙泉刑事司法活动中的"规则"问题表现出某种"模糊性",这集中体现在刑事责任与民事责任、刑事案件与民事

---

① 黄源盛:《中国法史导论》,广西师范大学出版社 2014 年版,第 440 页。
② 陈瑞华:《刑事诉讼法学研究范式的反思》,《政法论坛》2005 年第 3 期。

纠纷等概念的混淆等方面①。在西方刑法学中，国家行使刑罚权的前提就是公民应当承担刑事责任；而对民国基层社会是否存在"刑事责任"观念的问题，答案似乎是否定的。老百姓提出诉讼，其目的并不一定是要追究对方的"刑事责任"，而是出于多方的考量。在民国时期的基层刑事诉讼程序当中，人们运用大量的和解与不起诉来左右案件审理时，制衡的不仅仅是犯罪嫌疑人的权利，也是司法者的权力。不仅老百姓会在司法机关的运行中习惯性地寻找资源以"制衡"权力，就连司法官员也是有意让"国家权力"处于"空转"的状态。这至少说明，民国时期的龙泉司法机关依旧没有实现近代化的彻底转型。

## 二　司法场域外部：国家与社会的力量相互配合

考察龙泉司法档案，我们发现，尽管国家政权试图强力进入基层，但民国时期基层的自治性力量并未由此而缺位，刑事司法中的社会力量仍旧较为发达。通过考察刑事和解，我们可以管窥龙泉基层民间组织的力量在刑事司法中所发挥的作用。

在晚清和民国刑事纠纷解决系统中，存在三个基本的组成部分。首先是国家的正式司法系统，其次是通过民间宗族调处解决争端的民间体系，以及介于两者之间的"第三领域"。严重的刑事

① 王有粮：《民国县域刑事审判的"模糊"面相：从事实与规则说起》，《甘肃社会科学》2017 年第 4 期。

案件因为系争利益重大,司法机关根本不会进行调处。这主要集中于政治性犯罪以及杀人案件,司法官会毫不犹豫地作出判决。但是,对于轻微的刑事案件,司法官多先着眼于调处,要么自己调解,要么指令民间力量参与其中,以形成纠纷解决的"第三领域"。在"第三领域"的纠纷解决过程中,法律与政策、道德、习惯和情理之间的界限变得模糊起来,司法机关与民间力量开始互动。国家的法律与情、理紧密地结合在一起,它既有国家权力进行社会治理的一面,又有民间社会自我治理的一面。国家法律与民间规范在这个制度性领域中得以相互融合。

民国时期龙泉县的检察官与法官大多由外籍人士担任,他们也十分明白仅靠自身力量难以做到对基层所有刑事纠纷的有效掌控。所以,在刑事诉讼过程中,如何充分调动社会民间力量处理纠纷成为了司法官员的重要工作。因此,宗族、乡邻、家族等民间组织与民间力量在解决纠纷中发挥了巨大作用。这反映了近代以来尽管国家政权下沉,但是,基层自治性力量在基层社会的自我治理与自我调解中仍旧有相当程度的影响力。民国初期、南京国民政府时期都承续了晚清以来基层政权建设下沉的这一趋势,以完成对农村社会结构的重组与控制(比如农会与新县制等等)。但是,显然,这些举措并没有给基层社会结构带来彻底的改变,从民国时期的刑事和解来看,基层社会参与刑事司法运作的角色非常广泛,主要集中于家族、乡邻亲友、士绅等民间势力,这体现了民国时期龙泉民间力量的发达。在一定程度上,民国时期的龙泉基层刑事司法多多少少依旧延续了传统中国基层社会的治理模式,在基层的刑事司法运行中(尤其是刑事和解过程中)也延续了传统中国家族本位的特性,在调解的过程中大多依据人情与习惯。

在这其中,我们也得以管窥刑事司法的运作有效地实现了国家与社会的互动。代表国家的检察官与法官虽然有职责落实国家法,但是在相当大的领域,实际上是由"社会"来自我管理。这是一种"小政府、大社会"(即在刑事司法场域中,国家"抓大放小")的互动模式。这就说明了此一时期的国家与社会并非是对抗与制衡的关系,而是相互合作。这也反映了国家立法与基层实践存在巨大反差,刑事诉讼的国家立法固然先进,但社会仍然缺乏使其得以有序运作的基本构造,基层刑事诉讼程序的变革并不彻底,传统中国依赖准官员和民间力量解决纠纷的简约治理方法,仍然被政府所沿用,旧的草根阶层的简约治理仍然有相当部分保留了下来。这是一套复杂精细而又成本简约的国家控制与治理体系。它在肯定国家公权力在基层社会治理中发挥主导作用的同时,也对保甲、宗族、乡绅、行会等非官方力量参与基层社会治理予以认可。将大量案情轻微的案件"分流"回基层,有助于节约本属稀缺的司法资源。非官方力量参与基层社会治理,填补了国家因受政治资源限制而留下的权力空白,国家的治理成本因此大大降低。

# 第二编

## 新中国成立至改革开放前：
## 革命与运动

# 第一章　新中国成立至改革开放前
# 龙泉刑事司法运作的场景

## 一　总体性社会

新中国成立以后,中国共产党通过土地改革、合作化、集体化等运动,发动群众摧毁了基层社会的宗族家族势力,取缔了士绅乡绅在社会治理中的地位,基层社会的自治功能趋于消亡。国家权力以前所未有的规模与深度全面深入基层,管控了社会各个领域。"政社合一"的体制初步完成了国家政权建设任务,进而形成了以苏联为样本的全能主义国家。全能主义国家的特点是国家与社会的一体性、政治中心的一元性、政治动员的广泛性、意识形态的工具性以及国家的封闭性①。高度集中的计划经济体制与政治体制,形成超级"利维坦"。在全能主义治理模式的运作中,国家是治理

---

① 聂伟迅:《论 20 世纪中国全能主义政治及其成因》,《江汉论坛》2007 年第 9 期。

命令的唯一发布者,"政社合一"、高度管控的系统按照国家的意志将社会的每一个人固定于特定位置,确保了社会整体运行稳定。龙泉县也由此进入了空前绝后的"国家主义"与"集体主义"时代。国家通过一次次暴风骤雨般的政治运动将权力延伸到基层社会的每一个角落。这是晚清新政以来,国家权威向基层社会不断扩张、下渗进而产生质变的结果。尽管在改革开放前中央政府与地方政权之间出现过间断而又往复的"权力下放"与"权力上收"的循环过程①,然而,国家对基层社会始终保持了持久而又有力的掌控,在基层享有广泛的权威与力量。国家权力下沉这一近代中国未竟的事业在新中国初期得以实现。这也为此后国家开展一系列政治、经济、社会建设提供了基础。

此一时期,龙泉的政治结构、经济运行、社会意识形态等发生了本质的改变,长期处于国家政治边缘的基层社会在新中国成立后被推到历史的台前。接踵而至的"大跃进"、"人民公社化"运动将基层社会原本松散的草根力量强制纳入到国家体制之中,而此后爆发的"文化大革命",普通民众的日常生活也被卷入到国家的监控之中。

---

① 有论者认为,在 1949 年到 1956 年这一期间,国家通过逐步废除大区制,实现统一财政,从而实现了国家权力的上收。1956 年到 1960 年这一时期,尤其是"大跃进"时期,国家权力有所下放。此后,1960 年到 1966 年,国家权力有所回收。"文化大革命"爆发以后,国家权力大范围地下放。到 1976 年"文化大革命"结束以后,国家为了拨乱反正,整顿国家秩序,又对国家权力进行了上收。具体的论述可以参见王衡:《从政治衰朽到全能主义——论中国近代以来"集权—分权"模式的演变》,《浙江社会科学》2013 年第 5 期。

## （一）土地改革、人民法庭与基层秩序重构

1949 年 5 月 13 日,中国人民解放军第二野战军第五兵团 16 军 47 师 140、141 团解放龙泉。第二天,中国人民解放军龙泉县军事管制委员会和龙泉县城防司令部建立。1949 年 6 月 5 日,龙泉县人民民主政府成立,7 月 1 日改为县人民政府。之后,县级以下纷纷成立了以贫雇农为主体的地方武装组织。1952 年 3 月,龙泉县在群众中建立治安保卫组织。1953 年,全县有治安保卫委员会 50 个,治保人员 224 人。治安保卫组织的主要任务是协助人民政府防奸、防谍、防盗、防火、肃清反革命活动,有力地维护了诞生不久的新政权所创立的新秩序。

1949 年 7 月 30 日,龙泉县人民政府发文废除保甲制,将全县行政区划分为 5 个区、1 个镇、28 个乡,设立区人民政府、乡镇公所。龙泉县人民政府成立以后迅速开展土地改革与镇压反革命工作。1950 年 9 月,龙泉县根据《土地改革法》,开展土地改革。1951 年 2 月,在经过了大沙乡土改试点以后,龙泉县的土地改革全面铺开。龙泉县人民政府在全县范围内开展"谁养活谁"的教育,提高农民的阶级觉悟;群众则自己组织起来,翻身当家做主人。龙泉的土地改革历经宣传发动、诉苦算账、划分阶级成分、烧毁田契、分配土地、枪毙十恶不赦的地主、开展庆祝大会等过程,大约持续两个月。期间,各个乡村成立农民协会,组织民兵、儿童团,日夜站岗放哨,进行管制地主等活动。1951 年 11 月,龙泉县土地改革全面结束,被没收的土地、山林、房屋大部分分配给了贫雇农。

前面我们分析过,南京国民政府时期之所以没有实现国家权力下沉,除了政府自身的因素之外,还有一重要因素,即乡绅势力、宗族权力等非正式权力的存在。所以,新中国成立后,中国共产党就开始消灭这些权力,土地改革就是重要的路径。尽管民国时期国民党在基层已经初步建立了较为完善的官僚体系,然而,这个政权体系完全是一个精英化的政权体系,并不是群众性的政权体系。中国共产党发动的土改运动是贯穿"政党下乡",对基层社会进行重组的重要方法①。这也构成了共产党和国民党的重大差异。共产党深谙国民党基层统治的这一弱点,通过开展自下而上的底层革命,从基础上动摇与改变了基层社会的权力结构②。

为配合土地改革,1950 年 6 月 30 日颁布的《土地改革法》第32 条规定了各县应组织人民法庭,采取巡回审判方法,严厉惩办地主恶霸分子。新中国成立初期为服务于土改而设立的人民法庭是一种临时性的法庭,它设立的目的在于保证土改的顺利完成,促进新解放区的社会稳定。1950 年 7 月 14 日通过的《人民法庭组织通则》第 1 条规定,为保障革命秩序与人民政府的土地改革政策、法令的实施,省及省以上人民政府得视情况的需要,可以命令成立或批准成立县(市)人民法庭。其任务是运用司法程序,惩治危害人民与国家利益、阴谋暴乱、破坏社会治安的恶霸、土匪、特务、反革命分子及违抗土地改革法令的罪犯,以巩固人民民主专政,顺利地

① 郭为桂:《"组织起来":中国近代化进程中的基层治理变迁》,《党史研究与教学》2015 年第 6 期。

② 郑智航:《新中国成立初期人民法院的司法路线——以国家权力下沉为切入点》,《法制与社会发展》2012 年第 5 期。

完成土地改革。此外,关于土地改革中划分阶级成分的争执及其他有关土地改革的案件,亦均由人民法庭受理。当人民法庭任务完毕已无存在必要时,由省及省以上人民政府以命令的形式撤销。浙江省根据《土地改革法》和政务院 1950 年 7 月 14 日公布的《人民法庭组织通则》的规定,在党政统一领导下,尝试建立人民法庭。

从 1951 年 1 月 4 日到 1951 年 2 月 10 日,龙泉县成立了龙泉县人民法庭以及第一、二、三、四、五分庭。此一时期的人民法庭不同于以后各基层法院为方便人民群众诉讼,按行政区域依法设置的人民法庭,它是在特定的历史条件下设立的带有群众性的特别人民法庭。人民法庭设审判长和副审判长,审判长往往由县长、副县长或者区委书记担任。

从表 13 中我们可以看到,龙泉县人民法庭由副县长兼任审判长,公安局局长担任副审判长。最初,人民法庭是龙泉法院的组成部分之一,它直接受龙泉县政府的领导。这显示着人民法庭较为明显的行政化特征。人民法庭的审判员由县人民政府遴选,经各界人民代表以及群众团体选举产生。人民法庭由县人民政府领导,同时又是人民法院的组成部分。

表 13　新中国成立初期龙泉县人民法庭建设概况

| 法　庭 | 位　置 | 建立时间 | 审判长 | 副审判长 |
|---|---|---|---|---|
| 人民法庭 | 法院内部 | 1951. 3. 23 | 副县长 | 公安局长 |
| 第一分庭 | 北河街 | 1951. 1. 4 | 城区区委书记 | 城区区长 |
| 第二分庭 | 八都街 | 1951. 1. 7 | 八都区委书记 | 八都区长 |
| 第三分庭 | 查田街 | 1951. 1. 13 | 查田区委书记 | 查田区长 |

续表

| 法 庭 | 位 置 | 建立时间 | 审判长 | 副审判长 |
|---|---|---|---|---|
| 第四分庭 | 安仁乡 | 1951. 2. 1 | 安仁区委书记 | 安仁区长 |
| 第五分庭 | 道太村 | 1951. 2. 10 | 道太区委书记 | 道太区长 |

为加强土改运动与镇反运动中的审判工作,人民法庭建立后,召开审判大会时均吸收工会、农会、教育和工商界代表参加,审理案件广泛听取群众意见,以提高案件审理工作的质量。龙泉县建立的人民法庭及其分庭主要受理的案件是:

1. 危害人民与国家利益,阴谋暴乱、破坏社会治安的恶霸、土匪、特务、反革命分子的案件;

2. 违反或破坏土地改革法令的案件;

3. 关于土地改革中划分阶级成分争执的案件;

4. 破坏雇农、贫农、中农正义的经济斗争(如减租、废除高利贷、改善雇工待遇、合理负担、清查黑地等);

5. 破坏水利、建筑物、农具或其他物品;

6. 贪污或强占人民财产,或施行各种封建压迫与虐待。

与改革开放后的人民法庭相比,新中国成立初期的人民法庭,其建立之目的在于"破旧立新",在于改造旧社会,重建社会主义新秩序。这一时期组建人民法庭有着极为鲜明的政治目的,就是要为土改运动保驾护航。人民法庭在运行过程中深受政策与政府行政命令的影响。

上文提到,基层秩序重构是中国近代化进程中国家建设的一项重要任务,在近代以来的国家治理中,大量现代化因素的出现使得传统意义上中央与地方的关系不再能够满足现代国家统治的需要。清末新政以降，国家政权下沉，但在 20 世纪的上半期，这种下沉的程度仍然是相当有限的，在很大程度上仍然是一个相对自然的过程。然而，1949 年新政权建立以后，通过暴风骤雨般的革命，龙泉县的社会结构发生了巨大的变化。"解放以后，集体户生产模式替代了传统的家户生产模式。传统的宗族和家族被国家定为有害于人民公社集体团结的封建残余。"①随着贯彻《婚姻法》运动等诸多巨大政治变革的逐步展开，在波澜壮阔的群众运动中，传统中国基层存在的乡绅阶层、宗族、家族等传统的"权力文化网络"作为封建典型被彻底摧毁。与此同时，在土地改革中涌现出来的，同时又认同中国共产党意识形态的"领袖人物"——贫下中农中的积极分子等新式的精英被培养起来。王沪宁曾形象地概括这一过程是"新政治彻底改造了旧政治的基础"②。在经历诸多革命以后，新政权朝着垄断乡村基层权力迈出了巨大一步。

## （二）总体性社会的建立

土地改革完成以后，新政权就开始着手进行社会主义改造。龙泉县农村的合作化过程是循序渐进的，但一个总体的趋势是，国家的权力逐步下沉，农民的生产资料和生产劳动自主权逐步丧失。

---

① 〔日〕韩敏著，陆益龙、徐新玉译：《回应革命与改革：皖北李村的社会变迁与延续》，江苏人民出版社 2007 年版，第 261 页。

② 王沪宁：《当代中国村落家族文化——对中国社会现代化的一项探索》，上海人民出版社 1991 年版，第 153 页。

1952 年,龙泉县着手引导农民举办互助组,全县成立互助组 1 816 个,包括 9 475 户。1952 年冬天,龙泉县开始试办农业生产合作社。1953 年 11 月,龙泉县实行粮食统购统销政策,12 月 5 日,龙泉县发文禁止自由买卖大米,购粮需凭介绍信或者临时购粮证。1954 年凤鸣乡开展山林入社试点改造。1955 年,龙泉县实行粮食"定产、定购、定销"的"三定"政策。此后,龙泉县出现批判"坚决收缩"的方针,掀起办社高潮。1956 年,龙泉县又掀起建立"完全社会主义性质"高级农业生产合作社的热潮。同年 6 月,龙泉全县已经有初级、高级农业社 204 个,包括 36 175 户,占全部农户的 99%。其中,高级农业合作社占总农户的 90%。

1958 年龙泉县再次兴起了建立人民公社的高潮。9 月底前,龙泉县共建立了城郊、八都、锦旗、查田、屏南、安仁、道太、城北 8 个人民公社,下设 37 个管理区、406 个生产大队。按照人民公社"一大二公"的要求,人民公社实行"政社合一""工农商学兵五位一体"的高度集中的管理体制。人民公社在组织上曾经一度按照军事化的要求,以营、连、排进行编制;在生产资料的分配上,实行统一调配。1962 年,为了贯彻中央《农村人民公社工作条例(草案)》(即"农业六十条")和《中共中央关于改变农村人民公社基本核算单位问题的指示》,龙泉正式确立了"三级"(即公社、大队、生产队)所有,队(生产队)为基础的管理体制,使组织生产与进行分配的单位统一起来。人民公社是新中国成立后社会主义国家在农村中的基层单位,又是我国社会主义政权在农村中的基层单位。国家及农村干部通过对社会经济生活的统辖而实现了对农村社会政治及其他领域的控制,极大地强化了国家的社会动员能力,也从根本上改变了传统农村社会秩序的基础。

与帝制时期传统中国基层社会通过"文化的权力网络"控制乡村秩序所不同的是,在人民公社"政社合一"的体制下,新政权无需创建政治体制之外的乡村制度。人民公社集人口管理、秩序管控、资源汲取、政治教化、意识形态灌输和基层干部培养等多项功能于一体。由此体制延伸,构成了国家与乡村社会的"统合关系",上级命令、下级服从成为了改革开放前龙泉基层社会最基本的运作模式。

上文提到,家国关系是清末变法修律中争论最为激烈的一个环节。晚清以后的几十年,是国家主义不断壮大、扩张的几十年,但是,真正形成了"必使国民直接于国家"的局面则是在新中国成立后。国家在此一时期对基层社会结构进行了大规模地彻底整合。经过一系列的社会改造运动,人民公社孕育而生,国家的行政组织与乡村的经济组织在农村合二为一,实现了近代以来中国基层社会结构最彻底的重组。在"政社合一"的体制之下,人民公社逐渐形成"三级所有,队为基础"的管理方式。人民公社管理委员会作为国家的基层政权组织,承担管理生产建设、文教卫生、治安、民政等工作;作为农村的经济单位,依托生产队进行经营核算,自负盈亏。随着管理体制的调整,生产队既是政治整合、政治宣传、意识形态教化的政治单元,又是独立核算、自负盈亏的经济单元,还是农村人口和资源管理的行政单元。因此,生产队成为国家意志向基层社会渗透的最末端,变为国家政权统治的一个基层单位,嵌入国家官僚体系现代化再造的过程当中。人民公社是一种"政社合一"的组织体制,它依靠对生产资料的占有权和强大的行政手段实现了对村庄的高度统合,从而以前所未有的力量深入到基层乡村社会中,迫使乡村政治的运作服从于国家的统治目的和意志。在这种以强大的国家力量为基础所维持的秩序下,执政党在基层社会的组织实现完全覆盖,人的生、老、病、死莫不与国家息息相关。

经过人民公社化运动,在龙泉县,一个以计划经济为基础,国家权力高度统一的体制已经形成。国家在高度集中的政治经济体制下实现了全能主义的治理。国家统包统揽了一切社会事务,个人通过对国家、对集体的效忠换取自己的生存资源①。国家吞噬了社会,社会没有自主的空间。

正因为如此,基层社会生活的全部领域,即使是那些可能发生在幽暗隐私之处的事物,都有可能被国家掌控和监控,任何人的行为都有可能接受以国家政策为标准的评价,并按照国家的要求进行改造。这一国家模式与达玛什卡在其名著《司法和国家权力的多种面孔:比较法视野中的法律程序》中抽象出来的"能动型国家"相似②。公民个人乃至整个社会都是国家的附庸,一切社会问题都

---

① 周星、于慧芳:《民间社会的组织主体与价值表述》,北京大学出版社 2010 年版,第 2 页。

② 达玛什卡从政府职能上将国家分为两种,即能动型国家和回应型国家。能动型国家"信奉或者致力于实践一种涉及美好生活图景的全面理论,并且以其作为基础来设计一个在理论上面面俱到的改善其公民之物质和道德境况的计划。社会生活的全部领域,即使是那些发生在幽暗隐私之处的事物,都有可能接受以国家政策为标准的评价,并按照国家政策的要求加以塑造……国家成为政治生活的唯一舞台和政治效忠的唯一对象,社会被'国家化'了或者说是被国家吞并了"。一个极端的例子就是苏联。另外一种国家就是回应型国家。这种政府的任务"只是限定在为其追求自我选定目标的公民提供一个支持性框架上……这种'简约主义'的政府只做两件事情:维护秩序,并且为解决公民无法自行解决的纠纷提供一个平台"。也就是说,这样的政府是消极的、被动的。更为详细的论述可以参见〔美〕米尔伊安·R.达玛什卡著,郑戈译:《司法和国家权力的多种面孔:比较法视野中的法律程序》,中国政法大学出版社 2015 年版,第 94—105 页。

被转化为国家问题。

## 二　国家本位的刑事司法理念

有学者认为,在特定社会中,某种具体的刑事司法模式往往是适应该特定社会的意识形态的副产品①。改革开放前,国家权力下沉到基层,国家至上的价值观给基层刑事司法打上了深刻的烙印。事实上,国家主义不仅仅是一个政治范畴的概念,更是早已浸入群众的日常生活,成为一种价值观,主导了人们的思维方式和行为习惯。新中国成立以后,国民党时期制定的"六法全书"被废除,民国时期构筑的大陆法系型的刑事诉讼制度也遭到终结。新中国的刑事诉讼设计直接来于苏联②。苏联的刑事诉讼与大陆法系血脉相连,前者不仅渊源于后者,而且在国家主义价值观取向上,更有"青出于蓝而胜于蓝"的态势③。

与国家本位相适应,诞生了集权型刑事诉讼制度。这一诉讼模式的目的在于高效率地打击犯罪。在国家本位的刑事诉讼体制中,打击乃至消灭犯罪是国家刑事诉讼最主要的职能。从侦查、逮捕、起诉再到审判,整个刑事司法程序往往如同流水作业一般,尽可能确保对被告人进行有罪判决。集权型的诉讼模式往往表现为

① 左卫民、周长军:《刑事诉讼的理念》,北京大学出版社 2014 年版,第 17 页。
② 新中国成立初期,我国的刑事诉讼法一直以学习苏联为主。详见程荣斌、王新清:《我国刑事诉讼法学研究的现状与展望》,《法律学习与研究》1988 年第4 期。
③ 左卫民、周长军:《刑事诉讼的理念》,北京大学出版社 2014 年版,第 287 页。

权力的集中性、程序的反理性、程序的工具性①。在新中国成立后相当长的时间内，公安机关主导了刑事司法的运作。为了最大限度地打击犯罪，诉讼程序被工具化。集权型刑事诉讼制度下，国家机关权力集中、恣意且权能混淆；权力高度集中于侦控机关手中，缺乏有效的制约与平衡；刑事司法重实体、轻程序，诉讼程序的独立性与自治性不足。诉讼程序不但不具有控制国家权力的能力，更谈不上人权保障的功能。侦控机关往往被视为正义的化身，犯罪嫌疑人负有忍受国家侦讯的义务，强调其对国家公权力的顺从，不仅控辩失衡，而且辩护制度虚化，在证据上高度依赖口供。

国家本位的刑事司法理念的突出特质，就是以公安为中心的刑事诉讼结构。新中国成立伊始，国家极为重视公安工作。关于新中国成立初期基层刑事司法中公安机关的优先地位，单单从其建立的时间就可以看出来。1949 年 6 月 5 日，龙泉县人民民主政府成立后不久，7 月 26 日，龙泉县人民公安局就迅速成立；9 月份龙泉县法院成立，而检察院，直到 1955 年才得以建立。所以，新中国成立后一直存在被戏称为"大公安，小法院，可有可无检察院""金公安，银法院，没爹没娘检察院"的局面。公安机关在公检法三机关中的突出地位还表现在它对法院、检察机关职权的僭越，特别是对检察机关职权的多次取代。高起点的布局，也为强化侦查，侦查优先于批捕、起诉、审判、执行等职能提供了条件。

新中国成立初期，公安机关并不是西方意义上的"守夜人"，它

---

① 万毅、林喜芬：《宪政型与集权型：刑事诉讼模式的导向性分析》，《政治与法律》2006 年第 1 期。

具有一定的军事色彩,是在与国民党所代表的资产阶级、地主阶级进行阶级决战中,共产党和工农政权的"保卫机构"。所以,新中国成立后,由于武装夺权时代生死较量的惯性,以及当时政权初建的外部、内部环境,对保卫政权的公安工作进行制约,被决策层认为是作茧自缚。因为公安机关要根据敌情迅速作出反应,依照情形及时应对,所以决策层认为不应当对其施加过多的约束,过分强调工作与权力的分工,各部门机关之间互相制约,会导致侦查效率降低;在技术上采取过多的审批程序,往往被认为是束缚手脚。所以,对于侦查技术与手段的选择一般是由公安机关自我决定与实施。并且,当时最优秀的政法干部主要集中在公安,在事实上形成了"以公安为中心"的刑事诉讼格局。

1953 年,"一五"计划开始,国家的政治社会环境已经发生巨大变化。时任中央政治局委员、政务院政治法律委员会分党组书记的彭真提出"分工负责、互相配合、互相制约"的原则,意在改变此前的以公安为中心的格局①。龙泉县检察院于 1955 年开始承担对刑事案件的审查批捕、审查起诉、出庭支持公诉等任务,行使侦查监督和审判监督的职权。在对反革命案件的检察工作中,县检察院为了使审查批捕和审查起诉做到"既合法,又准确、敏捷",通常采取办案人审查与集体讨论研究相结合,审查材料与携卷深入群众查访相结合的办法。

不过,龙泉县检察院在创建初期,由于人力不足,又缺乏经验,根据上级的指示,只担负了部分审查批捕和审查起诉工作,受理范

---

① 刘忠:《从公安中心到分工、配合、制约——历史与社会叙事内的刑事诉讼结构》,《法学家》2017 年第 4 期。

围仅是龙泉县公安局破获的普通刑事案件,其余仍由公安机关行使审批权。此后在工作实践中,检察院选择一些普通刑事案件,在审查批捕、审查起诉两个环节上实施侦查监督。在行使批捕权时,对公安机关提请批捕的普通刑事案犯,经审查,若主要犯罪事实清楚,证据确凿,即以《批准逮捕决定书》的形式批准逮捕;证据不足的案件,则退回公安机关补充侦查。在起诉权行使的过程中,对公安机关侦查终结移送起诉的普通刑事案件,经审查,凡犯罪事实成立,证据确凿,适用法律正确的,则决定起诉,移送法院审判;认定犯罪事实不准确,证据不充足,或罪行轻微的,则决定不予起诉;对证据不足需要补充侦查的,则退回公安机关进行补充侦查。1958年"大跃进"中,检察工作强调"破除迷信,解放思想,废除束缚手脚的规章制度",批捕、起诉程序被简化。那些无视司法规律,过于强调"多快好省"的高指标、瞎指挥、虚报、浮夸等不良现象同样影响到了检察机关的检察工作。检察机关短暂的"黄金时期"一去不返。

"大跃进"开始后,龙泉推行"集中阅卷,成批开庭",简化诉讼程序的做法,追求办案高指标。由此,"分工负责、互相配合、互相制约"的刑事诉讼结构发生变化:第一,减弱公检法机关的分工,合并职能;第二,仅在无法消减的环节上保留批捕、审判两个职能,但这两项职能的实际权力被压缩到至简;第三,突出侦查职能,再次突出公安的中心地位。刑事诉讼内部出现了公安局长"一长代三长"(公安局长行使公安局长、检察长、法院院长的职权)、公安局预审员"一员顶三员"(公安局预审员代行公安局预审员、检察院检察员、法院审判员的职权)和审判"一竿子到底"的做法,不仅审判公开等制度被废除,其他一些既定的司法程序也形同虚设。

1961 年,龙泉的刑事诉讼工作逐步恢复正常,办案质量有所提高。1962 年贯彻"从严方针"(管理要严,执法要严,纪律要严,对一切问题强调从严),坚持"三少政策"(少杀、少捕、管制要比过去少)。1963—1965 年,社会主义经济建设发展,社会治安稳定,检察部门执行中央提出的"依靠群众专政,依靠群众办案"方针和"一个不杀,大部不捉"政策,严格执行各种办案制度和法律程序,确保办案质量。

"文化大革命"开始后,龙泉法院一度被砸烂,其职能被中国人民解放军龙泉县公安机关军事管制组和龙泉县革命委员会保卫组取代。军管期间,新中国成立后行之有效的刑事政策、法律和条例被废弃,以《关于在无产阶级文化大革命中加强公安工作的若干规定》(简称《公安六条》)作为确定反革命的依据。直至1973 年,龙泉法院恢复建制后,特别是 1978 年检察机关重建后,刑事诉讼才重新恢复司法机关分工负责、互相配合、互相制约的原则和做法。

## 三　公安司法机关的破旧与立新

新中国成立初期法制建设的首要目标是"破旧立新",即破除国民党一切伪法统,建立社会主义新法律。"破"的目的在于对包括国民党时期在内的一切资产阶级法律进行全面的否定与批判。"立"的目的就是塑造新的法律体系,并尝试建设"政治维度""人民维度"与"法律维度"和谐共生的新型司法模式①。改革开放前,刑事司法的运行并不必然严格遵守法律条文,而是要服从于新政权建设的中心任务。对于司法人员来说,其正确的政治立场比专业技能更为重要。司法人员对政治理论的学习要优先于业务学习;对政策的把握更甚于对法律条文的拿捏。司法人员最重要的品格乃是对新政权与革命事业的忠诚,即他们必须具备鲜明的阶级意识与政治立场。在炮声隆隆的革命岁月,服从于革命斗争是司法的宿命。新政权建立后,革命斗争观念主导了基层法院建设,法官最需要的品质是对革命事业本身的忠诚,具有鲜明的阶级意识和政治立场②。

## (一)废除"六法全书"

1949 年 2 月 22 日,在即将取得全国胜利前夕,中共中央发布了《关于废除国民党的六法全书与确定解放区的司法原则的指示》,宣布彻底废除国民党"六法全书"③。废除"六法全书","确立

---

① 赵晓耕、段瑞群:《1952 年司法改革运动与法学界的反思——以北京市旧司法人员清理与改造为视角》,《北方法学》2017 年第 2 期。

② 刘练军:《"红"与"专":法官职业认知的理念与规范叙事》,《法治研究》2019 年第 5 期。

③ 实际上在抗日战争结束以后,中国共产党已经表露出完全废除"旧法统"的意图。1946 年 2 月发表于《解放日报》的何敬思的文章《宪法谜语分析》就指出,批判旧中国的宪法是起草新中国第一个宪法的前提,"第一部宪法的起草,必须涉及废除旧中国的法典"。该文被认为是新中国第一部宪法起草前的普及教育范文,从中,我们便可以体悟到中国共产党人对国民党旧法的态度。参见何敬思:《宪法谜语分析》,《解放日报》1946 年 2 月 13 日。

了中华人民共和国法制建设的基础和出发点，对中国法制建设产生了极其深远的影响"①。

　　对于"六法全书"的废除，需要将其放置于当时的历史背景之下去分析。以"六法全书"为基础的法律体系及法制体系是在清末变法修律后学习西方先进立法经验和理念，经数十年的努力形成的。它形式上包含了现代资产阶级法治社会的各项基本要素，比如代议制、国民主权、分权制衡、依法行政、公民基本权利、法律面前人人平等、私有财产神圣不可侵犯、契约自由、罪刑法定、无罪推定、司法独立等。但事实上，这些要素很难在传统中国的社会实践中发挥真正的作用。民国以降，形式上的西式法律体系——"六法全书"形成，但是如上文提到的，与之相应的法律传统及其法治精神却未养成。由于传统中国缺乏法治传统，西方的法律传统也并未在中国扎根，所以，在摧毁国民党统治之后，中国共产党并没有恢复无根的西方法律传统，由此，废除"六法全书"

---

①　蔡定剑：《历史与变革——新中国法制建设的历程》，中国政法大学出版社1999年版，第3页。关于废除"六法全书"的利弊得失，即使在当下的学术界也存在激烈的争论。有学者从政治立场出发，坚持革命的正当性，认为"废除'六法全书'在政治上是完全正确的，不容否定"，问题只在于这种做法忽视和排斥了法律文化的继承关系。参见孙国华、冯玉军：《关于中共中央废除国民党〈六法全书〉的若干思考》，《董必武法学思想研究文集》（第六辑），人民法院出版社2007年版；张希坡：《解放战争时期"中央法律委员会"的变迁及其工作成就——兼评对中共中央废除国民党〈六法全书〉指示的某些不实之词》，《法学家》2004年第6期。反对者则从历史影响与后果出发，认为它严重践踏和破坏了法学理论资源、人才资源和法制环境，对新中国的法制建设造成了很大的危害，参见何勤华：《论新中国法和法学的起步——以"废除国民党六法全书"与"司法改革运动"为线索》，《中国法学》2009年第4期。双方立足点不同，视角各异，存在巨大分歧自然不可避免。一个较为综合性的讨论可以参见赵晓耕、刘盈辛：《再议"六法全书"及旧法体系的废除》，《四川大学学报（哲学社会科学版）》2019年第6期。

也并非只是政治策略问题。

而且,社会环境、法律体系和历史条件的差异使得新中国无法像西方国家一样保留革命前的法律传统。在新中国成立之前,中国共产党就积累了大量的政权建设的经验,如果不彻底废除旧法,很难证明新政权的合法性。所以,在对待法律的继承性问题上,中国共产党认为,新与旧之间的矛盾是根本性的,是不可调和的。共产党领导的革命是以马列主义理论为指导的革命,过去的国家被称为"旧国家"。这些"旧国家""旧政权"遗留下来的"旧法律"遭到废除不难理解。因此,废除南京国民政府"六法全书"在当时也实属必然。这是由共产党人的法律观、马克思主义国家观以及中国传统法律文化等多方面的原因决定的①。

与此同时,《关于废除国民党的六法全书与确定解放区的司法原则的指示》也承认目前"人民的新法律"尚不完备,所以同时规定了司法机关的办事原则②,规定司法机关的审判"应该以共产党的政策以及人民解放军所发布的各种纲领、法律、条例、决议作依据"。指示发布后不久,1949 年中共中央颁行《中国人民政治协商会议共同纲领》,将废除"六法全书"上升为宪法性要求,赋予了其形式上的合法性。

---

① 范进学:《废除南京国民政府"六法全书"之思考》,《法律科学》2003 年第 4 期。

② 新中国成立以后,国家曾一度着手建立"人民的新法律"。新中国成立之初的七年,国家重视《刑事诉讼法》《刑法》的起草工作。但此后受到"反右运动""法律虚无主义"思潮的影响,国家停止了《刑事诉讼法》《刑法》的起草工作。参杨一凡、陈寒枫、张群主编:《中华人民共和国法制史》,社会科学文献出版社 2010年版,第 127 页。

## （二）1952 年龙泉的司法改革运动

鉴于"案繁人少"的客观情况，新中国成立以后，在接管国民党旧的司法机关时，中国共产党并没有将原有司法机关的人员全部遣散，而是采用了"包下来"的政策。龙泉法院按照中共中央"分别不同对象慎重处理"的原则，选择性地留用了一批旧司法人员。这样做主要是要利用旧司法人员的法律知识，以解决政权建立之初司法工作的燃眉之急，因为革命队伍中受过严格司法训练的人员短缺，一时间难以满足人民司法机关开展工作的需求。

不过，"三反"运动结束以后，国家开始着手整顿司法。开始于 1952 年的司法改革运动是新中国成立后的第一次司法改革运动，它构成了新中国初期摧毁旧法统，创建新法制的关键一环。这次司法改革的目的在于"解决由什么样的人来适用法律的问题"。它是创制新法制的三大步骤之一①，目的是"彻底改造和整顿各级人民司法机关，使它从政治上、组织上和思想作风上纯洁起来，使人民司法制度在全国范围内能够系统地正确地逐步建立和健全起来，以便完全符合于国家建设的需要"②。其实，关于此次司法改革，中共中央早在废除"六法全书"时已经埋下伏笔。废除"六法全书"，表明了新生政权对旧有政权法律制度的基本

---

① 其余两大步骤分别为："解决适用什么样的法律问题""解决由什么样的机构适用法律的问题"。具体可以参见李龙主编：《新中国法制建设的回顾与反思》，中国社会科学出版社 2004 年版，第 111 页。

② 人民日报社论：《必须彻底改革司法工作》，《人民日报》1952 年 8 月 17 日。

价值判断,也是新生政权建设新型法律制度的开始。"国家本质改变了,法律也改变了,司法工作人员、律师和法学教授不改变怎能站得住脚呢?"①

新中国成立初期,对司法的阶级性和工具性的强调必然会引发一场对司法人员和司法观念的清理运动。1952 年 10 月,龙泉开展司法改革运动,彻底改造和整顿法院。龙泉县成立司法改革委员会,并组成工作组,首先在司法机关内部组织司法人员学习文件,领会中央关于司法改革运动的指示精神。在学习的过程中,要求广大司法人员进行自我检查、检讨,之后进行集体检查讨论。在这一过程中,先由领导干部带头检讨,进行自我批评,再由司法人员进行检讨,最后是集体检查批评,这样一层层深入展开,初步揭露出司法机关中存在的政治、思想和组织不纯等问题。

为进一步深入揭露司法机关中存在的问题,在内部检查批判之后,又进行广泛的社会动员,发动广大人民群众(特别是案件当事人)及时检举揭发问题。从群众检举揭发材料中可以看出,司法机关中的确存在有反革命分子和贪污腐败分子,也的确存在依据国民党"六法全书"办案的现象。有些司法人员由于立场观点模糊,意志不坚定,"经不起旧社会遗留下来的流毒和残余的旧法观点、旧司法作风的侵蚀而做了俘虏,在审判工作中借口'管辖'和'程序'等为难群众,或者不调查研究,单纯'坐堂问案''主观臆断',对群众耍态度、打官腔、任意训斥或进行恐吓的行为也比较

---

① 董必武:《旧司法工作人员的改造问题》,《董必武法学文集》,法律出版社 2001 年版,第 29 页。

常见"①。

这些检举揭发材料,证实了中央对各级司法机关基本状况的判断。在问题暴露之后,龙泉立即开始对司法机关进行组织清理、思想整顿和作风整顿。第一,旧法院的书记官、推事、检察官,原则上不得担任审判工作。一般的旧法院人员未经彻底改造和严格考验者,亦不得担任审判工作。对不可改造的落后分子,应予以清除;对思想、工作表现较好的进步分子,应继续留用,分配一般行政工作;对表现平常,又可改造者,可进行转业。第二,对反革命和贪赃枉法者,应依法惩办。第三,对堕落蜕化,作风恶劣,坚持旧法律观念不改的新、老人员,应首先撤换工作岗位;其中,决心改过自新的人,可送学习。

经过这场运动,龙泉司法机关将一大批旧司法人员清理出司法队伍。为补充司法机关的编制,将在历次社会改革运动中涌现出的积极分子(包括工人、农民、青年知识分子及转业军人)吸收进司法机关以充实司法队伍,从而达到了改造司法机关,健全人民法院的管理体制和加强党对司法机关的领导等目的。在人员清理的过程中,通过轮训强化对司法人员的马克思主义法律观、司法观的教育,以此来彻底清除诸如"司法独立""程序至上"等所谓的旧法观点。同时,通过对"推事主义""程序主义""坐堂问案""条文主义""文牍主义"等司法作风进行批判,学习"巡回审判""公开审判"等便利人民、服务人民的群众路线的司法审判作风。

---

① 侯松涛:《建国初期的司法改革运动:回顾与思考》,《中国特色社会主义研究》2008年第1期。

## （三）社会主义新司法的建立与运行

从某种意义上讲，全部废除"旧司法"也就意味着从无到有地创造"新司法"。要建立完全不受国民党与一切资本主义国家影响的司法体系，这个任务无疑是艰巨的。1953年，《第二届全国司法工作会议决议》指出，各级司法领导机关必须抓紧干部理论、政策学习，要求在补充各级法院干部时，所调入的审判人员必须是政治纯洁，并有一定的工作经验与文化程度，经过短期训练即可称职的干部；要求各级司法机关必须重视司法人员的业务学习，并应和政治理论学习密切结合。1953年，龙泉选调部分骨干充实司法机关，从政治上、思想上、组织上纯洁了审判机关，初步建立起了人民的司法队伍。下面我们讨论改革开放前龙泉法院司法人员的身份及其来源。

从表14中我们可以看到，1950年至1968年龙泉法院领导的选任遵循"打江山、坐江山"的逻辑，以"革命家"居多，具有鲜明的军政合一特征。这一阶段龙泉法院的领导大多是来自于山东、江苏等地的"南下干部"。解放战争后期和新中国成立初期，中国共产党抽调大批干部随军南下，参加了接管、巩固新政权，支援南方广大新解放区建设的任务。他们是一个特殊而耀眼的革命群体，具备较高的政治素质，革命经历丰富，任职时年富力强，但文化程度参差不齐。在龙泉，"南下干部"扮演了接管者、改造者与领导者的多重角色。

表14　1950—1968年龙泉法院院长基本情况表

| 院　长 | 性　别 | 籍　贯 | 文化程度 | 出　身 | 任职时间 |
|---|---|---|---|---|---|
| 马耕(兼) | 男 | 山东寿光 | 中学 | 中农 | 1950.7—1953.12 |
| 王哲夫 | 男 | 江苏邳县 | 中学 | 中农 | 1953.12—1954.11 |
| 马存孝 | 男 | 山东广饶 | 小学 | 贫农 | 1954.11—1956.6 |
| 王衍信 | 男 | 山东垦利 | 小学 | 贫农 | 1956.6—1957.6 |
| 孙守仁 | 男 | 山东高青 | 小学 | 贫农 | 1957.6—1958.1 |
| 吴多才 | 男 | 安徽盱眙① | 中学 | 中农 | 1958.6—1959.11 |
| 王峰 | 男 | 山东广饶 | 中学 | 中农 | 1960.4—1968.12 |

考察这一时期的龙泉法院法官群体,我们发现,龙泉法院主要组成人员为:

第一,"南下干部"、退伍革命军人。

1949年龙泉法院成立初期,院长与副院长皆为革命军人,并且大多籍贯为山东,属于"南下干部"。1949年5月浙江解放时,华东局组织山东解放区8 000多名干部南下接管浙江,与当地干部一起领导浙江人民建立和保卫新政权。新中国成立初期,由解放战争中的"南下干部"、退伍军人担任审判人员与领导职务,构成了此一时期龙泉法院的主要力量。这在一定程度上说明了司法机关在新中国成立初期的定位,其组织方式与工作职能类似于军事机关。

第二,政府部门人员。

改革开放之前,由于高度集中统一的计划经济,"政社合一"的

---

① 新中国建立后,皖南、皖北合并为安徽省,盱眙属安徽省滁县专区。1952年底江苏省成立,为加强对洪泽湖的管理,盱眙于1955年划归江苏省。

社会治理结构,法院在整个国家治理体系中角色边缘①。新中国建立之初,司法与行政合一,龙泉法院属县人民政府的工作部门,所以,我们就不难理解为何存在由政府部门人员充任法官的情况了。

第三,临时借调人员。

改革开放前政治运动频繁,政府各个职能部门大多处于缺员的状态,处于国家治理边缘的基层法院更是如此。在"镇压反革命""大跃进""反右运动"等诸多政治运动中,因为法院的业务繁忙,每到清理积案的时候,龙泉县委往往会从其他部门借调干部参加法院审判工作。然而,尚须注意的是,此时的借调人员并不是由法院调配安排工作,而是由县委指示法院与公安机关、检察院组成若干联合审判小组协同开展工作。以 1958 年 8 月龙泉开展的"肃残"战役为例,在此次政治运动中,成立了由龙泉县县长王哲夫和公安局、检察院、法院主要领导组成的 10 人领导小组②。根据各组干部的能力、对案件的熟悉程度分派任务,进而明确了"包干到底"的责任。

军事干部、政府人员,尤其是以军事干部为主体的人员构成,说明了司法组织与司法人员的问题并不是简单的制度层面的问题,更多的是政治层面的问题——在司法人员选任上,必须重点考察其政治表现。司法人员要树立马克思列宁主义的国家观与法律观,必须"在思想上牢固地插上党的红旗",因为审判活动直接关系到国家和人民的利益,具有强烈的阶级性。"人民法院要完成其光

①　刘忠:《论中国法院的分庭管理制度》,《法制与社会发展》2009 年第 5 期。
②　浙江省龙泉市人民法院编:《龙泉法院志》,汉语大词典出版社 1996 年版,第 10 页。

荣而重大、艰巨的任务,必须加强政治思想领导、提高业务水平、改善审判作风。审判人员思想作风正确与否常常决定我们在审理和判决上的实际效果。"①而政治标准又往往体现在司法人员的出身、个人成分等方面。所以,当时司法人员选任坚持强政治标准实属必然②。

　　1952 年的司法改革影响深远,我们将发生在 1951 年和 1953 年的两起案件的刑事判决文书进行对比,就可以明显看出司法改革给龙泉法院刑事司法带来的影响。发生在 1951 年的叶康元贪污案,是由"旧式"司法人员作出的判决:

全街刑事判决书

（1951）龙法刑字第 375 号

　　原告:张才后,男,四十岁,现住本城,任屠宰业公会主任。

　　被告:叶康元,男,四十岁,现住本城,屠宰业公会任征收员。

主文

　　被告因贪污事件本院判决如左:贪污犯叶康元处劳役六个月,所贪该会公积金二百四十万元全数追还归公。

事实

　　叶康元曾任小学教员十二年。其余时间都是经商,去年六月间由本城工商联合会会计翁远发介绍,并由季成周担保到屠宰业公会任征收员。本年古历正月初四,该会主任张才

---

①　马锡五:《关于当前审判工作中的几个问题》,《政法研究》1956 年第 1 期。

②　公丕祥主编:《当代中国的法律革命》,法律出版社 1999 年版,第 122—123 页。

后核对账目,始发觉该犯私刻主任图章,涂改账目,进行贪污,先后共贪污屠宰业公会公积金人民币二百四十万元,当即将该犯送院处理。

理由

贪污犯叶康元,假装进步,以为人民服务为名,利用关系混入屠宰业公会任征收员,任职未满四月,即利用职权私刻图章,贪污该会公积金共计人民币二百四十万元。情属可恶,综上论结,爰为判决为主文。①

这是龙泉法院审理的极为普通的一起刑事案件。单从这起案件的刑事判决书的形式上,我们就可以发现在新政权建立之初,龙泉法院对国民政府旧式司法风格的延续。它基本上保留了原来司法文书中主文、事实、理由三部分。但是,1952 年司法改革以后,龙泉法院的裁判文书格式明显发生了变化。比如 1953 年徐钧国盗窃案的判决书:

龙泉县人民法院刑事判决书

(1953)龙法刑字第 115 号

窃盗犯徐钧国,男,33 岁,温州人,一贯不务正业,做扒手偷窃为生,破坏社会秩序,屡教不改,罪恶如下:

1. 徐钧国住温州,家中无人,独自一人。在一九三五年到金华西大门做小生意,没有资本,一九三七年流落金华,以偷窃为生,到一九四九年五月,跟王兆鹏做扒手为生,常到车站、

---

① 叶康元贪污案,卷宗号:(1951)龙法刑字第 00027-1 号,浙江省龙泉市法院藏。

戏院等处盗拐。

2. 在一九五零年到杭州汽车站偷窃,当即被发觉扭送公安局,在乔司农场改造两年,在一九五二年八月七日释放回家到温州后又偷得旅客十七万元,仍然不改,继续做贼,不愿悔改。到丽水戏院门口偷盗七万元,八月二十五日在缙云汽车站偷旅客三十一万元。

3. 在八月廿九日由丽水来龙泉,住花园饭店,趁隔壁旅客去看戏未回即跑门缝过去窃去人民币六十四万元,当夜即被发觉,原数已还。

根据以上事实,该犯一贯偷窃,捣乱社会。为保护社会安全与劳动人民的利益不受损失,应依法处徐钧国有期徒刑三年劳动改造。①

从上面 1953 年徐钧国盗窃案判决书中我们看到,1952 年司法改革以后,之前曾延续的民国时期裁判文书的三段论模式不再适用。这一时期的判决书,控罪论罪简明扼要,反映出司法人员鲜明的爱憎感情。

以 1953 年为界,1953 年以前,判决书基本上都是手写;从 1953 年开始,判决书开始油印。1953 年以后的龙泉法院刑事判决书也曾使用过竖排格式,但是 1958 年以后,判决书普遍采用横排格式。同时,在阅读档案时,我们还会发现,在 1956 年国家推广《简化汉字方案》之前,判决书写作都是采用繁体汉字。1956 年后,判决书

---

① 徐钧国盗窃案,卷宗号:(1953)龙法刑字第 00115-1 号,浙江省龙泉市法院藏。

开始出现简体字,所以在判决书中常见简体字与繁体字交错使用的情况。到 1958 年后,判决书使用的基本都是简化汉字,但是偶尔有个别繁体汉字。

1953 年以后,随着龙泉县此起彼伏的政治运动的开展,判决书中使用的政治用语和军事语言日趋增多。这一时期的判决书大多充满对罪犯愤恨,对国家、集体与人民爱护的感情,突出表现在遣词用语上。例如,称被告人为"大贪污犯",痛斥其罪行时用"狼狈为奸""谋取暴利""贪污挥霍""腐化堕落""背叛国家""背叛人民""实属罪大恶极"等语;论及遭受侵害的人民群众,则满腔同情地写道"灾民饥寒交迫,怨声载道""民工因食品恶劣而致残废死亡"等等,这些爱憎鲜明的词语,无疑增强了判决书的感染力。在阶级斗争你死我活的年代里,司法作为无产阶级专政的工具,当然需要具有鲜明的阶级立场,例如要区分两类不同性质的矛盾,对人民要春风化雨,对敌人要无情打击。司法机关性质的这种定位,对司法官员选任、司法机关管理模式、司法权的行使方式等等都产生了深刻的影响,也理所当然地塑造了司法话语风格。

## (四)司法人员的政治素质与专业技能

民主革命时期,中国共产党获取干部的方式决定了其干部队伍的整体面貌。中国共产党赢得革命胜利是通过农村包围城市的总体战略实现的,长期扎根于农村使得中共拥有了丰富的干部资源,大批农民在战争或各种运动中脱颖而出从而实现政治身份的转换。"1949 年前,党的领导把干部看作是游击战环境下战斗的指挥者。该角色要求对群众的直接领导和联系,高度的政治觉悟,以及在尖锐的政治斗争过程中灵活运用中央指示的能力。"①新中国成立以后,中共选拔司法人员首先考量的因素依旧是政治素质。龙泉在改造旧司法人员的同时,也陆续通过各种渠道选拔干部以充实法院审判队伍,选拔对象一般是在土改等运动中涌现出的积极分子,或是从其他机关团体抽调而来,包括工、农、青、妇等人民团体和解放军退伍军人。

司法人员的政治素质如何体现？一看阶级出身,二看现实表现。在阶级出身方面,贫下中农是中共革命所依靠的对象,他们天然具有强烈的革命性,政治上根红苗正。在现实表现方面,大批在土改运动中充当积极分子,积极检举揭发地主豪绅的农民自然受到中共的青睐。在司法人员文化素质方面,来自农村的干部普遍不高,更不用说熟练掌握司法技能了。

1. 司法人员的政治素质

前面提到,政治素质是新中国成立后基层法院选任司法人员的关键,它也是这一时期司法人员应具备的最为基本的素质。司法机关是对敌专政的武器。新中国成立后,中国共产党一直尝试着将"政治忠诚"这一原则置于公安司法机关人员选拔中,试图改变"旧知识分子"控制司法机关的局面,从而使司法机关能够掌握在共产党所信任的工农阶级手中。司法改革运动以后,由于对司法人员思想、政治和组织上的要求,旧司法人员都被清除出司法审判队伍,司法机关工作人员的选任更加注重阶级出身、政治表现而

---

① 〔美〕詹姆斯·R.汤森、布兰特利·沃马克著,顾速、董方译:《中国政治》,江苏人民出版社 2003 年版,第 182 页。

较为忽视技术能力。既然如此,那司法人员只要政治素质过硬、对革命忠诚就行。司法人员权威的来源当然并非都是法律,而是权威性更高的政策、民意等。

任何进入司法机关的工作人员必须经过极为严格的政治审核,在每次政治运动中,司法工作人员都要接受"政治资格审查",以免阶级异己分子混入其中。"我们要求司法干部具备的条件:第一,立场坚定,观点正确;第二,熟悉政策、法律。一个县能有两三个这样的领导干部是有决定意义的,再吸收些青年知识分子、工农积极分子,加以短期培训,边工作边学习,我们的干部问题就可以逐步解决了。"[①]"政治审查"是无产阶级政党纯洁司法队伍的重要方式,新中国成立初期对法官素质的要求可以说是马列主义法律观和司法观对晚清以来移植西方国家司法制度的全面胜利,流风所及,至今未息。

2. 司法人员的专业技能

文化素质。新中国成立初期龙泉法院的司法人员,即使是担任院长或者副院长职务的领导,其受教育程度最高仅是中学,大部分人员只有小学文化程度。基层法院法官文化素质比较低这种现象的产生,当然与新中国成立初期国家教育发展落后有密切关系[②],然而,这也从侧面说明了这一时期法官的选任标准,即政治因

---

① 彭真:《关于司法部门的改造与整顿问题》,《论新中国的政法工作》,中央文献出版社 1992 年版,第 74 页。

② 有学者曾对新中国成立后的县级官员知识构成做过分析。"根据 1958 年全国县领导班子的统计:47.19% 的班子成员年龄在 35 岁以下,36.60% 的班子成员年龄在 36—45 岁之间,74.22% 的班子成员在新中国成立前参加工作;班子成员中大专以上学历占 3.9%,高中和中专学历占 14.46%,初中及以下学历占 81.64%。"更多讨论参见李若建:《理性与良知:"大跃进"时期的县级官员》,《开放时代》2010 年第 9 期。

素起了决定性作用。但是,审判工作毕竟需要具备一定的文化知识才能胜任,所以,工作之余,补习文化课就成为了法官生活的一部分。"要学习文化,主要是学习语文。现在还没有具备中等语文程度的干部,应该争取在一、两年时间内达到中等语文程度,懂得语法和标点符号,能够正确、简明地用文字表达自己的思想。"①

职业技能。改革开放前的司法延续了革命根据地时期的非职业化传统。所谓的非职业化,意思是说,"司法职位并非由受过专门法律教育并掌握一定法律知识和技能的人出任,而是向社会的所有成员无条件地开放"②。这一时期,对司法人员的考察重政治素质而轻法律素养和业务能力。由于司法人员大多是从工人、农民、革命军人中吸收进来的,尽管他们有较高的政治觉悟和政治素质,但大多数没有受过专门的法律教育,甚至有不少人文化水平很低,连判决书都不会写,所以,新中国成立初期重建司法队伍的任务是十分艰巨的。时任最高人民法院院长的董必武明确要求各级司法干部要初步懂得马列主义、毛泽东思想的国家观、法律观,初步懂得国家法令政策并懂得如何去组织执行。

职业技能的学习主要是在县委统一领导下,组织司法人员参加县级机关干部政治理论业余学校的学习,并且每天上班后先学习1至2小时,每周听县委政治理论辅导课1至2次,主要的学习内容是中共党史、联共(布)党史和时事政治。学习采取自学为主,

---

① 《怎样做一个好的基层人民法院院长》,湖北大学编:《法律课程学习资料:国家和法的理论、审判法》(内部资料),1959年印刷,第295页。

② 李龙:《新中国法制建设的回顾与反思》,中国社会科学出版社2004年版,第119—120页。

集体学习讨论为辅的方法。加强法院司法人员学习的目的在于，使其学会用无产阶级的立场、观点和唯物辩证法的方法来解决实际工作中遇到的问题。日益频繁的政治运动与急剧变化的社会形势给司法工作人员的学习带来了挑战。所以，关于职业技能的学习就不仅要学习毛主席的《实践论》《矛盾论》《论人民民主专政》《关于正确处理人民内部矛盾的问题》等文件，要学习党的方针、政策和国家的法律、法令，以及中国现代革命史和中国共产党党史，还要学习中央理论刊物《红旗》和地方党委理论刊物上的文章，要学习时事。每人每天都要阅读《人民日报》和本地的报纸，了解国内外的形势，认真阅读这些报纸上的社论[1]。要交流学习心得、体会，联系思想、工作实际对照检查，开展批评与自我批评。

总之，新中国成立之后，特殊的政治环境对司法人员的政治素质提出了严格的要求。在选拔审判人员时，首要的是考察拟任人员的阶级观念和政治立场，在革命问题上犹犹豫豫、并不果决之人即便具有丰富的法律专业知识，也成不了一名法官，因为他们与当时的革命司法环境格格不入。新政权在司法建设上过于注重司法工作人员的政治素质，忽视了专业素质和文化水平，这种用人标准导致了司法工作人员的业务素质长期偏低，对司法运作产生了负面影响。

---

① 《怎样做一个好的基层人民法院审判员》，湖北大学编：《法律课程学习资料：国家和法的理论、审判法》（内部资料），1959 年印刷，第 297 页。

# 第二章　审前程序:侦查与起诉

## 一　侦查

早在解放战争时期,中国共产党的司法工作就确立了"重调查研究,不轻信口供"的重要原则。这一原则在新中国成立后成为了"重证据,重调查研究,不轻信口供"这一证据法规的重要基础。重视证据,重调查,不仅仅是刑事案件侦查、起诉、审判的重要原则,更是实事求是原则的体现①。新中国成立后,刑事侦查逐步完善,20 世纪 60 年代后,公安部先后制定《刑事侦查工作细则》《刑事案件现场勘察细则》《关于刑事侦查部门分管的刑事案件及其立案标

① 需要注意的是,此一时期的"调查"尽管与现代刑事诉讼的"侦查"类似,但是又存在诸多区别。比如,此处的调查不仅仅是调查,还包括对案件的处理,对于轻微的刑事案件,大多数在调查后就调解结案了。更为重要的区别是,两者实施主体不同。现代刑事诉讼的侦查职能一般由侦查机关,大多数是公安机关执行,但是,新中国成立后的调查主体不仅包括了公安机关,还包括法院、检察院、人民群众、人民公社等等。

准和管理制度的规定》《三级破案责任制》等规定,对立案、现场勘察、调查访问、技术鉴定、采取侦查措施等作出严格要求,办案必须按照规定程序进行。对常发性、多发性的盗窃、流氓、诈骗、伤害等一般刑事案件,公安机关发动群众提供与案件有关的情况、线索、辨认、甄别现场遗留物品、痕迹,依靠群众监视、控制犯罪嫌疑分子的方式,使得破案进度大大加快。改革开放前,刑事侦查坚持并发展出主动性、彻底性、阶级性等三项原则。

主动性。与"不告不理""坐堂问案"的司法被动性原则相适应,公安司法机关对于案件事实的"被动调查"被认作是旧法观点、旧法的工作作风和思想而受到批判。取而代之的是,法院在案件审理过程中积极主动地开展案件事实调查,实际在一定程度上承担了侦查机关的任务。下乡调查是改革开放前龙泉法院审理重大刑事案件时获取直接证据的主要手段。下乡调查的"目的在于使主观正确反映客观,它要求办案人员必须站稳无产阶级立场,按照党和国家的政策和法律……深入实际,依靠群众,进行周密的调查研究,广泛搜集与案件事实有关的一切证据材料"①,这被认作是司法群众路线的重要体现。

彻底性。案件调查的彻底性要求在调查内容上遵循"从一般到个别""从历史到现状"的方式。具体展开就是,第一,调查当地的生产、革命情况;第二,调查当事人的家庭情况,刑事案件侧重于调查当事人及其家属是否有过敌伪特务的经历,其阶级成分如何,历史上是否为地主等;第三,调查当事人的个人情况,主要是调查

---

① 吴磊:《运用唯物辩证法研究刑事诉讼证据问题》,《政法研究》1965年第3期。

当事人的社会评价与个人表现;第四,调查案件的具体情况,对于反革命等重大的刑事案件则须向群众重点询问,重点调查犯罪嫌疑人的罪恶事实。要通过以上四个方面的调查,弄清犯罪嫌疑人的犯罪情况。

阶级性。司法人员下乡开展调查工作,其调查对象往往就是案件的当事人或者知情人,以及周边的群众。由于刑事诉讼证据被认为是揭露、惩罚犯罪,打击敌人的重要手段,因此,它具有鲜明的阶级性①。所以,"调查证据必须紧紧依靠人民群众,特别是依靠贫下中农和工人阶级。在必须向敌对阶级分子进行证据调查时,必须先对他们进行认罪教育"②。

在 1950 年底龙泉开展土改时,恶霸案与不法地主案的检举揭发人主要是外来的土改工作队。之后,龙泉法院的卷宗中才开始出现大量的来自于群众的检举材料。这种现象的发生,应当说与整个乡村的革命过程相契合。这也说明了新中国成立初期的刑事诉讼有着鲜明的为地方乡村革命与政权建设保驾护航的特点。

在新中国成立后的土改运动、"镇反"运动中,群众的检举材料主要包含了田契、借贷、租佃、雇工等日常生活琐事中的证据。群

---

① 更多讨论可以参见张绥平:《关于刑事诉讼证据理论的几个问题的探讨》,《政法研究》1964 年第 1 期;戴福康:《证据本身是没有阶级性的》,《政法研究》1964年第 3 期;孙兴起:《有无阶级性要区别看待》,《政法研究》1964 年第 3 期;戴福康:《刑事诉讼证据为什么具有阶级性?》,《政法研究》1964 年第 4 期;前进:《谈谈刑事诉讼证据的阶级性》,《政法研究》1964 年第 3 期。关于刑事诉讼证据的客观性和阶级性问题的综述与批评,详细讨论可以参见崔敏:《刑事证据理论研究综述(第一部分)——刑事证据的理论与实践课题组研究成果之一》,《公安大学学报》1988 年第 6 期。

② 戴福康:《刑事诉讼证据为什么具有阶级性?》,《政法研究》1964 年第 4 期。

众的检举、揭发材料构成了法院刑事审判的重要证据。在对很多
土匪、恶霸的死刑判决中,一个必备的材料就是全村群众签名画押
的控诉书,有时按手印的签名纸长达数米,参加的群众数以百计①。

1953 年 10 月"镇反"结束后,龙泉暗藏的政治敌人少了,但刑
事犯罪却不断出现。龙泉公安机关贯彻"露头即打,专案专办""以
防为主"的方针,在依靠和发动群众的基础上,开展侦查破案工作。
根据卷宗材料,我们发现,犯罪嫌疑人被审查起诉,最后作出审判
往往需要经过揭发检举、立案调查、本人交待或者坦白等几个环
节。实践中,这几个环节逐步推进、相互衔接,构成了侦查程序上
的主要步骤。

1. 揭发检举。揭发检举既有来自群众的,也有共同犯罪者对
同案犯的检举。其中,群众的揭发包括了群众大会的揭发、私人揭
发与人民来信检举等。在刑事侦查阶段倾听群众的声音,不仅是
走群众路线的反映,而且也由此缓解了干部与群众紧张的关系。
同时,来自群众或者同案犯的检举材料往往为侦查提供了一定的
导向性与针对性,使得侦查人员能够迅速锁定目标,也节省了立案
和办案成本。

2. 立案调查取证。承接揭发检举环节,无论是来自群众的诬
告还是实事求是的反映,这些材料都必须经过调查取证环节,为定
案提供事实和依据。在方法步骤方面,对社会影响恶劣、犯罪情节
严重或者嫌疑人职位较高的重点案件先行侦查,对一般案件后进
行侦查;先在本单位侦查,后去外单位侦查;先发调查函件进行调

---

① 刘诗古:《"失序"下的"秩序":新中国成立初期土改中的司法实践——对
鄱阳县"不法地主案"的解读与分析》,《近代史研究》2015 年第 6 期。

查，如问题难以解决，再专门派人去查。在整个侦查环节中，调查取证阶段是最关键的环节，这是坐实犯罪嫌疑人是否犯罪的关键一环。

3. 自我坦白。鉴于调查取证成本高昂，所以，侦查机关一再强调"坦白从宽，抗拒从严"。自我坦白是整个侦查程序的重要步骤，不仅能提供重要线索，而且降低了侦查成本。更为重要的是，它表明犯罪嫌疑人勇于承认错误，这是他进一步改正错误、重新做人的基本前提。自我坦白以后，犯罪嫌疑人既需要在有关口供上签字，更需要在供述犯罪事实以后，在思想上进行反思与检讨。

改革开放前的侦查活动强调放手发动群众，让群众提供材料，检举揭发；与此同时，又强调了调查研究工作的重要性，认为必须采取群众运动与专案调查相结合的方式，实事求是，做到既不漏掉一个坏人，也不冤枉一个好人[①]。这一套侦查程序具有较强的实用价值，在揭发检举环节，由于群众提交线索的引导，公安机关减少了大量的办案成本。在这里，虽然目标在侦查前即被锁定，存在一定有罪推定的嫌疑，然而，在调查取证环节中，只有本人的供述在与其他人证、物证相印证后才能够被采纳，这也在一定程度上避免了冤假错案的发生，使侦查机关得以快速锁定目标，并提出相应的处理方案，提高侦查的效率。犯罪嫌疑人在自我检查交待以后，对侦查人员的调查以及初步的处理结果可以表达意见，在签字同意之后才算完成调查取证，这也是为了避免侦查过程中出现逼供现象。定案处理后，经人民公社或者单位把关后最终提出处理意见，

---

① 刘彦文：《"五反"运动中"贪污分子"的证成程序研究》，《党史研究与教学》2016年第4期。

更是侦查过程中慎重态度的表现。整个侦查程序相互独立，又相互衔接，构成了一个系统完整的有机体。

## 二　侦查中的证据

就新中国成立初期龙泉法院运用的证据而言，现行《刑事诉讼法》规定的 8 种证据中除去"视听资料、电子证据"受到当时经济、社会、技术的限制没有出现以外，其他 7 种证据形式如书证、物证、证人证言、被害人陈述、鉴定意见、被告人供述与辩解、勘验笔录都已经在实践中出现。尽管如此，在档案中我们发现，被告人供述、证人证言、书证、被害人陈述这 4 种类型的证据最为常见，占到了证据类型的绝大部分。相应地，实物证据较为少见。以 1956 年为例，这一年龙泉法院审结 548 起刑事案件，只有在 54 起刑事案件中出现了物证、鉴定意见、勘验笔录。这 3 种证据类型的证据材料包括被害人伤情的医生证明、鉴定意见、诊断书、县供销社拨货单、发货票存根以及现场侦查笔录。下面就口供、证人证言、书证、物证等证据的运用展开讨论。

### （一）口供

"重证据不轻信口供"作为一项基本的证据原则，最早确立于《陕甘宁边区施政纲领》。新中国成立以后，"重证据不轻信口供"这项基本的证据原则被延续下来。但是，我们通过考察档案发现，在所有证据类型中，口供是所占比例最大，出现频率最高的证据形式。也就是说，尽管国家一次次重申"重证据不轻信口供"的原则，但是在龙泉的侦查实践中，口供仍旧是当时最重要的证据类型。虽然新中国成立后对刑讯逼供现象进行了猛烈的批判，但是在侦查水平落后、资源极端匮乏的基层社会，难免会存在刑讯逼供，而这一时期"坦白从宽，抗拒从严"的政策也对口供的采用产生了深远影响①。

这一时期的口供类型名称不一，大多是以"被告反省书""被告自白书""坦白书"形式存在。犯罪嫌疑人的口供获得除了公安机关自己讯问以外，还有生产队、人民公社移送的材料。其中，最重要的证据是案犯的侦查讯问笔录。案犯的侦查讯问笔录对案件的定罪量刑往往具有决定性的作用，它往往是后续法院裁判的直接依据，省却了法院此后重复调查的工作。

## （二）证人证言

这一时期的证人证言颇有特色。由于证据具有强烈的阶级性，证人证言也具有强烈的阶级性②。所以，证人的出身、阶级身份、过去历史以及是否担任过"伪职"等因素对其证言的效力有直接影响。具体展开，证人证言包括了以下几种情形：

1. 群众检举、控告与证明材料。群众出具的检举、揭发的证明材料在改革开放前的刑事案件中相当普遍，尤其是在反革命和重

---

① 闫召华：《口供中心主义研究》，法律出版社 2013 年版，第 82—89 页。

② 戈风：《证言的证据意义与运用》，《法学》1957 年第 4 期。

大的刑事案件中,甚为常见。这一时期群众的举报材料具有起诉材料和证据两种功能,并且有相当一部分证据材料是由多人联名举报得来的。

2. 乡人民政府、人民公社、生产大队出具的情况说明。乡人民政府、人民公社、生产大队在起诉时往往会随介绍信出具案件的情况说明。此类材料具有证据功能,而且其中包含了处理意见;但是法院并不一定遵循。"大跃进"时期,乡、公社出具的此类材料,公安局和法院可以直接摘抄,由法院作出判决。

3. 党政机关出具的表现材料。在涉及到反革命等重大刑事案件时,党政机关出具的被告人的罪行及其表现材料这种证据最为特殊。比如龙泉县委出具的"肃反结论"等,侦查机关可以直接作为证据使用。在此情形之下,这种证据更像是一种政治决定,在后续的审判中,法官则主要是执行该种决定。

## (三)书证、物证与其他

民事案件中的书证大多是典契、地契等,刑事案件中书证数量虽少,但是颇具时代特色,反映了改革开放前刑事诉讼浓厚的政治色彩,尤其是各种反动分子登记表。各种反动分子登记表是书证中出现最多的证据材料,并且这一书证颇有典型性。档案中的这类登记表名目繁多,大多为"伪人员登记表""伪军人员登记表""伪组织人员登记表""会道门首领登记表""反革命分子罪恶调查表""其他专政对象登记表"等等。这些档案都来源于新中国成立后对敌伪人员、反动会道门的监管、清查登记。新中国成立以后,国家曾对上述人员进行过全面的清查登记,并建立了个人档案。这些材料大多简明扼要地记载了当事人的个人基本情况以及罪恶事实等信息,并据此确定了管制措施的类型与强度。在改革开放前的反革命案件以及重大的刑事案件中,也大多采用登记表形式对犯罪嫌疑人进行登记。这些登记表格式固定,一定程度缓解了政治运动中基层公安司法机关案多人少的压力。

物证、鉴定意见与勘验笔录。这一时期,侦查的物证主要是散见于故意杀人、故意伤害案件中的凶器,比如石头、刀、棍棒,破坏生产案件中的农具,以及赌博案件中的赌具等。而含有鉴定意见的案件主要集中在强奸、杀人、伤害等案件中。鉴定意见往往会以"诊断说明书""诊断书"的形式出现,作出这类鉴定意见的主体一般是县、乡镇、村的医院或者卫生所。勘验笔录大多出现在杀人案件等重大的刑事案件中,并且,勘验笔录往往与鉴定意见相伴存在。由于这一时期自杀等非正常死亡案件经常发生,所以案件大多依靠勘验笔录来进行,进而确定当事人究竟是自杀还是他杀,公安司法机关据此再选择之后的案件处理方式。而这一时期的勘验既可由人民公社的干部作出,也可能由公安机关派员亲自参加。

总之,从上面的讨论我们可以看到,在改革开放前的龙泉司法实践中,对重大的刑事案件以及反革命案件的审理一般由党政机关出具案犯的罪行及其平时表现的材料,这些材料可以直接作为案件定罪量刑的依据。在一般的刑事案件中,物证、鉴定意见、勘验笔录等证据形式并不受重视,公安司法机关往往依靠口供、证人证言、当事人的陈述等来证明案件事实。究其原因,与其说这是由新中国成立初期侦查技术手段落后所致,倒不如说系因采用物证、鉴定意见等证据形式往往会耗费太多的时间、财力与物力而被放弃使用。另外,在所有的证据材料中,党政机关出具的罪行说明以及当事人的表现这种证据材料对法院的司法裁决具有决定性意义。龙泉法院在审理案件时,会直接将党政机关出具的罪行说明以及当事人的表现材料作为定案的依据。这反映出此一时期刑事司法浓厚的政治色彩。

## 三　案件的起诉与受理

刑事案件一般由犯罪地或被告人居住地的法院管辖。龙泉法院负责审判本县第一审反革命案件和普通刑事案件。

改革开放前,刑事诉讼中起诉主体的确立,经历了由行政机关、组织、个人向公安司法机关,由起诉主体多元化向公诉机关逐渐垄断的转变过程,不过,需要强调的是,这一转变并不彻底,案件起诉始终存在主体多元化的局面。因新政权建立不久,各地公安、检察、法院等机关发展不平衡,有的地区并未真正建立检察机关。龙泉就是一例。在 1955 年龙泉县检察院成立之前,能够向法院提起诉讼的主体存在混乱与多样化的特点。与改革开放前司法机关强调政治性相一致的是,刑事案件进入龙泉法院的路径也存在以政治属性分类的特点。

这一时期,国家以案件的政治属性为标准,对不同类别的案件采取了不同的诉讼程序。1955 年龙泉县检察院建立之前这段时期的起诉分为两类。首先,对于比较重大的刑事案件或者反革命案件,因为这些案件直接关系到国家政权的稳定与安全,国家必然会牢牢地掌握其运作。这些案件一般由公安机关负责侦查,然后由公安机关直接向法院起诉。其次,对于政治属性比较弱的普通与轻微的刑事案件,国家则将这些案件的起诉权留给了基层。对于此类案件,享有起诉权的机关、组织特别广泛,凡是行使国家权力的机关或涉及公共利益的部门都可以提起诉讼,例如人民政府、公安局、农林局、工商科、税务局或者土改运动中的工作组、"镇反"运动中的"镇反联合办公室"等等;另外乡人民政府及其工作人员,区乡公所、人民公社、生产大队等,包括公民个人均可直接向法院提起刑事诉讼。这一时期的起诉工作呈现出较为混乱的状态。

刑事案件的起诉标准与主体的不同,说明基层司法工作始终是以政治标准作为参照,公安司法机关已经失去了独立的评价体系。同时,这也说明国家的政治运动给刑事诉讼运行预留了一定的运作空间。然而,这一相对独立的运作空间也并不是恒定不变的,因为新中国成立后的政治运动每天都在如火如荼地进行着。政治运动的多变性使得国家随时可能会改变案件的属性,从而使案件的诉讼流程发生巨大变化,致使刑事司法运作呈现另一番景象。以砍伐山林案件为例。砍伐山林案件在"大跃进"开展之前一直属于普通的刑事案件,案件的起诉主体一般是普通群众或者人民公社。然而到了1958年,"大跃进""大炼钢铁运动"开展以后,砍伐山林犯罪则成为了反革命罪,并且起诉主体也变成了检察院。此类案件的起诉流程也随之发生了变化,起诉理由也由盗窃转换为"针对着我党各项政治中心进行多种破坏活动,直接破坏农业生产大跃进"。由此我们可以看到,起诉主体的确定不仅仅是一项诉讼行为,更具有了政治意味。

## (一)检察院建立之前

### 1. 公安机关作为起诉主体

在 1955 年龙泉检察院建立之前,除了轻微的、一般的刑事案件,如轻伤害、重婚、虐待等由被害人直接向法院起诉以外,比较重大的刑事案件和反革命案件一般由公安机关提起诉讼。这种情况直到龙泉县检察院建立以后才逐步得到改变。对于法院直接受理案件的范围,龙泉法院亦无具体的规定。公安机关提起诉讼一般是采用"起诉意见书""起诉书"等形式,在其中往往会附带"罪犯简史"(内容通常包含了犯罪嫌疑人的家庭情况、社会关系、个人小史、罪恶史实等)、侦查笔录等材料。在这些起诉书中,常会附带公安机关的处理意见,这些处理意见有的很明确,并可对法院裁判产生直接的影响,比如说叶基观反革命一案:

> ……该犯解放后又造谣破坏,对政府心怀不满,思想反动,罪恶极为严重。该材料已被群众控告与调查核对属实。该犯仍矢口否认,抵赖,推脱责任。情节严重,应处死刑。①

然而,公安机关起诉书的形式并不是固定的。伴随着政治运动的开展,其样式也逐步发生变化。其中,一个重要的变化趋势就是日益简化。1953 年以后,原来存在的起诉书、公诉书等文书基本

---

① 叶基观反革命案,卷宗号:(1954)龙法刑字第 00021 号,浙江省龙泉市法院藏。

被取消,而代之以《呈请逮捕反革命犯核批表》《逮捕反革命名单》《肃残调查处理呈核表》等表格。比如,下面是 1958 年 8 月龙泉开展"肃残"战役时所使用的《肃残调查处理呈核表》(表 15):

表 15　肃残调查处理呈核表①

| 姓　名 | 曹继辉 | | 原　名 | | | 化　名 | | |
|---|---|---|---|---|---|---|---|---|
| 性　别 | 男 | 年　龄 | 50 | 出　身 | 伪人员 | 成　分 | 中农 | |
| 民　族 | 汉 | | 籍　贯 | 浙江龙泉 | | | | |
| 文　化 | 文盲 | | 住　址 | 道太人民公社 | | | | |
| 家庭情况 | 家庭人口共 4 人 | | | | | | | |
| 个人简历 | 解放前参加大刀会,任伪保长、伪乡代表一年。 | | | | | | | |
| 主要罪行 | 解放前,任伪保长……<br>解放后,又进行反革命活动…… | | | | | | | |
| 调查人意见 | 根据该犯解放前有一定罪行,解放后毒死耕牛,应依法管制。 | | | | | | | |
| 承办人意见 | | | | | | | | |
| 备　注 | | | | | | | | |

公安机关提起诉讼所使用的文书之所以在 1952 年以后出现了这一巨大的变化,我们认为有两个不能忽视的原因。首先,1952年,在全国范围内开展了司法改革运动。此次司法改革运动的重点就是批判旧法作风,进而彻底"消除旧司法人员炫耀国民党《六法全书》和自高自大的恶劣现象"。这在《关于废除国民党的六法全书与确定解放区的司法原则的指示》中其实已经强调了,旧式司

---

① 曹继辉反革命案,卷宗号:(1958)龙法刑字第 00068 号,浙江省龙泉市法院藏。

法人员"食古不化",必须"放下臭架子,甘当小学生"。而"程序繁琐""繁文缛节"则被认为是旧法作风,所以公诉书、起诉书等司法文书被《呈请逮捕反革命犯核批表》等表格所代替。其次,政治运动对司法运作的直接影响。这一时期,政治运动频发,使得案件堆积如山,案多人少的矛盾更加突出。简单的表格形式减少了司法人员的工作量,也提高了他们的办案速度。

2. 乡人民政府、人民公社作为起诉主体

上文已经提到,在传统中国,州县以下基层社会一般处于相对"自治"的状态。新中国成立以后,这些相对独立、自治的势力被悉数清除,国家权力完全进入乡村。而这一时期的人民公社,一般具有行政与生产单位的双重属性,这就要求其将执行国家政策法令、完成上级指示作为主要任务,其他工作都应该服从于此。同时,又受政治环境的影响,公社也被赋予了一定的执行权,比如逮捕、扣押、扭送、起诉等。这种权力在今天看来究竟属于行政权抑或是司法权,难以界定。

关于乡人民政府、公社提起诉讼的情形,这里以发生在1953年的潘鸿升破坏山林一案为例说明:

龙泉县城北区盛溪乡人民政府呈

事由:窃查本乡一村破坏森林为首者潘鸿升:(1)在本年一月间,潘鸿升前往本村富农潘武兴山上砍伐松木一株,未经批准,此为侵犯砍伐。(2)潘鸿升又到梅察路旁私砍松木一株,此是公有山。(3)潘鸿升到山冈又私砍松木一株。经过以上,潘鸿升私砍松木数次,掀起群众竞赛运动,在村内的大荒山内松树都被砍掉,路旁树也被砍光,其数不能统计。但潘鸿

升不但一次的破坏，所查一贯是不法的。有次在八都区全垟
乡五都垟村砍伐树木七十株。并吞污公款壹百二十六万元，
此由李观满检查出来的……本乡于本年一月十五日及二月廿
五日曾有报告到道太区公所，迄今未经处理，对该村保护山林
政策也无法贯彻。为了推动今后工作起见，请将潘鸿升作一
处理。特此备文呈报。情为感激。①

破坏山林案件在新中国成立初期的龙泉乡村建设中具有典型
性与特殊性。诸如破坏山林、破坏生产等案件由乡人民政府、公社
提起诉讼，我们从这一现象也可以看出这一时期人民公社所具备
的生产与行政合一的主体性质。作为生产单位，公社必须要服从
上级安排的生产指标；同时，国家又赋予了公社一定的行政权力，
对于不服从生产建设的抵抗者，公社有权力将其扭送到县法院。
逮捕、扭送、扣押等等这些原本属于公安机关的权力，在新中国成
立后已经"下放"到了基层。这当然属于权力的僭越，但是这种权
力的僭越也遵从了现实的逻辑。它说明国家权力下沉之后，基层
社会的运作已经完全被国家所整合。

3. 当事人（群众）的自诉

尽管普通的刑事案件一般由乡政府以"介绍诉讼""介绍信"的
形式进入刑事审判程序，但是，也有部分案件是由被害人或者被害
人家属（群众）提起。尤其是在土地改革时期，存在群众联名诉讼的
情况，而且这种情况在当时还占有相当大的比例。从诉讼档案中我

---

① 潘鸿升破坏山林案，卷宗号：(1953)龙法刑字第 00026 号，浙江省龙泉市
法院藏。

们可以看到,自诉案件大多是由被害人联合起诉,比如"工人群众联合报告"。这里以1951年龙泉法院审理的一起不法地主案为例:

> 民国二十九年五月间,全村受了剑湖乡乡长徐凤镇大恶霸之苦楚,在那时反动统治之下统治农民,带有军队二三十名来到我村,不分贫富,抢担去稻谷二万余斤,在那时,反动派压迫人民无可奈何,无从计较。现在我贫苦农民得到毛主席救星领导得到翻身,受了反动派之苦楚,请求人民政府依法严办。具告诉是实。
>
> 谨呈
> 具告诉人①

这起案件发生在1951年土地改革运动时期。这一案件由茶丰乡墩头村农民张朝赞、王作贤等17人自诉启动,而材料则包括了诉苦材料、检举信、报告、农会讨论提案,委员会、农协会、行政村的说明材料。被害人联合起诉一般分为两种情况:第一种是多人共同联合起诉,也即多人只有一份检举信或者控诉状;第二种则是多人分别起诉,也即一起案件存在多份检举信或者控告书。就龙泉司法档案来看,后者所占比重相对较大。

## (二)检察院建立之后

设立检察官的"主要目的之一,即在于透过诉讼分权制衡模

---

① 徐凤镇不法地主案,卷宗号:(1951)龙法刑字第00168号,浙江省龙泉市法院藏。

式,以法官与检察官彼此监督制约的方法,确保刑事司法权行使的客观性与正确性","以一受严格法律训练及法律拘束之公正客观的官署,控制警察活动的合法性,摆脱警察国家的梦魇"①。然而,新中国成立初期检察院建立之目的与上述所论恰恰相反。正如有的论者所言,"检察机关是无产阶级专政的工具,其任务就是通过办案,打击敌人,保护人民,预防犯罪。他所控诉的被告人,基本上都是人民的敌人",公安机关、检察院与人民法院"虽然有分工负责,但执行着共同的镇压敌人、惩罚犯罪、保卫人民的任务"②。

1. 检察院提起公诉

1953 年 3 月 17 日,第二届全国检察工作会议召开。会议强调了检察工作的重要性,并且提出了建立检察业务制度,以及建立健全各级人民检察署的组织机构等设想。随后不久,《宪法》《人民检察院组织法》颁布实施。在此背景下,1955 年 4 月,龙泉县人民检察院设立。实践中,刑事案件侦查权由公安机关专门行使,法院不再行使侦查权,只有调查权。关于这一时期检察院的起诉书,这里以发生在 1957 年的王启坤盗窃一案为例:

龙泉县人民检察院起诉书

一九五七年三月十六日,龙泉县公安局对王启坤因盗窃一案预审终结,向本院移送起诉意见书及侦查卷宗,经审查后认定:

被告王启坤,男,年 33 岁,中农成分,住龙泉查田区查川

① 林钰雄:《检察官论》,法律出版社 2008 年版,第 7 页。
② 张辉、李长春、张子培:《这不是我国刑事诉讼的基本原则——评曲夫〈略谈刑事诉讼中被告人的诉讼地位〉》,《法学》1958 年第 4 期。

乡一村。被告解放前系青年党员,当过伪军班长 10 个月。解放后于一九五六年六月十九日晚,为首集结王世善、周天瑞、姜祖良等四人去查田区查川乡粮库偷谷,由王世善看门,王启坤等三人入仓偷窃我公粮,第一次装背出一布袋,第二次背出一箩筐,正在装第三次时,被我粮仓保管员李龙景同志发觉喊叫而被逃脱。并已偷取粮谷 148 斤,被告王启坤分赃 44 斤粮谷。

基于以上事实,经公安机关侦查证据确实,本院审查其行为已触犯了《中华人民共和国宪法》第 101 条之规定。为此,被告已构成犯罪,据此提起公诉交付审判。①

### 2. 公安机关提起管制

尽管在检察机关建立后龙泉的刑事诉讼分工有所明确,但是,在龙泉县的司法实践中,仍然存在着由公安机关提起诉讼的现象。这主要是由管制案件大量存在造成的。此类案件在改革开放前龙泉县的刑事案件中占有相当大的比重。管制案件一般都由龙泉县公安局起诉,然后不经过检察院,直接由法院审判予以执行。比如发生在 1959 年的王世良破坏生产案②。

浙江省龙泉县公安局提请管制意见书

公民王世良,男性,现年 36 岁,富农身份,职业种田,现住本县梅岭公社古岑坑管理区,因破坏山林,私自砍伐了杉木

---

① 王启坤偷窃公粮案,卷宗号:(1957)龙法刑字第 00079-1 号,浙江省龙泉市法院藏。

② 王世良破坏生产案,卷宗号:(1959)龙法刑字第 00153 号,浙江省龙泉市法院藏。

300 余株，造成严重的后果，又破坏食堂，又破坏积肥等一案，业经本局侦查结束，证据确凿，已构成犯罪，予以管制。为此特附送呈请管制意见表一卷，请予审查判决。

因为案情简单，并且时值"大跃进"时期，该案在移送龙泉法院不久就予以宣判：

龙泉县人民法院刑事判决

本院于一九五九年四月十三日在审判庭审理了被告王世良破坏生产一案。查被告王世良，男，年 36 岁，出身富农身份，汉，浙江龙泉县人，现住梅岭公社，职业农，无前科。

本案业经本院审查完结，现查明：

被告系富农分子，解放前以佃工剥削人民，解放后对现实不满，在各项运动中进行破坏，一九五六年未经批准私自砍伐杉木 300 余株。同年五月正当农忙季节，煽动 20 几个社员外流，大大地影响了生产。公社化后，一贯不服从，消极怠工，哄闹食堂，公开叫嚣要杀害生产队长，情节是严重的。

本院为了进一步巩固人民民主专政，保证社会主义建设总路线顺利实施，巩固社会治安，特依法判处被告王世良管制两年（自一九五九年四月十三日起至一九六一年四月十二日止）。

如不服本判决，可于接到判决的第二天起五天内向本院提出上诉状及副本，上诉于温州地区中级人民法院。

改革开放前的管制不同于现行刑罚体系的管制。当时，对于管制的案件，一般是由龙泉县公安局提起诉讼，提起诉讼的文书是《提请管制意见书》。由于判处管制的案件大多案情简单，所以往往法院在接到意见书的当天就会判决,立即予以执行。

3. 揭发检举

龙泉检察院建立以后,有相当一部分案件是以群众检举的形式进入法院,法院接受当事人检举的案件大多由被害人共同联合起诉。法院对刑事案件不论大小,不论性质如何,均予受理。法院受理案件后,经审查认为无根据,便批复驳回,或者用判决书或裁定书的形式判定其不属法院管辖而移送有关部门;认为应由法院处理的,则指定人员进行审讯。当时,一般案件由主办人一人审讯,书记员或法警记录;重大案件由两人以上开庭审讯。审讯后,对轻微的案件作调解处理,对调解不成的轻微刑事案件和其他刑事案件则进行判决。这里以 1959 年龙泉法院审理的一起破坏生产案为例:

> 吴水根等人检举:检举蒋先根,男,30 岁,富农成分,本人出身富农,家中母亲解放前以高利贷等进行剥削农民,过着优裕生活。解放后对社会主义事业进行敌视,从多方面进行破坏活动。

> 吴吉奶检举:检举蒋先根,破坏山林,他的山林一九五七年入社后,他就以建房屋为由大量砍伐树木 50 多株,他不用,把树放在山上腐烂,他拿来破成柴片当柴烧。另外,在公社做工以后每天都要砍树一棵,带回家。①

此案件由吴水根等人检举,直接诉诸八都人民法庭。司法机

---

① 蒋先根破坏生产案,卷宗号:(1959)龙八刑字第 00041 号,浙江省龙泉市法院藏。

关在核实材料以后作出了如下判决:

龙泉县人民法院刑事判决

本院八都人民法庭于一九五九年十一月八日对被告蒋先根因破坏工具一案进行了审理。查被告蒋先根,男,年30岁,富农出身,汉族,浙江省龙泉县人,务农取业,无前科。

本案业经本院审理完结,现查明:

被告蒋先根思想反动,对我社会主义建设事业进行破坏活动。一九五八年八月将该生产队分配给他使用的单铧犁零件、板钳偷取卖掉。一九五九年二月擅自把生产队使用的仓库拆去当柴片市售。同日,又挖生产队蕉藕,损失产量200多斤,一九五七年处理山林入社时,滥伐杉木50多株。今年春耕又破坏推广合理密植。此外,还有经常偷摸人家的少量财物等不法行为。

基上事实,认为被告蒋先根的行为破坏了社会主义建设事业,已构成了犯罪。为了惩办反动,保证各项政治中心工作顺利进行,特依法判处被告蒋先根管制两年,以资改造(管制期自一九五九年十一月十三日起至一九六一年十一月十二日止)。

如不服本判决,可接到判决第二天起五天内向本庭提出上诉状及附本,上诉于温州地区中级人民法院。①

---

① 蒋先根破坏生产案,卷宗号:(1959)龙八刑字第00041号,浙江省龙泉市法院藏。

# 第三章　审判

## 一　司法"广场化"与群众运动

詹姆斯·R.汤森、布兰特利·沃马克认为："反复出现的群众运动是中共政治自 1933 年以来的一个特征,也是中华人民共和国自成立以来政府运作的一种主要方式。"①改革开放前,人民法院的司法活动显现出强烈的"广场化"色彩②,刑事审判也承担了激发阶级情感与震慑敌人的双重使命③。特别是在审判大会中举行的公

---

① 〔美〕詹姆斯·R.汤森、布兰特利·沃马克著,顾速、董方译:《中国政治》,江苏人民出版社 2007 年版,第 116 页。

② 司法的"广场化"是一种人人直接照面的、没有身份和空间间隔、能够自由表达意见和情绪的司法活动方式,更多地体现出司法的大众化特点。参见舒国滢:《从司法的广场化到司法的剧场化——一个符号学的视角》,《政法论坛》1999 年第 3 期。

③ 李斯特认为,人民司法对群众路线的选择,实际上是应对官僚制的兴起与现代国家的建成之间的不同步的产物。而司法的特殊性在于它是表现为中立的国家权力活动和趋向于专业化的权力活动,更易于形成官僚作风,所以反官僚主义在司法领域尤为重要。参见李斯特:《人民司法群众路线的谱系》,苏力主编:《法律和社会科学》(第一卷),法律出版社 2006 年版。

祭追悼,往往能够激发大众的阶级情感,加深群众对旧势力的仇恨。从此意义上来说,动员民众参与司法活动,具有教育群众,提升大众思想觉悟,促进他们对国家基本路线与方针认同的重要作用。所以,中国改革开放前三十年的历史几乎就是一部群众运动的历史①。反映到刑事司法上,革命与运动是新中国成立初期刑事司法运动的典型特征。新中国成立后的历次政治运动所采用的群众动员以及通过革命、暴力营造出的社会氛围,使法官们切实感受到了在和平年代使用暴力开展工作的有效性。

## (一)司法"广场化"与权威塑造

### 1. 从"关门主义"到"大张旗鼓"

龙泉解放后,摆在新生政权面前的主要难题,并不是来自国民党有组织的"反革命",而是因为新旧政权交替带来的统治真空所导致的比较严重的社会治安问题。据《龙泉县志》记载,丽水地区全境解放后,溃败的反动武装人员和当地的残余反动势力相勾结,组织武装,进行以军事为主的匪特活动。其成员有溃逃和还乡的反动军官、散兵游勇、反动党团骨干、兵痞流氓等等。他们串通一气,由秘密策划、隐蔽活动,到公开打出旗号上山为匪,利用龙泉地区山多林密的自然环境,乘新生人民政权建立之初立足未稳之机,

---

① 马德森(Richard P. Madsen)指出,"在毛泽东领导下的中国,没有什么现象比群众运动更独特、更重要了",从1949年新中国建立至1976年的27年中,"全国性的运动计有70多次(地区和地方一级的运动则要多十倍)"。参见 Richard P. Madsen," Mass Mobilization in Mao's China", *Problems of Communism*, Vol 30, 1981, pp. 69-76.

散布谣言，发展组织，收集枪支，破坏交通，抢劫掳掠，残害干部群众，制造恐怖事件，妄图变天。比如，1949 年 12 月 6 日，土匪就在瀑云乡淡竹村杀害农会干部、农会会员 5 人，公开打出"反共"旗号；第二天又杀害干部、群众 40 人。1950 年 6 月 25 日爆发了朝鲜战争，这进一步刺激了国民党反攻大陆的欲望。

1950 年 10 月 10 日，《关于镇压反革命活动的指示》（即"双十指示"）出台。1950 年 10 月 30 日，中共浙江省委根据中共中央指示，发出《关于贯彻执行中央坚决镇压反革命分子的指示》，提出了"镇反"工作的任务和措施。"镇反"与正在进行的土地改革交织在一起进行。浙江省公安部门按照"双十指示"，决定在全省范围内实行全党动员，吸收民主党派和各界人士参加，大张旗鼓地开展镇压反革命运动。然而，尽管"镇反"运动已在全省展开，但由于龙泉刚解放不久，农村还很闭塞，农民们对外面的形势不了解，对解放后党和政府的一系列政策和主张不了解，大多持观望态度，对参加运动并不积极。所以，前期"镇反"工作中的"关门主义"与"神秘主义"受到批评，即运动主要依赖公安部门，没有大规模地宣传动员群众、依靠群众，发动他们参与到镇压反革命分子运动中来，更没有让他们"大张旗鼓"地参与控诉。为此，龙泉县"镇反"运动的领导者也曾作出了自我检讨：

> 根据地、县委指示，接下去搞复查。我们深入到贫雇农中间去听取他们对前段镇反与土改工作的意见，他们一方面对镇反、土改分得田地表示十分高兴，感谢共产党的好领导，另一方面认为对恶霸、惯匪、地主的说理斗争不够，恶霸、惯匪、地主的威风还没有完全打下去，对他们的没收不彻底，许多按

政策该没收的没有没收……①

动员群众广泛参与镇压反革命运动,就是通过放手发动群众彻底清除土匪、恶霸、特务,清查反动党团骨干分子,清除、取缔反动会道门等一切对新政权可能存在的威胁②。对那些可能会对新政权造成危害或者潜在危害者,必须予以"严厉镇压"。通过广泛的群众动员,不仅可以最大限度地消除隐患,造成高压态势,也使得任何有过历史污点者不敢轻举妄动。在"镇反"与土地改革的审判大会上开展大规模的群众控诉会,成为了新中国成立初期刑事司法运作的鲜明特征。作为一种极为有效的民众动员方式,控诉会中的各种策略,如宣传、组织、动员,都留下了深刻的权力运作的痕迹。

2. 司法群众路线的实践

新中国成立初期,刑事司法审判的群众路线以群众批斗大会和控诉大会的形式出现。批斗大会也好,控诉大会也罢,这些都需要高度的渲染性和仪式化,这些仪式化表演与思想整肃必须通过群体集会来完成③。只有这样才能产生强烈的表演性质,才能给所有的参会群众带来强烈的冲击,从而达到规训的目的。在搜集材料和逮捕阶段,需要放手发动群众进行检举与控诉。人民法庭直

---

① 周加祥主编:《丽水文史资料》(第 7 辑),中国文史出版社 2011 年版,第16 页。

② 杨奎松:《新中国巩固城市政权的最初尝试——以上海"镇反"运动为中心的历史考察》,《华东师范大学学报(哲学社会科学版)》2004 年第 5 期。

③ 参见郭于华、孙立平:《诉苦:一种农民国家观念形成的中介机制》,《中国学术》2002 年第 4 期。王绍光对新中国成立后国家改造税收系统的研究也表明,新中国通过政治教育、政治运动及各种社群组织的介入,成功地改造了旧官僚体系,极大地加强了国家汲取能力的建设。参见王绍光:《国家汲取能力的建设——中华人民共和国成立初期的经验》,《中国社会科学》2002 年第 1 期。由于群众运动在新中国成立后的国家治理中占有重要地位,因此,事实上群众运动构成了此一时期国家运作的重要部分。

接接受群众的检举、控诉、哭诉。"在土改正在开展,群众已初步发动起来的地区,一般是由下而上地搜集材料,审核批准,予以逮捕,然后再交群众讨论;又由下而上地补充材料,配合运动,及时予以镇压。"①比如,发生在1951年的张绍永不法地主案就是在群众检举以后,由安仁区建安乡第五村政府向法院提出的诉讼:

情况材料

安仁区建安乡第五街政府

张绍永,地主成分,解放后不低头。破坏山林,在土改征没当中,把契约登记起来留存根。夜间分散果实、衣服、布、蛋及其他各种东西搬到山上藏匿起来,被民兵夜间站岗碰到,把他抓住,而该人又是丝毫无悔悟。②

在开庭公审时,除了问清犯罪嫌疑人的姓名、年龄、籍贯、成分外,法官应先简明扼要问清其出身简历,以便使群众进一步了解其一贯历史,再综合他的罪恶事实,更全面地认识其反动面目及罪恶本质。比如林先甫一案:

林先甫,五十六岁,地主成分,高小毕业,国民党员二十一年。

家庭人口:妻五十五岁,子三十三岁,子媳二十八岁,女十七岁。共五人。

犯罪事实:

1. 依国民党势力诬告农民是红军。

---

① 刘练军:《被遗忘的土改人民法庭》,《法治周末》2012年8月21日。
② 张绍永不法地主案,卷宗号:(1951)龙法刑字第00127号,浙江省龙泉市法院藏。

2. 解放后一九五零年诬告农民抢劫,以合法手段来统治农民,挑拨人民与政府关系。

3. 土改开始破坏土地秩序,夜晚藏匿物资往练神明家。

4. 为不存东西,威胁农民练神明。

**然后,法官对上述材料进一步作出核实:**

问:你家有多少人?

答:妻,李裴艺,年五十五岁;子,祖兴,年三十三岁;女,益琴,年十七岁;媳妇,严银仙,年二十八岁。

问:你家有多少动产、不动产?

答:田有七十亩(全部出租),屋二十间,山八片。

问:你哪年入国民党? 谁介绍呢?

答:廿八年由林蔚年介绍。

问:解放前干过啥事呢?

答:没有干过什么的。

问:你过去每年有多少谷放利剥削农民?

答:廿七年有谷一百多担放高利剥削农民。

问:你霸占农民多少田地?

答:占徐晓仁荒地一片。

问:解放后有什么具体罪恶呢?

答:五零年,农民向我借谷,我因派公粮谷一万斤,于是没有借他们。农民说我欺压。

问:去年,廖秀仁等人向你借谷度荒,你说他抢谷吗?

答:他们是向我借有谷去。没说他们抢谷。

问：你土改时分散了多少物资？

答：洋油壶瓶，衣服、碗等物资都放楼角。暗屋土改时都挖出来了。

…………①

在问清被告人的基本情况以后，控诉大会开始。控诉大会往往采用群众控诉、"一人说理，大家帮腔"的方式，因为如果仅仅是由法官一个人与其对辩，这就掩盖了群众的斗争力量，收效可能不大。法官在审判中所发挥的作用主要是引导群众诉苦说理，如果被告人狡辩，群众则举证对质，以使得群众进一步认识其罪恶本质。审判的主要流程就是召集群众，由群众在大会上公开对被逮捕的反革命分子做出控诉，诉说自己之前遭遇过的欺压与迫害。之后，由组织者根据被告人的罪状与群众的意见公开判决。

控诉大会中的诉苦是整个大会的关键与核心部分，因此也往往会占用案件审理的绝大部分时间。诉苦是共产党所使用的由来已久的群众动员技术②，能够有效地激发劳苦大众与地主恶霸之间

---

① 林先甫地主案，卷宗号：(1951)龙法刑字第 00160 号，浙江省龙泉市法院藏。

② 土改与"镇反"运动中的诉苦、控诉，其中的群众动员实质在于"翻心"。它一定程度上揭示出中国革命现代性的一个核心特征，即突出"心"——思想、精神的层面的重要性。相关研究见李德满：《文化权力、乡村政权与资源动员——解放区土改运动的再认识》，《中共浙江省委党校学报》2008 年第 4 期；彭正德：《土改中的诉苦：农民政治认同形成的一种心理机制——以湖南省醴陵县为个案》，《中共党史研究》2009 年第 6 期；李里峰：《土改中的诉苦——一种民众动员技术的微观分析》，《南京大学学报（哲学·人文科学·社会科学）》2007 年第 5 期；吴毅、吴帆：《传统的翻转与再翻转——新区土改中农民土地心态的建构与历史逻辑》，《开放时代》2010 年第 3 期；李放春：《苦、革命教化与思想权力——北方土改期间的"翻心"实践》，《开放时代》2010 年第 10 期。

的仇恨。诉苦在解放战争时期就已经被比较娴熟地运用。在"镇反"运动与土改运动中,刑事司法的控诉大会能够发挥成效,因其建立在劳苦大众曾遭受到恶霸、地主、匪特等反革命分子的剥削与压迫这一基础之上。但想要更好地激发群众对旧政权和恶势力的深仇大恨,控诉大会就必须大张旗鼓地进行,控诉大会的成功举办亦需要诸多的策略和技巧的运用。

首先,组织者要在大会前做充分的准备工作,要尽量发动受害人或者其家属,让他们抓住重点进行控诉。如土改中,被害人徐大朝的"血泪控诉"就是:"在第二天妻子自杀,小女病死。我父亲在姊姐家听得此事,父回家五六天就气死。一月当中被害三人身亡,这种苦情、血肉分离,有冤无可申……"①在徐凤振不法地主案中,徐五奶诉苦:"徐凤振在民国二十七年当伪乡长,我子徐吉丰因抽到征兵帮他做了三年工,一个工资都没有的。民国三十年五月十六日把我儿子送去替代兰春海当兵,以后我丈夫年老不能生产,家庭困难,于本年十月十三日就饿死。媳妇无办法由她们自由去嫁别人,我之家庭就被该孽霸徐凤振逼死无路,具诉确确实实……"②

其次,控诉大会必须保持严肃的气氛。只有这样,现场才能显得紧张严肃而又生动有力,群众的斗争情绪才能得到最大程度的渲染。为此,个别干部在控诉大会进行时下台去买烧饼吃等表现

① 张林炎不法地主案,卷宗号:(1951)龙法刑字第00115号,浙江省龙泉市法院藏。

② 徐凤振不法地主案,卷宗号:(1951)龙法刑字第00168号,浙江省龙泉市法院藏。

不严肃的问题曾被严厉批评。

最后,控诉大会能否取得成功的一个关键问题就是是否能选好典型控诉人。在控诉大会上,女性、老人等成为组织者优先考虑的对象。比如,项世祥的诉苦:"诉苦人年老目瞎只生一子名项水通,于民国三十三年被恶霸叶应善捉去当兵,迄今六年未回,家庭全被破坏,人口死亡。诉苦人年老无靠,故向群众面前要求伸冤……"①再比如,诉苦人一面哭一面说:"没想到你也有今天!官僚恶霸林慎之任伪乡长时杀害我父。我父劳苦农民,因劳动太过,吐上血来打了马菲针,被恶霸林慎之送反政府后,林慎之到反动政府开密会后把我父枪毙。民廿四年枪毙。我一家人被他伤害得落花流水。现在人民政府领导我们翻身,反革命分子林慎之必须枪毙……"②

尽管这时候案件堆积如山,但是此时的龙泉法院依旧能够较为从容地应付这一局面,一个重要的原因就是群众意见在审判中起到的巨大作用。虽然群众意见并不是刑事审判的唯一依据,但是,征求群众意见是司法群众路线的重要要求。群众意见不仅仅是社会舆论的代表,更具有深远的政治意义,它直接对法官的裁判产生了影响——在裁判文书中必须要有群众意见这一部分内容。尤其是在土改、"镇反"时期的刑事案件中,群众意见的政治意义更为凸显,成为法官裁判时必须考虑的因素。比如徐兰宝恶霸地主一案,群众意见就认为:

---

① 叶应善恶霸地主案,卷宗号:(1951)龙法刑字第 00025 号,浙江省龙泉市法院藏。

② 林慎之恶霸案,卷宗号:(1951)龙法刑字 00084 号,浙江省龙泉市法院藏。

徐兰宝过去勾结大恶霸,压迫我们。现在又勾结坏分子操纵村政权,侵吞胜利果实,包庇地主,今天要和他算总账,还要请政府严办他。[①]

最后法庭审判的结果是:

该犯过去曾任伪职多年,并勾结大恶霸,鱼肉人民。解放后,因破坏征粮工作坐牢卅天,教育释放后,又勾结坏分子扰乱村政权,土改中包庇地主,侵吞胜利果实。情节属实,根据群众要求及该犯罪恶,判有期徒刑五年,以资改造。

在历时一年之久的龙泉县开展的"镇反"运动中,作为镇压对象的特务、伪保甲长、惯匪、恶霸等得到了惩治。根据龙泉县委整理的材料,在被捕的 422 名罪犯中,处死了 50 人。可以说,龙泉县的"镇反"运动与土改运动基本上达到了运动发动者的目的,对新政权构成威胁的各类旧势力被消灭,那些曾经在历史上迫害过共产党人的分子在这场运动中也受到了严厉的惩罚。这场运动全面改善了新旧政权交替所带来的社会动荡与混乱局面。更为重要的是,它对广大基层民众进行了形象化的政治教育,从而牢固地树立起了新政权的权威。

## (二) 司法群众路线的意义

1951 年龙泉县开展的土改运动、"镇反"运动与其他地区一样,

---

① 徐兰宝恶霸地主案,卷宗号:(1951)龙法刑字第 00126 号,浙江省龙泉市法院藏。

目的是在新解放区建立稳固的统治秩序,进而实现将国家权力的触角下渗到基层的任务。从一定意义上讲,土改与"镇反"运动与其说是一场激烈的阶级斗争,不如说是一场地覆天翻的社会改造运动。运动中的控诉会恰恰给民众提供了一个政治参与的平台,因为处于社会底层的老百姓似乎从来只是被压迫、被剥削的对象,他们手中没有任何权力,更不必说参与政治。

作为新中国成立初期党面临的一项重大课题,政治认同的建构直接关系着党的执政合法性的获取,关系着党的执政目标的完成,以及党的执政安全。经过土地改革等运动,中国共产党在新区农村政治认同的构建效果显著。群众控诉大会中的"诉苦"与"控诉"环节则提供了农民国家观念形成的中介。在控诉中,他们找到了自己受苦的根源,更感受到了新政权的"说一不二"。比如,龙泉县在处决一批反革命分子以后,与会者"兴高采烈",纷纷表示,"只有共产党领导人民推翻压在穷人头上的三座大山,实行了人民民主专政,才真正有了人民的平等、自由和民主""毛主席就是青天""在共产党的领导下翻身做主人……这就是人民给予的力量,新旧社会两种政权就是不一样,两个社会两重天""新旧政权两个样,新社会人民掌权坐江山,让大家当家作主,好事一个接一个,我们真高兴",并高呼"共产党万岁!""毛主席万岁!""翻身!"诸如此类的朴实词汇,生动地反映出群众对新生政权的承认与拥护。

在控诉会上,通过控诉中"甜"与"苦","新"与"旧","善"与"恶"的对比,加之各种情绪化的表达与运用,无疑能深化群众对"恶霸"与"地主"的"恶"与"反"的认识程度。控诉、诉苦总是遵循着相似的行为逻辑,也就是通过情感的力量来推动群众进入特定的场景中,进而完成组织者的意图。所有的这些都会对旧政权的合法性提出质疑和挑战,进而使民众接受新政权的政治话语及规训,使民众对其予以高度政治认同,从而塑造新政权的政治权威。所以,动员民众的意义,"不仅在于将千千万万不知政治为何物的下层民众组织起来参与政治,更在于它将开创一个迥异于传统政治的新局面,因为广泛的群众参与必然极大地增强政党的组织能量。因此,动员和组织民众的最大受益者与其说是民众,不如说是政党"①。

是的,刑事司法中大张旗鼓的群众运动对反革命分子形成了高压态势,"使他们无处可藏",也使大多数群众"团结"在了党组织周围。但是,这次运动能否真的使发动者高枕无忧呢?杨奎松通过对上海"镇反"运动的研究,发现了一个"让当政者难以接受的现象",即革命运动越多,"反革命"越层出不穷,"经历过的政治运动越多,运动中所认定的有各种问题的人也就越多,结果是'历史问题'所牵涉的范围也就越大"②。在龙泉亦是如此。1955 年下半年起,龙泉地区又开展了一场大规模的"肃反"运动,大范围逮捕反革命分子和坏分子。"镇反"运动之后,领导人对敌情的过高估计,基层干部对革命、群众暴力的惯性依赖,导致此后的刑事司法都难以在平静中进行。

---

① 王奇生:《党员、党权与党争:1924—1949 年中国国民党的组织形态》,上海书店出版社 2003 年版,第 103 页。

② 杨奎松:《新中国巩固城市政权的最初尝试——以上海"镇反"运动为中心的历史考察》,《华东师范大学学报(哲学社会科学版)》2004 年第 5 期。

## （三）运动对刑事司法的影响

此起彼伏的群众运动给刑事诉讼带来巨大的冲击,这里以龙泉县人民公社化运动与"政法大跃进"为例予以说明。1958 年,正当人民公社化运动进行得如火如荼时,"大跃进"运动也席卷了基层的司法系统。1958 年 5 月,在全国范围内展开"大跃进"后不久,浙江省高级人民法院、司法厅发出《司法工作必须适应人民公社化的新形势》的指示,要求各法院"研究司法工作应该如何的保卫人民公社的建立……使我们的思想紧紧跟上形势的发展……保卫和促进人民公社的建立、巩固与发展"①。

这一时期,公安部《1958 年公安工作计划要点》出台,指明了公安工作乃至司法工作"大跃进"的方向和目标。与此同时,龙泉县司法机关也提出了"玻璃板""水晶石"等口号,要把社会搞得像玻璃板、水晶石那样干净。"大跃进"时期的刑事司法再次强调了群众路线的重要性,它也是人民司法工作的政治路线。"罪刑法定""法不溯及既往"等原则受到批判,刚刚建立起来的刑事司法制度遭到批评。刑事司法领域中的审判机关专业化,依靠法律条文,依靠规章制度"正规化""合法化"等主张被认为是脱离当前斗争形势,脱离群众,忽视法制阶级性和群众性的表现。

同时,龙泉县响应国家的号召,提出了苦战一年到三年,实现"创造无诉讼乡、镇、公社,无积案庭院""无反革命,无盗窃,无抢

---

① 《司法工作必须适应人民公社化的新形势——浙江省高级人民法院、司法厅的指示》,《人民司法》1958 年第 14 期。

劫,无强奸……"目标,甚至提出"无民事纠纷"以及"一压二推"等空想口号①,希望在短时期内消灭一切反革命活动和其他刑事犯罪活动。

依靠群众揭发犯罪分子的群众路线,到了"大跃进"时期则变成采用"大鸣、大放、大辩论、大字报"的方法,这也成为了在侦查工作中长期以来向群众学习、进行深入调查研究的工作方法的延伸。这一时期的侦查,往往是侦查人员先将受理的刑事案件经过阅卷、熟悉案情以后加以选择,然后与案发当地的基层党委取得联系,争取支持,最后再决定是否携卷下乡开展辩论,并确定辩论的时间和地点。在审判阶段,运用群众辩论会解决案件。这种群众路线的新形式,是整风运动中出现的"大鸣、大放、大辩论、大字报"做法的具体体现。当时认为,通过群众辩论,群众直接参加司法活动,容易查清案情,提高办案效率,更好地提高群众的社会主义觉悟,提高群众的政策与法律水平②。群众辩论的案件主要集中在以下几类中:一是有关中心工作的案件,比如破坏生产;二是群众关心、民愤比较大的案件,比如贪污受贿;三是在一定地区、一定时期的多发类型案件,比如盗窃犯罪;四是具有重大历史罪恶的案件,比如反革命案件。

此起彼伏的群众运动打乱了司法工作的正常秩序,法院审理案件过于简单,量刑过重现象较为普遍。1961 年,龙泉法院贯彻浙

---

① 浙江省龙泉市人民法院编:《龙泉法院志》,汉语大词典出版社 1996 年版,第 11 页。

② 浙江长兴县人民法院:《审判与群众辩论相结合的方法好处多》,《人民司法》1959 年第 5 期。

江省第十次司法工作会议精神,开始纠正人民公社化运动以后的错误做法,抽查了1958年至1960年法院办理的破坏人民公社、破坏工农业生产和两类矛盾混淆的案件。1962年,龙泉再次对刑事案件进行第二次复查,一些因言获罪的案件得以纠正。

## 二 辩护制度的曲折发展

### (一)律师制度的短暂恢复

改革开放前对阶级斗争的过分强调,为这一时期刑事司法运作打下了深深的印痕。这一时期通过阶级分类认定"犯罪"的方式,无疑在刑事司法中起到了至关重要的作用。"阶级""敌人"等身份与概念的建构起源于革命时期,同样,"被告人"这一概念在改革开放前龙泉的刑事司法中很少存在,即使存在,也与"被告人"的真正含义大相径庭。所以,在新中国成立后的龙泉法院和人民法庭的刑事司法实践中,司法审判改为群众批评,一方面动员群众揭发检举,鼓励群众进行大辩论;另一方面又不允许被告人进行自我辩护,认为这是其狡猾抵赖、态度恶劣的表现。

新中国的辩护制度是在对旧中国辩护制度扬弃的过程中逐步建立与发展起来的。以国家命令废除国民党的"六法全书"和旧法统为开端,1950年10月,中央人民政府司法部发布《关于取缔黑律师及讼棍事件的通报》,明令取缔国民政府时期的律师组织和律师活动,尽管在 1950 年 7 月,政务院公布的《人民法庭组织通则》中指出"应保障被告人有辩护及请人辩护的权利",但是在 1954 年《宪法》颁布之前,律师制度基本上被否定。在新中国成立初期的龙泉,由于政治运动的影响,专业的法律工作者已经不多。在龙泉县的司法实践中,辩护制度已经失去作用。

## (二)龙泉法院的辩护实践

在笔者所查阅的 1949 年到 1954 年的龙泉刑事诉讼档案中,没有发现一起案件有律师参与辩护;即使是被告人的自行辩护,往往也被认作是狡猾抵赖、有意顽抗。以 1954 年张棉球反革命案为例,在该案审判过程中,被告人张棉球一开始试图为自己辩解:

> 我很热心带儿子们并媳妇们天天劳动生产,并未造谣破坏情事,以上种种罪恶,还请农民宽大赦罪,从此以后向农民低头,靠拢农民学习……这是我的诚实坦白。

但张棉球的辩解并没有得到宽恕,他仍然被群众认为是"反革命犯","解放后仍不痛改前非,抗拒改造,继续进行破坏活动,阴谋破坏社会主义秩序,破坏社会主义建设"①。

1954 年 7 月,司法部发出《关于试验法院组织制度中几个问题的通知》,全国开始试办法律顾问处,试点开展律师业务。1954 年 9 月 20 日颁布的《宪法》在第 76 条规定:"被告人有权获得辩护。"

---

① 张棉球反革命案,卷宗号:(1954)龙法刑字第 00256 号,浙江省龙泉市法院藏。

同时,《人民法院组织法》根据这一条文的精神,更加具体地规定被告人除自己行使辩护权外,还可以委托辩护人为其辩护。《宪法》条文为我国辩护制度的发展提供了根本法上的保障。而不久后,在龙泉县,"作为保护被告人的合法权益而参加诉讼的,来证明被告人无罪或者其罪行较轻以及减轻和免除被告人的刑事责任"的辩护人也开始出现。这里以罗招文杀人一案为例说明。该案的辩护人提出了以下辩护意见:

> 辩护人意见
>
> 检察长所提出被告罗招文杀人是故意的,被告打死徐春德,后果是严重的,应负刑事责任,但不能说他是故意的。被告打死徐春德的理由是以下几点:
>
> 1. 在认为讨饭人没有阶级地位等思想支持下去打徐的。
>
> 2. 据检察院认定,在打人时只距离五米路光景,要肯定他有意杀人应该找出证人。
>
> 被告罗招文打死人既无仇,又无冤,为什么打死人?好好一个人打死一个人?
>
> 我认为对罗招文打死人是故意的还未能弄清楚。
>
> 罗招文打死人,情节是严重的,但他打死人后,他认为自己要坐牢,要来投案,经过村干部动员来投案,但被打死后,被害者家属没有前来申诉,应提请从宽处理。

不久,温州中级法院作出了量刑改判:

> 浙江省温州地区中级人民法院刑事判决
>
> 经审理,以上上诉人犯罪行为均属确实,本庭认为徐春德

年老贫困,孤独无靠,靠求乞为生,既没有违反社会治安,也不能认为是一种剥削行为,但上诉人以极端厌恶的情绪,又用鸟枪无辜地将徐春德杀害,情节极为严重,应予惩处。但其杀害徐春德的行为不属私仇报复,也不是反革命杀害的性质,原审判处上诉人有期徒刑十五年量刑过重。据此,特判决如下:撤销原判,改判上诉人罗招文有期徒刑十年。①

本案是新中国成立初期龙泉县少见的上诉改判的案件(上诉后量刑减轻),也是少数有律师参与的案件。从该案中我们看到,律师的辩护依旧围绕着被告人的阶级立场展开,毕竟,"政治立场问题"是辩护工作的首要问题②;尽管律师也作出了罗招文杀人并非故意等辩护意见,但是显然,二审法院认为原审判处上诉人有期徒刑十五年量刑过重,作出改判上诉人罗招文有期徒刑十年的判决,更多是基于被告人的行为"不属私仇报复,也不是反革命杀害性质"。

新中国建立之初,法律顾问处的任务是给公民、机关、企业团体以法律上的帮助。律师的具体工作任务是:1.给公民解答有关法律问题,提供法律上的意见;2.给公民代写诉状、申请书、合同、字据、遗嘱和其他有关法律行为的文件;3.作为刑事被告的辩护人、民事当事人和其他利害关系人的代理人参加诉讼。此外,更为重要的是,律师在案件中必须宣传国家的法律、法令与政策。这一方针规定了律师的重要职能,也使得人们改变了"过去我们在筹建律

---

①　罗招文杀人案,卷宗号:(1956)龙法刑字第00199号,浙江省龙泉市法院藏。

②　计国豪:《又红又专,就能解决怕犯错误而不安心政法工作的问题》,《法学》1958年第9期。

师组织的工作上,一直认为律师就是辩护人"这一观点。既然国家规定了律师为人民服务的方针,那么这就"要求律师在其全部活动中,要坚定不移地维护革命法制,认真地遵守业务纪律"①。人民律师与旧社会和资本主义国家的律师有着本质的区别,人民律师受当事人的委托参加诉讼,处理法律事务不是为了钱,而是为人民服务的。正如1950年11月15日,中央人民政府副主席刘少奇接见中央政法机关几位负责人,在谈到律师制度问题时指出的,旧的律师制度主要是为资产阶级服务的,旧律师是自由职业,专以个人的金钱收入为主要目的,劳动人民无钱,就请不到律师,得不到律师的帮助;现在我们如果要建设律师制度,必须要改革旧的,建设新的、为大多数人民服务的人民律师制度②。

1954年《宪法》及相关法律的颁布实施,为律师工作带来了短暂的春天。1956年11月,龙泉县成立律师办公室后,律师辩护制全面展开。1957年"整风""反右运动"后,由于"左"倾思想和法律虚无主义的影响,刚刚建立起来的辩护制度被否定。律师作为最典型的右派,因为"替坏人说话""帮阶级敌人说话"而被打倒。辩护制度受到批判,律师根据事实和法律为被告人辩护被视为"丧失立场""为犯罪分子开脱罪责",许多律师受到打击,辩护制度名存实亡。而实践中当事人的自我辩护更被认作是"顽固分子,不老实"的表现。

诉讼过程中,尽管被告人有辩解的机会,但随之而来的是群众

---

① 王赣愚:《对建立新的律师制度的一些体会》,《政法研究》1956年第2期。
② 张耕主编:《中国律师制度发展的里程碑》,法律出版社1997年版,第2页。

的舆论压力,对被告人进行谴责与批判,被告人往往因为压力而屈服,作出坦白或"自我鉴定"。比如在季武贪污案中,被告人季武已经作出了数次坦白与自我检讨,但是群众与法官最终认定其为"顽固分子,在斗争大会上仍表现不老实……今天在法庭上抗拒坦白交代,狡猾抵赖,表现极其不老实。我们认为,反革命不甘心死亡,在做最后挣扎。被告罪行经查属实,根据坦白从宽,抗拒从严政策予以考虑处理"①。

"以阶级斗争为纲"进而消灭阶级敌人的刑事司法理念是新中国成立后政治运动的基本逻辑,阶级斗争的犯罪论也就必然导致国家对"阶级敌人"的权利的蔑视。当时认为,"存疑有利于被告""无罪推定"原则的实质是给反革命分子、刑事罪犯开脱责任,"否定和削弱无产阶级专政的作用对被告罪行的追究,对人民民主专政有百害无一利"②,因为它本身限制了对阶级敌人的打击,限制了"以阶级斗争为纲"的落实。所以,在"反右运动"开展以后,"存疑有利于被告""无罪推定""保障辩护权实现"等主张遭到了猛烈的批判。"文化大革命"期间,律师因为"为阶级敌人辩护"遭到批判,辩护制度销声匿迹。

新中国成立初期,我国主要依据政策治理国家,形成了高度集中的威权体制,社会治理主要依靠执政党的政策和领导人的意志。作为公共权力的对立面,为被告人辩护的律师也就难以在此政治生态背景下生存和发展。因为,律师职业与全能型国家是根本不

---

① 季武贪污案,卷宗号:(1960)龙八刑字第 00002 号,浙江省龙泉市法院藏。

② 张辉、李长春、张子培:《这不是我国刑事诉讼的基本原则——评曲夫〈略谈刑事诉讼中被告人的诉讼地位〉》,《法学》1958 年第 4 期。

相容的。在全能型国家里,领导意志决定社会资源及人们的命运,法律的内容时常根据领导人的意志而飘忽不定,朝令夕改的情况时常发生,表现在国家治理上就是一元化的自上而下的治理模式,政治运动风起云涌,但群众参与的积极性不高,即使群众参与,也只是敷衍式的,政治运动是权力驯化的一种方式。而律师职业则是以稳定性的法律规则为核心的,在集权型社会,法律的价值不能得到实现,律师职业的作用也无法得以发挥,因而不可能建立起真正意义上的法律秩序。全能型国家建立的是一种刚性秩序,而刚性秩序根本不需要律师的介入,甚至把律师作为异端来看待。

## 三　定罪与量刑的依据

改革开放前我国刑事审判的依据,呈现出形式多样性、主体多元性、鲜明的政治性、强烈的针对性等特点①。它是改革开放前高度集中统一的计划经济体制及长期以来中国共产党革命战争时期的工作模式等诸多因素共同作用的结果。尽管这一时期龙泉法院刑事审判的依据极为复杂,但是各种政策始终占据首要地位。作为刑事司法活动的根本遵循,它不仅可以在司法实践中直接得到运用,而且法律以及其他相关的规范性文件都是政策的具体化②,

---

①　彭辅顺:《新中国成立初期刑事责任的司法根据:特征、评价与启示》,《中共历史与理论研究》2018 年第 1 期。

②　有学者将此一时期的审判依据概括为"政策法"。详细展开可以参见武树臣:《三十年的评说——"阶级本位·政策法"时代的法律文化》,《法律科学》1993 年第 5 期。

因为"刑事案件是党对人民法院审判工作具体领导的一个重要方面,具体案件的正确处理是贯彻党的领导方针政策的体现。……否则党的方针政策就不能彻底贯彻执行,党的领导就会成为空洞的领导"[1]。同时,必须注意到的是,这一时期基层法院的司法人员并不是机械地适用政策、法律等,而是在政治因素、群众意见、社会形势等多重因素中充分发挥自身享有的"自由裁量权"。

## (一)政策

新中国成立初期司法审判依据中的"政策",主要是指中国共产党制定的有关政策。《关于废除国民党的六法全书与确定解放区的司法原则的指示》指出:"目前,在人民的法律还不完备的情况下,司法机关的办事原则,应该是:有纲领、法律、命令、条例、决议规定者,从纲领、法律、命令、条例、决议之规定;无纲领、法律、命令、条例、决议规定者,从新民主主义的政策。"所以,政策在司法审判中始终居于最为核心与关键的地位,而其他审判依据比如法律、条例、司法解释等等都由政策派生而出,"政法机关必须接受党的方针政策的领导,坚定不移地贯彻执行党的方针政策,把党的方针政策作为自己一切活动的指针"[2]。

这一时期的法院裁判高度重视党和国家的政策,视政策为灵魂,以法律为政策的表现形式和辅助手段,以政策为最高的行为准

① 中国人民大学法律系审判法教研室编著:《人民司法工作是无产阶级专政的锐利武器》,中国人民大学出版社 1958 年版,第 94 页。

② 陈逸云:《政法工作必须绝对服从党的领导》,《政法研究》1959 年第 2 期。

则,法律为次要的行为准则;当法律与政策发生矛盾与冲突时,则完全依政策办事。由于政策是党的领导机关所创制的,又是靠党和国家的各级干部来施行的,因此,在实践中形成了"人"的作用高于"法"的普遍见解①。

政策的载体类型多种多样,但大多存在于党和国家领导人的讲话中,这些讲话常常用以指导某一时期的刑事司法工作。这种情形在政治运动中显得格外明显。新中国成立后,为了实现总任务,执政党在不同时期、不同地区,根据总路线的精神确定具体任务,提出具体的中心工作。执政党在各个时期的中心工作就是政策的来源,就是人民司法机关服务的具体的、主要的对象。例如新中国成立以后党和国家进行的"五大运动""三大改造"以及"全民整风""大跃进"等运动,"人民司法机关都运用了自己的职能,通过侦查、起诉、审判活动配合了运动,有效地为中心工作服务,在阶级斗争和保卫经济建设中起了积极作用,发挥了无产阶级专政工具的作用"②。实践中,法院适用政策又分为了适用政策与适用刑事政策两大类。

第一,适用政策。

审判直接适用政策,指的是法官在裁判文书中的理由部分直接引用政策内容。这里的政策既有关于国家基本方针、路线的总政策,也包括针对某一事项或者运动的具体政策。这种情况通常

---

① 武树臣:《从"阶级本位·政策法"时代到"国、民本位·混合法"时代——中国法律文化六十年》,《法学杂志》2009 年第 9 期。

② 中国人民大学法律系审判法教研室编著:《人民司法工作是无产阶级专政的锐利武器》,中国人民大学出版社 1958 年版,第 12 页。

在裁判文书中表现为"根据……政策(原则),故判决如主文",或者"为……,正确执行……政策,故判决如主文"。其中,第二种情况在司法实践中更为常见。这里的政策包括粮食政策、婚姻政策、农业生产政策、林业建设政策等等。比如以下案件的裁判文书:

1.曾水根抗售余粮案的判决书:

以上事例经本院审理确实,认定被告是有意抗售余粮。为了坚决保护国家社会主义建设与社会主义改造,为政治中心工作的顺利进行,正确执行粮食政策,依法判决如主文。①

2.柳观文虐待祖父案的判决书:

以上事例经调查确实,该犯严重虐待祖父,侵犯人权,违背政策法令。为了严肃国法及保障人权与社会秩序、社会道德,应依法判处该犯有期徒刑六个月(一九五五年五月廿一日起至一九五五年十一月廿一日)。②

3.徐子康误火烧山案的判决书:

以上经调查审讯确实,该犯曾思想麻痹,对护林事业毫不重视,使国家建设器材与人民财产遭受到重大损失。为了保障社会主义建设及人民财产不受损失,严防火灾,切实坚决贯彻森林防火政策,特依法判处徐子康有期徒刑一年零六

---

①　曾水根抗售余粮案,卷宗号:(1955)龙法刑字第 00004 号,浙江省龙泉市法院藏。

②　柳观文虐待祖父案,卷宗号:(1955)龙法刑字第 00081 号,浙江省龙泉市法院藏。

个月(一九五五年四月十二日起至一九五六年十月十二日止)。①

第二,适用刑事政策。

新中国成立初期,为开展政治运动,党和国家有关机关发布了大量的指示或决定,这些指示或决定大多属于刑事政策层面的文件,因为这一系列指示或决定中包含着刑法的内容,有的甚至直接规定了罪与刑的适用。例如,《中共中央关于镇压反革命活动的指示》规定,对于首要分子、怙恶不悛的、在解放后特别是经过宽大处理后仍然继续作恶的反革命分子,应依照中央人民政府政务院公布的惩治反革命条例加以镇压,当杀者,应即判处死刑;当监禁和改造者,应即逮捕监禁,加以改造。这里的"判处死刑、监禁"就属于刑罚的内容,因而这个刑事政策包含刑法的内容。这一时期的刑事政策包括但不限于"惩办与宽大相结合,即首恶必办,胁从不问,坦白从宽,抗拒从严,立功折罪,立大功受奖""少杀慎杀""惩罚与劳动改造相结合"等等。这些政策不仅在具体案件中关乎定罪,而且关乎量刑②。

---

① 徐子康误火烧山案,卷宗号:(1955)龙法刑字第 00087 号,浙江省龙泉市法院藏。

② 该处使用的"刑事政策"实质上属于政策,能否归纳为一般意义上的刑事政策,学界存有争议。实际上,很早就有学者观察到中外"刑事政策"的巨大差别。详见储槐植:《刑事政策的概念、结构和功能》,《法学研究》1993 年第 3 期;王牧、赵宝成:《"刑事政策"应当是什么?——刑事政策概念解析》,《中国刑事法杂志》2006 年第 2 期;卢建平:《刑事政策与刑法变革》,中国人民公安大学出版社 2011 年版,第 121—142 页;劳东燕:《刑事政策与功能主义的刑法体系》,《中国法学》2020年第 1 期。

比如，"少杀慎杀"是共产党一贯主张的政策，也是"惩办与宽大相结合"刑事政策的必然要求。在 1951 年镇压反革命运动达到高潮以后，高层指示"凡介在可杀可不杀之间的人一定不要杀，如果杀了就是犯错误"。所以，对于这一时期本应该判处死刑但是无须立即执行的案犯，实行"判处死刑，缓期执行，强迫劳动，以观后效"的十六字方针，因此诞生了我国特有的法律制度——死缓制度。它发端于 1951 年新中国成立之初镇压反革命运动的高潮中，适用对象是没有血债、民愤不大和损害国家利益未达到最严重程度，而又罪该处死的反革命分子。再比如，"坦白从宽，抗拒从严"的政策，是从犯罪分子的认罪态度和悔改情况来分析和掌握对其是从严还是从宽判决。龙泉法院往往将该项政策作为量刑的依据。

在刑事审判实践中，法院直接适用政策是保证党对司法机关直接领导的一种方式。政策的出台一般是出于政治的考虑。刑事司法中的政策延续了战争时期的效能与威力，在高度管控的新中国成立初期，它仍具有强大的生命力。它服务于新中国成立初期一系列类似于战役般的大大小小的运动，比如土地改革，比如"反右运动"，比如"大跃进"与"四清"等等。改革开放前龙泉县政治运动不断，而政策的灵活性又适应了这种形势。政策的最高权威性、广泛适用性、机动灵活性压制甚至排斥了法律的一般性、公开性、明确性、适用于将来而非溯及既往、避免内在矛盾、不应要求不可能实现的事情、稳定性、官方行动与法律的一致性等内在品质①，

---

① 详细讨论参见〔美〕富勒著，郑戈译：《法律的道德性》，商务印书馆 2005 年版。

并最终导致了"人治"的产生。

"文化大革命"时期，政策的适用达到了高潮。在"文化大革命"时期的判决书中，常见毛主席语录，比如，"社会上流氓、阿飞、盗窃、凶杀、强奸犯、破坏公共秩序、严重违法乱纪等严重罪犯以及公众公认为坏人的人，必须惩办""在一般情况下，人民内部的矛盾不是对抗性的，但是如果处理得不适当，或者失去警觉，麻痹大意，也可能发生对抗"，语录在一定程度上指导了裁判实践。

## （二）法律

为了能够有效地贯彻执行党和国家的政策，在新中国成立后，国家权力机关、行政机关和司法机关曾制定了大量的法律文件，包括法律、法令、条例、解释、决议、通知等等[①]。这些法律、法令等规范则构成了龙泉法院刑事审判的第二种依据。首先是法律。比如《宪法》《工会法》《土地改革法》《选举法》《婚姻法》等。其次就是通知与批复，这些通知与批复大多数是司法机关在审判过程中对一些具体的法律适用问题所作的解释。

必须指出的是，我国改革开放前的法律实际上大多是在运动之中或者运动之后产生的经验总结。对于这一点，董必武总结道："我们的法律是从群众运动中产生的，例如土地改革法、惩治反革命条例、惩治贪污条例，都是在群众运动中总结了群众斗争的经验

---

① 武树臣：《从"阶级本位·政策法"时代到"国、民本位·混合法"时代——中国法律文化六十年》，《法学杂志》2009 年第 9 期。

才制定出来的。"①此一时期,法律是以革命实践作基础,是在革命实践中把成熟的经验总结出来,再用文字形式固定下来的②。

实际上,单就法律而言,改革开放前我国的实体法不多,程序法更是少见。程序法主要体现为1951年的《人民法院暂行组织条例》和1954年的《人民法院组织法》。并且,需要注意的是,尽管这一时期的法律已经具有了某些法律上的形式与内容,让我们可以将其与政策等其他规范性文件相区分,但是这时候法律的某些"自主性"仍旧是形式意义上的。正如有学者所指出的:"根据马克思列宁主义的法律观,法律和政治间不能够出现任何对立,由政党所揭示的政治目标是法律秩序的唯一目的,所以,法律的相对自主性并不是政治渗透的障碍,实际上它更有利于政治权力以一种隐蔽的方式渗透到法律中。总之,党对法律的领导并没有改变,也不能有所改变。"③

以下为改革开放前龙泉法院刑事审判中常见的法律。

1.《中华人民共和国惩治反革命条例》。反革命是新中国成立初期龙泉法院所审理案件中极为常见的罪名。此类案件在龙泉的刑事判决中占据了很大的比例。审判反革命案件所依据的乃是1951年2月颁布的《中华人民共和国惩治反革命条例》。比如1955年张利国反革命一案的判决依据即是此条例:

---

① 董必武:《在军事检察院检察长、军事法院院长会议上的讲话》,《董必武政治法律文集》,法律出版社1986年版,第517页。

② 《关于司法部门的改造与整顿问题》,湖北大学编:《法律课程学习资料:国家和法的理论、审判法》(内部资料),1959年印刷,第180页。

③ 李龙主编:《新中国法制建设的回顾与反思》,中国社会科学出版社2004年版,第232—233页。

> 根据以上事实,被告已构成犯罪,为保障社会主义建设事业,特依《中华人民共和国惩治反革命条例》第七条一、三、五款之精神,依法判决如主文。①

通过阅读档案,我们还可以看到,在新中国成立初期龙泉的刑事司法实践中,针对反革命分子所采取的政策大多都是现行行为与过去行为一起算。打击反革命不仅仅是追究现行犯,而且对某人过去的犯罪也有一定的追溯效力。

2.《中华人民共和国惩治贪污条例》。新中国成立后,国家打击的另一种重要犯罪行为就是贪污。严厉打击贪污犯罪不仅是为了避免党员干部受到资产阶级思想腐蚀,更是新生政权赢得民心,维护自身合法性的一种努力。下面,我们以项荣迁贪污案为例予以说明。

> 本院为了保护社会主义财产不受任何人侵犯,严惩一切贪污分子,保护社会主义事业顺利进行,特依《中华人民共和国惩治贪污条例》第三条第四款之精神,根据"过去从宽,今后从严"的政策原则,判处被告有期徒刑两年(刑期自一九五六年六月四日起至一九五八年六月四日止)。②

《中华人民共和国惩治贪污条例》对贪污犯罪打击力度之大,从该条例第 2 条对适用主体范围所规定的广泛性上就能得到体现。条例第 2 条规定,一切国家机关、企业、学校及其附属机构的

---

① 张利国反革命案,卷宗号:(1955)龙法刑字第 00290 号,浙江省龙泉市法院藏。

② 项荣迁贪污案,卷宗号:(1956)龙法刑字第 00123 号,浙江省龙泉市法院藏。

工作人员,凡有侵吞、盗窃、骗取、套取国家财物,强索他人财物,收受贿赂以及其他假公济私违法取利之行为,均为贪污罪。这就使得该条例在基层司法中得到广泛适用。

3.《中华人民共和国劳动改造条例》。对在押罪犯的再审判也是改革开放前刑事司法的一项重要内容。再审判就是结合在押罪犯在劳改中的表现来减轻或加重处罚。《中华人民共和国劳动改造条例》第 1 条就规定了劳教的目的是为了惩罚一切反革命犯和其他刑事犯,并且强迫他们在劳动中改造自己,成为新人。这里以项善堂不法地主案为例进行说明:

> 查该犯在劳动改造中,不认罪伏法,对人民政府不满,散布破坏言论,公开对抗劳改工作干部,不爱护财物,故意将木桶丢入井内,劳动消极怠工,屡教不改。为严明奖惩,依《中华人民共和国劳动改造条例》第七十一条第四、五款规定精神判加刑半年。①

对于在押劳改犯的再审判,不仅要考察当事人的一贯表现,还要考量其是否有"历史污点"。这也是贯彻"惩罚管制与思想改造相结合,劳动生产与政治教育相结合的方针"的一种体现。

4.《中华人民共和国宪法》。在 1955 年最高人民法院发布《关于在刑事判决中不宜援引宪法作论罪科刑的依据的复函》之前,1954 年颁布的《中华人民共和国宪法》也可以作为刑事司法审判的依据。不过,综观龙泉法院所存档案,援引其进行审判的案件不

---

① 项善堂不法地主案,卷宗号:(1953)龙法刑字第 00018 号,浙江省龙泉市法院藏。

多,在我们阅读的档案中,仅有 50 多起。尽管 1955 年最高法已经颁布了《关于刑事判决中不宜援引宪法作为论罪科刑的依据的批复》,但是,在龙泉的司法实践中依然能够找到宪法内容被引用的案例。比如曾连姬侵犯人权案:

> 综上所述,本庭认为被告为口角而挟仇,打伤被害人,已经触犯了《宪法》八十九条关于"中华人民共和国公民的人身自由不受侵犯"的规定,情节是严重的,但是被告事后能够认识错误,主动给被害人医治,不致被害人残废,确有悔改,同时又是偶犯,应予从宽……①

这一现象说明当时刑事司法实践对刑事实体法有需求,也说明最高人民法院的司法解释在基层法院并没有得到完全的贯彻落实②。

5.《中华人民共和国婚姻法》。新中国成立初期,中央人民政府制定的其他非刑事法中,也有刑事方面的相关规定。例如,1950 年 4 月中央人民政府委员会通过的《中华人民共和国婚姻法》规定:"凡因干涉婚姻自由而引起被干涉者的死亡或伤害者,干涉者一律应负刑事的责任。"这对于审判妨害婚姻家庭罪等类似案件有重要的指导作用。比如刘金花杀婴案:

---

① 曾连姬侵犯人权案,卷宗号:(1957)龙八刑字第 00039 号,浙江省龙泉市法院藏。

② 关于宪法在审判实践中能否直接被引用,其实,1955 年最高人民法院发布的《关于在刑事判决中不宜援引宪法作论罪科刑的依据的复函》这一司法解释本身就值得分析。最高法发布这一司法解释说明改革开放前我国法律文件位阶存在混乱、模糊的情况。一个效力较低的最高法的司法解释可以规定宪法这一根本大法的适用,就充分说明了这一点。

以上情况经调查确实,该犯思想顽固,作风恶劣,隐瞒罪恶。为了严肃法纪,保卫儿童身体安全,切实贯彻《婚姻法》执行,特依照《婚姻法》第十三条之精神应判决该犯徒刑两年(一九五五年一月八日起至一九五七年一月八日止)。①

比如张昌光破坏军人婚姻案:

根据以上事实,为了保护军人家属光荣传统,巩固国防建设,坚决贯彻《婚姻法》,特依法判处该犯徒刑四年。②

以这两起案件的判决书为例,我们发现,这一时期有一些判决书直接引用了《中华人民共和国婚姻法》的具体条文,比如,刘金花杀婴案件的判决书直接援引了该法的第 13 条。不过,也有的案件不是适用具体法条,而是为了"坚决贯彻《婚姻法》",或者说为了落实《婚姻法》的精神,比如张昌光破坏军人婚姻案件。

## (三)党委批示

实行案件审批制度是中国共产党实现对法院直接、具体领导的重要方法。案件审批制度其实早在革命根据地时期就已经存在。在新中国成立以后,这一制度得以延续。在龙泉法院审理反革命及重大刑事案件的司法实践中,往往都能看到案件审批制度

---

① 刘金花杀婴案,卷宗号:(1955)龙法刑字第 00234-1 号,浙江省龙泉市法院藏。

② 张昌光破坏军人婚姻案,卷宗号:(1955)龙法刑字第 00011 号,浙江省龙泉市法院藏。

运作的痕迹。当时,案犯的逮捕、审判、定罪量刑往往都必须经过县委的审批。所以,这一时期基层司法的一个典型特征就是专门性的表格特别多,形成了一道专门的司法文书的"风景线"。比如有"呈党委审批案犯逮捕罪犯表""呈请审批判处案件表""犯罪呈核登记表""恶霸地主情况""呈请逮捕人犯批示表"等等。而县委领导一般会用公函、便签、批示等正式或非正式的文件就案件作出批示,法院则必须遵守执行。这里以发生于 1959 年 7 月的吴子平反革命案件为例。该案在县法院呈请县委批示以后,县委文件批复如下:

### 对吴子平案件的批复

吴子平于解放前历任上士文书、特务长、少尉排长、军官总队队员、军械官、沈阳铁路政务处科员、所长、连长等反动职务多年,在任职期间积极进行反共反人民的罪恶活动,数次指派"探警"潜入解放区刺探我党情报,捕捉我地下工作人员七名,进行用刑审讯,对我革命事业造成重大损失。解放后在文成县又参加土匪组织,以小学教育作掩护,暗地策划攻打我区公所,对接蒋匪"反攻大陆"。为此,应以反革命分子论处,给予判处管制二年,留原单位监督改造。

中共龙泉县委①

1959 年 7 月的吴子平反革命案件发生在"肃反"运动中。这一时期对反革命案件的审理,依照中共中央批准的《中央十人小组关

---

① 吴子平反革命案,卷宗号:(1957)龙法刑字第 00182 号,浙江省龙泉市法院藏。

于反革命分子和其他坏分子的解释及处理的政策界限的暂行规定》《中共中央十人小组对〈关于反革命分子和其他坏分子的解释及处理的政策界限的暂行规定〉的补充解释》进行。1957年，由中共中央批转的最高人民法院、司法部党组的报告提出，全部审判活动，都必须坚决服从党委的领导与监督，党委有权过问一切案件，凡是公安、司法机关意见不一致的案件，都应当在审理后、宣判前，报请党委审批。此后，"党管司法"的政治策略经由中央、地方乃至法院内部党委负责制的组织路线得以层层落实①。龙泉法院对很多案件的审理往往依据龙泉县委的意见进行。

### （四）干部与群众意见

新中国成立初期，龙泉法院在审理刑事案件时，一般会参考被害人、被害人家属、乡邻或者乡村干部的意见。需要说明的是，这些群众意见并不能称为所谓的审判依据，而只是法官在处理案件时的参考，但是，在个别案件中，这种"参考性意见"的分量甚至能够左右法官的审判。这在土地改革的时候表现得异常明显。这里以土地改革时期的刑事司法实践为例展开讨论。

1951年到1952年，龙泉县开展了土地改革运动。土地改革时期的龙泉县刑事裁判文书，往往由被告人简历和罪状、群众意见、法庭判决这几部分组成。比如，对项立仁恶霸一案，群众的意见是：

---

① 陈洪杰：《人民如何司法：人民司法的政治哲学反思》，《华东政法大学学报》2015年第1期。

项立仁过去剥削压迫,解放后又主使其子项广叠勾结土匪残害我们,又利用各种办法,阻碍我们翻身,真该枪毙。

随后不久,法院便参考群众意见作出了判决:

恶霸地主项立仁,曾任国民党区分部组训委员,及直属区党部组训委员数年,其罪恶为上述,根据该犯罪恶及参酌群众意见,处有期徒刑十五年。①

这一时期,群众意见或多或少、或详细或简略地存在于裁判文书当中。征求群众意见也是土改时期刑事司法审判的必经步骤。比如,对陆道泉地主案的群众意见是:"陆道泉是龙泉有名的恶霸地主,群众对他恨之入髓,一致要求人民法庭依法严惩。"再比如在吴学尧地主一案中的群众意见是:"吴学尧屡次破坏人民政府,阻挠我们翻身,就要求人民法庭非严办他不可。"其余的案件中,群众意见大多则是"一致要求严惩不法地主"等字眼。

法官在审判中征求干部、群众的意见在实践中往往起到了两种作用。第一,它使得法官减轻了个人责任。利用干部、群众意见作出裁决可以减少法官办案所承受的风险,因为利用干部、群众的意见,尤其是利用群众的意见进行裁决为当时的政治生态、意识形态所推崇,这样的司法审判往往能在政治上获得有力的正当性。第二,利用群众意见裁决,往往能使群众对法官的处理结果满意,使法官能够获得社会舆论的支持(这在新中国成立初期显得极为重要)。这样做也有利于当事人理解案件的处理结果,有利于案件

---

① 项立仁恶霸案,卷宗号:(1951)龙法刑字第 00082 号,浙江省龙泉市法院藏。

的执行。

## （五）阶级出身的影响

在改革开放前龙泉的刑事案件审判中，阶级出身是案件审理时重要的参考，可以影响被告人的量刑标准。"地主""富农""贫下中农"等标签，反映了人们对革命与新政权的忠诚程度。比如1965 年的一份龙泉县人民法院的刑事判决书：

> 被告李水香，系富农分子，一贯抗拒改造，敌视社会主义制度。1964 年 7 月以来，民办小学教师张火盛揭发检举富农分子李水香的破坏行为，李犯恼羞成怒，怀恨在心，视张火盛为眼中钉。由于张火盛立场坚定，敌我分明，继续与李作斗争，李竟图谋报复，于 1964 年 10 月 5 日上午，打我民办教师张火盛头部四拳，腰部两拳，背部两拳，大脑轻度震荡，以致精神失常，至今未能恢复，后果十分严重，引起群众义愤。综上所述，本院认为，被告李水香，一贯坚持反动立场，抗拒改造，竟明目张胆地行凶报复，张被打成重伤，其手段毒辣，后果十分严重，为了进一步巩固人民民主专政，保障人民生命安全，据此，依照国家政策法律，特作判决如下：
>
> 判处被告李水香有期徒刑三年（刑期从 1965 年 1 月 27 日起至 1968 年 1 月 26 日止），负担张火盛全部医药费。①

----

① 李水香报复行凶案：卷宗号：(1965)龙法刑字第 00017 号，浙江省龙泉市档案局藏。

在该案中,龙泉法院是在考虑了被告人的阶级出身后进行判决的。在法院看来,新生政权是建立在无产阶级专政基础之上的,对被告人阶级出身的考察,能够使人们联想到此人过去对于革命是否有贡献,进而区分其是朋友,还是敌人。既然是朋友,就应当保障其利益;如果是敌人,就必须打击。如果一个人过去是忠诚于党的,他也就不可能在根本上背离于人民;即使他以后可能实施了犯罪,也是可以进行教育挽救的。比如,吴光有溺死幼童案:

判决书

原告:季文芳,男,29 岁,住龙泉瀑云乡炉斗村,富农成分。

被告:吴光有,男,18 岁,云和,贫农成分,不识字。

右列当事人因涉及溺死幼童一案本院判决如左:

主文

被告吴光有处有期徒刑五年。

事实

吴光有,云和县人,于一九四八年古历七月间因生活困难,跑到瀑云乡季文芳家牧牛为生,本年七月十四到寨下潭放牛,季文芳另一雇工之子翁家森也到该处溪里捉鱼(已捉有两条),吴即约翁家森到溪里洗澡,乘机将翁家森的头部按入水中毙命。吴为逃避罪责,将翁家森的衣服投入水中,回家亦未报告家森之父亲。在翁家森未淹死前,吴光有曾找算命测了一次字,最后断语是……吴即精神恍惚,并经常做恶梦,被飞机投炸弹炸掉等。吴是一个迷信青年,据群众反映,翁家森之死与其测字不无关系。

理　由

查吴光有出身贫农,无知青年,受封建迷信遗毒甚重,自测字后精神不安,夜间时作恶梦,此次溺死八岁幼童翁家森,其主要动机完全是受了封建迷信的遗毒(找替死鬼),应判处有期徒刑五年。①

这个案件发生在新中国成立后的土地改革期间,彼时,龙泉法院将主要精力放在了土地改革运动上,对于普通刑事案件并没太多的时间审理,并且本案的被告人不仅"精神有问题",而且解放之前是"出身贫农""无知青年",所以,最后判决结果定为有期徒刑五年。改革开放前的刑事审判,法院会根据案犯的身份有区别地进行审判,进而保护干部,宽大农民,严厉打击地富分子。阶级出身不仅反映了某人过去历史时期的所作所为,比如被告人可能担任过伪职等,而且也反映其现行行为,如是抵抗还是支持新政权的问题。被告人的"历史出身"与"现行行为"直接影响到了案件的审理结果。

总之,改革开放前龙泉刑事审判的依据是在特殊历史时期,根据社会转型、制度重构、巩固政权的迫切要求而产生的,具有特殊的时代背景。在这一时期的基层刑事司法实践中,政策被广泛地适用,也具有极高的权威性,以政策作为审判依据有利于把握刑事司法的政治方向,为完成特定的政治任务提供保障。不过,同时应该看到,政策具有极高的权威,导致法律不被重视;而高度形式化

---

① 吴光有溺死幼童案,卷宗号:(1950)龙法刑字第00036号,浙江省龙泉市法院藏。

的刑事程序更是难以适应改革开放前疾风骤雨一般的各种政治运动。为了配合政策的实施,法律附庸于政策,缺乏独立性,"由于已带上政策的情绪色彩,法律常常被扭曲变形,使法律失去本身的价值"①。

---

① 蔡定剑、刘丹:《从政策社会到法治社会——兼论政策对法制建设的消极影响》,《中外法学》1999 年第 2 期。

# 第四章 案件数量、案件类型、刑罚及上诉与复查

## 一 案件数量、案件类型、刑罚

"运动式治理"为中国共产党早期执政的一大特色。改革开放前,全国性、地方性或部门性的政治运动此起彼伏,令人印象深刻。从解放初期的土地改革运动、合作化运动到人民公社化运动再到"文化大革命",以阶级斗争为动力、以群众运动为主要表现形式的政治运动接连不断。在"以阶级斗争为纲"的运动式治理的策略下,中国共产党逐渐构建了"一元化"权力的高度集中的政治经济体制,形成了单向度的基层管制治理模式。这种治理模式以运动方式解决问题,对基层刑事司法产生了深远的影响。

### (一)刑事案件的数量

改革开放前,龙泉的犯罪形势深受政治运动的影响,如镇压反

革命运动、"三反""五反""反右""四清""文化大革命"等。如图4所示,1950年至1978年,龙泉法院审理的刑事案件数量呈现出明显的起伏波动,其中,在1958年达到顶峰,而每一次波动起伏的背后都有一些特殊的社会历史原因,刑事案件数量受社会政策和刑事政策影响也很大。改革开放前龙泉法院刑事案件的总体分类、罪名以及数量均能体现出这一时期革命与运动的特征。

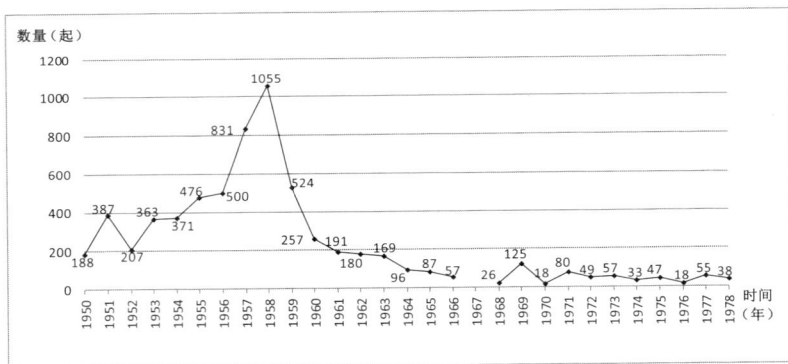

图4 1950—1978年龙泉法院刑事案件数量变化图①

新中国成立后,为了建立和巩固新政权,必须要坚决打击各种敌对力量。1951年,龙泉法院贯彻落实《关于镇压反革命活动的指示》与《惩治反革命条例》的规定,开展打击国民党残余势力与土匪、地主恶霸、反动党团骨干与反动会道门头子运动。运动中,被判处死刑、立即枪决执行的有50人,审结刑事案件387起。1952年,龙泉县开展"三反""五反"运动,龙泉法院共审结案件207起。此后至1957年,刑事案件受案数一直居高不下。

———————————

① 1967年案件数量缺失。

1957 年,受到"左"倾思想、反右派扩大化,以及"大跃进"运动的影响,龙泉法院的刑事审判工作一度出现偏差,扩大了打击范围。1958 年审结刑事案件 1 055 起,这是新中国成立以来,龙泉法院刑事案件审结最多的一年。1958 年出现犯罪高峰的原因,一方面,因在"三年自然灾害时期"人们迫于生存,侵犯财产性犯罪特别是盗窃罪明显增多;另一方面,特殊时期为了保证社会秩序,龙泉法院降低刑事立案标准,加强了打击力度。后者所起的作用可能更大。1959 年,龙泉法院贯彻执行中央提出的"少杀,少捕,管制也要比过去少"的"三少"政策,办案质量有所提高,刑事案件的数量开始下降。

1962 年至 1965 年,"左"的错误得到纠正,国民经济开始复苏,龙泉法院也学习贯彻全国第一次刑事审判工作会议精神,审判工作逐步恢复正常。特别是在 1964 年以后,龙泉法院认真贯彻执行依靠群众专政的方针,对有破坏活动的"四类分子"基本实行"一个不杀、大部不提"的政策,紧紧依靠群众来查清案件事实,并运用群众斗争的方式来制服罪犯,刑事案件的数量骤然下降,四年中仅审结刑事案件 532 起。

"文化大革命"开始以后,龙泉法院处于瘫痪状态,审结案件极少;由于工作停滞,真正的犯罪案件可能并未列入犯罪统计之中,造成数据缺失,使统计结果的准确性降低。这一时期,极"左"思潮泛滥,许多无辜的干部和群众被打成现行反革命,造成冤假错案的发生,许多普通刑事案件也被加上"反革命"的色彩,如"反革命强奸罪""反革命流氓罪""反革命盗窃罪"等等,社会主义法制遭到严重践踏。

## （二）案件类型

改革开放前,国家尚未制定刑法,龙泉法院在确定罪名、适用刑罚方面存在着混乱现象。总体来看,除了在 1950 年至 1952 年出现了大量不法地主、特务案件以外,龙泉法院将刑事犯罪分为反革命案件和普通刑事犯罪案件两类。

1. 反革命案件

阶级斗争哲学反映到刑事司法场域就是对犯罪分子实行专政,进行斗争。既然反革命分子是人民最凶恶、最危险的敌人,那么,无产阶级专政的锋芒首先应该指向反革命分子,而对于以杀人、抢劫、贪污、盗窃等手段为非作恶,严重破坏社会秩序的各种重大刑事犯罪分子,也必须实行专政。总之,"只有在坚决打击反革命活动的同时,也有力地打击重大刑事犯罪活动,使这两个方面的斗争互相结合起来,才能取得斗争的更大成效"①。对于反革命案件,这一时期龙泉法院经常出现的罪名有:阴谋颠覆政府、反革命集团、叛变及与敌特机关挂钩、反革命宣传煽动、组织利用会道门反革命活动、土匪、恶霸、不法地主、反革命杀人放火、反革命纵火、历史反革命、坏分子、反攻倒算、抗拒改造、现行反革命等。

龙泉解放后,为巩固新生的人民民主政权,法院配合镇压反革命、土地改革、"三反""五反"等运动,开展各项审判工作。按照对反革命罪犯必须实行镇压与宽大相结合的政策——首恶者必办、

---

① 鲁风:《对于我国过渡时期同犯罪斗争的性质与特点的探讨》,《政法研究》1963 年第 4 期。

胁从者不问、立功者受奖,审理反革命罪犯和其他重大刑事犯罪。反革命案件的审判是新中国成立初期至"文化大革命"时期人民法院主要的工作任务之一,图5为1950年至1978年龙泉法院审理的反革命案件数量变化情况,由此可以看到,反革命案件数量具有较大的波动性。

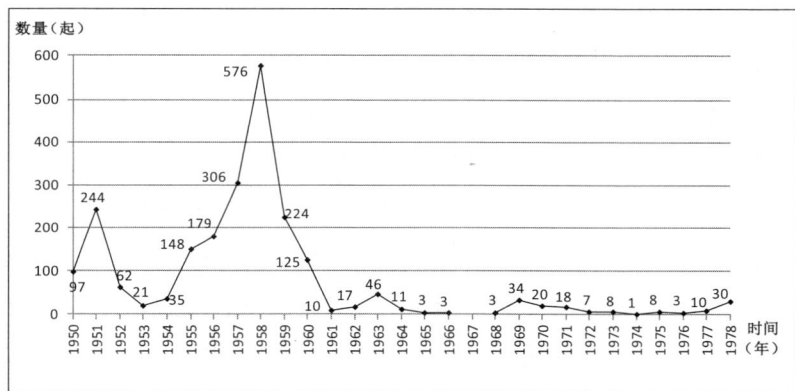

图5　1950—1978年龙泉法院反革命案件数量变化图

第一个高峰期:土地改革与镇压反革命时期。

1950年至1951年的龙泉法院,一般的刑事和民事案件并不多。在大量的案卷中,主要为土匪、特务、反革命、恶霸和不法地主等案件,这与当时的时代背景相吻合。这也表明,新中国成立初期的司法有着鲜明的为乡村革命保驾护航的特征①。这一时期,龙泉刑事审判工作的重点是打击反革命分子和地主恶霸、匪首、惯匪的反抗和破坏活动,保卫人民政权和土地改革。这一阶段的判决不

---

① 刘诗古:《"失序"下的"秩序":新中国成立初期土改中的司法实践——对鄱阳县"不法地主案"的解读与分析》,《近代史研究》2015年第6期。

仅量刑比较重,而且审判时间大多极短。

第二个高峰期:"大跃进"时期。

"大跃进"运动是中国为实现现代化而进行的一次尝试,它试图采取举国体制的方式,并以群策群力的手段迅速实现现代化的目标。1958 年至 1960 年,"大跃进"时期遍及全国的"浮夸风"背后所体现的是一种"宁左勿右"的政治行动逻辑。无论出于自愿或是无意识,基层刑事司法都在这样的逻辑指引下行动。

1957 年 8 月起,龙泉开展整风反右斗争,批判"旧法观念",1958 年,受"大跃进"运动影响,反革命案件的数量增加。当时,刑事诉讼工作也提出一些不切实际的口号,盲目多捕、多判、多管制,提出"苦战一年到三年,实现无反革命,无盗窃,无抢劫,无强奸"等口号。为了实现"四无"的目标,大搞搜捕、大搞集训,多捕、多判、多管制,企图用加剧阶级斗争的方法,在短时期内消灭一切"反革命"活动,将一般的刑事案件作为反革命案件,这导致反革命案件数量上升。

总之,从档案中我们看到,新中国成立后龙泉法院审判的反革命案件,主要集中于 20 世纪 50 年代初期与 50 年代后期。改革开放前,龙泉法院一直将反革命案件作为审判工作的重点。1951 年,配合土改与"镇反"运动,恶霸和不法地主案件审结数最多。对反革命案犯的处理,龙泉法院除依据《土地改革法》《惩治反革命条例》外,还执行"镇压与宽大相结合"的政策,把握反革命犯罪与其他刑事犯罪的界限,尤其对有血债、民愤大的反革命分子予以重处。20 世纪 50 年代后期,由于受"左"的思潮影响,龙泉法院在审理反革命案件中错判较多,至 1962 年大多进行了复查纠正。

2. 普通刑事案件

改革开放前，龙泉发生的普通刑事案件涉及以下罪名：强奸、伤害、拐卖妇女儿童、其他侵犯人身权利、放火投毒、破坏电力煤气与设备、交通肇事、重大责任事故、过失犯罪、烧山、破坏生产建设、抢劫、盗窃、诈骗、贪污、挪用公款、其他侵犯公私财产、伪造国家货币、偷税抗税、投机倒把、盗伐滥伐林木、玩忽职守、违法乱纪、卖淫、赌博、其他妨害社会秩序、暴力干涉婚姻自由、无理取闹、重婚、破坏军婚、买卖婚姻、虐待遗弃、逼死人命、杀婴堕胎、破坏牲畜、造谣破坏等。

从普通刑事案件类型上看，新中国成立后的龙泉法院经过一段时间的正规化建设，已经初步受到现代刑法体系的影响，建立了一整套案件类型体系。但是，这种体系并不是完备的。这种不完备性主要体现在三个方面。一是案件的类型划分不够严密，同一种类型的犯罪名称多样，呈现出新旧混杂、法律名词杂用的情况。如，妨害家庭与通奸、侵犯人权与伤害、调戏妇女与流氓等，虽前后两者均指同类型案件，但名称不同，其中还夹杂着概念的误用。二是案件类型特意突出具体的案犯身份与被侵害对象。比如在破坏案中，既有地主破坏、富农破坏，也有反革命破坏、坏分子破坏等，而在偷盗案中，则有偷羊、偷粮、偷盗林木等被盗窃对象的区别。三是案件类型不封闭，罪名与案件类型可以被创设或者改变，这给政治控制司法提供了机会，基层司法机关可以根据政治需要"发明"或改变罪名及刑罚。比如，将破坏案中的破坏农业社案定为反社会主义案，以凸显嫌疑人的反动性质。突出犯罪嫌疑人的身份与损害对象,也正好为打击阶级敌人,维护新政权建设提供了方便。

同时,通过分析档案,我们可大致看出此一时期公检法机关对普通刑事案件类型的基本认识。第一类案件为贪污、破坏山林、破坏生产、破坏粮食政策等案件,这一类案件均与党的政策有密切关系。因此,这些案件大多以党的政策作为审判的指导方针。第二类案件为偷盗公民财产、伤害、强奸等案件,这些案件政治性并不太强,法院审判受到政治的压力并不太大。综观改革开放前龙泉法院审理的普通刑事案件,盗窃罪案件数量最多,仅在1958年就达到151起;妨害婚姻家庭案件的数量居于其次。下面,对盗窃案件与妨害婚姻家庭案件进行讨论。

盗窃案件。1950年至1956年龙泉法院审判盗窃案144起,其中盗窃国家和集体财产的案件共84起,占盗窃案件的58.3%。1953年,龙泉对农业实行社会主义改造,在农村开展互助合作化运动。1955年法院审结盗窃合作社财产案件就有63起,法院在审理盗窃类案件时,依照《1956年到1967年全国农业发展纲要(草案)》和《农业生产合作社示范章程》及有关法律,惩办合作化中的盗窃分子,以保障和推动农业合作化运动的发展,促进生产资料所有制的社会主义改造。1957年后,盗窃案件大幅度上升,1958年一年审判盗窃案件151起,这主要是受"左"倾错误的影响,生产大幅度下降,人民生活困难致使盗窃案激增。"文化大革命"期间一共审结盗窃案件23起①。

---

① 浙江省龙泉市人民法院编:《龙泉法院志》,汉语大词典出版社1996年版,第73页。

妨害婚姻家庭案件。1950 年新中国颁布了第一部《婚姻法》，宣布废除封建婚姻旧制，在龙泉，重婚、纳妾、通奸等陋习也被废除。婚姻制度改革对普通民众的生活和社会发展产生了极大的影响。新中国成立初期，龙泉旧婚制遗留下来的社会问题明显，早婚、包办买卖婚姻、虐待妇女、干涉婚姻自由等现象普遍存在，龙泉对《婚姻法》实施过程中出现的刑事犯罪作出处理。不过，与其他地区强奸罪与重婚罪居多不同，龙泉发生的妨害婚姻家庭案件最多，主要包括抢亲、重婚、童养媳、强迫婚姻、买卖婚姻、妨害寡妇再嫁以及妨害成年男女自愿结婚等。龙泉法院依照党的政策和法律规定，打击破坏《婚姻法》贯彻执行的犯罪分子及其他刑事犯罪分子。1950 年至 1958 年，龙泉法院共审结妨害婚姻家庭案件 367 起，有力地推动了《婚姻法》的普及与落实。

## （三）刑罚

新中国建立初期，政治运动构成了社会活动的中心，政治话语当然取得了中心话语地位，巩固政权是国家的主要任务。政治目标、政治运动、政治忠诚乃至政治口号，成为区分人犯罪与否的主要标准甚至唯一标准，也成为刑事司法捍卫的首要任务。"敌人"与"人民"就成为关于人的政治与法律的基本两分法。顺理成章地，应当用对待"敌人"的方式对待反革命，死刑、无期徒刑往往成为刑罚的当然选择①。尽管这一时期刑事政策的基调是惩办与宽大相结合，

①　蔡道通：《建国初期的"敌人刑法"及其超越——兼评雅科布斯的"敌人刑法"》，《刑事法评论》2011 年第 1 期。

即"首恶者必办,胁从者不问,立功者受奖",但是以重刑惩治犯罪的目的十分明显,所以,重刑是此一时期龙泉刑事司法的主要特征。

在龙泉法院的实践中,重刑主义集中出现在 1951 年至 1952 年土地改革、镇压反革命以及 1958 年与 1960 年的"大跃进""整风整社""反右运动"时期。下面我们以死刑与五年以上不满十年徒刑为例展开讨论。

首先是死刑案件的数量。正如图 6 所示,尽管在 1952 年与 1955 年,龙泉法院也较为集中地出现过判处死刑的案件,但是,死刑的大量适用主要集中于 1951 年。这一年,一般的刑事和民事案件并不多见。在大量的案卷中,各类土匪、特务、反革命、恶霸和不法地主案出现得最多。在新旧法制交替和没有明确法律规范的环境下,法院对审判对象的选择和各类案犯刑期的判定,有着很大的随意性。大量的地主、不法地主、恶霸地主、恶霸在这一时期被消灭。这一时期的刑罚不仅量刑畸重,而且审判过程大多时间极短。比如不法地主吴多熙案,从案件启动到执行死刑只有十天。

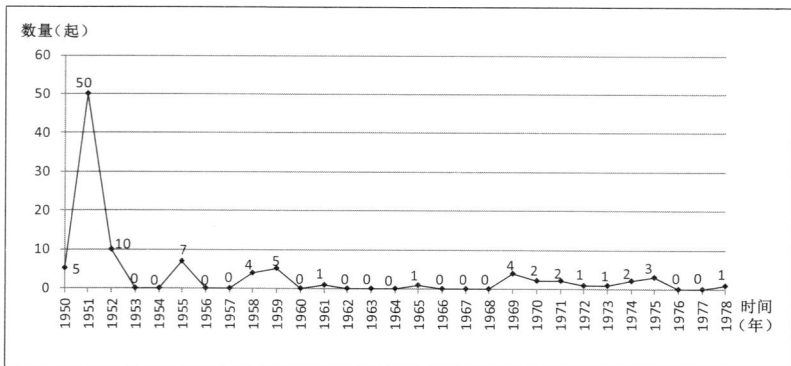

图 6　1950—1978 年龙泉法院死刑案件数量变化图

再以判处五年以上不满十年徒刑的案件为例说明。从图 7 中我们看到,1950 年至 1976 年,判处五年以上不满十年有期徒刑的案件也大多集中于土地改革、镇压反革命以及"大跃进"时期。其中,在 1958 年达到了 361 起之多。这一时期,龙泉农业生产"大跃进","人民公社化"急速推行,加上"反右""整风整社"运动进行,龙泉法院也提出了"政法建设大跃进"的口号,导致大量因对人民公社不满而发牢骚的人被判处五年以上不满十年的有期徒刑。

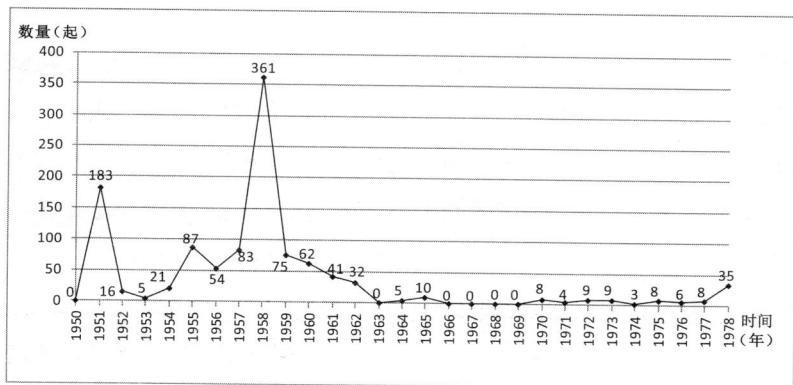

图 7 1950—1978 年龙泉法院五年以上不满十年徒刑案件数量变化图

## 二 上诉

新中国成立初期,为巩固新民主政权、打击国民党反动残余势力,龙泉法院审理的重大汉奸、特务、惯匪和反革命案件,一律不准上诉。但是对于一般刑事案件,不服第一审判决的自诉人、控诉人、被告人及其近亲属,可以提起上诉。当事人提起上诉,一般都需要提交上诉状,如其不会书写可口头上诉,由承办人员将上诉理由记录在卷。当事人提起上诉的法定期限分两种情况:不服一审判决的上诉期为十天,不服一审裁定的上诉期为五天。二审法院收到一审法院移送的上诉案卷后,或开庭审理,或书面审理。开庭审理的程序与一审程序相同。书面审理,一般由审判人员阅卷,如案件主要事实不清必须调查的,则派专人到原审法院调查;如案件涉及政策或者法律问题,则拟好详尽的调查提纲函托原审法院复查;如案情明确,则当即组成合议庭合议判决。

"上诉制度是正确审判案件的重要保证之一,实行上诉制度就是为了保证国家审判权的正确行使。"①如果当事人不服一审判决,可以向二审法院提起上诉。但是,改革开放前的一个基本事实是上诉率低。在我们对龙泉法院的上级法院——温州中院进行考察时发现:民事、刑事卷宗中记载的案件,上诉率大约只有 2%左右,且主要是民事案件,并且改判率极低。

这里以张兰芳反革命案为例作说明。该案经过上诉之后,温州市中级人民法院认为:

> 被告张兰芳解放前有严重的历史罪恶,解放后仍不悔罪而继续进行反革命活动,特别是混入我农业社煽动社员妄图反攻复辟,其情节是严重的,因此原审法院对被告张兰芳之判决是正确的。
>
> 本院特判决如下:维持原审判决,仍判处被告张兰芳管制三年(一九五九年六月二日起),被告人之上诉无理由,故予以

---

① 熊先觉:《保护刑事被告人的上诉权》,《政法研究》1956 年第 4 期。

驳回。本件为终审判决,不得再行上诉。①

我们认为,上诉率和改判率低的原因包括两个方面:其一,就制度层面来说,特定被告人的上诉权是被限制甚至是被剥夺的。在政治运动中,刑罚的矛头实际指向的是特定的反革命分子。比如,1950 年 7 月 21 日,政务院与最高人民法院发布的《关于镇压反革命活动的指示》就明确规定:"对重要反革命分子的处理,呈经中央人民政府主席批准作如下的原则指示……上述各项重要反革命分子之判决死刑者均不得上诉。"其二,受"坦白从宽,抗拒从严"政策的影响,当事人在很大程度上不敢提起上诉,否则可能被看作是"顽固不化""死性不改"的表现。而且,当事人也担心上级法院的改判会加重其刑罚。

## 三　复查

人民司法的基本思想路线是实事求是,这就要求基层法院必须坚持有错必纠的原则。正如董必武所说的,"判错了案就是对敌我关系和是非关系没闹清楚,就是政治问题"。改革开放前,龙泉法院按照"实事求是,有错必纠"的原则,除不定期受理已发生法律效力的民事、经济案件的申诉外,还按中共中央、最高人民法院和浙江省高级人民法院的指示,多次对已发生法律效力的刑事案件

---

① 张兰芳反革命案件,卷宗号:(1959)龙法刑字第 00121 号,浙江省龙泉市法院藏。

进行复查,纠正冤假错案。

第一次是在 1952 年司法改革中,对龙泉法院建立以来所审结的刑事、民事案件进行全面复查。新中国成立初期,龙泉县和全国一样连续开展了土地改革、"镇反""三反""五反"等运动,惩处了一大批反革命分子和普通刑事犯罪分子,为维护社会秩序和新政权的稳定发挥了重要作用。但由于主客观方面的诸多原因,少数已经生效的刑事判决和裁定确有错误,引起了一些群众的不满。针对这种情况,1953 年 4 月 7 日,中共中央发布《关于处理各级人民法院在过去时期所发生的错捕、错押、错判、错杀问题的指示》,龙泉法院遵照中共中央和省里的指示,与检察机关、公安机关配合,对案件进行了全面复查。

第二次是在 1956 年 7 月,中共中央发布《关于检查"镇反"工作的指示》,龙泉县公检法机关在县委领导下,分别组织了清案小组,按照党中央提出的"有反必肃,有错必纠"的方针,对 1955 年以来的"镇反"工作进行了全面复查。通过这次复查,龙泉法院总结出错案产生的主要原因是部分办案人员作风不良,不注意区分"反动"与"落后"、"现行"与"历史"、"已处理"与"未处理"的政策界限,对已处理的案件又重新捕判、轻罪重判的情况较为突出。这次复查在总结经验教训的基础上对错判的案件进行了改判,改正了"肃反"扩大化的错误,体现了"有错必纠"的方针。

第三次是在 1961 年至 1962 年,开展对"大跃进"时期案件的复查。20 世纪 50 年代后期,龙泉县在"左"倾错误思想指导下,超越生产力发展水平,脱离社会主义发展规律,掀起"大跃进"和人民公社化运动,同时又错误地开展了"反右倾"斗争。在这一系列的运动中,出现了一些视友为敌、轻罪重判的案件。为了及时检查、纠正错判案件,龙泉法院在县委清案小组的领导下,对1958年以来所判处的刑事案件进行了全面复查。经复查,纠正了"破坏人民公社""破坏大炼钢铁""破坏畜牧业"等错误案件。

复查是龙泉法院主动启动的纠错程序(直接原因大多是上级的指示),一般发生在政治运动后期或者政治运动结束后,具有短暂性、运动性与选择性等特征。短暂性与运动性不难理解,而选择性则是指复查主要针对政治运动中的某一特定类型的案件所展开。比如,"大跃进"运动后的1961年,龙泉法院贯彻浙江省第十次司法工作会议精神,开始纠正人民公社化运动中的错误做法,抽查了1958年至1960年法院办理的破坏人民公社、破坏工农业生产和混淆"两类矛盾"的案件。1962年,龙泉县再次对刑事案件进行复查,大量因言获罪的案件得以纠正①。比如王春明破坏生产一案,该案1959年的原审判决认为:

> 被告系富农分子,解放前收租剥削,解放后不思悔改,消极对抗,破坏改造和粮食征收任务。为了保障社会主义生产建设顺利进行,保卫生产不受破坏,为此依照国家法律,判处被告王春明管制三年(管制期自一九五九年十一月十二日至一九六二年十一月十一日止)。②

后该案得以复查平反:

---

① 浙江省龙泉市人民法院编:《龙泉法院志》,汉语大词典出版社1996年版,第11页。

② 王春明破坏生产案,卷宗号:(1959)龙法刑字第00283号,浙江省龙泉市法院藏。

原审被告人王春明,男,判刑时四十一岁,汉族,农民,浙江省龙泉县人,住本县茶丰乡石隆村。(1959)龙法刑字第00283号判决以破坏生产罪判处王春明管制三年。本院工作中发现该案有错,经院长提交审判委员会研究决定,依法另行组成合议庭再审。

原审以王春明解放后消极生产、言论不当等被判处管制三年。本院复查认为,王春明的言论不构成犯罪,原判不当,应予纠正。据此,特改判如下:

一、撤销(1959)龙法刑字第00283号判决。

二、对王春明宣告无罪。

改革开放后,在1980年至1988年期间,龙泉法院设立了申诉复查办公室,复查了1965年以前和1977年以后的各类刑事案件673起(包括本人或亲属、有关单位及其他有关人员要求复查,法院在工作中发现有错主动予以复查两种情形)。复查及处理结果是:维持原判281起、改判392起;涉及401人,其中减刑的39人,不予追究刑事责任的185人,宣告无罪的177人。在复查、纠正冤假错案的同时,龙泉法院还积极地做了大量善后工作。在党的十三大召开之前,龙泉法院完成了"一个重点,两个余留"(一个"重点"即落实政策为重点,两个"余留"即解决好"文化大革命"期间判处的刑事案件复查中的余留问题和落实统战政策工作中的余留问题)的申诉复查任务。

比如,对发生在1959年的周长海反革命案,周长海之子周根金于1978年提出申诉。龙泉法院复查认为,周长海于1959年说了一些错话,被认定为参加组织反革命集团,判处管制四年的判决是错误的，根据党"实事求是，有错必纠"的原则，作了如下改判：

　　一、撤销（1959）龙法刑字第 00178 号判决书。

　　二、如不服本判决，可于接到判决书的第二天起十天内向本院提交上诉状及副本，上诉于丽水地区中级人民法院。①

　　龙泉法院于 1988 年撤销了申诉复查办公室，设立申诉告诉庭。通过对案件的复查纠错，特别是通过 1978 年至 1988 年历时十年的申诉复查，龙泉法院基本完成了对全县冤假错案的平反，解决了历史遗留问题，使一批在新中国成立后各项政治运动，尤其是在"文化大革命"中蒙冤受屈的干部群众及起义、投诚人员得以平反昭雪，使一些轻罪重判的案件得以改判纠正。

---

① 周长海反革命案，卷宗号：（1959）龙法刑字第 00178 号，浙江省龙泉市法院藏。

# 第五章 刑事和解：作为"人民内部矛盾"的教育改造

新中国成立初期，法院的根本任务是镇压敌人，解决敌我之间的矛盾，同时还肩负着解决人民内部矛盾，教育人民群众的任务。具体而言，司法机关的一项重要的政治任务就是改造社会与政治动员，动员广大人民群众积极投身于社会主义建设，增强对共产党的认同感。面对这样的政治任务，司法机关必须正确区分人民内部矛盾和敌我矛盾，并针对不同性质的矛盾采取不同的处理方式，从而发挥法院所具有的政治功能。就人民内部矛盾而言，主要采取"团结—批评—团结"的民主方式①，在法律形式上表现为刑事和解制度。

一般认为，中国共产党的法律传统形成于陕甘宁边区政府时期，新中国成立初期的刑事和解制度也脱胎于陕甘宁边区政府时期。新中国成立初期的刑事和解制度与传统调解制度不同，主要区别在于前者更强调改造社会的政治功能。调解人由政治上的积极分子代替了宗族长老、乡村族绅，调解的标准由党的政策法规代

---

① 郑智航：《调解兴衰与当代中国法院政治功能的变迁——以〈最高人民法院工作报告〉(1981年—2010年)为对象》，《法学论坛》2012年第4期。

替了儒家理论。新中国成立初期,刑事和解的目的不仅是减少民间讼累,更在于促进生产发展,稳定社会秩序,增强人民内部的团结,从而树立社会主义新风尚。

龙泉法院建立初期,就十分重视刑事和解制度,形成了两种调解模式——法院调解与人民调解。就法院调解而言,由于这一时期成文法缺失、司法人员稀缺及人民法院功能定位不明等原因,法院调解是处理民事案件与轻微刑事案件的首选。就人民调解而言,这一时期,传统的纠纷解决模式成功完成了创造性转化,成为具有社会主义特色的人民调解制度。在相当长的一段时间里,龙泉将法院调解与人民调解结合使用。在1951年10月,龙泉法院开始进行司法改革运动时,即着手成立了调解委员会,并对调解人员进行培训。1952年11月,全县各乡镇普遍成立了调解委员会,各村成立了调解小组,积极开展调解工作。1956年,在78个高级农业合作社成立了调解小组。

# 一　"两类矛盾"出台前的刑事和解

新中国成立初期,对待人民内部的轻微刑事案件,龙泉法院采取"批评、教育、团结"的策略。这一时期,除审判以外,县法院还承担了许多行政性工作。由于大众法律意识淡薄,加上国家机关本身性质混同,群众往往把法院当作"政府"来看待。龙泉县多发赌博、斗殴等轻微刑事案件,犯罪嫌疑人通常由干部、群众、被害人扭送至法院。而且,公社、生产队往往会出具这类刑事案件的介绍信,并对案件给出比较具体的处理意见。为了"广泛地团结人民群众,孤立和分化敌人",加之政权初立、成文法缺失,1950 年 4 月 26 日,浙江省人民政府以训令的形式颁布《浙江省区乡政府调解民刑案件暂行办法》,对少数"人民内部"的轻微刑事案件的刑事和解问题作出具体规定。该文件由总则、组织、调解范围、调解程序与附则五章组成:

　　第一章　总则

　　第一条　为求民间纠纷事件,便于就地了解情况,及时解决,减少讼累,以利生产团结,特制定本办法。凡本省各区乡政府调解民刑案件,均适用之。

　　第二条　调解民刑案件,应以中国政治协商会议共同纲领与县以上人民政府所颁布或核定的法律、条例、命令、决议及新民主主义的政策为依据,结合实际具体情况,灵活适用。

　　第三条　调解民刑案件,应根据当地发展条件,积极助长社会风气,不得迁就落后习惯。

　　第四条　区乡政府规定范围内的民刑案件,均可进行调解,但并非诉讼必经程序。

　　第五条　当事人在同一乡者,由乡调解委员会调解为原则,不在同一乡者,由区调解委员会调解之。

　　第二章　组织

　　第六条　区乡政府应设立调解委员会,以七人或九人组成之;除区乡长及区司法助理员为当然委员外,余由工会、农民协会、妇女协会、青联、青年团等人民团体选出之,并以区乡长为主任委员。

　　　　…………

第三章　调解范围

第九条　区乡政府调解委员会受理民刑案件，只有调解权限，没有裁判权。

第十条　区乡政府调解委员会对每一起民事案件，均得进行调解，但不得违反新民主主义的社会制度，及法律上的强制规定。

第十一条　刑事案件，除侵犯或危害国家社会治安、公共财产及损害人民合法性权益较重者外，对左列案件，亦得进行调解。

一、轻微伤害

二、妨害自由情节较轻者

三、和奸和诱或猥亵

四、遗弃

五、妨害名誉信用

六、普通侵占

七、普通窃盗

八、欺诈背信情节轻微者

九、毁损情节较轻者

第十二条　前条各款案件，其主犯有下列情形之一者，仍不得进行调解。

一、其犯罪行为处于反常的利欲及其他卑鄙心术者。

二、一贯压迫劳动人民或残酷迫害幼弱而孤立无援者。

三、累犯或恶习甚深者。

……………

从内容上看,《浙江省区乡政府调解民刑案件暂行办法》与1943 年 6 月 11 日颁布的《陕甘宁边区民刑事件调解条例》有不少相似之处①。《浙江省区乡政府调解民刑案件暂行办法》的制定环境与陕甘宁边区政府时期相似,皆面临着成文法严重缺失、司法人才缺乏、司法资源极端匮乏的困难。因此,国家在对待刑事和解这一传统命题时均持实用主义态度,对刑事和解进行了保留、改造与鼓励②。

据统计,从 1950 年到 1951 年,龙泉法院审理的案件以刑事案件为主,且刑事案件中涉及到政治因素的犯罪也大大超过社会性犯罪,其中地主、特务、反革命等案件相对较多③。当时,司法系统重点关注的问题是如何集中精力,准确、及时、有效地打击汉奸、特务、反革命等政治性犯罪,而对于人民内部的讼争、轻微刑事案件的关注则较少。尚处于初创阶段的龙泉法院参与社会治理的主要任务就是充分利用稀缺资源,将正规的司法力量调配到正在进行的土改运动与"镇反"运动中。所以,对于轻微的刑事案件,法院采取以批评教育的方式和解结案。

---

① 1943 年 6 月,陕甘宁边区政府发布命令,颁布首个调解法规——《陕甘宁边区民刑事件调解条例》,要求"各级干部特别是司法干部,应详细研究,耐心执行,以达减少诉讼,增进人民福利之目的"。《陕甘宁边区民刑事件调解条例》排除了对"危害国家和社会利益的犯罪、故意杀人及掳人勒赎等严重侵害个人利益的犯罪,以及习惯性犯罪的调解",而将刑事案件的调解,严格限制和控制在非严重侵害个人利益犯罪的范围内。

② Stanley Lubman, *Mao and Mediation*: *Politics and Dispute Resolution in Communist China*, California Law Review Vol.55, No.5, 1967, pp.1284-1359.

③ 侯欣一:《从司法为民到人民司法——陕甘宁边区大众化司法制度研究》,中国政法大学出版社 2007 年版,第 209 页。

## 二 "两类矛盾"下的批评与改造

1957 年,毛泽东"两类矛盾"的提出,对龙泉法院此后二十年的审判工作产生了深远影响,刑事和解几乎被教育、劳动改造所取代。"人是可以改造的"思想构成了犯罪改造的逻辑起点。改革开放前,国家对刑事案件倾向于采取重刑主义,对于是否一切刑事犯罪都算敌我矛盾、一切犯罪分子都应被看作专政对象这些问题,刑法理论研究领域曾发生过一场激烈的论争①。

论争后形成的一个基本共识是,无产阶级专政的锋芒应始终

① 相关争论见邓平:《一切刑事犯罪是否都算作敌我矛盾? 是否都看作专政对象? 绝不可把人民中间的犯法分子都当作专政对象》,《政法研究》1958 年第 3 期;于铁民:《对各种刑事犯罪分子必须实行专政,必须看作敌我矛盾》,《政法研究》1958 年第 3 期;高明宇:《可以用专政的方法处理人民内部的犯罪分子》,《政法研究》1958 年第 3 期;彭康、胡曲园、李佐长、周谷城、刘佛年、徐怀启、胡少鸣、傅季重、高呈祥、漆琪生、濮之珍、束世澂、汪旭庄、全增嘏、苏绍智、丁忱:《关于两类社会矛盾问题的座谈》,《学术月刊》1958 年第 4 期;杨一平:《两类矛盾学说对刑法科学的指导意义》,《政法研究》1958 年第 7 期;罗素全:《关于犯罪的矛盾性质的商讨》,《政法研究》1958 年第 7 期;王义昇、杨一平、刘可元:《从两类社会矛盾看犯罪的矛盾性质》,《政法研究》1958 年第 5 期;赖传祥:《不能说一切刑事犯罪是敌我矛盾的性质》,《法学》1958 年第 9 期;杨达群、沈关生:《在刑事案件中如何区分两类矛盾的意见》,《人民司法》1959 年第 9 期;何鹏、高格、张中庸、张润礼:《毛主席关于两类矛盾的学说对政法工作的伟大指导意义》,《吉林大学人文科学学报》1960 年第 3 期;曹子丹:《谈谈犯罪和阶级斗争的关系》,《政法研究》1964 年第 1 期;郝晋卿、吴建璠:《在政法工作中如何严格区分两类矛盾和两种处理矛盾的方法》,《政法研究》1963 年第 2 期;邢沈、杨殿升:《关于依靠群众,加强对敌专政问题的学习体会》,《政法研究》1964 年第 3 期;马炎:《在办案中正确区分和处理两类不同性质矛盾问题的体会》,《政法研究》1965 年第 2 期。

指向具有敌我矛盾性质的犯罪活动,而对人民内部的犯罪分子,大多应采取说服教育的方式,这与对敌人的专政有着原则性的区别。因此,在对人民内部少数人实施法律制裁时应做到恰如其分,否则,既达不到教育本人的目的,也达不到教育群众的目的①。自1957年开始,分清两种矛盾、采取不同的处理方式就成了龙泉法院工作报告中经常提到的内容。人民内部矛盾的提出是为了提倡说服教育的处理方式,它有别于对敌人实行专政的方式。下面是1957年龙泉法院审理的一个案例:

审判笔录

问季岩钦:你为什么打人?

答:在本月十二日,因做衣服,她骂我吃粪,因徐良娥衣服做不好,说我和徐良娥的坏话……我才打她,打了两巴掌。

问:你为什么要打她?

答:我因思想一时暴躁才打她,我打她是不对的,我犯错误了,只有由上级政府来处理我。

问:徐良娥为什么打她?

答:徐良娥打她我是不知道的,我在第二天早上才知道徐良娥打她,怎样打起来我不知道。

问:是否因你而起?

答:当然有关系,徐才会打人,没有我是不会打的。

问:你对徐关系怎样的?

---

① 郝晋卿、吴建璠:《在政法工作中如何严格区分两类矛盾和两种处理矛盾的方法》,《政法研究》1963年第2期。

答:……我经常去她家,外边人认为我对徐很好……

问:你认识怎样? 以及反思?

答:我认识到打人是不对的,以及我保证不打人,不犯错误。其他怎么关系,我是没有的。

**在经过法院一番教育以后,法官命令季岩钦与徐良娥写下悔过书:**

悔过书

因我这次脑筋一时间紊乱,殴打陈马秀犯了错误,影响了生产社的关系,现在经过了人民政府宽大处理,由党的领导关怀我的生活,我今后保证不打人,向社员们检讨自己的错误,嗣后如有发生错误,愿受政府处理,具悔过是实。

具悔过人:季岩钦

悔过书

悔过人徐良娥,因前日在自村门口与工友陈马秀发生打架一场,但因本人一时之气打人实属错误,在目下政府了事悔改,以后决不再敢动手打人骂人,特立悔过书为据。

立悔过书人:徐良娥

**然后,法院作出了简短的调解笔录:**

龙泉县人民法院道泰人民法庭调解笔录

申请人:陈马秀,女,40 岁,龙泉县道泰服装厂

被申请人:徐良娥,女,40 岁,龙泉县道泰服装厂

季岩钦,男,43 岁,龙泉县道泰服装厂

案由：打架

调解结果：

双方调解自愿成立。

原告人与被告人打架之医药费由被告人负责，季岩钦负担二十元，徐良娥负担五元（限下星期即十月七日时付清）。

服装厂社员令被告人在社员大会上检讨。

以上笔录双方遵照执行。①

新中国成立后，龙泉法院对刑事案件所采取的批评教育方式，与民国时期的刑事和解存在着本质的区别。此一时期的和解结案与其说是当事人之间的和解，倒不如说是对当事人的"挽救与改造"。在人民内部贯彻"和"的原则，对人民内部的违法分子，通过教育达到改造的目的，从而维护社会秩序，增强人民内部的团结。并且，从案件类型上来说，这些案件大多都是轻微或者普通的刑事案件，它们难以与党的中心工作挂钩，直接由法院出面批评教育即可。

当然，在人民内部开展批评教育，"所发挥的不仅仅是社会控制的功用，还有规训和再造新人的作用"②。在对人民实行"挽救教育"的过程中承载的意识形态观念，体现出司法在发挥政治功能、配合中心工作、动员宣传上的作用，而"进步""翻身""群众""新中国"之类的意识形态话语的引入与运用，使中国共产党重构乡村的

---

① 季岩钦、徐良娥打架案，卷宗号：(1957)龙道刑字第 00029 号，浙江省龙泉市法院藏。

② 应星：《村庄审判史中的道德与政治：1951—1976 年中国西南一个山村的故事》，知识产权出版社 2009 年版，第 3 页。

理想成为了现实。在这一过程中,提高群众的政治觉悟和政治素质成为了关键。在新政权对旧式传统思想进行涤荡的同时,新式的革命思想也伴随着群众运动进入了乡村政治生活中。此时的司法机关不仅要解决纠纷、维护社会稳定,更需承担政治功能,要与党的政策、方针、路线保持一致。比如,徐宝金、翁仪云打架一案:

悔过书

　　我于本年四月间与翁仪云打架事件,因思想落后侵犯了他人人身。现经政府教育,认识以前错误,保证今后不敢再犯,愿受政府依法严厉制裁。特此悔过。①

再比如发生在 1950 年的季孝水偷窃公粮一案:

　　偷窃公粮危害国家财物,本应科以重刑,惟念季孝水系劳动人民,过去也没有做过贼。此次偷窃纯为出于生活,尚无政治意图。本院寓教育于惩治,藉教育改造为主,使其知劳动光荣,寄生偷窃为耻。②

　　新中国成立后,司法服务于党改造社会、治理社会的政治要求,成为中国共产党进行意识形态教育,宣传政治主张的主要渠道。在上述案件中,我们看到了法院对被告人进行批评教育、改造新人的努力。基于这一过程,劳动教养成为解决人民内部矛盾的一种主要方式,也"促使犯人抛弃反动立场与旧的恶习,脱胎换骨

---

　　①　徐宝金、翁仪云打架案,卷宗号:(1957)龙道刑字第 00111 号,浙江省龙泉市法院藏。
　　②　季孝水偷窃公粮案,卷宗号:(1950)龙法刑字第 00026 号,浙江省龙泉市法院藏。

重新做人,把无用的社会渣滓改造成对社会主义有用的人"①。

实践中,对待接受批评教育的人,龙泉一般实行政府管制、群众监督、劳动生产和教育改造相结合的方针。通过调查登记、分批审查、划分类型(即悔悟、一般或反动),定期召开训示会、座谈会,对其反复进行引导教育,对少量坚持反革命立场者重点布置监督控制措施,对屡教不改仍进行破坏活动者迅速上报并按情节惩处,对漏管或被管制分子中的真诚悔悟者报县公安局,对其作出缩短管制期限或撤销管制的决定。

1952年,龙泉公安机关根据中央人民政府政务院公安部颁布的《管制反革命分子暂行条例》,对不够关、杀的反革命特务分子、反动党团骨干分子、反动会道门头子、坚持反动立场的地主富农分子、坚持反动立场的国民党及日伪军政官吏和其他管制的分子,依法进行管制,迫使他们遵守人民政府的各种法令和规定,接受人民群众的监督和教育,进而放弃反动立场,在劳动中改造自新。

这一时期,对"四类分子"的监督、教育、改造值得讨论。1956年春,根据《1956年到1967年全国农业发展纲要(草案)》的有关规定,结合普选工作,龙泉对全县没有入社的地主、富农、反革命分子、坏分子(简称"四类分子"),组织群众进行评审,规划入社。其中,对老实守法、表现好的吸收入社,作为社员,并给予公民权;对表现一般的,批准入社,作为候补社员,但没有公民权;对坚持反动立场的,放在群众中监督改造。对"四类分子"的监督改造,主要在

---

① 曾庆敏:《我国劳动改造机关是人民民主专政的武器》,《政法研究》1960年第2期。

基层单位由群众监督进行。除被人民法院依法判处管制者外，农村人口中的"四类分子"均由农村基层单位群众提名，经公社政府研究后，报经县公安机关审查批准，由县公安机关下达管制通知书并当众公布。机关、学校、厂矿企业等单位中的"四类分子"均由各有关单位提名，公安机关复核后，由县人民政府下达管制决定，由基层单位治保组织保卫干部和积极分子组成"监改小组"，对"四类分子"采取"十好夹一坏"（十个好人夹一个坏人）和"三包一保证"（即包思想教育、包生产劳动、包生活安排，保证不再发生违法行为和破坏活动）的方法进行监督改造。还对"四类分子"逐个实行月考核、季评比、年升降的考核制度，按其罪恶和悔悟表现，提出处理意见。对劳动改造有成绩、悔悟真诚者，及时进行评审，缩短其管制期限或撤销管制，摘掉帽子；对改造不好者则延长管制期限①。

从国家政策来看，对"四类分子"的监督和改造是并行的。国家强调对"四类分子"进行监督控制，但目的并不是对其进行肉体消灭，而是要改造其剥削穷人的思想意识，防止其通过破坏活动来反抗国家的控制。所以，国家同时也强调对"四类分子"进行教育改造，但"四类分子"是社会的底层是不争的事实。由于国家的授权且缺乏相应的约束机制，当时广泛存在的暴力文化得以延续，基层对"四类分

---

①　1979 年 1 月 29 日，中共中央作出《关于地主、富农分子摘帽问题和地、富子女成分问题的决定》。决定指出，除了极少数坚持反动立场、至今还没有改造好的以外，凡是多年来遵守政府法令、老实劳动、不做坏事的地主、富农分子以及反、坏分子，经过群众评审，县革命委员会批准，一律摘掉帽子，给予农村人民公社社员的待遇。地主、富农家庭出身的农村人民公社社员，成分一律定为公社社员，享有同其他社员一样的待遇。今后，他们在入学、招工、参军、入团、入党和分配工作等方面，主要应看本人的政治表现，不得歧视。中共十一届三中全会以后，根据党的政策，对在"文化大革命"中受到错误处理的"四类分子"均予以纠正。

子"更多的是压制约束,而非正面的教育引导。贫下中农出身的村民不仅在社会地位上感到优越,而且还有监督管制"四类分子"的权力。在实际运作中,阶级成分的划分、阶级斗争的强化形成了牢固的等级体制,对"四类分子"的监督控制要远远多过柔性的教育改造。

此后,伴随着运动的进行,敌我矛盾与人民内部矛盾出现混淆。诚然,在"两类矛盾"指导下的刑事司法工作认为,对敌要"狠",对内要"和",才能使刑罚狠狠地打击敌人和惩罚犯罪,然而,刑事案件中究竟应当怎样区分两类不同性质的矛盾呢?区分的标准是什么?在政法工作实践中,严格区分两类社会矛盾和处理两种矛盾的方法,是一个"相当复杂的问题",阶级斗争的形势多变而复杂,导致刑事司法在区分"两类矛盾"时也变得困难起来。正如刘少奇曾批评的:"混淆两类不同性质的矛盾,主要是误我为敌,打击面过宽。就是说随随便便,马马虎虎,没有把两类不同性质的矛盾清楚地、严格地、细致地区分开来。"①加上矛盾的相互转化,敌我斗争形势的变化,使得教育改造工作在实践中多有起伏,由此造成这一时期龙泉法院刑事和解案件的数量出现巨大波动。

## 三　改革开放前刑事和解的特征与功能

新中国成立初期的刑事和解制度,其作用不仅在于使双方当事人达成一致意见,解决纠纷,更重要的是满足新政权改造社会的

---

① 刘少奇:《刘少奇选集》(下卷),人民出版社 1985 年版,第 450 页。

需要,所以它在调解主体、调解依据与功能上与以往的刑事和解有比较大的区别。

## (一)调解的主体:法院与政治上的积极分子

上文提到,新中国成立初期的刑事和解分为法院调解与人民调解两部分。相应地,刑事和解的主体分为法官与政治上的积极分子两大类。就人民调解部分来看,如果说民国时期的民间调解是由家族亲友或者基层社会中拥有声望的人士来担任调解者,那么,改革开放前人民调解的主体则主要是有政治身份、地位较高的政治积极分子或者干部。

在司法改革运动之后,一批政治上可靠、立场上坚定的干部或工农群众被选调出来担任调解人。龙泉县的人民调解组织,"多是由工人、贫下中农老党员及一部分热心于调解工作,并在群众中有较高威信的青年组成,其中妇女占据了相当部分。绝大多数人立场坚定,爱憎分明,关心国家和集体利益,热心为群众服务,遇到纠纷,能认真负责、耐心细致地做好化解工作"[1]。他们基于共产主义信仰,更重视政治教化,拥有权威性,集说服与制裁于一身,因此,调解的效果更好。

## (二)刑事和解的依据:政策法令

在传统中国,息事宁人、和谐相处的理想社会备受推崇,所以,

---

[1]　浙江省龙泉市人民法院编:《龙泉法院志》,汉语大词典出版社 1999 年版,第 123 页。

传统刑事和解的思想基础是"无讼观"。我国改革开放前的刑事和解有着浓厚的政治化色彩,它既是中国共产党动员群众改造旧社会的工具,又是党领导司法、落实群众路线的重要组成部分。所以,刑事和解的一个重要原则就是遵循国家的政策法令,"无原则的和事佬"是被反对的。调解人必须遵循党的政策法令,结合案件事实调解纠纷,以增进团结。以龙泉县 1957 年发生的徐贤军、徐礼和盗窃杉木一案为例,经过法官批评之后,被告人徐贤军写下了保证书:

保证书

　　近因个人自私自利,造房砍了人家的坟树十三株。经教育后,认识到这是损人利己的自私而非法的不道德之行为,除今后保证改正外,并赔偿价人民币八十元。以上如有做不到或再犯,愿受政府从严惩处。

具保证人:徐贤军①

在本案中,被告人徐贤军认识到自己的盗窃行为是"损人利己、不法与自私"的,调解后,他立志脱胎换骨,重新做人。于是,调解成为了改造旧思想、教育新人的工具。它既是"教育团结"的重要手段,又是承担政治任务的"斗争利器",用以破除"旧思想",扫除"不良政治立场",将犯罪分子改造成对新中国有用的人。

## (三)刑事和解的功能:动员民众,改造社会

我国改革开放前的基层司法在批判旧法统、改变旧作风的同

---

① 徐贤军、徐礼和盗窃杉木案,(1957)龙八刑字第 00034 号,浙江省龙泉市法院藏。

时，也在群众心中树立了新形象，即打击敌人、保护人民。在刑事和解过程中，干部同群众积极互动，在弄清案件事实与吸收群众观点的同时，也向群众传递了中国共产党的意识形态，以此教育民众。在法庭刑事和解时，由审判人员召集双方当事人参加，并组织其学习党的政策、方针和法律，促使他们认识错误，改变思想，从而顺利地解决纠纷。所以，刑事和解工作的一个目的就是教育群众，即通过改造旧人，剔除旧思想，把他们改造成自食其力的劳动者和社会主义新人。不过，伴随着阶级斗争的扩大化，尽管被改造者也努力上进以争取村庄干部的庇护，扩展自己的生存空间，但终究无法摆脱失去权利和被压抑歧视的命运，他们及其子女的生命财产等各项权利长期得不到保障。新中国通过对"四类分子"的处理，起到了团结贫下中农，巩固新生的人民政权，有效控制乡村社会的作用，但也在一定程度上造成了社会政治关系的高度紧张。

# 小　结

对 1949 年以后毛泽东时代的乡村结构,学者们曾尝试过用不同的概念进行把握,比如孙立平的"总体性社会"[1]、于建嵘的"集权式乡村动员体制"[2]、董磊明的"覆盖型模式"[3]等等。这些模式的共同之处是指出了合作化运动以及人民公社时期国家对乡村的全面控制。在这一时期,国家政治力量对乡村社会的控制达到了顶峰。一方面,国家通过人民公社对乡村社会进行政治管理、经济发展与意识形态控制;另一方面,人民公社对乡村社会的强势控制,挤占了乡村自发秩序的存续空间,乡村社会的传统性权威被体制性权威所替代。在凝固化的社会结构背后,基层社会失去了最低限度的自我组织能力与自治权,国家以强制的方式改变了基层的社会结构。在此基础上,国家实现了对乡村社会的权力重组,将国家政权直接延伸到了村庄内部。中国共产党的政治整合打破了

[1]　孙立平:《中国近代史上的政治衰败过程及其对现代化的影响》,《社会学研究》1992 年第 2 期。

[2]　于建嵘:《新时期中国乡村政治的基础和发展方向》,《中国农业观察》2002 年第 1 期。

[3]　董磊明:《宋村的调解:巨变时代的权威与秩序》,法律出版社 2008 年版。

传统国家所依赖的文化基础和社会联系,清代、民国时期在乡村纠纷调解中担任重要角色的家族、乡绅等力量退出历史舞台,农村社会内部的关系结构得以重塑。

改革开放前,龙泉基层刑事司法经历了长时间的探索,其组织形式与运作流程也有过调整与反复。这一过程既反映了国家治理理念与现实对接的碰撞,也是执政党在国家与基层之间建立有效联系的探索。新中国建立初期,新政权对政法工作的领导,深刻影响了此后中国司法制度的运行逻辑和整体风格,并形成了独具中国特色的"治理型司法"。一方面,为保卫新生政权、巩固社会秩序,新政权自上而下地发动了以废除"六法全书"等为主要内容的法律革命,实现了法律的"破旧"。另一方面,通过转变司法理念、审判立场、审理方式,新型的刑事司法模式得以正式确立,群众路线贯彻至刑事诉讼的过程中,法院以"阶级出身"为纠纷解决的标准,利用"广场化"的司法效应,使得刑事诉讼流程朝压制型方向发展。此后司法制度的曲折发展历程也表明,我国改革开放前所形成的"治理型司法"在权力技术上尚停留在初步探索的阶段,有待进一步精细化。

# 一 刑事司法场域内部:国家本位主义

改革开放前,我国刑事司法的目的与任务就是保护国家的整体利益。其最明显的特点就是以国家利益为出发点而限制公民自由,适用严酷刑罚,强调国家利益至上。阶级斗争的犯罪论、敌人刑法观必然导致国家对被告人权利的轻视。既然犯罪人被认为是阶级敌人,那么对其进行权利保护就是天方夜谭。由于认为"自由心证""法不溯及既往""无罪推定"原则的实质是"千方百计地庇护犯罪分子,为犯罪分子开脱责任""放纵了敌人,削弱了无产阶级专政"①,因此这些原则受到了批判,这反映出这一时期的刑事司法为满足政治需要而否定司法基本规律的特征。即使在曾恢复律师制度的短暂几年中,律师也被国家视作专政力量的一部分。"反右运动"开展以后,律师因为"为阶级敌人辩护"而遭到批判,这些极"左"的思想和言论所造成的不良影响,至今犹存②。就司法场域内部而言,我国改革开放前的刑事司法有以下特征:

第一,强职权主义的司法构造。改革开放前,政治运动风起云涌。公检法三机关之间的关系也随着政治运动的开展而发生变化,但三者始终都是"人民民主专政的重要武器"。它们的工作目标是一致的,都是国家的专政机关,共同担负着对敌斗争的重要任务,这体现出刑事司法服务于革命的制度安排。

第二,党的路线、政策与国家刑事立法被认为是刑事裁决的主要标准。这一时期,晚清以后的变法成果被视为"洪水猛兽"而被扫地出门,一切民间规则都被悉数清除,即使少数新颁布的法律也都是政策的附属产物。由于政策是由执政党所创制的,政策、党的

---

① 罗荣:《彻底批判"有利被告"的谬论——对〈试论刑事诉讼中的被告人〉一文的检查》,《法学》1958年第3期。

② 张培田:《法的历程——中国司法审判制度的演进》,人民出版社2007年版,第152页。

意见优先,甚至完全替代法律成为了龙泉法院的裁判依据,因此在司法实践中普遍出现了"人"的作用高于"法"的情形。

第三,在控制犯罪的手段上,重刑主义泛滥,强调消灭犯罪,认为遏制犯罪必须使用重刑。这一时期,国家垄断了刑罚的执行权,这不仅增加了国家的刑罚执行成本,而且也加大了罪犯复归社会的难度。重刑主义主要体现在死刑的大量适用上。此外,劳动教养、管制被滥用,这意味着此时的刑事司法成为了单向度的社会控制工具,刑罚工具主义被强化①。

第四,政治运动与革命构成了改革开放前我国刑事司法模式的主色调。改革开放前,国家通过发动政治运动来治理犯罪,且运动规模急剧扩大,当阶级斗争成为国家的中心工作时,政治运动就理所当然地成为了国家治理的主要方式。到"文化大革命"时期,反革命罪名的滥用与泛化,使得整个社会的犯罪形势日益复杂、严峻。

## 二 刑事司法场域外部:国家与社会高度一体化,群众被动参与

在刑事司法场域外部,社会依附于国家。我国改革开放前的历史"以一系列连续的运动为特征,只是间或点缀一些平静的时

---

① 徐伟:《社会治理刑罚化的问题与症结》,《重庆大学学报(社会科学版)》2019 年第 2 期。

光"①。尽管群众广泛参与了司法审判,但具有浓厚的被动性。刑事审判中的群众路线往往以大规模的、急风暴雨式的阶级斗争形式呈现②。这种方式使犯罪斗争具有直接、暴力和公开的色彩。群众运动式的刑事司法常常通过"斗争"的方式来呈现,屡见不鲜的"批斗大会"则是惩罚犯罪分子的典型方式。然而,所谓群众路线,其本质就是将被告人交给群众来进行批判斗争,由群众来威吓逼供,并且禁止被告人辩解,废止律师辩护,有时群众的检举材料甚至没有经过核对查实就被法院作为了定案的依据③。

尽管改革开放前我国的刑事司法有诸多弊端,但采取群众运动式刑事司法模式的必要性在于,此时国家治理犯罪的资源有限,群众性的政治动员成为了国家打击犯罪的替代性、弥补性手段。就常规制度资源来说,理性的刑事司法程序,显然难以与高强度的政治运动和社会管控相匹配。在长期的革命斗争中,中国共产党发展出一套政策实施、政治控制和社会管理的制度体系。新中国成立以后,群众运动更是屡试不爽的法宝。在规模化的集会和仪式化的审判中,执政党将某种信念植入群众的思想,同时树立假想敌对势力,使群众接受国家权力的规训。但是,我们也看到,革命与运动式的刑事司法本身面临深刻的危机,它难以常规性与制度

---

① 〔美〕R. 麦克法夸尔、〔美〕费正清编,俞金尧等译:《剑桥中华人民共和国史:下卷——中国革命内部的革命(1966—1982)》,中国社会科学出版社 1992 年版,第 57 页。

② 严励:《问题意识与立场方法——中国刑事政策研究之反思》,《中国法学》2010 年第 1 期。

③ 陈端洪:《司法与民主:中国司法民主化及其批判》,《中外法学》1998 年第 4 期。

化。到"文化大革命"时期,国家司法组织体系遭受全面冲击,在这动荡的十年,法律虚无主义达到极致。1967年,在上海"一月风暴"的影响下,龙泉县50多个造反派组织联合,夺取了领导机关的权力。1968年,中国人民解放军对县政法机关实行军事管制,自此县法院解体。"龙泉县革命造反派联合司令部"与"龙泉县坚持真理联系总指挥部"相继成立,此后数年,两派群众多次武装械斗,死伤数十人。总之,自新中国成立到改革开放前,革命与运动式的刑事司法模式的合法性基础和组织基础都受到了极大挑战,呼唤着新的刑事司法模式的来临。

# 第三编

## 改革开放时期:变革与前景

# 第一章　改革开放时期龙泉刑事司法运作的场景

十一届三中全会以后,龙泉开始"告别革命"。新时期的改革开放,与其说是国家自上而下的推动,倒不如说是底层的倒逼——正是这些自下而上的社会因素(民众谋生的需求)推动了改革的发生。改革首先发生在经济领域,此后的市场经济体制改革、政治民主化进程及其催生的人本主义与权利意识,共同推动了基层刑事司法的变革。

## 一　国家权力从基层社会的有限退出

### (一)经济转轨

"文化大革命"以后,此起彼伏的群众运动已经使人们身心俱疲,经历了运动与革命以后的龙泉县,依旧贫困与落后。这个时期,用"穷则思变"可以很好地解释改革发生的必然性。在龙泉县农村,人们首先在林业领域探索承包责任制。1980 年冬天,在龙泉县边远山区的部分村庄出现了群众自发承包到户的生产承包制。此后,龙泉县开始着手推行多种形式的农业生产责任制。1981 年,林业经济体制改革开始,首先在茶丰乡进行山林定权发证试点,由点到面,确定山林归属,划分自留山,进行发证工作。次年冬天,龙泉全县集体所有山林改为责任山、统管山与自留山三种形式。1982 年 2 月,龙泉县推行"三产保户"联产承包责任制。1983 年,龙泉县农村联产承包责任制完全实现。

经济体制改革的一个明确方针就是通过"放权"来搞活经济。联产承包责任制的全面铺开,使长期以来被禁锢的农村经济瞬间释放出巨大的能量。1985 年春天,龙泉县的粮食统购改为合同订购,放开了农副产品价格。此后,龙泉县农村几次开展"致富大讨论",进行产业结构调整,此后不久,大量的乡镇企业出现,龙泉县出现了办厂、经商、发展特产与养殖业高潮。这一时期,龙泉县的林业也发展迅速,木材实现了多渠道经营,价格放开,林农收入大幅度增加。十一届三中全会以后,龙泉县开始对国有企业进行改革。通过贯彻"调整、改革、整顿、提高"的方针,国有企业实行"统一计划,分级管理",根据"大的方面管好,小的方面放开搞活"精神,国家控制的范围逐步缩小。从 1978 年恢复个体工商户之后,到 1988 年,龙泉全县登记发照的个体工商户就已经有 6 730 户。此后,国家对经济的管理工作也由微观管理转变为宏观指导,逐步放开与扩大生产者和经营者的自主权。从 1978 年到 1988 年短短十年间,龙泉县集体经济、个体经济都获得了快速发展,市场出现了前所未有的繁荣局面。1990 年 12 月,国务院批准龙泉县撤县设市(龙泉市)。进入 21 世纪,龙泉市进一步放开搞活,充分利用国内国际两个市场、两种资源,构建起了更具活力、更加开放的经济体系。改革开放不仅繁荣了市场经济,使人民生活水平大大提高,而且更新了人们的观念。

市场经济体制强调市场的自我调节作用,这就要求经济领域的自我治理,国家不能再像以前那样随意干预经济与社会的自主发展。政府必须服从于经济社会的发展规律,政府制定政策也受社会发展现实的制约。同时,市场经济体制必然要求法律的保障,因为建立与健全法律制度才能保证市场经济的健康发展。在计划经济体制之下,政策代替了法律,而且政策的制定也往往具有片面性、专断性与不稳定性;而在改革开放新时期,市场经济体制改革与社会多元化发展必然要求民主与法治。法治所要求的公平、效率与市场经济体制所追求的公平、效率具有一致性。伴随着市场的逐步放开,国家本位主义开始消解。

## (二)基层社区建设

经济体制改革拓宽了龙泉乡村社会活动的空间,启动了以经济发展为中心的乡村社会内生变迁过程。对这一时期乡村社会治理模式的巨大变化,学界往往称之为"国家权力从乡村社会的退缩"。既然联产承包责任制落实了,那么,人民公社也就丧失了存在的必要性。1984 年 5 月,龙泉实现了政社分设,废除了人民公社与生产队,人民公社改为乡镇政府;1984 年 10 月,龙泉全县有 9 区

1 镇 40 乡,432 个村落,同时,村民委员会也应运而生。这一转变就使原来高度行政化的集权模式转变为分权模式,政社分开,人民公社制度让位于乡镇、村体制,原来具有行政职能的生产大队和生产小队被实行村民自治的"村"所取代。

村民自治制度的出现,使龙泉形成了"乡政村治"的新型治理模式①。它将国家的基层政权定位在乡镇,在乡镇以下推行村民自治,其核心为在坚持国家领导的前提下,重视农民的参与和自我管理。这在一定程度上体现了国家与社会的分权原则。这一过程实际上是将原来由国家统管的基层社会公共事务管理权部分地下放给了农民自身,使他们在获得经济自主权的基础上拥有政治自主权。所以,尽管此后《村民委员会组织法》的制定经历了新中国成立以后立法史上少有的激烈争论,甚至仍有观点依旧坚持认为应将村委会作为乡镇政府的派出机构,作为一级行政组织,但是,农民的自主性与民主意识已然觉醒,实现村民自治,发展基层民主已经成为历史大势②。1998 年,新修订的《村民委员会组织法》出台,

---

① 蒋永甫、周磊:《改革开放 40 年来农村社会治理结构的演进与发展》,《中州学刊》2018 年第 10 期。

② 这种争论至今依旧存在。关于乡村治理,始终存在着"国家权力上收论"与"国家权力下渗论"的争议。"权力上收论"者认为,乡村治理应该探索真正意义上的基层民主,让农民亲自在市场经济的大海中学会游泳,并逐步养成市场意识与独立人格,"要相信农民,只要时间足够长,机会足够多,锻炼足够充分,农民也可以建造起一个相当理性有序而又充满活力的社会来"。"权力下渗论"者则认为,转型时期必然产生社会规范与行为的失序,基层社会出现的道德评价失范和价值取向紊乱,必须通过国家强制力量进行维持,应当加强国家在意识形态方面的控制。所以,国家应该通过加强行政能力来控制乡村社会的秩序,目前所有在乡村扩大民主的办法均不切合当前的中国实际。但"权力上收论"者对此却不以为然,他们认为,当前转型时期农村社会出现的无序与混乱恰恰是国家对农村过多干(转下页注)

村委会建立、村委会干部由村民直接选举产生,在龙泉各地,"村务公开""建章立制"已经成为农村民主建设的常态化内容。

"政社一体"的体制解体,基层社会开始从封闭走向开放。在过去数十年间一直被国家政权压制、打击、禁止和消灭的风俗、习惯和信仰等"非正式制度",在龙泉的乡村社会得到了一定程度的恢复,"被广而泛之地称之为'民间法'或'乡规民约'的规则体系更在实际地规范着乡民们的日常生活"[①]。处理民间纠纷的社会力量也开始恢复与出现,比如村委会、居委会、老年人协会、社会组织等等。调解纠纷的主体往往是社会上有威信的人,有的是老支书,有的是农村老党员,有的是当地首富,也有不少人是当地村落年轻的"能人"。他们对国家政策有一定的了解,拥有比较广的人际交往网络,热心于村落的公益事业,在调解中往往有一定公信力。大量的民事案件以及轻微的刑事案件(主要集中在家庭纠纷、山林纠纷、盗窃、轻微伤害、交通肇事以及未成年人之间的打架斗殴)得以在民间调解解决。这说明国家干预的范围日益缩小,社会自我治理、自我调整的特征越发明显。

但是,同时也要看到,改革开放后的乡村自治毕竟是在国家强

---

(接上页注)预本身造成的,正是国家对农村社会的大量干预,妨碍了农村社会本身的发育,影响了农民自我积极性的发挥,造成了当前"一放即乱,一收即死"的两难处境。详细探讨参见贺雪峰:《转型时期国家在保持乡土秩序中的作用——对国家权力上收论与国家权力下渗论的评论》,《中州学刊》1999 年第 5 期;黄家亮:《中国乡村秩序的百年变迁与治理转型——以纠纷解决机制为中心的讨论》,《华南师范大学学报(社会科学版)》2018 年第 6 期。

① 谢晖:《当代中国的乡民社会、乡规民约及其遭遇》,《东岳论丛》2004 年第4 期。

力推动下进行的。在多年之后,龙泉的基层社区建设依旧不太成熟。的确,社会发展到了今天,国家已经意识到其没有必要,更没有能力再对基层社会进行全方位的管控,但国家对"公民社会""社会自治"依然保持着相当高的敏感性与警惕性①。一方面,国家权力从基层社会有限地收缩,并积极推动村民自治的实施,实行村民自我管理、自我服务、自我监督;但另一方面,国家又一再强调"加强和改善党的领导,必须要发挥好党委在社会治理中总揽全局,协调各方的领导核心作用",试图从中找到平衡点。这正如有的学者所言,"虽然国家有时也会强调社区居民、市场力量以及民间组织参与社区建设的必要性,但这些力量始终只充当国家权力的附属角色"②。

很多乡镇干部也没有理清乡镇与乡村自治之间的关系,不少地方仍然存在"大政府"的观念,对社会治理采取包揽的态度,但实际上很多问题却管不了,反而使基层社会组织的发展受到限制。尽管近年来社会组织得到一定程度的发展,逐步成为了社会治理中不可或缺的力量,但是与当前经济社会的需求相比,社会组织尚未发挥应有的作用,相反却经常出现"失灵"状况。并且,在基层社区的民主建设中,龙泉多次出现了贿选现象(比如八都镇、屏南镇、

---

① 关于此方面的争论,一个典型例子就是王绍光对公民社会的批判。相关的讨论可以参见王绍光:《社会建设的方向:"公民社会"还是人民社会?》,《开放时代》2014 年第 6 期。对此的回应可以参见陈伟:《危险的"人民社会"想象——与王绍光教授商榷》,《天府新论》2014 年第 3 期;王名、刘国翰:《公民社会与治理现代化》,《开放时代》2014 年第 6 期。

② 杨淑琴、王柳丽:《国家权力的介入与社区概念嬗变——对中国城市社区建设实践的理论反思》,《学术界》2010 年第 6 期。

岩樟乡）。近年来，龙泉农村土地征收过程中屡屡发生的村干部挪用土地征收补偿金现象，更是引发了人们的强烈不满。所以，尽管说在一定程度上，农民对政治的参与已经由改革开放前的服从、被动与盲目开始转变为基于自身利益的权利与自主①，但是，在农民依法维权抗争、以死抗争的背后，我们依然可以清晰地看到农民对自我治理的强烈需求普遍地缺乏表达途径，这种需求处于"近乎失语的状态"②。这种"民主"离它的应有之义还相距甚远。目前的村民自治与民主进程更多具有"服从型民主"的色彩——村庄在相当程度上依旧是贯彻上级政府行政任务的工具。这远非村民主体意志的自主体现，农民"政治参与与政治表达的效果并未实质性改变"③。

## （三）乡村巨变与"结构混乱"

在改革浪潮的推动下，龙泉农民在职业上也出现了巨大的分

---

① 郭正林：《当代中国农民政治参与的程度、动机及社会效应》，《社会学研究》2003 年第 3 期。

② 于建嵘：《当前农民维权活动的一个解释框架》，《社会学研究》2004 年第 2 期。

③ 自 20 世纪 80 年代以来，学界、实务界对乡村基层群众自治的理论逻辑、制度设计、实际运行和有效实现等展开了广泛研究。对于 21 世纪以来基层群众自治实践所面临的诸多难题，无论宣称"自治已死"，还是呼吁"找回自治"，实际上都表明乡村基层群众自治陷入了某种僵局，也显示出相关研究进入了特定的瓶颈期。随着 21 世纪以来农村社会的发展变迁，以行政村为单元实施村民自治的通行做法陷入了日渐明显的困境，行政村规模普遍较大，自治困难；行政村村委会行政色彩浓厚，自治能力弱；行政村层面的自治，村民认同感不强，自治效果不佳等问题日益凸显。相关讨论参见：刘金海：《村民自治实践创新 30 年：有效治理的视角》，《政治学研究》2018 年第 6 期；李强彬、龙凤翔：《乡村基层群众自治研究 20 年：议题、论争与展望》，《理论探讨》2021 年第 3 期。

化,由改革开放前的单一农业劳动者分化出农业劳动者、农民工、乡镇集体企业职工、个体户、私营企业主等等。可以说,农村社会成员的职业分工是农村社会结构分化的直接结果。2000年以后,为加快经济建设,国家逐步放宽了农民工的进城条件,降低和逐步取消了农民工进城就业的门槛;逐步统一了劳动力市场,加强了对农民工的就业服务,开展了维护农民工合法权益等工作,大量的农村剩余劳动力进入城市。在龙泉,此前世世代代从事农业劳作的普通农民以及他们生存的村落正在逐渐消失。农村的"新人"已经开始摆脱土地以及世代厮守的村落,不少农民也无心守着那点吃得饱、富不了的山林,而是选择了外出经商、务工。2008年在杭州的龙泉人就有5 000多人,涉及建筑、房地产、旅游等多个行业。2011年11月30日丽水市统计局发布的《第六次人口普查专题分析》显示,龙泉2011年的流动人口有49 661人。其中,外来人口10 493人,外出人口39 168人,流动人口占到龙泉市总人口的五分之一。外出务工的农民,他们的眼界早已经跨越村庄低矮的篱笆墙,被市场经济的大潮裹挟到更大的社会之中。新生代农民安土重迁的乡土观念已经非常淡薄。农村的村落传统也在改变,历史、自然的传统社区正在分化瓦解①。村庄的公共权威进一步弱化,乡村社会的一切正在被重塑②。

---

① Jianhong Liu, Lening Zhang and Steven F. Messner, eds, *Crime and Social Control in a Changing China*. London, Greenwood Press, 2001, pp. 107-109.

② 董磊明、陈柏峰、聂良波:《结构混乱与迎法下乡——河南宋村法律实践的解读》,《中国社会科学》2008年第5期;董磊明:《宋村的调解:巨变时代的权威与秩序》,法律出版社2008年版;陆益龙:《乡村民间纠纷的异化及其治理路径》,《中国社会科学》2019年第10期。

改革开放以后，龙泉的宗族势力呈现出不同程度的复兴，宗族组织重建、宗族活动联合、宗法意识抬头，这影响了农村的社会治理。不过，由于社会大环境的不同，尽管改革开放后国家对农村政治作了重大调整，但国家权威的强大作用依然存在；农村社会的法治权威也正在形成，而且越来越成为调节农村社会关系最有力量的手段之一。更为重要的是，农村的社会经济结构已经出现了较大的变化，现代市场经济已经深入农村社会，形成了深刻影响农民社会关系的市场权威。所以，在当代农村，有行政权威、法治权威和市场权威的多元制衡，宗族权威不会导致传统社会中的族间冲突的大量出现，让其在农村自治中发挥作用反而可能有利于农村宗族文化的再造和现代转型。

经历了一百多年的革命洗礼、市场经济的大浪冲刷，费孝通在《乡土中国》中提到的乡土本色、差序格局、血缘关系、私德、家族、无讼、无为政治、长老统治等乡村社会的特质已经发生了改变。董磊明曾用"结构混乱"一词分析转型时期乡村社会的巨大蜕变，道出了时代巨变中村庄变革的真实样态。与此同时，维持社会秩序的规则也发生了变化。尽管原来较为稳定的乡村社会秩序开始出现了原子化、离散化的状态，但传统社会中的社会关系模式、乡土规则、礼俗规范依然有相当部分残留于当下的农村社会中，这些无形的规则依旧在规范着农民的生活与行动。同时，随着国家开展"送法下乡"，现代社会中的各项法律与制度等新式规则对乡村社会的逐步渗透，也对转型时期基层社会的社会结构起着一定的形塑作用。国家法也成为基层社会中农民价值认同的重要来源之一。

2019 年《中共中央国务院关于坚持农业农村优先发展做好"三农"工作的若干意见》强调,要增强乡村治理能力,建立健全党组织领导的自治、法治、德治相结合的领导体制和工作机制。自治、法治、德治相结合,意味着乡村治理不能单独依靠某一方面的治理资源。以国家权力及其价值观主导的国家法规则,融合地方性知识的民间法规则,是实现乡村治理现代化外部规范的推动力量。融合优秀传统道德与现代新型公民道德为一体的德治,是实现乡村治理现代化的自发性信仰的非制度性理性力量。正是新式的国家规则与传统的价值观念之间的张力,使得当前的基层治理呈现出多元化的特征,单纯依靠正式制度和非正式制度中的任何一种都会失效①。

## 二 从群众运动到运动式治理

### (一)运动式治理的转型

改革开放以后,群众运动开始退出舞台,但是基层并没有完全告别"运动",而是以另外一种方式在开展"运动"。不过,与此前的政治运动相比,这一时期"运动"的规模、范围与深度已经发生了很

---

① 陈柏峰、董磊明:《治理论还是法治论——当代中国乡村司法的理论建构》,《法学研究》2010 年第 5 期;陈柏峰:《当代中国乡村司法的功能与现状》,《学习与探索》2012 年第 11 期;郑智航:《乡村司法与国家治理——以乡村微观权力的整合为线索》,《法学研究》2016 年第 1 期;张青:《乡村治理的多元机制与司法路径之选择》,《华中科技大学学报(社会科学版)》2020 年第 1 期。

多实质性改变,更多强调体制内的动员,是对前者的扬弃。虽然改革开放后以集中整治、"严打"与专项治理为基本内容的"从重从快"的运动式打击严重刑事犯罪,在一定程度上保留了改革开放前革命与运动式治理的某些特征,不过,"严打"背后的运动式治理与改革开放前通过政治运动进行的犯罪治理存在的一个重要区别是,改革开放前的革命与运动式治理强调政治运动、全体动员,革命色彩浓烈;而改革开放后的运动式治理则更多地依靠体制内资源的总动员。尽管改革开放后的运动式治理强调多方参与,但政法部门是主力军,它在政法委的组织协调下工作,强调公安机关、检察院、法院对重大案件的提前介入,快批捕、快起诉、快审判,甚至为完成目标,从政府部门调取资源进行"严打"。运动式治理的优势在于能够借助国家强大的组织动员能力,快速集中有限的治理资源,对特定时期某一类比较严重的刑事犯罪迅速展开打击,从而在短时间里取得显著的社会效果。对比改革开放前后的运动式治理,我们可以洞见两者之间的变化:

1.发展态势:由高到低。

改革开放前是群众运动频发时期,大大小小的运动不断,群众运动构成了中国政治与社会运行的主要模式。在 20 世纪 70 年代,我国的群众运动发展到了高潮。改革开放以后,由于政治、经济体制多方位的变革,群众运动的发生频率显著下降,运动式治理的强度明显减弱,依靠国家的科层化组织体系进行常规化与程序化的常态治理,逐渐成为国家治理的主要方式。

2.内容:从规训性到生产性。

改革开放前,群众运动的性质主要是规训性的,在改革开放后,运动式治理模式主要是生产性的。新中国成立不久,国家建设刚刚起步,国家急于改造社会,运动的目的大多是清除落后思想与建设新社会,塑造新人。改革开放以后,阶级斗争的观念退出历史舞台,国家的工作重心转移到经济建设,此时的运动式治理都是以维护社会稳定为出发点,最终都要服务于经济建设这个中心。

3.主体:从群众到官僚体系。

改革开放前群众运动的主体是广大人民群众,这一时期的运动式治理大多是全民性的,国家把广大的人民群众动员起来。改革开放后,原来较为单一的社会体制不再存在,社会出现阶层分化,社会整合的难度也逐渐增大。以此为背景,进行大规模、高强度的群众运动是一种浪费人力财力的行为,而且也不切实际,所以这一时期的运动式治理主要是在官僚系统内部进行。

4.领域:从全社会到特定领域。

改革开放前,群众运动往往突破常规制度和专业分工,以全社会为目标进行变革,群众运动规模之大使得整个社会都会因为运动而发生变化。改革开放后,运动式治理模式一般都是在特定的领域与范围内进行。比如,在社会治安领域开展的整治运动"扫黄打黑专项斗争",在生态环境领域开展的"生态环境治理行动"等等。改革开放后的运动式治理是在特定范围内对特定的问题进行专项治理,其规模和影响比改革开放前的群众运动小很多。

改革开放后,当常规的治理资源不足以应对高发的社会矛盾,而"维稳"又成为基层某一时期的重要任务时,各种"严打""集中整治"等运动式治理行动就会出现。国家在短期内集中投入大量资源对违法犯罪行为进行高强度、高效率的打击,运动式治理存在于日常化的治理逻辑之外，表现为"大会战""专项治理""集中整治"等形式，强调短期内从重从快严惩违法犯罪分子，争取实现犯罪治理态势的根本性好转。

运动式治理历来饱受诟病①，但在改革开放以后依旧被反复使用，这里面既有国家治理手段的路径依赖，也反映了现有情况下综合治理模式对权威政治的严重依赖。运动式治理的长期存在并非所谓的"盲目"或"顽疾"，而是具有一定的现实合理性。正如周雪光所指出的，运动式治理在中国历史上反复出现，不是偶然的或个人意志所为，而是国家治理制度的重要组成部分。运动式治理已是一种常见的基层犯罪治理方式，表现出一定的程式化和不规则的周期性，作为常规治理的重要补充，运动式治理短期内不可能消失②。

## （二）"严打"

为应付日益严峻的治安形势，保障经济的稳定发展，国家于

---

①　叶敏：《从政治运动到运动式治理——改革前后的动员政治及其理论解读》，《华中科技大学学报（社会科学版）》2013 年第 2 期。

②　学界对治理转型的讨论，大多集中在运动式治理如何转向"常态治理"。值得注意的是，作为一种理想类型的"常态治理"在转化为具体实践形式的过程中，仍需考虑到现有治理模式的制度惯性与现实约束。从这种意义上说，在我国社会转型期和制度有效性供给不足的现阶段，应采取相对平和的态度承认运动式治理存在的客观性，并秉持科学的精神进一步拓展运动式治理的研究空间，深入探究其应用范围、限度、方法等，以期得出更具建设性的研究结论。更多讨论参见潘泽泉、任杰：《从运动式治理到常态治理：基层社会治理转型的中国实践》，《湖南大学学报（社会科学版）》2020 年第 3 期。

1983 年开始启动"严打"。"严打"是在 20 世纪 80 年代开始的一连串严厉打击刑事犯罪活动的简称。它形成了相对高效、稳定的刑事司法模式,以推崇"从重从快"为特点,"重打击轻保护""重实体轻程序""重保护公权力,轻维护私权利",尤其"大三长联合办案""公检法一条龙流水线"等办案模式,对基层刑事司法运作带来了深远的影响。"严打"时期的龙泉刑事诉讼形成了以下特征:

1. 司法政治化

"严打"时期,执政党高层将"严打"运动定性为政治领域的敌我斗争,刑事司法呈现出政治化的特征。

第一,诉讼活动的政治化。为了使刑事诉讼活动能够更好地实现政策确定的"惩罚—控制"任务,更有效地对犯罪分子进行运动式集中打击,执政党通过政策性立法,在实体或程序上为刑事诉讼"放权",为权力机关"松绑",使刑事诉讼能够最大限度地便利行事,从而更好地服务于政策预先设定的政治目标。置身于"严打"运动中的司法人员难以做到公正中立,而是以致力于实施国家打击政策的政法干警形象出现在各种"严打"场合。在刑事诉讼程序内,为了完成任务,排除外界干扰,各种诉讼参与人,包括律师、辩护人、诉讼代理人等,在诉讼结构中的作用十分有限,不能充分实现意思自治,对诉讼不能形成有效制约。

第二,审判权力的依附性。众所周知,司法的本质就是裁判,司法权具有被动性、公开性、中立性、亲历性、终结性的特征[1]。审判权的独立性是审判权与行政权、立法权最大的区别,这是保障司

----

[1] 孙笑侠:《司法权的本质是判断权——司法权与行政权的十大区别》,《法学》1998 年第 8 期。

法公正的根本所在,也是司法的本质。但"严打"将法院简单混同于一般国家权力机关,视审判机关为"专政工具"与"刀把子",审判机关丧失了独立性,高度依附于政治权力。一方面,专政是国家权力机关的主要职能,这是所有的国家权力和国家机构都要承担的,如果不合时宜地强调审判权的独立性,显然会遭到批评甚至批判。法院如对一些案件如何处理把握不准,往往需要政法委员会进行组织协调才能最后定案,这在客观上造成了审判权力对党政权力的依附性。另一方面,法院与公安、检察机关一样,被定位为专政工具的"刀把子",为国家的强制力披上了合法的外衣。

这一时期,刑事审判的权威不是来自司法权力、民意认可和正当程序,而是来自政治权力的认同。正是因这种依附性,政治权力对审判权力的干预就成为必然:一方面,地方党政部门不断召开政法工作会议,部署一定时期内的中心工作,确定打击对象与打击重点,要求法院配合实施;另一方面,地方党政部门对法院正在审理或即将审理的个案作出指示、命令,或者对审理的进程做出安排,要求法院执行。这种审判活动受政治力量主导的运作方式至今尤存。

第三,审判结果的政治化。准确及时地将在"严打"工作中取得的成绩展现给社会群众,以形成巨大的威慑力,成为了龙泉公检法机关重要的政治任务之一。这一时期,龙泉法院多次召开大规模的宣判大会,重点审判杀人、强奸、抢劫、爆炸、放火和其他破坏社会治安的犯罪分子,并在召开宣判大会、公审大会后将判处死刑的犯罪分子验明正身,押赴刑场,执行枪决。

刑事诉讼变成"严打"的权力"媒介",突出专政职能。刑事审判具有较强的剧场效应,它将国家刑事司法权力以可见的形式展现给人民群众,以此强化刑事司法权力的威慑力。在刑事政策宣传教育下,不断有投案自首的人,这就是公审威慑力的明证。在信息尚不发达的20世纪80年代,国家要体现刑罚的及时性和严厉性就必须利用公审公判大会,使得"严打"在社会上形成影响,以此说明国家对破坏国家稳定、扰乱社会秩序的犯罪分子严厉惩治,决不手软。刺耳的警笛、不知疲倦的高音喇叭、人山人海的公捕公判大会、满街的标语、押着罪犯游街的车队……这些已成为了宣传国家刑事政策的一个个活道具。在公审大会上,人们常常会看见死刑犯判决执行时的照片,这样的方式将震慑力发挥到了极致,让人们感受到刑罚的严厉性。这震慑了潜在的违法人员,发挥了刑罚的一般预防功能。

2. 刑事诉讼权力的"专横"

"严打"高效处理刑事案件的要求与案多人少的司法资源配置的实际成为刑事诉讼领域的突出矛盾。"严打"要求从重从快处理犯罪,它不允许侦查人员、检察官以及法官对每一起案件投入过多的时间,不能选择一套精细耗时的刑事诉讼程序。这也是在"严打"之始,中国最高立法机关就以立法的形式,取消了刑事诉讼的文书送达程序、辩护权利告知程序、庭前准备程序的期限规定,解开刑事诉讼权力运行的程序羁绊的原因。刑事诉讼权力的"专横"具体体现在以下几个方面:

第一,公检法联合办案,简化办案程序。为了开展"严打",龙泉成立了专门的"严打"机构,整合基层的政法力量。除公、检、法三家联合办案以外,龙泉还一度根据形势和诉讼任务的需要,建立了党内联合办公制度,即将重大疑难案件提请由各部门领导组成的联合办公会议讨论,由其给出原则性的指导意见,交给公检法系统依照各自的职权处理。联合办公制度一般采取提前介入的方式,法院派人在公安机关侦查、检察机关审查起诉阶段提前了解重大案件案情,熟悉情况,以便做到快审快结。公安机关的权力凌驾于检察院和法院之上,公、检、法联合办公导致监督、制约机制出现问题。

第二,提前介入。为了贯彻"从重从快"方针和适应"速判快杀"的要求,地方政府层层加码,进一步倡导提前介入。提前介入有两种形式:一是法院在侦查阶段就提前介入,尽早了解案情,为下一步"及时审判"做准备;二是上级法院提前介入第一审程序,指令一审法院对案件如何定罪与量刑。这样,一旦被告人不服一审判决提出上诉,二审法院可以立即驳回上诉维持原判,这相当于把两个审级合二为一,取消了法定的两审终审制。这就造成了诉讼程序的混乱:一是混淆了公、检、法三机关的职权分工;二是混淆了两级法院的职能,由此必然造成办案粗糙,难免导致误杀、错杀以及轻罪重判、罚不当罪。

第三,从快审理。从快审理指的是案件的诉讼程序被缩减,审理时间缩短。1983年9月2日由全国人大常委会通过的《关于迅速审判严重危害社会治安的犯罪分子的程序的决定》规定,对杀人、强奸、抢劫、爆炸和其他严重危害公共安全应当判处死刑的犯罪分子,主要犯罪事实清楚,证据确凿,民愤极大的,应当迅速及时审判,可以不受《刑事诉讼法》关于起诉书副本送达被告人期限以及各项传票、通知书送达期限的限制。同时,该决定第2条规定,前条所列犯罪分子的上诉期限和人民检察院的抗诉期限,由《刑事诉讼法》第131条规定的十日改为三日。与立法规定相比,实践中"严打"的"从重从快"程度也有过之而无不及。在龙泉"严打"时期,此类案件大多都会被迅速判决,立案诉讼流程所用的时间一般都小于规定的法定期限,送达起诉书副本及各项传票、通知书的时间也一般少于法定期限。对于属于"严打"对象的犯罪案件,龙泉法院审结案件的时间平均在十五天左右。"严打"中,起诉到法院的案件比以往多了好几倍,对于审判人员来说,时间紧、任务重、要求高、压力明显增加,导致法院诉讼程序脱离法定程序,一味追求效率。

第四,司法机关片面追求重刑,司法人员裁判案件甚至放弃了区别对待的量刑政策,被告人有法定或酌定从轻处罚情节的,量刑时也不考虑从轻。抢劫罪、故意伤害罪、强奸罪、故意杀人罪成为当时死刑适用最多的罪名。在共同犯罪案件中,同一案件不区分罪责、不区分行为轻重,只要犯罪行为达到判处死刑的适用标准,就判处多名被告人死刑。

3. 法外机制丛生

"严打"使刑事诉讼脱离了程序的控制,同时亦使基层刑事司法运作过程中的"潜规则"异常活跃。如上下级法院之间的平衡量刑机制、案件请示汇报制度、执法检查监督机制、提前介入机制、法院内部的案件审批制度和诉讼人员提审机制,这些诉讼机制大多是在"严打"的诉讼实践中形成的,可以看成是刑事诉讼法定制度的补充或辅助制度。这些机制经过较长时间的发展,成为中国刑事诉讼实践的重要组成部分,亦成为了基层刑事司法运行的"潜规则"。从其实际效果及影响来看,这些法外机制牺牲了刑事诉讼的程序价值,破坏了刑事诉讼的结构、功能乃至基本的制度设计。

第一,案件请示汇报制度。在公检法机关协作办案的刑事司法模式下,司法裁判权独立运行是不被允许的。为了使司法裁判准确可靠,不被上级认定为错案,或者不被党委认定为错案,司法实践中形成了独具特色的疑难复杂案件请示汇报制度。基层法院若遇到疑难、复杂或者是社会敏感、受社会关注度高的案件,会向上级法院汇报。这种汇报又可以细分为两种情形:第一种是上级法院要求基层法院将社会敏感案件审理情况及时向上汇报;第二种是下级法院主动向上级法院汇报疑难、复杂案件。汇报的方式,根据案件情况需要采取不同的形式,相对来说比较灵活。案件请示汇报制度破坏了法定审级制度,严重侵害了被告人的上诉权利,给案件处理的法外干预敞开了制度的口子。这种请示汇报制度一直沿续至今,由此反映出中国刑事审判法官对案件裁判自主性不足,裁判案件所需考虑的法外因素过多,承受的裁判压力过大。

第二,案件审批制度。1979 年 9 月,中共中央发布了《关于坚决保证刑法、刑事诉讼法切实实施的指示》,即著名的"中发[1979]64 号文件",正式取消了党委审批案件的制度。由此,新中国建立以来,一直由党委审批案件包揽司法业务的司法习惯开始改变。以党代政、以言代法等司法领域久存的弊端因此而得到初步抑制。同时,该文件亦规定,虽然取消案件党委审批制,但人民法院要确保在党的领导下依法独立进行审判。因此,这份文件被认为是党委领导司法工作方面的一项重大改革。

　　然而，"严打"时期，出现了"新"的案件审批制度①。所谓案件审批制，是指所有的案件经过合议庭或者独任审判员审理之后，主审人员必须将案件审理的具体意见上报主管的行政业务领导，如庭长或副庭长、院长进行审查决定的一项制度。法院领导对法律适用、裁判结果以及文字表述等各方面进行审查，有权对其认为错误或不当之处进行修改甚至删除、增添内容，或者将其退给文书制作人，令其修改。由此，院、庭长审查案件可能会出现三种结果：一是院、庭长同意承办人的案件处理意见，裁判文书可签发；二是院、庭长不同意承办人草拟的案件处理意见，且审判组织同意按照院、庭长的意见修改，此即体现出"领导把关"的效果；三是院、庭长不同意承办人草拟的案件处理意见，且审判组织不按院、庭长的意见修改，此时需要将案件提交审判委员会讨论决定。实践中最常见的是第二种结果，也就是说，承办人草拟的案件处理意见大多都会被要求修改，只是程度不同而已。有些只是文字表述的修改，而有些则是对案件定性和处理的改变。

　　第三，法院提前介入侦查机制。"严打"从快的方针要求刑事诉讼以高度简略的程序实现打击犯罪的目标。从最高立法机构修改法律"放手"基层刑事司法机关开展"严打"的内容上看，这些被简化的程序其实都是被打击一方的权利保障程序，如犯罪嫌疑人的辩护权、上诉权、知情权、申诉权等。这些程序性权利保障制度

---

　　① 20世纪80年代实务界和理论界对院长、庭长审批案件制度是否符合法律规定的问题进行了热烈的探讨，相关文献参见：刘春茂：《对法院院长、庭长审批案件制度的探讨》，《法学杂志》1980年第2期；孙常立：《法院院、庭长审批案件是完全合法的》，《法学杂志》1981年第3期；罗德银：《院长批案不可续》，《法学杂志》1981年第2期；等等。

被简化,使刑事审判程序从"控—辩—审"的三角平衡实质上转变为一种带有行政色彩的"惩罚—服从"的管理关系。在这种情况下,法院的刑事审判要实现惩罚犯罪的"稳、准、狠",就不能对公安、检察机关收集的犯罪事实和证据进行简单的确认,而必须在确认犯罪事实之前,亲历犯罪的侦查和证据的收集过程,以形成内心确信。为此,刑事审判人员提前介入侦查取证就成为必然选择。这种审判人员提前介入侦查的司法习惯,一直延续到20世纪90年代中期。

1983年"严打"以后,龙泉在1996年、2001年又进行了几次"严打"。至今,龙泉依旧采取"专项行动""专项整治"等运动式治理方法打击犯罪。从一定意义上讲,运动式治理延续了新中国的政法传统,是动员型政治在刑事司法领域的体现。在基层,运动式治理与常规治理往往交替进行。运动式治理作为一种企图将国家力量发挥到极致的机制性安排具有深刻的社会政治背景,对处在社会快速转型的基层社会来说,运动式治理虽然并不完美,但是似乎也不可或缺,它是常规治理的重要补充性机制。不过,运动式犯罪治理模式治标不治本,往往忽视了被告人的权利,其他缺陷也值得重视。其一,"专项治理"容易引发"路径依赖"。"专项治理"的逻辑起点是社会普遍关注的恶性问题,形成决策的起点是自上而下的行政指令。这种状况在展现中央政府(上级政府)权威的同时,也凸显了地方政府(下级政府)治理能力的不足,经常使用这种政策工具,不仅容易导致地方政府在棘手问题的治理路径上过分依赖中央政府,而且容易形成固定的管理习惯,不利于地方常规治理能力的提升。其二,治理效果有限,具有反弹性。运动式治理的确能够达到立竿见影的效果,但是治理效果却有反复性。这不仅导致治理资源浪费,而且挑战了制度权威。其三,权力行使不规范,导致常规制度运行扭曲。运动式治理追求行动高效,必然要打破常规制度,谋求权力的非程序化运作。这造成了一些负面影响,比如,不合理的绩效考核机制使司法人员疲于奔命,甚至出现刑讯逼供等现象;出现司法裁判不公,侵蚀司法公信力等问题。其四,运动式治理在运作机制上与以法治为核心表征的常规化治理存在较大差距,不具有持续性。

# 三 改革开放之后的司法改革

"文化大革命"结束以后,国家毅然放弃"以阶级斗争为纲"和"无产阶级专政下继续革命"的口号,实现了工作重心的转移。1978 年的《中国共产党第十一届中央委员会第三次全体会议公报》提出,"为了保障人民民主,必须加强社会主义法制,必须使民主制度化、法律化,使这种制度和法律具有稳定性、连续性和极大的权威,做到有法可依,有法必依,执法必严,违法必究"。这一经典的表述意味着一个新时代的来临。同年,在第八次全国人民司法工作会议上,时任最高人民法院院长江华批评了"文化大革命"中"砸烂公、检、法"的错误做法。"砸烂公、检、法"被彻底否定,法院得以被正名①,法院等司法机关再也不是"有事办政法,无事办生产",甚

---

① 江华:《江华司法文集》,人民法院出版社 1989 年版,第 11—15 页。

至被"砸烂"的状态。此后不久,堆积如山的冤假错案复查工作拉开序幕,司法制度建设开辟了新篇章。十一届三中全会召开之后,国家也陆续制定了一系列基本法律,我国立法体系与司法制度日益完善。改革开放四十余年的历史,就是一部中国法治不断变革、日趋完善和持续发展的"变法史"①。这四十多年中,我国的司法改革经历了四个阶段②。

第一阶段是司法的恢复与重建时期(1978—1997年)。这一阶段的司法改革以1978年十一届三中全会的召开为起点,直至1997年中国共产党的十五大召开。1978年,十一届三中全会作出"健全社会主义法制"的决定,并在会议上明确提出了"有法可依,有法必依,执法必严,违法必究"的工作方针,这标志着中国的改革开放与社会主义法治建设进入了快速发展的新时期。在这一时期,法治建设的重要事件有:恢复与重建公检法机关,制定和实施基本法律,开展"严打"与下放死刑复核权,创建专门法院并对法院内部权力进行分设,改革检察机制并着手调整检察权。

第二阶段是第一轮司法改革时期(1997—2007年)。这一轮司法改革以1997年党的十五大召开为起点,以2007年中国共产党十七大召开为终点。十五大报告中首次明确提出"依法治国,建设社会主义法治国家"的重要治国理念。也因为如此,国内主流观点认为,中国真正意义上的司法改革始于20世纪90年代。这轮改革的

---

① 李林:《新时代坚定不移走中国特色社会主义法治道路》,《中国法学》2019年第3期。

② 高一飞、陈恋:《人民法院司法改革40年的回顾与思考》,《中国应用法学》2019年第1期。

主要内容是：进行法官、检察官职业化建设，全面推进法院审判制度改革和检察体制机制改革。

第三阶段是第二轮司法改革时期（2007—2013 年）。第二轮司法改革以 2007 年党的十七大召开为标志，直至 2013 年十八届三中全会之前。2008 年 12 月，中共中央转发《中央政法委员会关于深化司法体制和工作机制改革若干问题的意见》，提出 60 项改革任务，将司法体制机制改革推向新阶段。改革的主要内容是：改革法院内部权力运行模式，全面推行司法公开，拓宽司法监督渠道，规范司法行为。第二轮司法改革以解决司法监督问题、防止司法腐败为中心。这一阶段的重点在于权力制约与监督。

第四阶段是第三轮司法改革时期（2013 年之后）。十八届三中全会的召开标志着第三轮司法改革的开启。与前两轮经验主义的司法改革不同，新一轮司法改革具有明显的强制性制度变迁的特征。伴随着改革开放的深入推进，执政党对改革与法治关系的认识日益深入，依法治国成为中国共产党领导人民治理国家的基本方式。中国共产党十八届三中全会将司法体制改革确定为全面深化改革的重点领域之一，对司法体制改革作出了全面的部署，改革力度之大，程度之深、范围之广，在中国司法史上是少见的。2020 年 11 月，党的十九届五中全会通过的《中共中央关于制定国民经济和社会发展第十四个五年规划和二〇三五年远景目标的建议》提出，到 2035 年基本建成法治国家、法治政府、法治社会，并对坚持法治国家、法治政府、法治社会一体建设作出了重要部署。

改革开放四十多年来，中国的司法改革经历了一个从司法重建到司法技术性改革再到司法体制性改革的演进过程,这一过程是从破冰到深入再到系统化、体系化的砥砺前行过程①。从某种意义上来讲,它是改革开放几十年来现代法治观念在中国司法系统内部渐趋普及与深入的结果。十九大以后,中国的司法改革迎来了"史上最佳时期",经过前期的准备与砥砺前行,司法体制改革基于其深度与广度,已经成为一场影响深远的"司法革命"②。

## 四　公安司法机关:从恢复重建到智慧司法

### (一)恢复重建

1978 年 3 月,龙泉县开始复查并纠正历史遗案和"文化大革命"期间发生的冤假错案。4 月,龙泉县委成立了"右派"摘帽改正领导小组。从 1978 年 12 月开始,龙泉县检察院、公安局与法院得以陆续恢复③。龙泉法院按照政策,通过复查核实,为错划"右派"与"中右"的 100 多人正名;同时,对"文化大革命"中出现的冤假错案的复查工作也提上日程。

"文化大革命"中,由于林彪、江青反革命集团疯狂推行极"左"

---

① 崔永东:《改革开放四十年来的司法改革实践与司法理论探索》,《政法论丛》2018 年第 5 期。

② 陈卫东:《改革开放四十年中国司法改革的回顾与展望》,《中外法学》2018 年第 6 期。

③ 龙泉法院曾在 1973 年恢复过一段时间。

路线,砸烂公检法,大肆实行所谓"群众专政",制造了大量冤假错案。龙泉法院遵照党的十一届三中全会关于"平反假案,纠正错案,昭雪冤案"决定的精神,解放思想,排除干扰,对"文化大革命"中所判处的 201 起刑事案件(其中反革命案 54 起,普通刑事案 147起)认真地进行了复查,查出错判的有 73 起,涉及 101 人①。

复查纠错使许多蒙受不白之冤的干部群众得以平反昭雪。此后,从 1980 年到 1988 年,龙泉法院设立了申诉复查办公室,复查了1965 年以前和 1977 年以后的各类刑事案件 730 起。从 1978 年到1988 年的十年间,龙泉法院通过对本人或者家属、有关单位及其单位人员申诉的复查,完成了对改革开放前,尤其是历次政治运动中出现的冤假错案的复查纠错工作,解决了历史遗留问题。

1979 年,《刑事诉讼法》《刑法》《法院组织法》《检察院组织法》等法律的相继颁布实施,不仅使"有法可依"成为了可能,更是构成了改革开放后司法建设的基础。大规模的平反冤假错案和新法律的颁布实施,使得司法机关从幕后走到了台前,公安司法机关得以迅速恢复和重建。从 1978 年 12 月开始,龙泉县公安局、检察院与法院得以陆续恢复,迅速健全,司法人员大幅增编。短短四十多年,伴随着国家"依法治国"方略的提出,司法职业化建设的推进,龙泉基层刑事司法迈入了专业化和规范化的快车道。

改革开放前,龙泉法院的设施较为简陋,甚至连办公场所都拥挤不堪。1981 年,由地方财政拨款,龙泉法院在中山路县人民政府西首新建院舍,扩建办公楼,并于 1982 年 4 月竣工。1983 年冬,浙

---

① 浙江省龙泉市人民法院编:《龙泉法院志》,汉语大词典出版社 1996 年版,第 108 页。

江省高院拨款 4 万元给龙泉法院建设审判庭,后龙泉县人民政府又追加经费 2.2 万元,后又追加 3.8 万元,总投资 10 万元。审判庭于 1986 年 3 月建成使用。1989 年 9 月,由地方财政拨款,建造法院大门门厅。此后龙泉法院再次扩建并更换新址。2005 年 6 月 3 日,龙泉市法院审判综合大楼正式投入使用。

## (二)司法职业化建设

改革开放后的司法建设除了基础设施建设以外,更为重要的是法官职业化建设。基层法院法官的学历结构始终与改革开放的脉搏同频。1995 年之后是我国高等教育也是法学教育的大发展时期,龙泉法院拥有法律专业学历的法官基本上都是在 1995 年后参加工作的。以后,越来越多的法律专业人才走进法院。就我们在 2020 年的调研来看,目前龙泉法院的法官队伍建设有以下特征:

第一,司法专业化特点得以体现。

改革开放之初的龙泉法院,并没有拥有法律专业学历的法官,现在临近退休的老法官基本上在改革开放之初就参加工作,他们的专业可谓是五花八门,有些法官还是从部队转业或是从工厂、医院调入到法院的。或许是受 20 世纪 80 年代干部队伍年轻化的影响,尤其是学术界对法官职业化的倡导,2002 年,国家明确提出了法官职业化建设的主题,并认为这是"法院队伍建设的一条主线"①。1995 年《法官法》的颁布与 2001 年《法官法》的修改,在全

---

① 肖扬:《肖扬在全国法院队伍建设工作会议上的讲话》,《人民法院报》2002 年 7 月 6 日。

国法院法官群体中掀起了提升学历层次的高潮。随着法治观念的普及,法官应当成为专业化程度较高的职业,已经成为社会的共识。

经过四十余年发展的法学教育,我国已经形成中专、专科、本科、硕士、博士、博士后的完整层次结构,另外,法学教育的发展还促进了专业的细化,例如民商法、刑法、刑事诉讼法、知识产权法等更具体的法学门类给法院队伍的专业化建设提供了更多元化的选择。现在,龙泉法院招录法官助理时学历的最低门槛也是全日制法学本科,有些岗位甚至要求研究生学历。同时,2002 年开始实施的司法考试制度对法官队伍的专业化发挥了极大的推动作用,将法院队伍建设水平推上了新的高度。无论是本科学历还是研究生学历,2002 年以后从事法官职业必须通过司法考试,通过司法考试并拥有法学本科以上学历是现在不少年轻法官的标配,这样的职业门槛充分彰显了基层法院队伍建设的历史性跨越。

第二,经验型法官仍是法官队伍的主流。

改革开放之初,龙泉法院缺乏专业的法律人才,所以在法院恢复不久,就派 44 名干警参加法律专业知识的学习,其中参加业大学习的有 27 人,电大和政法函授 4 人,人文函授 13 人。通过进修,法官队伍的业务水平和文化素质有了明显提高。1980 年 3 月 24 日,龙泉法院又选派副院长、刑庭庭长等干部,到中共浙江省委党校检察、司法干部训练班,学习《刑法》《刑事诉讼法》《法院组织法》等法律,历时 50 天。此后,不少年纪较大的法官通过自考、函授等方式获得了法学专业学历。

这批年龄在 50 岁以上,通过函授或其他形式学习获得本科学历的法官并没有接受过专门系统的法学训练，"边学边干"是他们成长的主要方式。法学界有些人将这种现象视为法官素质偏低的依据，他们认为这些法官未经过正规的法学教育训练，在知识的构成上，经验多于逻辑。然而，此种观点值得商榷。对于基层法官而言，办案最重要的是实践经验的积累，因为他们不承担中高级法院法官所担负的案件审判指导职能，他们所接触到的案件，大部分都是简单的纠纷，缺乏正规的法学教育并不一定会给这些法官的审判工作带来多大的困扰，甚至还会让他们在一定程度上避免僵硬的文牍主义。诚然，法官是一种高度专业化的职业，非经受过专门训练，具备法律专业知识的人员不能胜任，但是问题在于，就整个法官队伍而言，究竟应当具备什么样的学历结构，才既能轻松驾驭各类复杂的新型案件，又能从容应对数量巨增的普通案件？是不是所有的法官都应有硕士、博士类的高层次学历？"一刀切"的做法是否适合于广大的基层地区呢？工作在基层法院的老法官们的确大多不是名校法学院的法科毕业生，然而，这批法官大部分属于50岁以上的经验型法官，已经在当地工作生活十几年甚至几十年，很熟悉"地方性知识"，而这种"知识"恰恰是新法官所缺乏的。

第三，年轻法官日益增多。

早在十几年前，基层法院法官"断层"和人才匮乏的现象就已备受关注①。龙泉法院地处浙西南，也面临同样的困扰——新生力量不足，后续力量补充渠道不畅，随着已有法官年龄的增长，法官队伍的老化、断层、缺员问题日益加剧。然而，随着高校大规模的

---

①　陈虹伟：《"法官断层"的问题与出路》，《法制日报》2005年7月13日。

扩招，"学历膨胀"问题逐渐凸显，在"内卷化"时代①，很多年轻人发现自己即使接受了高等教育，获得了本科、硕士学历也难以在就业市场上找到一份适合自己的工作。正因为如此，越来越多的毕业生开始将目光转向了基层法院。毕竟在法院层级中，基层法院的竞争压力相对较低。

2016年后，龙泉法院通过公开招考录用了一大批优秀大学毕业生。这些青年法官正在逐渐成为法院审判力量的主力军，肩负着传承历史与迈向未来的特殊使命和任务，也日益成为龙泉法院的主力军。不过，"法律的生命不在于逻辑而在于经验"。虽然这些年轻的知识型法官将逐步取代经验型法官而成为法官队伍的主流，但司法活动需要丰富的人生经验和职业经验作为支撑。青年法官基本上都是法学科班出身，具有较为扎实的法学理论功底，且年富力强、思维活跃，但由于他们人生阅历尚浅，而且大多初涉司法裁判，审判实践经验相对匮乏，日后需要更多历练才能成为优秀的法官。

## （三）员额制改革

中国共产党十八届三中全会通过的《中共中央关于全面深化

---

① 2020年下半年，社会学名词"内卷化"（involution）意外走红，在网络空间流行开来，成为社会大众尤其是年轻人用来描述日常生活困境的高频词。"内卷化"作为学术用语，最早由康德、戈登维泽提出，到格尔茨成型，此后，杜赞奇、黄宗智等历史学家将这一概念运用于明清经济史研究，用来指称一种"没有发展的增长"。中文网络则赋予"内卷"以新的内涵，用来形容社会生活中高内耗、低创新的竞争局面。参见冯皓辰：《内卷化：一个学术名词如何赢得考生、社畜和时代的共鸣》，《界面》2020年9月28日。

改革若干重大问题的决定》提出,员额制改革是司法改革的关键一环。但是从目前来看,虽然法官入额的改革已基本施行,但是在龙泉法院中,许多年轻人尚未享受到员额制所带来的待遇提升,反而在近两年案件数量快速增长的情况下,出现了大批法官脱离基层法院的现象。这是法院一直存在的压力大、待遇低等问题的集中爆发。之所以说是遗留问题的集中爆发,是因为我国的基层法院法官作为司法审判工作的中坚力量,却一直无法享受与其工作量相适应的待遇,基层法官的薪酬水平在公务员队伍中亦不算突出。我国目前正在进行的深化司法改革,正是为了在对司法人员进行分类管理的基础上,优化法官薪酬制度,适当提升法院各类人员尤其是入额法官的工资待遇,确保职业法官的工资收入明显高于社会大众,高于普通公务员①。但是随着改革的不断开展与深化,在员额制全面实施的过程中,也暴露出一些值得思考与讨论的问题。法官员额制实施以来,大多数法官想入额,有些法官甚至因为入不了员额而辞去工作,随之产生了法官流失等问题。因此,如何留住年轻法律人才,改变基层法院人才建设困局,以使基层法院的审判工作顺利进行,成为深化司法体制改革需要解决的重点问题。

在员额制背景下,第一批入额的往往是在法院工作时间较长或兼任行政职务的法官,他们的年龄大多已超过 50 岁,截至 2020 年底,龙泉法院共有员额制法官 24 人,其中 1960 年至 1969 年间出生的共计 11 人,1970 年至 1979 年出生的共计 9 人,1980 年后出生的只有 4 人。大部分员额制法官都已年过 50 岁,由于资历等方面

---

① 张青:《基层法官薪酬制度改革的现实困境及其因应》,《思想战线》2019 年第 5 期。

的原因,法院新进年轻骨干不能获得靠前的入额机会,大批优秀的一线审判人员只能长时间以法官助理的身份从事审判工作,这既降低了年轻法官的工作积极性,又在一定程度上影响了法院的工作效率。

基层法院法官的持续流失一直是困扰法院系统的问题。实践中,人员流动一般分为了两种:第一是法官在同级法院间调动或调至上级法院,即在法院系统内部流动;第二是法官离开审判队伍或司法机关,选择律师、公司法务等非公务职业。在 2013 年至 2019 年六年的时间里,龙泉法院流失了十余名年轻法官。县域基层法院人才流失的原因不一而足,但基本原因不外乎以下几点:办理案件多、工作压力大、职业风险高、工作强度高、社会要求高等。总体而言,龙泉法院法官队伍的现状不容乐观。基层法官作为法官队伍中人数最多的一个群体,承担着更重的压力与责任,也正是因为这种压力,部分法官选择离开司法系统,另谋出路。这些流失的法官通常以年轻的法官为主,并且大多是基层法院的业务骨干。他们中的小部分选择完全离开司法系统,成为律师或公司法务;而大部分则转向其他党政机关,仍然留在公务员队伍中。

## (四)"智慧法院"建设

四十年弹指一挥间,法官职业化与司法程序化等要求使得群众路线在改革开放时期的刑事司法场域中逐渐褪色。今天,依赖公审公判教育群众的场景已很难复现,即使是动员大众来参与庭审旁听都很难实现。

　　随着信息技术的发展,现代刑事司法不得不面对"互联网+"、人工智能等技术革新带来的冲击,基层法院也需要不断地进行改革以适应时代需要,这同时也与当前智慧法院的建设相互交叉①。近年来,浙江省一直在践行阳光司法、群众路线,推动公众积极参与庭审旁听。浙江省高级人民法院将信息化作为推进审判体系和审判能力现代化的强大动力,深入推进"互联网+"审判改革,积极利用阿里巴巴、腾讯、新浪等互联网公司在云计算、大数据和用户方面的资源优势,构建起了司法领域的大数据服务体系,搭建符合信息时代特征的集网络、阳光、智能为一体的智慧法院。在龙泉法院,智慧法院建设也已提上了日程。2018 年,龙泉法院在工作报告中提到:

　　　　2017 年 3 月起,龙泉市法院根据上级部署,践行"最多跑一次"改革目标,积极落实"大立案、大服务、大调解"三大机制建设,正式开通网上立案功能,为律师和当事人提供网上立案、网上送达、网上阅卷等多方面的服务,取得了一定的效果。1—6 月龙泉市法院网上立案率达 24.22%,而到了 6 月份网上立案率提高到 47.86%。

　　　　大力建设智慧法院。坚持以公开为原则、不公开为例外,依托信息化手段,深化审判流程、庭审活动、裁判文书、执行信息公开,提供信息公开菜单式服务,满足当事人触手可得的查询需求。应公开裁判文书 100% 上网公开,庭审网络直播 688

---

①　洪冬英:《司法如何面向"互联网+"与人工智能等技术革新》,《法学》2018年第 11 期。

场,位列丽水市法院第一。全面加强新媒体司法宣传,官方微信公众号共推送 50 期,总阅读量超过 10 万次。扎实推进庭审记录改革,以全程录音录像、智能语音识别同步转换文字等方式,代替传统书面记录方式。大力推进网络司法拍卖,累计网拍 98 件,成交率 100%,成交额 1.62 亿元,为当事人节省佣金 386 万元。

经过多年的智慧法院建设,龙泉法院已基本建成覆盖立案、保全、送达、庭审、执行、管理全流程的信息系统,各部门也都配备了相应的基础设施。但笔者在 2020 年的调研中发现,龙泉法院在信息技术应用方面仍存在一定问题,主要体现在以下两个方面:第一,网络案件评查系统、数字审委会系统尚未进入应用阶段,全流程网上办案系统与法官一体化系统未完全对接,互联网法庭不支持网上证据交换。整体而言,电子签章适用率、庭审录音录像率、电子送达率、网站信息更新频率偏低。第二,个别法院干警还存在畏难情绪,不愿主动学习和使用智慧法院系统,导致系统应用效果不佳。这在一定程度上削减了智慧法院建设的预期效果。

# 第二章　审前程序:侦查与起诉

## 一　侦查中心主义的转型

　　由于受国家本位主义的影响,我国的刑事司法制度一度过于注重惩罚犯罪,轻视对犯罪嫌疑人人权的保障。1979 年颁行的《刑事诉讼法》,侦查中心主义色彩浓厚,在"公检法流水作业"式的诉讼模式中,我们甚至很难看到辩方的影子。但经过 1996 年、2012 年、2018 年几次大修,我国的刑事诉讼模式已从当初的"公检法流水作业"向"控辩审三角架构"大踏步迈进。以前,公安部门逮到了人就直接称"人犯",现在,连普通人都知道,未经人民法院依法审判并确定某人有罪之前,应视其为无罪——在侦查阶段,哪怕真是案犯,也只能称其为"犯罪嫌疑人";在审判中,则称其为"被告人"。刑事审判的主要任务,是在法庭上用证据证明被告人有罪并公正审理,而不是对侦查机关侦查结果的再次确认。1996 年《刑事诉讼法》的修改以及其后的刑事诉讼改革,借鉴、采纳了当事人主义诉讼模式中的一些理念与制度。当前,在刑事审判中构建正三角形的诉讼构造,也就是遵循控审分离、控辩平等对抗和裁判者中立的原则已经为大家所关注①。

在侦查中心主义或逮捕中心主义的诉讼模式下,侦查、审查起诉和审判活动大多围绕口供展开,获取犯罪嫌疑人、被告人的口供被视作诉讼证明活动的核心,口供成为定案处理的主要依据,由此形成了口供中心主义的司法理念和办案方式。在经历了改革开放前历次政治运动中刑讯逼供、偏信口供、无视人权的残酷教训之后,1979 年制定的《刑事诉讼法》与《刑法》重申了有关禁止刑讯逼供的内容。1979 年的《刑事诉讼法》第 32 条、第 35 条明确禁止刑讯逼供,确立了无供可以定案与口供补强规则。1979 年《刑法》第136 条规定,严禁刑讯逼供,"国家工作人员对人犯实行刑讯逼供的,处三年以下有期徒刑或者拘役;以肉刑致人伤残的,以伤害罪从重论处"。这说明经历了多次动乱以后,国家立法对刑讯逼供采取了毅然否定的态度。

不过,就龙泉基层刑事司法实践来说,这一规定更具有政治宣言的色彩。这是因为,1979 年《刑事诉讼法》同时把如实回答侦查人员的提问规定为犯罪嫌疑人的义务;更为重要的是,国家立法只是表明了禁止刑讯逼供的立场,但是对非法供述的证明力却未做规定,这使得国家在治理刑讯逼供问题时常常陷入治标不治本的怪圈。此后不久,为整治"文化大革命"以后日益严峻的犯罪形势,1983 年龙泉县开展"严打"活动。"严打"的特点在于从严、从快、

---

① 宋英辉:《建构我国刑事诉讼合理构造的理念与原则》,《政法论坛》2004年第 3 期。

从重打击犯罪,这就在事实上把惩罚犯罪放在了保障人权之前,这为刑讯逼供的发生提供了土壤。在 20 世纪 80 年代的司法档案中我们仍可以看到这种现象,比如季晓青强奸一案①即涉嫌刑讯逼供。该案的庭讯笔录如下:

> 审判员问:你卡她脖子没有?
>
> 答:没有。
>
> 问:你用绳子捆她没有?
>
> 答:没有。
>
> …………
>
> 问:老太婆裤子到底是谁脱的?
>
> 答:是她自己脱的。
>
> 问:你在检察、公安机关是怎么交代的?
>
> 答:我说有就有,没有就没有。
>
> …………
>
> 问:你为什么在公安时交代的有?
>
> 答:他们打我,我吃不消。
>
> 问:被告你要听清楚。你要老老实实地交代清楚……坦白从宽,抗拒从严是政府的一贯政策。
>
> …………

在该案中,被告人提到他在公安机关被打的情况,但在庭审时却被审判员选择性忽略了。该案最后作出了如下判决:

---

① 季晓青强奸案,卷宗号:(1984)龙法刑字第 00037 号,浙江省龙泉市法院藏。

被告季晓青于一九八四年二月廿七日上午到本县锦溪公社上锦大队昂山庙玩,在庙中酗酒滋事,对在昂山开代销店的五十三岁老妇金××肆意猥亵,并一定要与金同睡,金逃跑躲藏在庙宇的楼上。被告以杀人相威胁,逼迫守庙的老人谢大桥、林大信找回金,谢、林被迫于被告的淫威,怂恿金回店陪被告睡觉。当夜,被告分别在金的床铺上、灶间的板凳上及门口板凳边强奸金三次。本院认为,被告季晓青流氓成性,道德败坏,辈分不清,猥亵老妇。其性质恶劣,情节特别严重,显已构成强奸罪……判处强奸犯季晓青有期徒刑十三年。

再以梁世林盗窃一案为例。此案发生在 1987 年。梁世林作为犯罪嫌疑人在被刑讯逼供八天后,被迫承认盗窃。同时,梁的亲属中亦有多人受到牵连。此后,梁世林在检察院、法院先后几次翻供,但龙泉法院最终以盗窃罪判处梁世林有期徒刑十二年,判处其母沈林妹有期徒刑三年,缓刑四年。梁、沈不服,提出上诉。丽水中院驳回上诉,维持原判。在前后十年的时间里,梁家上访申诉数百次,但均未洗脱冤屈。

1994 年,梁世林在服刑期间委托律师将调查结果与笔录送交浙江省高院。1996 年 10 月 30 日,省高院经审理作出《(1996)浙法刑再终字第 12 号刑事判决书》,宣告梁世林、沈林妹无罪,由丽水中院赔偿梁世林人民币 79 707 元,赔偿沈林妹人民币 3 540.53 元,并为他们恢复名誉,消除影响①。

---

① 这起案例曾被广泛报道,并被收录于《20 世纪末平反冤假错案案例纪实》一书中。详细情况参见刘斌主编:《20 世纪末平反冤假错案案例纪实》,珠海出版社 2001 年版,第 43—50 页。

"严打"时期，在从严、从快、从重的刑事政策指导下，司法机关对一般违法行为甚至违反道德的行为施以重拳打击，刚刚恢复不久的刑事司法面临巨大挑战。从重从快的打击突破了刑法的罪刑法定原则与刑事诉讼的法定时间限制，基层的诱供、威胁、骗供等情况更是普遍存在[1]。尽管1996年之前学界对刑讯逼供的讨论与批评很多，但是1996年大幅修改的《刑事诉讼法》对有关口供问题的说明变化不大[2]，立法依旧保留了犯罪嫌疑人有"如实供述"义务的规定。

进入21世纪以后，全国各地的冤假错案依旧屡见不鲜，其背后存在的刑讯逼供现象引发了大众的关注乃至高层的重视。2010年，最高人民法院、最高人民检察院、公安部、司法部与国家安全部联合出台《关于办理刑事案件排除非法证据若干问题的规定》。2012年《刑事诉讼法》的修改则进一步吸收了非法证据排除规则的相关规定，标志着国家在遏制刑讯逼供方面取得了划时代的进步。

然而，在实践中，侦查机关高度依赖口供侦破案件这一状况仍旧未发生质的变化，这就是学界所批评的"口供中心主义"。所谓口供中心主义，一般指侦破案件、审查起诉和法庭审判主要围绕犯罪嫌疑人、被告人的口供进行，并将口供作为定案处理的重要依

---

[1]　"据统计，1979—1989年，刑讯逼供案高达4000多件，平均每年360余件"，而这个数字可能"仅仅反映了司法实践的冰山一角"。参见陈如超：《刑讯逼供的国家治理：1979—2013》，《中国法学》2014年第5期。

[2]　崔敏在谈到1996年《刑事诉讼法》修改刑讯逼供与非法取证问题时提到："未能从立法上采取进一步的措施加以约束，这是使一些同志颇感失望的。"崔敏：《中国刑事诉讼法的新发展：刑事诉讼法修改研讨的全面回顾》，中国人民公安大学出版社1996年版，第216页。

据：侦查阶段以获取口供为中心，以印证口供作为补充；审查起诉阶段则以审查侦查期间的讯问笔录和讯问犯罪嫌疑人为中心；法庭审理则以讯问被告人为中心，庭审调查以印证或驳斥被告人的陈述为主线。口供中心主义在侦查阶段的表现最为典型。在司法实践中，犯罪嫌疑人的供述往往是案件侦查突破的重要一步。侦查部门在接到举报，掌握一定线索后直接对被举报人进行调查，调查所获得的口供成为下一步搜查取证的线索和依据。整个侦查活动基本上都以犯罪嫌疑人的口供为中心进行。"由供到证"的优势在于，取得嫌疑人的口供往往能够比较顺利地侦破案件，不过，过于看重口供，则有可能导致刑讯逼供。

学术界对口供中心主义的批评，一个常见的理由就是侦查人员的人权保障意识淡薄、素质偏低。但是，这个理由在实践中可能难以立足①。通过对龙泉法院的调研我们发现，在刑事司法的最后一道程序中，法官单纯依靠口供定案的情况基本不存在。实际上，口供不仅是获取证据和破案线索的重要来源，也是公安机关深挖犯罪嫌疑人余罪，破获积案的重要途径，更成为了现实中检测犯罪嫌疑人主观恶性的手段之一。当下的中国是一个经济政治文化发展极不平衡的大国，且正处于犯罪案件数量持续上升期，控制犯罪、维护稳定仍然是基层面临的重要问题，遏制刑讯逼供仍然任重而道远。因为容易爆发刑讯的案件（如侵财、贩毒等案）年年上升、基层民警经验欠缺以及案多人少的困境短期难以改变，加之随着城乡差距和贫富差

---

① 林莉红等：《刑讯逼供社会认知状况调查报告（下篇·警察卷）》，《法学评论》2006年第5期；吴纪奎：《口供供需失衡与刑讯逼供》，《政法论坛》2010年第4期。

距的扩大、流动人口的增长等,犯罪率可能仍将居高不下,这些是基层刑事司法必须面对的现实①。侦查机关之所以高度依赖口供,不仅是因为基层公安司法机关侦查技术与装备落后,更与我国犯罪治理机制的落后有很大的关系。总体上说,正是当下中国的国家权力运作策略的这种传统性与现代性混合存在的中间型状况,才导致出现这样一种矛盾而又"暧昧"的情形,即刑讯逼供在话语层面遭到反对,而在技术实践层面却被相对容忍②。侦查中心主义的长期存在说明了基层刑事司法的转型必须立足于它背后广阔的社会背景。

## 二　公诉制度的变革

改革开放四十余年来,检察机关的公诉制度发生了巨大变革。伴随着社会发展、人权保障价值的凸显与相关法律的颁布,龙泉的公诉制度发生了巨大的变革,呈现出以下发展趋势:

### (一)从起诉法定主义向起诉法定主义兼采起诉便宜主义转型

所谓起诉法定主义,指对凡是具有犯罪嫌疑的犯罪嫌疑人,只

---

① 陈如超:《刑讯逼供的国家治理:1979—2013》,《中国法学》2014 年第 5 期。

② 左卫民等人曾对此做出过讨论,详细参见左卫民:《在权利话语与权力技术之间——中国司法的新思考》,法律出版社 2002 年版,第 267—280 页;左卫民、周洪波:《从合法到非法:刑讯逼供的语境分析》,《法学》2002 年第 10 期。

要具备起诉条件,检察机关就必须提起公诉。起诉法定主义强调维护法律的统一权威,要求对符合法定起诉条件的案件必须起诉,排除检察官的自由裁量权。进入 21 世纪,随着刑事司法改革逐渐向"轻刑化""非刑罚化"方向发展,轻罪案件大量涌入法院,起诉法定主义过于机械和僵化的缺点逐渐凸显,起诉便宜主义应运而生。起诉便宜主义是指犯罪嫌疑人虽然具有犯罪嫌疑,具备起诉条件,但在不必要起诉时,由检察官裁量作出不起诉决定。它强调的是检察官在具体个案中拥有对是否起诉及如何起诉的酌定处置权,对不宜交付审判的可以决定不予起诉。这既有利于犯罪个别预防目的的实现,也是宽严相济刑事政策的体现。

我国 1979 年《刑事诉讼法》的第 104 条规定了法定不起诉制度,第 101 条规定了免予起诉制度。因为免予起诉制度违背了审判权专属于法院的原则,而且由于缺乏监督制约机制,导致滥用免诉权的现象时常发生,同时,免予起诉制度执行起来随意性较大,所以以罚代刑降格处理的现象严重。

基于上述原因,1996 年《刑事诉讼法》废除了免予起诉制度,代之以酌定不起诉,并增加了证据不足不起诉。虽然 1996 年《刑事诉讼法》取消了免予起诉制度,但由于检察机关对检察官可能滥用自由裁量权的顾忌和公众对检察机关打击刑事犯罪不力的抱怨,在一定程度上造成检察机关通过压低不诉率的办法,片面追求起诉率、胜诉率和有罪率的局面。这一时期,龙泉检察机关将不诉率的指标一般控制在 3% 左右,只要案件符合起诉条件就一律提起公诉,较少适用酌定不起诉制度。虽然这样避免了可能产生的不起诉滥用现象,但这种过于严格、机械的做法忽视了起诉便宜主义原则在案件分流、人权保障和庭审实质化方面的积极作用，使大量轻罪案件进入普通审判程序，导致诉讼拖延、耗费司法资源，既不益于诉讼过程中的人权保障，也无益于被告人回归社会。随着司法体制改革的不断推进，在速裁程序、认罪认罚从宽制度中，检察机关的起诉裁量权得以扩大。检察机关起诉裁量权承接着侦查权与审判权，是使案件繁简分流，提高诉讼效率的重要一环，由此，起诉便宜主义得到重视。

2017 年《龙泉市人民检察机关工作报告》指出："龙泉市 2012 至 2016 年五年来，对涉嫌犯罪但无逮捕必要的，不批准逮捕 91 人；对犯罪情节轻微、依照刑法规定不需要判处刑罚或者免除刑罚的，不起诉 78 人。"其中，在 2014 年，对涉嫌犯罪但无逮捕必要的，不批准逮捕 12 人；对犯罪情节轻微、依照刑法规定不需要判处刑罚或者免除刑罚的，不起诉 11 人。在 2017 年，龙泉市检察机关对涉嫌犯罪但无社会危险性的，不批捕 46 人；对犯罪情节轻微、依法不需要判处刑罚的，不起诉 44 人。2018 年，检察机关适用不起诉的案件总数为 50 起，对 67 人作出了不起诉决定，创历史新高。

在 2018 年适用不起诉的 50 起案件中，被不起诉人涉嫌交通肇事罪案件有 11 起，危险驾驶罪案件有 9 起，故意伤害罪案件有 6 起，污染环境罪案件有 4 起，其余为诈骗罪、盗窃罪、拒不支付劳动报酬罪等常见罪名。其中，大部分案件都属于被不起诉人赔偿并获得被害人谅解的轻伤害案件。同时，作出不起诉决定的案件的情节较为相似，如在故意伤害案件中，多系因纠纷引发争执，继而上升到暴力冲突，后被不起诉人积极赔偿并获得被害人谅解；在交通肇事案件中，则多为犯罪情节轻微，具有自首或其他法定从轻情节,并有积极赔偿被害人家属损失且获得被害人家属谅解的酌定从轻情节;危险驾驶案件中被不起诉人多系血液中乙醇含量刚过0.8mg/ml,有自首情节且有正当工作及稳定收入来源,到案后如实供述自己的罪行,具有坦白情节,认罪悔罪态度较好。

2018 年修改的《刑事诉讼法》,确立了认罪认罚从宽原则,立法细化了认罪认罚从宽制度的适用条件、审理流程等具体事宜。由此,起诉便宜主义原则再次得到重视。同年,龙泉检察院与法院、公安局、司法局共同印发《关于落实刑事案件认罪认罚从宽制度实施细则(试行)》,对公安机关移送的案件进行分类分流,将认罪认罚案件根据案件类型集中分类处理,在审查起诉时集中告知、集中提审,在审判时集中开庭,实现以案件分类推进专业化,以繁简分流推进高效化。2018 年 10 月至 2019 年 7 月,龙泉检察院适用该制度办理案件 149 起 256 人,适用率达 81.7%,并对所有认罪认罚案件提出量刑建议,量刑建议采纳率和服判息诉率达 100%,成为了丽水市检察机关中认罪认罚从宽制度适用率最高的检察院。案件的分流和灵活有效处理,为公诉裁量权的发挥提供了更大空间。

## (二)从强调打击犯罪向履行客观公正义务转型

从检察机关产生的那一刻,它就注定成为国家公权力的代表,承担维护国家司法公正的职责。因此,检察官必须抛弃偏见,客观公正地追诉犯罪。然而,在"严打"时期,刑事司法观念强调以打击犯罪为主,忽视人权保障和程序正义,检察官往往成为打击犯罪的"急先锋",片面追求打击犯罪,忽视了检察官的客观公正义务,进而导致冤假错案。这其中，固然有侦查机关有罪推定、不依法行使侦查权的原因，但也与检察官未能完全履行客观公正义务，证据审查与法律适用把关不严有密不可分的关系①。

随着我国社会进步、司法文明不断发展，法治理念逐渐深入人心。"尊重和保障人权"写入了《宪法》和《刑事诉讼法》，并成为了刑事诉讼的重要目标；"疑罪从无""不得强迫自证其罪""非法证据排除"等法治原则、规则相应确立，我国刑事诉讼制度日益完备。在此法治语境下，国家和民众对公诉人的要求也逐渐恢复为理性平和，公诉人也通过多种途径，由片面追诉犯罪向秉持客观公正立场转变，如完善律师执业各项权利机制，完善听取辩方意见以及沟通协商机制，构建庭审理性对抗模式，强化审判监督以促进依法公正裁判等。

检察官的客观公正义务是对检察官的一种单方面的限制和约束，在功能上使得检察官必须恪守客观中立的立场履责行权，以充分保障被追诉人的利益。它要求公诉人在公诉活动中要关注对被追诉人有利和不利的各种证据，依法排除非法证据；要克服单纯追诉心态，坚持理性平和、有理有据地开展指控。这一转型提升了刑事公诉的法律效果与社会效果。

## （三）从定罪请求权向定罪请求权与量刑建议权并重转型

由定罪请求权向定罪请求权与量刑建议权并重转变，是近年

---

① 孙谦：《全面依法治国背景下的刑事公诉》，《法学研究》2017 年第 3 期。

来公诉制度发生的新变化。长期以来,我国刑事司法存在定罪量刑一体化的特点,即现行立法并没有规定独立的量刑程序,量刑被糅合在定罪程序之中。在庭审中,公诉人只对被告人的定罪问题提出指控意见,只要法院认定了指控事实,公诉人即完成了公诉任务,而对法院量刑问题少有关注,即使公诉人指出从重或从轻的量刑情节,也较少关注法院如何量刑,法庭上更是鲜有对量刑问题专门展开的辩论。这容易导致法院自由裁量权的滥用,同案不同判现象较为严重。

为规范量刑程序,促进量刑活动的公开、公正,2010 年"两高"联合制定规范性文件以探索量刑规范化改革,全国检察机关也全面推行量刑建议工作,逐步提高量刑建议的规范化水平,不断积累量刑建议工作的经验。2018 年《刑事诉讼法》在修订过程中充分吸纳了刑事案件速裁程序和认罪认罚从宽制度试点的成果,从立法层面明确了检察机关量刑建议的地位和作用。检察机关的量刑建议对于规范法院量刑活动,促进量刑公正,进而实现现代国家治理和法治国家建设具有重要的价值。

就龙泉而言,自 2018 年认罪认罚从宽制度实施至今,龙泉检察院对所有认罪认罚案件提出了量刑建议,量刑建议采纳率和服判息诉率达 100%,反映出检察机关的量刑建议对法院裁判有较大的影响力。以刘风开设赌场案为例:

> 本院认为,被告人刘风以营利为目的,利用互联网成为赌博网站的代理,发展下线代理或会员参与网络赌博,并从中获利,情节严重,其行为已构成开设赌场罪。公诉机关指控罪名成立,证据确实充分,本院予以支持。被告人刘风在共同犯罪

过程中起次要作用,系从犯,依法减轻处罚;其归案后如实供述自己的罪行,并自愿认罪认罚,依法从轻处罚;其已退缴违法所得,酌情从轻处罚。辩护人提出的上述从轻、减轻处罚的辩护意见,本院予以采纳。公诉机关的量刑建议适当,本院予以采纳。①

该案中,龙泉法院采纳了检察机关的量刑建议。实践中,检察机关量刑建议权的行使提升了刑事司法结果的可预测性,同时充实了量刑程序的对抗性内容,具有积极的意义②。

总之,改革开放四十余年来龙泉刑事公诉的实践样态发生了巨大转变。在此前的很长一段时期,检察官只是作为犯罪的追诉人,重打击轻保护、重实体轻程序、重支持配合轻制约监督,为此,不少人仅仅把检察官理解为“公诉人”,认为其职能理所当然就是追诉、从重从快惩处犯罪。而进入新时代,检察官的客观公正义务被强调,2019 年 4 月 23 日,十三届全国人大常委会第十次会议表决通过新修订的《检察官法》,自此,作为首次写进《检察官法》的检察官履职要求,“秉持客观公正的立场”就被赋予了明确的规范性内容。公诉制度的转变不仅反映了检察机关职能的重大调整,更代表了刑事诉讼理念的巨大变迁。

---

① 刘风开设赌场案,卷宗号:(2020)浙 1181 刑初 211 号,浙江省龙泉市法院藏。

② 熊秋红:《认罪认罚从宽制度中的量刑建议》,《中外法学》2020 年第 5 期。

# 第三章　庭审变革:从庭审虚化到庭审实质化

　　1979 年《刑事诉讼法》是新中国刑事审判制度法治化的开端,同时也奠定了强职权主义审判模式的基调。此后,以《刑事诉讼法》第一次大修为标志,刑事司法制度改革吸纳了对抗式因素和人权保障的内容,审判程序进一步科学化和精细化①。改革开放至今四十余年,龙泉刑事司法也逐步从庭审虚化迈向庭审实质化。所谓庭审虚化,就是说法官对证据和案件事实的认定并非通过法庭调查来完成,而是通过庭审之前或之后对案卷的审查来完成。换言之,庭审在刑事诉讼过程中没有起到实质性作用,法院不经过庭审程序也照样可以作出判决②。造成庭审虚化的原因很多,既有司法体制层面的阻碍因素,如法外因素的干预等,也有司法职权配置不合理、权力运行机制不健全等因素,突出表现为“侦查中心主义”③。

---

　　①　汪海燕:《中国刑事审判制度发展七十年》,《政法论坛》2019 年第 6 期。

　　②　何家弘:《刑事庭审虚化的实证研究》,《法学家》2011 年第 6 期。

　　③　汪海燕:《刑事冤错案件的制度防范与纠正——基于聂树斌案的思考》,《比较法研究》2017 年第 3 期。

# 一　改革开放后庭审变革实践

## (一)侦查中心主义模式下的庭审

理想的刑事诉讼结构应当建立在现代法治理念的基础上,它的运作逻辑体现为司法的公正性、中立性、程序性、专业性和终局性。法院是法律帝国的首府,法官是法律帝国的王侯①,司法场域为各方主体博弈提供了一个公平而有序的平台。具体来说,理想的司法场域包括三个核心要素,即司法自治、程序法治和控诉平等②。理想司法场域的刑事诉讼基本结构是由控方、辩方、裁判者三者形成的等腰三角形结构。不过,在改革开放初期,受到当时国内外环境的影响,1979 年《刑事诉讼法》确立的是一种"强职权主义审判模式"③。强职权主义审判模式与侦查中心主义诉讼模式相关,检察官和法官是"分工负责、互相配合"的关系,法官的中立地位丧失。"严打"时期,由政法委牵头,建立公检法联合办案小组,对影响较大的案件"协调定案",协调定案是政法委员会执法监督职能的具体体现。协调定案有"小三长"和"大三长"临时召集会议

---

① Ronald Dworkin, *Law's Empire*, Harvard University Press, 1986, p.407.

② 周叶中、江国华:《法律理性中的司法和法官主导下的法治——佘祥林案的检讨与启示》,《法学》2005 年第 8 期。

③ 卞建林等著:《改革开放 40 年法律制度变迁·刑事诉讼法卷》,厦门大学出版社 2019 年版,第 276 页。

之分。"小三长"会议由政法委员会牵头召集,让公、检、法三方办案的具体负责人召开联合会议,解决重大刑事疑难案件和扯皮案件。"大三长"会议则是由公、检、法三机关的正副负责人参加的联合会议。在具体案件的协调过程中,因政法委员会的召集人没有太大的话语权,若公、检、法三家的意见难以统一,就可能导致案件久拖不决。在这种情况下,可能最后还得由政法委书记拍板定案。此一时期,刑事案件由政法委协调定案的情况较多。比如,1983年发生的张远照、钱建明流氓一案①,法院最初的量刑是被告人张远照犯流氓罪判处有期徒刑四年,被告人钱建明犯流氓罪判处有期徒刑两年,但案件经过政法委研究决定以后,量刑出现了变化,被告人张远照犯流氓罪被判处有期徒刑六年,被告人钱建明犯流氓罪被判处有期徒刑五年。

类似案件很多。"严打"时期,公检法办案机关对内高度一致,强调配合,没有分权,法官的裁判只是生产线上的最后一道工序。政法委就某一起或某一类案件对当地公检法部门进行协调之后,则形成了对以后处理同类案件具有指导作用的意见。这种情况即使在强调庭审中心主义改革的今天也时有发生。这样,法官作出裁决的依据不再仅仅是既有的法律法规,其中还夹杂了各种"隐形规则",比如政法委的决定,服务大局的考量,法官对于自身升迁和政治前途的考虑,案件裁判之后的社会影响,媒体、法院的形象建设等等。于是,在协调各方面的关系、妥协折中、权衡利弊之后,产生了一种留有余地的司法判决——"疑罪从轻"。

---

① 张远照、钱建明流氓案,卷宗号:(1983)龙法刑字第00085号,浙江省龙泉市法院藏。

## (二)庭审实质化改革实践

2014 年 10 月,中国共产党十八届四中全会通过的《中共中央关于全面推进依法治国若干重大问题的决定》中明确指出:"保证庭审在查明事实、认定证据、保护诉权、公正审判中发挥决定性作用。"这一表述说明,建立以审判为中心的诉讼制度,推动庭审实质化改革是当前我国法治建设的一项重要任务。确立法庭审判在刑事诉讼过程中的"中心地位",是我国刑事诉讼制度改革的当务之急①。推动以审判为中心的诉讼制度改革,本质上就是建立一个以庭审为中心的诉讼制度,通过庭审维护公平正义,真正实现其实质性和有效性②。自 2018 年《刑事诉讼法》修订以来,龙泉刑事案件庭审运行状况如何? 2019 年我们在龙泉法院旁听了 100 起刑事案件的审判,如表 16 所示,这 100 起案件涵盖了侵犯公民人身权利、民主权利罪,破坏社会主义市场经济秩序罪,侵犯财产罪等罪名。下面,我们主要从庭审运行整体情况、法庭调查阶段、法庭辩论阶段、被告人最后陈述阶段与法庭宣判阶段等方面入手,讨论龙泉法院庭审实质化改革的实践情况。

---

① 何家弘:《从侦查中心转向审判中心——中国刑事诉讼制度的改良》,《中国高校社会科学》2015 年第 2 期。

② "以审判为中心"的内涵主要有两个方面:首先,是指审判在公诉案件刑事诉讼程序中居于中心地位,侦查、起诉和执行都围绕着审判这一中心而展开;其次,是指在审判中,庭审(开庭审理)要真正成为审判的决定性环节,必须使庭审实质化而不能流于形式。见陈光中:《推进"以审判为中心"改革的几个问题》,《人民法院报》2015 年 1 月 21 日。

表 16 庭审实质化改革研究样本案件概况

| 类 别 | 普通程序（起） | 简易程序（起） | 速裁程序（起） | 合 计（起） |
|---|---|---|---|---|
| 侵犯公民人身权利、民主权利罪 | 15 | 5 | 0 | 20 |
| 破坏社会主义市场经济秩序罪 | 8 | 3 | 0 | 11 |
| 侵犯财产罪 | 11 | 6 | 0 | 17 |
| 妨害社会管理秩序罪 | 12 | 9 | 1 | 22 |
| 危害公共安全罪 | 8 | 7 | 5 | 20 |
| 贪污贿赂罪 | 4 | 1 | 0 | 5 |
| 渎职罪 | 5 | 0 | 0 | 5 |
| 合 计 | 63 | 31 | 6 | 100 |

1. 庭审运行整体情况

首先,看合议庭的基本样态。第一,就会议庭的组成模式来看,从表17中我们可以看到,在普通程序中,采用1名法官加2名陪审员的合议庭审理模式占比最高,比例为54.0%;简易程序则多为法官独任审理,人民陪审员参与庭审的比例为32.3%。第二,就律师参与情况来看,在适用普通程序的案件中,有55起案件的律师参与了庭审,其中26名为法律援助律师;简易程序中有14起案件律师参与了庭审,其中4名为法律援助律师;速裁程序由于所涉案件案情简单,且为提升庭审效率所制定,所以没有律师出庭。第三,100起案件中,旁听人员参与庭审的比例达到了73%,表明庭审旁听状况较好,群众对当事人的定罪量刑比较关切。庭审旁听有利于法官切实提高庭审质量,增强司法的公信力。

表 17　庭审参与人员情况调查表

| 审判程序 | 普通程序（63 起） | 简易程序（31 起） | 速裁程序（6 起） |
|---|---|---|---|
| 合议庭组成模式与案件数量 | 1 名法官加 2 名陪审员：34 起<br>3 名法官：19 起<br>2 名法官加 1 名陪审员：10 起 | 1 名法官：21 起<br>1 名法官加 2 名陪审员：9 起<br>2 名法官加 1 名陪审员：1 起 | 1 名法官：6 起 |
| 律师参与案件的数量 | 55 起 | 14 起 | 0 起 |
| 群众旁听的案件数量 | 55 起 | 17 起 | 1 起 |

其次，看人民陪审员的庭审表现。从合议庭组成情况来看，100 起案件中，除适用速裁程序与适用简易程序案件中由法官独任审理的 27 起案件外，其余案件均组成合议庭进行审理，其中，3 名法官组成合议庭的案件有 19 起，法官与人民陪审员组成合议庭的案件有 54 起。但从人民陪审员在庭审中的表现来看，陪审员未发问、与法官无交流的案件共 38 起，占比 70.4%，"陪而不审""审而不议"的老问题依旧未得到彻底解决。这表明，陪审员在庭审中的作用并未得到充分体现。

2018 年 4 月《人民陪审员法》颁布并实施，该法对于人民陪审员的职责作出了系统的规定。但从样本案件来看，人民陪审员在庭审中的表现并未因法律的颁布而得到实质性改善，有些人民陪审员仅把参与审判案件的程度停留在"陪"的层面上，陪审员参与审判大多流于形式。陪审制度改革进入了表层与深层非均衡发展的困境①,人民陪审员制度没有发挥应有的作用。究其原因,一方面,部分法官对人民陪审员的参审职权认识不清,对人民陪审员的性质与定位并没有随《人民陪审员法》的实施而发生改变,仍是将陪审员视为"象征性"的存在;另一方面,一些人民陪审员对专业性问题较为生疏,在庭审中难以发表意见。

最后,看律师出庭情况。在适用普通程序的 63 起案件中,律师出庭比例相对较高,出庭比例达到 87.3%。对于简易程序案件,由于大多数被告人庭前已签署认罪认罚具结书,且犯罪情节较轻微,律师出庭的比例相对较低,仅为 45.2%。2018 年修订的《刑事诉讼法》对速裁程序中的律师出庭并没有作出特殊规定,且适用速裁程序案件的案情大都较为简单,因此此类案件没有律师出庭。

律师辩护是保障被告人权利的重要途径。现阶段,大多数适用普通程序的案件基本都有律师出庭为被告人辩护。律师在简易程序案件中的出庭比例相对较低。不过,我们发现,100 起样本案件中,有两个适用简易程序的案件,在庭审过程中出现了被告人对此前签订的认罪认罚具结书和证据存在疑问的情形,对此法官作出休庭处理。因此,我们认为,在适用认罪认罚从宽的案件中也应强化律师的作用,保障被告人的权利。

2. 法庭调查阶段情况

调研发现,在大部分案件的庭审过程中,控方与法官会对被告人进行讯问,以审查核实相关证据,查明案件事实。不过,辩方发

①　王禄生:《人民陪审改革成效的非均衡困境及其对策——基于刑事判决书的大数据挖掘》,《中国刑事法杂志》2020 年第 4 期。

问比例较低,这可能在一定程度上影响案件的事实认定效果,辩方发问的积极性有待提高。同时,适用速裁程序的案件,由于制度安排及案件本身的情况,控辩审三方大多选择不发问。

　　第一,控、辩双方举证情况。实践中,控方举证模式主要有两种,一种是控方在举证环节将所有证据一并宣读出示的整体举证;另一种是控方将证据分组宣读出示的分组举证。如表 18 所示,在统计的 100 起样本案件中,除适用速裁程序的 5 起案件控方未举证,其余案件中,控方使用整体举证方式的比例较高,占比达56.8%。可见,不论是普通程序还是简易程序,控方都偏向于使用整体举证的方式进行举证。在整体举证中,控方往往将证据一次性出示,辩方因此很难作出全面应对,这在一定程度上剥夺了辩方的质证权。

表 18　控方举证情况调查表

| 举证方式 | 普通程序（起） | 简易程序（起） | 速裁程序（起） | 合计（起） | 占比（%） |
|---|---|---|---|---|---|
| 整体举证,综合质证 | 35 | 18 | 1 | 54 | 56.8 |
| 分组举证,一组一质 | 28 | 13 | 0 | 41 | 43.2 |
| 合　计 | 63 | 31 | 1 | 95 | 100 |

　　关于控辩双方的举证数量,从图 8 中我们可以看到,100 起案件中,控辩双方共向法庭举证 1 094 份,其中控方举证 1 050 份,辩方举证 44 份。从证据总量来看,控辩双方举证数量差距悬殊;从证据种类来看,控方提出的证人证言数量最多,其他证据相对较少,而辩方举证的证据大多是书证,证人证言仅有 4 份。控方在举

证过程中将证人证言作为证据出示的案件共 93 起,证人证言的证据数量为 497 份,但有证人出庭的仅有 3 起,且都是刑事附带民事诉讼的案件,而且此类案件中,证人本身是民事诉讼原告人,理应出庭作证。

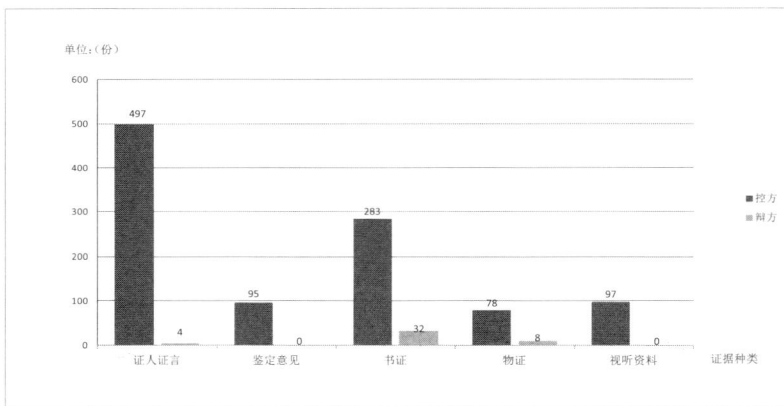

图 8　控辩双方举证数量对比图

这表明,在 2018 年《刑事诉讼法》修改实施后的一年内,证人出庭率低的状况依旧没有太大改观。众所周知,直接言词原则是刑事诉讼程序的重要原则之一,刑事庭审的证据调查应以直接言词原则为基本活动准则,而证人出庭作证则是贯彻直接言词原则的前提和基础。直接言词原则可再分为直接原则和言词原则。直接原则要求法官在法庭上直接听取证人证言、被告人陈述和控辩双方辩论,进而形成内心确信。言词原则要求当事人和诉讼参与人以言词的方式在法庭上质证、辩论、作证。证人出庭作证是贯彻直接言词原则的重要方式,有利于法官根据庭审展示的证据查明案件事实和据以定罪量刑的情节,从而在庭审中形成裁判结果。

较低的证人出庭率明显不利于证据调查和公正判决。我们认为，证人出庭率低的原因有以下几个方面。一是证人效用的可替代性。一些人认为，既然证人的证言是具有证据效力的，即使证人不出庭，也不会带来严重的后果。二是法官裁判主要依赖刑事卷宗。刑事法官大多通过阅读检察机关移送的案卷笔录来展开庭前准备活动，对于证人证言、被害人陈述、被告人供述等言词证据，普遍通过阅读案卷笔录的方式进行，在先前已对案件有了大致了解后，他可能会担心证人出庭影响其对庭审过程的掌控，打乱审判节奏，带来很多不可控因素①，增加办案难度。三是部分法官主观上认为有些案件的庭前证言比当庭证言更具有真实性。

第二，律师举证情况。在有律师出庭辩护的69起案件中，委托律师辩护的案件有39起，法院指定律师辩护的案件有30起。在指定辩护的案件中，只有3起案件的律师全面宣读并出示了证据；在其他案件中，律师都只是简要地说明证据的名称及内容，甚至有些律师仅说明证据名称而不说明证据内容，存在大量的形式化辩护。这说明，就辩方举证而言，委托辩护律师比指定律师更加积极。

众所周知，刑事诉讼法律援助制度的建立是为了保护被告人的辩护权，实现公平正义。现阶段指定辩护的律师主要来源于法律援助机构内部，但由于受目前我国法律援助模式的限制，"援助"成为"低水平服务"的代名词。法律援助对于律师界的吸引力较小，大部分优秀的律师不愿介入其中。并且，法律援助律师在为被

① 汪海燕：《刑事审判制度改革实证研究》，《中国刑事法杂志》2018年第6期。

告人辩护的过程中出现了介入时间晚、不阅卷、不调查，甚至不会见的情况。在这种状态下，被告人的辩护权没有得到真正的落实，而是流于形式。在实践中，确有一些案件事实清楚、证据确实充分，被告人对自己的犯罪事实也供认不讳，对此，律师没有提供证据证明被告人无罪或罪轻的余地，因此也就没有出示证据的必要。但在不少案件中，被告人仍然存在着一些酌定减轻情节，需要出示证据予以佐证，这时如果辩护律师未能尽职地为被告作辩护，法律援助的效果将大打折扣，不利于保障被告人的辩护权。2018年修订的《刑事诉讼法》虽进一步完善了法律援助制度，律师出庭为被告人辩护的比例也在不断提高，但在基层，法律援助制度仍有待完善。

第三，辩方质证情况。根据庭审实践，辩方质证的数量较少，质证比例不高，刑事庭审过程中存在着辩方质证难的问题。具体来说，委托辩护情况下，律师进行质证的比例相对较高，被告人权利能得到更好的保护；而指定辩护下，律师质证的情况仍有待加强。

在样本案件中，控方采取整体举证的方式举证后，辩方进行质证的案件共3起，共对4组证据进行了质证。控方采取分组举证的方式举证后，辩方进行质证的案件数量为19起，共对28组证据进行质证。控方整体举证时，辩方质证数量少，而在与整体举证相对的分组举证情况下，辩方进行质证的数量明显增多，这说明控方举证方式对辩方质证存在一定影响。

造成当前辩方质证困境的原因主要有三个。首先，为了提高庭审效率，控方在举证过程中多采取整体举证的方式。对于无争议的证据，采用整体举证的方式，有利于提高庭审效率，但是对于一些存在争议或案情较为复杂的案件，如果仍采取整体举证的方式，则会给辩方质证带来困难。在样本案件中，有一起案件的公诉人在举证过程中采用的是整体举证，在公诉人一次出示 18 组证据后，被告人提出异议，表示对证据的真实性存疑，但由于控方出示的证据太多，被告人并不能明确指出哪条证据存在问题，最后只得不了了之。所以，控方在庭审过程中，应当根据案件与证据的情况调整举证方式。其次，控方常常采用"摘要式"举证的方式，即只宣读证据名称而不阐述证据的具体内容。这种举证方式存在着局限性，如果不能合理使用，将会影响法官定罪量刑。在司法实践中，大多数被告人文化程度不高或表达能力不强，当公诉人采用"摘要式"举证的方式一次性宣读多个证据后，被告人往往记不住证据的名称，当对证据产生异议时，只能简单地表示"事情并非如此"，而难以向法官清楚准确地表达自己的想法。最后，使用照片或其他形式代替原物出示带来了质证困难。在样本案件中，我们发现，控方在出示物证时，多采用展示物证照片或扣押决定、扣押清单的方式，这造成了辩方质证的困难。对关键的物证或控辩双方存在争议的物证，要求公诉人或侦查机关直接在法庭上出示物证原物，由控辩双方直接进行质证，可能更利于法官准确、直观地认定物证。

3. 法庭辩论阶段情况

法庭辩论是法庭审理的独立阶段，也是法官对事实和证据形成内心确认的关键阶段。在法庭辩论的过程中，控辩双方会就案件事实和证据发表意见，分庭抗礼，据理力争。法官作为主持者和旁观者往往会通过这一过程，发现案件疑点，查明事实，解决争议。

因此,法庭辩论对于案件能否公正审理,意义重大。

然而,调研发现,在法庭辩论阶段,控辩双方的表现均存在问题。首先,法庭辩论时间过短。由于速裁程序不需要进行法庭调查和法庭辩论,所以进行法庭辩论的案件均为适用普通程序或简易程序的案件,48%的案件的法庭辩论时间在 5 分钟以下。相对于整个庭审过程而言,法庭辩论的时间较少,侧面反映出法庭辩论阶段的形式化现象,控辩双方难以就案件事实进行充分辩论。其次,公诉人在发表意见时常常会出现拖沓的现象。在许多案件中,庭审进行到法庭辩论阶段时,公诉人往往会当庭宣读许多对案件定性影响较小的信息,占用了有限的庭审时间,降低了庭审效率。再次,在很多案件中,控辩双方并未形成真正意义上的辩论。在法庭辩论阶段,控辩双方好像是两个不相干的主体,往往处于发表"总结陈词"的状态,不进行证据和事实上的语言交锋,致使案件事实很难通过庭审得到证明。最后,法官并未真正践行在庭审过程中居中裁判的原则,大多偏向控方,有时甚至会打断律师的发言,使控辩双方看似地位平等,却不能实现真正的对抗。这造成法庭辩论不仅难以起到查明案件事实的作用,反而成为了一个对被告人所犯罪行进行再次说明的环节,有悖于法庭辩论设立的初衷。

4. 被告人最后陈述情况

由于被告人最后陈述的程序设计比较简单,内容不限,在实践中,被告人最后陈述的表现较为多样。在 100 起样本案件中,有75%的案件的被告人进行了最后陈述。在被告人进行最后陈述的案件中,被告人进行一句话陈述的比例为 22.7%,被告人借助手稿进行最后陈述的比例是 13.3%。除一句话陈述外,被告人最后陈述的平均时长为 2.43 分钟,占庭审时长的平均比例为 2.13%。有近 25% 的案件的被告人放弃了最后陈述权。这说明,有相当一部分被告人不重视最后陈述权,或认为其对判决没有实质性的影响,或因为其不理解最后陈述的意义而放弃最后陈述的权利。

在这 100 起样本案件中,适用不同诉讼程序、不同案由的案件,被告人的最后陈述有着比较明显的差异。

在适用普通程序的案件中,被告人最后陈述的时长与内容各不相同。第一,陈述时间长短不一。有的被告人的陈述长达十几分钟,有的被告人则草草一句话就结束了最后陈述。第二,陈述内容上的多样性。有的被告人在陈述中谈到对被害人的愧疚,有的人提到对家人造成的伤害,有的人反思自己走上犯罪道路的经过,有的人借助最后陈述的机会坚持自己的无罪辩护,也有人体现出对判决消极对待的态度。而且,法官对最后陈述也并不重视,最后陈述发现案件事实真相的功能更是难以实现。此外,被告人很少在最后陈述方面获得律师的辅助,而刑事被告人受教育程度参差不齐,有的被告人受教育程度较低,对诉讼程序常常不理解,也难以现场组织流畅的语言。

在速裁程序中,被告人最后陈述环节被特别保留,但被告人消极对待、程序形式化现象更为严重,并未起到保留该程序的作用。与适用普通程序审理的案件相比,适用速裁程序审理案件的被告人更多选择放弃最后陈述,或只进行一句话陈述,且陈述的内容主要是认罪悔罪。有时,法官也会向被告人发问,问被告人对自己的行为有何认识,有没有认识到自己行为的错误。但在有的速裁程序庭审中,由于速裁程序涉及的主要为轻罪,可能判处的刑罚较轻,部分被告人甚至会在最后陈述中谈到案件以外的一些需求。总体来看,由于被告人的消极对待,以及速裁程序紧凑、快速的特点,被告人最后陈述发挥的实质性作用不大。

从速裁程序庭审的种种特点上来看,可以推测,速裁程序中的最后陈述对判决影响更小。依照《刑事诉讼法》的规定,适用速裁程序审理的案件应当当庭宣判,即在庭审程序进行完毕、被告人最后陈述结束后,法官就直接进行宣判,并未给法官留有过多的思考时间。在有的案件中,被告人进行了较长时间的最后陈述,但法官在被告人最后陈述后还是直接拿起事先准备好的判决书宣读,从法官此种表现中很难看出被告人的最后陈述对判决起到了实质影响。

就案由来说,调研发现,在职务类犯罪案件中,被告人进行最后陈述最为积极,法官也极少对被告人的最后陈述进行干预。同时,此类案件中被告人最后陈述的语言流畅度较高,陈述的内容较多且较为相似,多为因对不起党与工作单位多年培育所作的忏悔,对自己行为的反思与悔过,对家庭的道歉。这主要有两方面原因:第一,国家工作人员职务犯罪的案件可能涉及国家秘密,被告人在陈述中也不能说得太具体,笼统的发言可能给人相似度较高的感觉;第二,许多职务犯罪被告人的犯罪数额都很高,量刑空间较小,被告人也知晓进行辩护的空间很小,于是在陈述中会选择保守与普通的内容。

被告人最后陈述制度在中国的刑事司法当中具有独特的意义。作为法与情连接的重要渠道、法律宣传的重要资源,最后陈述在刑事司法当中具有不可替代的价值。总体而言,被告人最后陈述制度受到整体诉讼环境的影响非常大。为此,要大力推进并完成以审判为中心的诉讼制度改革,使案件真正决定于审判阶段,为最后陈述制度发挥其作用创造有利条件。

5. 法庭宣判阶段情况

调研发现,不管是适用简易程序还是普通程序的庭审案件,在宣判方式的适用上,定期宣判的案件占了绝大多数,只有少数案件会当庭宣判。这些当庭宣判的案件几乎都有着相同的特点:都是常见的犯罪类型,基本上适用简易程序审理,量刑大多在三年以下。之所以能够当庭宣判,要么其是多次开庭审理的,要么是法官提前做了大量工作的,而且当庭宣判案件的判决书的内容极为简单。如果是重大、复杂的案件,法官往往就会择日宣判。以上种种迹象表明,刑事案件当庭宣判在实际运行过程中面临着困境,正如有的学者所指出的:"中国法院在绝大多数案件中都采取了'定期宣判'的裁判方式,'当庭宣判'的案件微乎其微,因此,在法庭审理结束之后与裁判结论产生之间这一段时间里,各种因素的影响有可能促使法官将法庭审理情况弃置不顾,而根据一系列法庭之外的情况作出事实认定。"①

在案件类型上,当庭宣判的绝大多数案件集中在盗窃犯罪、故意伤害(轻伤)犯罪以及其他一些处罚较轻的常见犯罪类型中,而且没有共同犯罪案件。只要是复杂些的共同犯罪案件大多会定期宣判。即便适用普通程序审理的当庭宣判案件,也是案情简单明了的。这从一定程度上说明,对于那些案情轻微、量刑不重的刑事

---

① 陈瑞华:《刑事诉讼的中国模式》,法律出版社 2018 年版,第 292—293 页。

案件,法官更愿意选择当庭宣判;而对于情况"重大""复杂",或者"存在重大争议"的案件,一般是由法院院长主持召开审判委员会会议,对案件的裁判结论进行讨论并作出合议庭必须予以执行的权威决定,法官不可能当庭宣判。

一般情况下,对于当庭宣判的案件,承办法官会在审判开始之前做大量的工作,提前做好充足的准备,甚至有的都已经把判决书提前拟写出来,等到正式开庭时,就把事先准备好的判决书拿出来使用,做到当庭宣判。应该说,采用这种做法的当庭宣判已流于形式,名不副实。

在司法实践中,对于当庭宣判的案件,有的判决书只是宣告被告人所犯罪名和判处的刑罚;有的判决书则会简要提及是否采纳控辩双方所举证据,附带简要陈述一下判决理由。总体来看,法官当庭宣判时判决书的内容很简单,只是陈述一下本案被告人已构成犯罪,有从轻处罚情节,然后采纳公诉机关的量刑建议予以判处刑罚,告知被告人上诉期限和上诉法院以及判决文书的送达期限。对于被告人具体的犯罪事实是什么,法院基于何种证据认定这样的事实,为什么采纳该证据,这些作为定罪量刑的关键性问题大多不涉及。

宣判作为庭审的最后一个环节,无疑是最为引人注目的。从实体意义上来看,它承载着一个刑事案件的结果;从程序的角度来说,当庭宣判体现着审判集中、直接言词审理和诉讼及时原则等在内的诸多诉讼理念。而且,当庭宣判对于愈发重视司法效率的基层法院来说,具有重要的意义。但是在我国的刑事案件审判中,当庭宣判依旧少见,定期宣判是常态,当庭宣判是例外。笔者认为,这种现象的产生受到许多因素的影响,主要是法律的不完备、庭审过程的形式化、司法裁判的行政决策模式等因素。其中最主要的是,现阶段我国刑事庭审仍受到侦查中心主义诉讼模式的影响,在审判程序中,以案卷形式呈现的侦查结果往往会对法院裁决产生实质性影响。判决结果并不在庭审过程中形成,致使当事人的刑事责任无法在审判过程中得到证实,更无法避免上级法院或其他与案件无关的因素对审判结果的影响。法官独立裁判的空间受到影响,法院内部与外部因素的干预一定程度上使庭审流于形式,法庭审判过程难以成为法官制作裁判结论的基础。

总之,从 2019 年龙泉法院审理的 100 起刑事案件来看,现阶段基层法院刑事审判在法庭调查、法庭辩论、被告人最后陈述及法庭宣判环节仍然存在许多问题。这也表明,2018 年《刑事诉讼法》修改后,庭审实质化改革虽然取得了不小的进步,但仍有问题尚待解决。

## 二　刑事辩护的恢复与发展

改革开放四十余年来,我国刑事辩护制度的发展可以归纳为五点:第一是律师的定位,律师从"国家法律工作者"转变为"法律代理人",相应地,律师的职业伦理从原本的注重公益义务转向强化忠诚义务;第二是律师的参与空间,从原本的"法庭辩护"开始走向"全流程辩护";第三是对被告人权利的重视,从原本的注重被告人"有权获得辩护"转为保障被告人"获得律师有效帮助";第四是律师的有效辩护,从原本的"律师参与诉讼"走向"律师的有效辩护";第五是对律师的权利保障,在律师辩护权利的保障机制上,引入了律师的权利救济机制与法律风险防控机制①。

## (一)律师辩护制度的恢复

"文化大革命"结束以后,民主法治建设得到了加强。1979 年 7 月通过的《刑事诉讼法》对辩护与律师制度作出专章规定,律师制度得以恢复。《刑事诉讼法》规定,被告人有权获得辩护,被告人对自己是否实施了犯罪行为、犯罪情节轻重以及是否有减轻、免除其刑事责任等情况,有权从事实上和法律上进行辩解;同时,被告人有权依法委托辩护人或要求法院指定辩护人为其辩护②。1980 年 8 月,《律师暂行条例》通过,龙泉县在 1982 年 2 月建立起律师机构,有律师 2 名。在 1982 年到 1988 年近七年的时间里,龙泉县的律师共代理了 212 起刑事案件。律师作为主要辩护人,是被告人合法权益的专门维护者,其诉讼职能就是为被告人进行辩护③。不过,"严打"时期,司法机关对特定的犯罪嫌疑人、被告人进行"从重从快"的严厉打击,大大缩短了审限,限制了辩护人的辩护权与上诉权④。这里,我们以叶建明奸淫幼女、流氓一案为例说

①　陈瑞华:《刑事辩护制度四十年来的回顾与展望》,《政法论坛》2019 年第 6 期。

②　法学教材编辑部编审:《刑事诉讼法讲义》,法律出版社 1981 年版,第 26 页。

③　陈卫东主编:《中国律师学》,中国人民大学出版社 2014 年版,第 16 页。

④　曾新华:《当代刑事司法制度史》,中国检察出版社 2012 年版,第 149 页。

明①。在该案中,叶建明的律师辩护道:

> 被告人认为,原审认定奸淫幼女罪、流氓罪是事实原则与定罪界限的不分明。男女双方自愿情况下所发生的性行为怎么能认定为严重侵犯公民人身权利? 当然在定罪中要有明确的犯罪后果,即被告人对被害人的侵害程度这一概念。

> 根据《刑法概论学》处理流氓案件,必须把流氓罪同轻微的流氓行为区别开来,根据《刑法》第一百六十条之规定:有的流氓行为、流氓风气属于一般违法的道德方面问题,有的通过舆论谴责或者批评教育来解决。有的用《治安管理处罚条例》进行处理——在处理流氓犯罪案件时,应该注意划清以下几个界限:即第一,在某些青年男女之间偶尔发生不正当两性关系属于批评教育的范围,应同那种流氓动机、一贯侮辱妇女、玩弄女性的流氓犯罪行为进行区别开来。综上所述,被告人这些婚前所发生的两性关系,与女方并不是素不相识的,并没有欺骗的证据与行为,在双方自愿的情况下,哪里来的危害程度? 更没有造成任何危害后果……

此后,被告人自行辩护道:

> 对于我的行为,只认为是思想不健康的生活作风腐败状况,是由于对性生活好奇的幼稚认识而导致的过错行为。难道男女双方自愿的性行为就必定是流氓行为? 我所犯的实际情况根本不符合"流氓罪具有主要特征"的第二条解释。根据

① 叶建明奸淫幼女、流氓案,卷宗号:(1984)龙法刑字第 00012 号,浙江省龙泉市法院藏。

《刑法概论学》的逻辑推理,我这些婚前性生活,偶然与碰到的女性接触中,发生了不正当的两性关系,实属一般的违法和道德方面的问题……

……综上所述,充分说明流氓行为具有多样性,复杂性,其危害程度的差异界限也很大。我的行为不属于定罪特征,只能属于道德和生活作风败坏范围之内。鉴于法律、社会也对我应当负有教育的义务和教育的责任,所以本人希望法庭以事实为原则,用法律的准绳,根据流氓罪的法律规定予以纠正。让我承担应有的正确法律责任,这样既严肃国法,又维护法律的尊严。望法庭能够明察秋毫,做出准确的判决。

从律师的辩护意见及被告人的自我辩护中我们可以看到,被告人认为自己的行为不能构成流氓罪,只属于一般的生活作风问题,只能受到社会公众的道德谴责,并没有达到定罪的标准。但是,对于该辩护意见,法官并未采纳。法官认为,叶建明奸淫幼女事实存在,证据确凿,被告人以女方欺瞒年龄、早熟、主动为由提出辩护,实为推卸罪恶,其奸淫女性多人,且两男两女、两男一女、两女一男一起鬼混的事实均在。最终,法官作出了有罪判决。

理论上,对人权的保障应成为刑事诉讼追求的重要目标,而对人权的保障,在刑事诉讼中必须依赖具体的程序规则来实现。但是,龙泉县"严打"时期的刑事政策由于过分强调从重从快严厉打击刑事犯罪,致使司法机关倾向于强调打击数量而忽视打击质量。甚至有法官认为律师出庭是"可有可无""走走形式",认为"律师就是鸡蛋里找骨头,给法院找麻烦"。

## (二)"以审判为中心"改革背景下的律师辩护

"严打"以后,伴随着人们对"严打"的反思,律师开始受到重视。最高人民法院的领导人在不同场合,频频强调发挥律师的作用,强调重视、充分发挥辩护律师在防范错案上的重要作用。2018 年《刑事诉讼法》修改,将速裁程序、认罪认罚从宽等内容写入立法,这些变革都对律师辩护制度提出了新的要求①。那么,《刑事诉讼法》的修改对律师的辩护具体有何影响? 在推进庭审实质化改革过程中,律师发挥了哪些作用? 这些都值得讨论。为此,我们考察了龙泉法院 2020 年的 132 起一审刑事案件,通过收集和分析律师辩护的相关数据,厘清可能影响律师辩护的因素,从而研究 2018 年修订的《刑事诉讼法》对律师辩护的影响。下面从律师类型、审判程序、辩护方式、辩护形态与犯罪类型五方面展开讨论。

1. 不同类型律师的辩护情况

132 起样本案件中,共有 109 名辩护律师,176 名被告人。176 名被告人中,有辩护律师的 109 人,律师辩护率为 61.9%。委托辩护律师 61 人,所占比例为 56.0%;指定辩护律师 45 人,所占比例为 41.3%;其余 3 名辩护律师类型无法确定。在我国,律师辩护率一直没有官方统计数据,而左卫民、马静华统计的 S 省 D 县法院

---

① 顾永忠:《2018 年刑事诉讼法再修改对律师辩护的影响》,《中国法律评论》2019 年第 1 期。

2007 年和 2008 年 456 起一审刑事案件中,律师辩护率约为 21.1%[①]。相关研究表明,十八届四中全会以来,中国刑事律师辩护获得了较大的发展,"庭审实质化与辩护实质化的雏形与趋势已渐形成"[②]。不过值得注意的是,律师的辩护效果与上升的辩护率并不同步。从实际情况看,律师辩护意见的被采纳率不高,律师发挥的实质性辩护作用并不突出。

在 45 名指定辩护律师中,由法律援助中心指派的辩护律师共 32 人,占样本总量的 71.1%;由普通律所委派的辩护律师共 13 人,仅占 28.9%,由此可知,由法律援助中心指派的辩护律师是指定辩护律师的主力军。在指定辩护中,法院的确为经济困难的被告人提供了刑事辩护服务,也取得了一定的成绩,但整体来看,指定辩护律师在庭审中表现不积极,发挥的作用明显不如被告人自行聘请的委托辩护律师,后者在庭审中表现积极,辩护质量更高[③]。究其原因,第一,指定辩护律师介入诉讼的时间较晚,受时间限制,律师无法做充足的辩护准备。在个别情况下,指定辩护律师在开庭前一至二日才收到案件,即便发现证据线索也无力取证。第二,指定辩护律师报酬低,经费保障不充分,影响律师辩护的积极性。一方面,法律援助案件通常只给律师数百元补贴,律师参与辩护的热情不高,存有不认真对待的心态;另一方面,由于办案经费不足,律

---

① 左卫民、马静华:《效果与悖论:中国刑事辩护作用机制实证研究——以 S 省 D 县为例》,《政法论坛》2012 年第 Z 期。

② 顾永忠:《刑事辩护制度改革实证研究》,《中国刑事法杂志》2019 年第 5 期。

③ 马静华:《指定辩护律师作用之实证研究——以委托辩护为参照》,《现代法学》2010 年第 6 期。

师可能会在案件调查过程中因经费不足而放弃取证。第三,委托辩护与指定辩护的律师和被告人之间的不同关系,也会直接影响律师辩护的效果。委托辩护律师往往是被告人及其近亲属对律师综合素质和业务能力进行全面考察后选择的,而指定辩护律师是法院根据案件的严重程度和被告人经济状况等特殊情况指定的。前者是律师与被告人或者其近亲属自愿订立的合同关系,律师直接服务于被告人个人;而后者是律师与政府之间的服务合同关系,其服务于社会公共利益。两者对比来看,委托辩护律师与被告人的关系更为密切;而且,接受援助的被告人对指定辩护律师辩护效果的期待值也不高。第四,监督机制的不健全致使法律援助缺乏有效监管。"质量无法保证,则援助沦为形式。"[①]2021 年 8 月 20日通过的《法律援助法》第五章规定了对法律援助的保障和监督机制,不过在龙泉的司法实践中,依旧缺乏完善的法律援助案件质量评价标准,规范的法律援助案件质量评估和监督机制尚未完全建成。法律援助律师准入门槛偏低,管理不到位,律师办案质量和工作效率偏低。

2. 不同审判程序下律师辩护率及采纳情况

目前,基层法院刑事审判程序分为速裁程序、简易程序和普通程序三种。132 起案件中,适用速裁程序的案件共 21 起(约占总样本的 15.9%),有律师辩护的共 0 起;适用简易程序的案件共 54 起(约占总样本的 40.9%),有律师辩护的共 19 件,律师辩护率为

---

① 　陈光中、褚晓囡:《刑事辩护法律援助制度再探讨——以〈中华人民共和国法律援助法(草案)〉为背景》,《中国政法大学学报》2021 年第 4 期。

35.2%;适用普通程序案件共 57 起(约占总样本的 43.2%),有律师辩护的共 45 起,律师辩护率为 78.9%。

可以发现,在一审案件中,适用普通程序案件的律师辩护率最高,相当于适用简易程序案件律师辩护率的两倍多,体现出辩护资源明显向重罪案件倾斜的特点。究其原因,主要有以下几个。首先,适用速裁程序和简易程序的案件往往犯罪事实清楚,案情简单,而且在量刑上轻于适用普通程序的案件。尤其是在速裁程序中,法庭调查与法庭辩护阶段通常被简化甚至取消,而这两个阶段恰是律师辩护的关键阶段,这样,律师辩护的空间被大大压缩,造成律师参与辩护的比例相较普通程序要低[1]。其次,虽然 2018 年修改的《刑事诉讼法》增加了值班律师制度,但值班律师制度的实施情况并不乐观,其地位难以与其他律师相提并论。值班律师主要为当事人提供业务帮助、案件咨询等服务,但实践中,法律援助值班律师资源不足、值班律师提供法律帮助形式化、量刑协商不作为、具结书签字核实"走过场"等无效法律帮助行为屡屡发生[2]。最后,适用速裁和简易程序的前提条件是被告人主动承认自己所犯的罪行,对被指控的犯罪事实无异议,这一类犯罪判处的刑罚较轻,大部分被告人及其近亲属不愿意委托律师参与辩护。所以,我国刑事案件速裁程序和简易程序中一般少有律师介入,即便有律师介入,其发挥的作用也较小。综上所述,诉讼程序越复杂,律师

---

① 陈卫东、安娜:《认罪认罚从宽制度下律师的地位与作用——以三个诉讼阶段为研究视角》,《浙江工商大学学报》2020 年第 6 期。

② 刘泊宁:《认罪认罚案件中值班律师有效法律帮助制度探究》,《法商研究》2021 年第 3 期。

辩护率就越高。

3. 不同辩护方式的律师辩护情况

调研发现,在庭审过程中,律师主要通过举证、质证和提出辩护意见这三种方式发挥作用。

第一,辩护律师举证情况分析。

分析发现,109 名律师中,共有 17 名律师在法庭上进行了较为充分的庭审举证,所占比例约为 15.6%,有 81.7%的律师在庭审中未进行举证,有 3 名律师举证情况未知。这 17 名辩护律师共举出 33 份证据,其中,辩护律师个人举证最多的为 7 份,最少的为 1 份,平均举证 1.9 份。相反,在 132 起案件中,控方举证则多达千份。由此可见,控辩双方的举证能力严重失衡,控方在举证过程中更具优势。

当前,庭审举证是律师辩护较为薄弱的环节,具体表现为以下几方面。第一方面,律师调查取证的权利受限。由于缺乏相关制度保障且公众向律师提供证据的积极性不高,律师难以收集证据。更为重要的是,我国多数辩护律师主要依靠阅读案卷材料获取证据,但阅卷权却经常受限,这也是导致律师举证困难的原因之一。第二方面,律师在取证过程中存在诸多法律风险,这也限制了律师的举证活动,使得律师辩护在举证环节发挥的作用有限。第三方面,辩护律师的举证能力不足,使其在庭审过程中一直处于被动地位。面对控方的指控,辩护律师不能出示证据为被告人主张权利,在一定程度上导致法庭举证流于形式。

第二,辩护律师质证情况分析。

在 109 名辩护律师中,共有 21 名辩护律师在庭审中进行了质证,所占比例为 19.3% ;有 78.9% 的辩护律师未参加质证,其余 2 名辩护律师质证情况未知。该 21 名辩护律师提出的质证意见共计 59 份,其中辩护律师个人提供质证意见最多的为 8 份,最少的为 1 份,平均每人提供质证意见 2.8 份,质证的数量整体偏少。可见,在龙泉的司法实践中,律师并未将质证作为辩护的主要方式。

刑事证据必须有合法性、客观性、关联性三大属性,缺一不可。理论上,律师质证的内容应大多围绕证据的合法性、关联性和客观性三个方面展开。在 59 份质证意见中,有关证据客观性的质证意见共 47 份,占比约 79.7% ;有关证据关联性的共 10 份,占比约 16.9% ;有关证据合法性的共 2 件,占比约 3.4%。由此可知,辩护律师提出的质证内容更侧重证据的客观性。

当前,辩护律师多围绕证据是否具有客观性提出质证意见,而就证据的合法性与关联性的质证意见较少,这说明辩护律师提出的质证意见大多较为委婉,呈现非对抗性的特点。究其原因,第一,在司法实践中,法官大多倾向于控方,很多法官对律师提出的非法证据排除申请不予重视。也有部分律师顾虑到控辩方的关系等,放弃对非法证据的排除申请①。第二,在庭审过程中,控方提出的都是对指控犯罪有利的证据,而辩护律师事先无法得知全部证据,导致其在庭审质证方面处于劣势,往往只做无异议的回答;即便对控方证据有异议,通常也无力举例反驳。所以,控辩双方尽管处于对立状态,但律师质证意见的对抗性不足。

---

① 刘磊:《非法证据排除规则的中国范式:困境与出路》,《武汉大学学报(哲学社会科学版)》2018 年第 6 期。

第三，律师提出的辩护意见分析。

在 109 名辩护律师中，共有 90 名辩护律师在庭审中提出了辩护意见，所占比例约为 82.6%，19 名辩护律师并没有提出辩护意见。90 名辩护律师共提出辩护意见 329 份，平均每名辩护律师提出辩护意见 3.7 份。其中，有关量刑情节的辩护意见共 238 份，所占比例约为 72.3%。调查结果显示，律师提出辩护意见的比例要高于举证和质证的比例。由此可知，律师为被告人进行辩护时，更倾向于提出辩护意见。在提出辩护意见时，律师有更多的对话空间，往往从被告人有无前科、有无悔罪表现、家庭财产情况等方面为被告人做辩护。同时，在适用认罪认罚从宽的案件中，相较于举证与质证，律师仍可就前述内容积极提出辩护意见。

从上述三种辩护方式的对比来看，辩护律师发挥作用的程度有明显差异。在庭审过程中，律师较少采用对抗性辩护，举证和质证的辩护方式不仅少见，且实际效果有限，律师普遍采用以发表辩护意见的方式为被告人做辩护，并且，该辩护方式更容易被法院所采纳。

4. 不同辩护形态下的律师辩护情况

律师辩护形态大致可分为无罪辩护、量刑辩护、罪轻辩护、程序性辩护、证据辩护五种[1]。实践中，律师也有可能多种辩护策略交叉使用。在 109 名辩护律师中，只做无罪辩护的共 4 人，占比约为 3.7%；只做量刑辩护的共 67 人，占比约为 61.5%；只做罪

---

[1]　陈瑞华：《刑事辩护的理念》，北京大学出版社 2017 年版，第 31 页。所谓罪轻辩护，是指律师在庭审过程中为被告人争取重罪变轻罪的辩护形态。

轻辩护的共 2 人,占比约为 1.8%;只做程序性辩护的共 1 人,占比约为 0.9%;做量刑辩护加罪轻辩护的共 23 人,占比约为 21.1%,而证据辩护在选取的样本案件中没有体现。由此可知,大部分律师为被告人做辩护时,主要侧重做量刑辩护,选择做程序性辩护的律师相对较少。而且,律师做罪轻辩护时,通常也会附带量刑辩护。

在无罪辩护中,律师无罪辩护的意见未被法官采纳;在量刑辩护中,有 29 名律师的量刑辩护意见被法院部分或全部采纳,有 2 名律师的量刑辩护意见未被采纳。总体而言,律师的量刑辩护更易被法官接受。因未查到程序性辩护案件的判决书,所以无法知晓样本案件中,程序性辩护意见的采纳情况。

根据上述统计结果可知,律师提出量刑辩护更容易被法院采纳。辩护律师会根据具体情况,找出各种有利于被告人的量刑情节,进而提出从轻、减轻、缓刑或免予刑事处罚等辩护意见。因此,量刑辩护成为我国刑事律师辩护的常态。我们认为这其中的原因主要包括以下几个方面:

第一,在现行刑事司法体制下,有罪推定观念仍然影响着一些法官的思维模式,无罪判决仍然很难被接受。而且,在庭审过程中,控方在提起公诉时已经掌握了较为充分的证据,并且不少法官已经将被告人视为罪犯,往往忽视律师提出的无罪辩护意见。因此,无罪辩护意见被法院采纳的概率较小,量刑辩护成为辩护律师不得不选择的辩护方式。

第二,虽然我国确定了律师程序性辩护制度,但非法证据的模糊性、程序性裁判的附属性以及相关证据规则的缺失,导致律师较少采用程序性辩护①。同时,我国关于程序性辩护的法律法规尚不完善,而且公安机关、检察院和法院三者分工合作是刑事诉讼的一项基本原则,这一原则很显然将律师的程序性辩护边缘化了,以至于很难开展程序性辩护。

第三,相对于无罪辩护和程序性辩护,量刑辩护有独立的诉讼目标,而且受量刑程序改革的影响,量刑辩护已普遍成为律师辩护的有效方式。另外,从辩护形态的采纳率上看,律师的量刑辩护更有可能获得有利于被告人的判决结果。

实践中,既然律师辩护的重点在量刑辩护上,那么量刑情节自然成为量刑辩护的核心内容。据此,有必要研究不同犯罪情节下律师的辩护情况。

量刑情节分为法定量刑情节和酌定量刑情节两类。132 起样本案件中涉及 238 个量刑情节,其中,法定量刑情节共 103 个,约占总样本的 43.3%,包括未遂、坦白、自首、立功、累犯、刑事责任年龄与刑事责任能力、共同犯罪的主犯和从犯等;酌定量刑情节共 135 个,约占总样本的 56.7%,包括前科、初犯偶犯、认罪认罚、有悔罪表现、被害人谅解、退款退赃、缴纳罚金等。对 103 个法定量刑情节,法院的采纳率约为 42.7%,法院未采纳率约为 11.7%,采纳结果不明的约为 45.6%;对 135 个酌定量刑情节,法院的采纳率约为 58.5%,法院未采纳率约为 5.2%,采纳结果不明的约为 36.3%。由此可见,法院对酌定量刑情节的律师辩护采纳率明显高于法定量刑情节的律师辩护。

---

① 陈瑞华:《程序性辩护的理论反思》,《法学家》2017 年第 1 期。

对此,可以从以下几方面进行说明。第一,相比于定罪情节,量刑情节的证明难度相对更低。而且,从被告人实施犯罪到审判的整个过程中,其自身的行为均可能成为其获得从轻或减轻处罚的依据。同时,除辩方以外,控方也可以在庭审过程中为被告人做从轻或减轻处罚的证明。因此,律师做量刑辩护成功的几率大大增加。第二,法官在裁量刑罚时,注重法律效果与社会效益的统一。相对于法定情节,酌定情节更加灵活,法官自由裁量的空间更广,因此,酌定情节的律师辩护意见更容易为法官所采纳。

5. 不同犯罪类型下律师的辩护情况

为更细致地研究律师辩护的作用,我们选取了多种犯罪类型的案件为样本,以研究不同犯罪类型下律师辩护的效果。132 起案件中,涉及危害公共安全罪的共 29 起,律师辩护率为 27.6%;涉及妨害社会管理秩序罪的共 25 起,律师辩护率为 68.0%;涉及侵犯公民人身权利、民主权利罪的共 26 起,律师辩护率为 76.9%;涉及贪污贿赂罪的共 5 起,律师辩护率为 100%;涉及渎职罪的共 5 起,律师辩护率为 100%;涉及破坏社会主义市场经济秩序罪的共 17 起,律师辩护率为 82.4%;涉及侵犯财产罪的共 25 起,律师辩护率为 64.0%。由此可知,在不同犯罪类型中,律师辩护也存在巨大差异。律师辩护率较高的是贪污贿赂罪和渎职罪,其次是破坏社会主义市场经济秩序罪和侵犯公民人身权利、民主权利罪,而危害公共安全罪的律师辩护率最低。

一般来说,法定刑幅度越大的犯罪类型,律师辩护率相对越高。例如,侵犯公民人身权利、民主权利罪中,故意杀人罪所涉及的法定刑幅度比较大。我国《刑法》第 232 条规定,故意杀人的,处死刑、无期徒刑或者十年以上有期徒刑；情节较轻的，处三年以上十年以下有期徒刑。在此罪中，律师的辩护空间比较大，律师辩护率相对较高。而危害公共安全罪中，危险驾驶罪所涉及的法定刑幅度相对较小，仅处一至六个月的拘役，所以律师辩护率相对偏低。这是因为，法定刑幅度越大，律师辩护的空间就越大，律师也就越能制订有效的辩护方案，从事实、证据、法律适用等各个层面展开辩护。

其中，职务犯罪的律师辩护率明显高于其他刑事案件。我们认为，职务犯罪中律师辩护率较高的原因主要是"财富效应"①。该类犯罪的被告人一般具有一定的社会地位，见识较广、社会资源也相对比较丰富，而且经济条件比较好，所以对律师的要求也比较高，更倾向于选择经验丰富的知名律师。因此，被告人实现诉求的几率大大增加。另外，职务犯罪的被告人在庭审过程中翻供的现象时有出现，这也决定了律师有比较大的辩护空间。在实证研究中发现，律师辩护与被告人自身文化程度和从事的职业有某种关联，被告人文化程度越高、法律意识越强、职位越高，则其委托律师辩护的比例越大②。

律师参与辩护对维护被告人合法权益、保障法律正确实施具有重要意义。这132起样本案件在一定程度上反映了龙泉基层刑事司法实践中律师庭审辩护的基本样态。从整体上看，在推进刑

---

① 张自超：《以审判为中心改革下职务犯罪侦查之因应》，《暨南学报（哲学社会科学版）》2017 年第 1 期。

② 左卫民、张潋翰：《刑事辩护率：差异化及经济因素分析——以四川省2015—2016 年一审判决书为样本》，《法学研究》2019 年第 3 期。

事辩护制度改革中,被告人及其近亲属委托律师的意识明显增强,辩护律师的权利得到了有效的保障,律师的执业环境也得到了改善。然而,目前律师辩护虽取得了一定进步,却仍然存在不少问题,比如,速裁程序提高了办案效率但也压缩了律师辩护的空间,值班律师制度依旧有待完善等①。当前律师的有效辩护可能有一个"量"的增加,但未实现"质"的飞跃,我们认为,这种情况的出现有以下两点原因:

第一,刑事诉讼"象征性立法"导致律师辩护权利虚化②。虽然2012年与2018年对《刑事诉讼法》的修改进一步完善了律师辩护制度,但在司法实践中,辩护律师的权利依旧难以落到实处。首先,律师调查取证权利受限。我国律师主要通过阅读案卷笔录的方式获取证据,而实践中检察机关隐匿证据的情况时有发生,使得律师无法全面掌握案件证据。同时,律师虽有申请证人出庭的权利,但实践中证人出庭率不高,而且控方为维护自身权威,通常不支持或阻碍证人出庭作证,导致律师取证与举证困难。在质证环节中,律师发问的权利往往得不到保障,有些法官通常会以律师发问方式不当或者重复控方发问为由限制律师的发问。所以,尽管法律赋予了辩护律师诸多权利,但其辩护效果并没有得到显著提升。其次,值班律师制度是2018年《刑事诉讼法》修改的一大亮点,该制度设置的目的是为被告人提供帮助,保障被告人的诉讼权

---

① 谢佑平:《辩护权的本质属性及其保障——基于宪法和刑事诉讼法双重视》,《法治研究》2021年第6期。

② 王禄生:《论刑事诉讼的象征性立法及其后果——基于303万裁判文书的自然语义挖掘》,《清华法学》2018年第6期。

利,但值班律师不享有辩护人的资格,不得出庭辩护,也不具有会见、阅卷权利,更不能参与案件的审理,这导致值班律师的作用难以充分发挥。最后,2018 年修改的《刑事诉讼法》规定了速裁程序与认罪认罚从宽原则,尽管简化了诉讼流程与审判程序,提高了办案效率,但也进一步压缩了律师辩护的空间,降低了辩护律师挖掘对被告人有利辩护意见的可能①。

第二,庭审实质化改革依然面临着困境。从调研情况来看,刑事诉讼改革取得了明显成绩,也存在一些亟待解决的问题。首先,推进以审判为中心的诉讼制度改革,要明确何为"以审判为中心"②。以审判为中心是相较于侦查中心主义提出的,这意味着控辩双方的争议与纠纷由法院审理并解决。但在司法实践中,刑事诉讼仍然呈现出侦查机关侦查、检察机关公诉、法院审理的纵向接力模式,这使得法院作为裁判者的中立地位无从保障,在某种程度上存在侦查结果决定审判结果的现象,架空了审判程序。其次,法院审判受卷宗中心主义的影响较大,控方在提起公诉时会将案卷材料移送至法院,法官容易先入为主,将案卷材料作为法院裁判的主要依据,因弱化了刑事庭审活动证据的对抗,缩短了庭审质证的时间,造成庭审时间短、阅卷时间长的局面③,致使法庭审理流于形式。同时,在庭审过程中,法官往往对律师的辩护意见不予重视,

---

① 闫召华:《辩护冲突中的意见独立原则:以认罪认罚案件为中心》,《法学家》2020 年第 5 期。

② 顾永忠:《以审判为中心背景下的刑事辩护突出问题研究》,《中国法学》2016 年第 2 期。

③ 黄河:《裁判者的认知与刑事卷宗的利用——直接审理原则的展开》,《当代法学》2019 年第 5 期。

这进一步加剧了庭审虚化。最后,庭审过程中证据审查呈现形式化特征。证人出庭率低,常以书面的证人证言代替证人亲自出庭作证,辩护律师处于被动和弱势地位,其质证权无法得到保障;法官大多通过阅读案卷材料的方式进行审判,违背了直接言词证据原则,庭审虚化自然也就无法避免。

基于上述分析,在讨论以审判为中心的诉讼制度改革时,不管学者们所理解的改革"必须"如何,亦不论理想模式的以审判为中心"应当"为何,在现行司法模式下,律师的有效辩护受到诸多因素的限制是一个必须面对的现实。刑事辩护的完善是一项庞大的系统工程,需要经历一个相当长的历史过程。

# 三 判决:从依据政策到裁判说理

## (一)判决依据:从政策到法律

依法治国的前提是有法可依。1978年以后,中国立法进入了新的发展时期,"新时期法制建设开端最明显的标志是1979年的大规模立法"①。1979年这一年,国家通过了《刑法》《刑事诉讼法》《法院组织法》《检察院组织法》等法律。这一时期,加强立法在我国法治建设中居于优先地位,以至于学界将其称为"以立法为中心

---

① 李林:《中国法治建设60年》,中国社会科学出版社2010年版,第60页。

的法治建设模式"①。关于刑事立法，国家先后颁布了 1979 年《刑法》与 1997 年《刑法》，为基层法院依法裁判提供了基础。同样，在刑事司法领域，龙泉法院的裁判依据逐步从政策转向了法律。

1979 年《刑法》颁布之前，龙泉法院裁决案件的依据依旧是政策。比如，1977 年发生的叶国良反革命一案，部分裁判文书如下：

> ……归案后，认罪态度差。为保卫毛主席的伟大旗帜，保卫揭批"四人帮"斗争的深入进行，加强无产阶级专政，狠狠打击一小撮阶级敌人的破坏活动，根据党的"坦白从宽，抗拒从严"政策精神和广大群众的要求，依法判处叶犯有期徒刑十五年，强迫劳动改造。刑期自一九七七年一月十四日起至一九九二年一月十三日止。②

从该案的裁判文书中我们看到，该案的裁判依据是"党的政策"和"广大群众的要求"。1979 年 3 月的徐炳荣贪污一案是 1979 年《刑法》颁布之前发生的案件，判决书内容依旧如此：

> 被告徐炳荣，没有吸取以前教训，继续利用职权和工作之便，进行贪污挪用大量公款，手段恶劣，情节严重，已构成贪污罪。本应从严惩处，但归案后认罪态度较好，并已全部退还。为了巩固无产阶级专政，保卫社会主义经济，加速"四化"建设，根据党的政策和国家法律，对罪犯徐炳荣依法判决如下：

---

① 陈甦：《体系前研究到体系后研究的范式转型》，《法学研究》2011 年第 5 期。

② 叶国良反革命案，卷宗号：（1977）龙法刑字第 00010 号，浙江省龙泉市法院藏。

　　　　判处贪污犯徐炳荣有期徒刑二年,强迫劳动改造。①

　　尽管该案的裁判依据是"党的政策和国家法律",但这一表述依旧模糊、笼统,裁判文书的政治色彩浓重。1979 年 10 月,《刑法》颁布实施以后,龙泉法院的裁判文书发生了变化,这里以杨正友诈骗一案为例:

　　　　被告长期不务正业,多次诈骗他人财物,虽经多次教育,仍无悔改之意,继续进行诈骗活动,已构成诈骗罪。根据《刑法》第一百五十一条规定,依法判决杨犯正友有期徒刑二年,强迫劳动改造。②

　　1983 年及以后的几年,龙泉县经历了几次"严打",法院的裁判依据中出现了《全国人民代表大会常务委员会关于严惩严重危害社会治安的犯罪分子的决定》。这里以周有根故意伤害案的判决书为例说明:

　　　　被告周有根多次殴打他人,致人重伤,聚众赌博,屡教不改,情节恶劣,影响极坏,归案后认罪态度差。根据《中华人民共和国刑法》第一百三十四条、第一百六十八条和第六十四条、《全国人民代表大会常务委员会关于严惩严重危害社会治安的犯罪分子的决定》判决如下:判处被告周有根有期徒刑十五年……③

---

①　徐炳荣贪污案,卷宗号:(1979)龙法刑字第 00088 号,浙江省龙泉市法院藏。
②　杨正友诈骗案,卷宗号:(1979)龙法刑字第 00046 号,浙江省龙泉市法院藏。
③　周有根故意伤害案,卷宗号:(1983)龙法刑字第 00048 号,浙江省龙泉市法院藏。

　　周有根故意伤害一案的裁判依据是《刑法》和《全国人民代表大会常务委员会关于严惩严重危害社会治安的犯罪分子的决定》。后者颁布于 1983 年 9 月 2 日,在"严打"时期被法院频繁援引。"严打"刑事政策作为政治和法律的结合物,不仅指导立法和司法领域,而且影响了整个社会政治生活。它揭示了我国刑事政策与法律的关系,其决策过程和执行情况更能体现出我国犯罪预防和控制的特色以及相应的意识形态背景。在以后的运行过程中,"严打"政策不断调整,一定程度上影响了我国法治建设的进程。

　　1983 年第一次"严打"以后,尽管又经历了几次大小规模不同的"运动式"专项打击犯罪行动,但是龙泉法院刑事裁判的基本依据仍是 1979 年《刑法》。"由于受当时历史条件和立法经验的限制,这部刑法典不论在体系结构、规范内容还是立法技术上,都存在一些缺陷"①。1997 年 10 月 1 日,作为刑事判决依据的新《刑法》得以实施,后又多次通过刑法修正案的形式加以完善。

　　总体来看,龙泉法院四十余年的裁判依据经历了从政策到法律的转变。政策治理的本质是人治,延续了革命时代的战争指挥模式,与计划经济、高度统一的威权政治相适应。随着改革的深入推进,"政府万能"的观念进一步削弱,与此相适应,政策在司法裁判中的适用范围进一步缩小,法律的权威性得以彰显。司法裁判依据法律而不是政策,这凸显了法律治理技术的成熟,裁判文书在

――――――――――

　　①　高铭暄、赵秉志:《中国刑法立法之演进》,法律出版社 2007 年版,第44 页。

说理方式上完成了从"语言暴力"向"法律理性"的过渡①。它不仅表现出司法自主性的增强,也反映了从"政策社会走向法治社会的过程"②。

## (二)刑事裁判文书说理

2013 年《中共中央关于全面深化改革若干重大问题的决定》提出,"增强法律文书说理性,推动法院生效裁判文书公开"。裁判文书是法官审判活动的最终产物,说理是裁判文书的灵魂。改革开放四十余年来,龙泉法院的裁判文书呈现以下特点:一是从历史变迁来看,刑事判决书说理逐步强化,形式上近乎"完美",但逻辑论证上并没有太多实质性的变化。说理部分页码增加,篇幅扩充,从20 世纪 80 年代的几页纸增加到现在洋洋洒洒十几页,从事实认定到法律适用,从罪名判定到量刑辨析,内容不断扩充,几乎相当于一篇法学论文的篇幅。二是从横向维度比较,刑事判决书说理部分呈现出千篇一律、风格单调、结构单一的特点。翻阅龙泉法院四十余年的刑事判决书,说理部分依然未能从简单粗糙迈向精细化。

在案多人少、司法审判资源严重不足的大环境下,基层法院应当如何进行说理? 我们选取龙泉法院 2020 年的 50 份刑事判决书作为样本进行实证研究,试图反思当下基层法院刑事判决书说理

---

① 张文波:《道德修辞消亡史:以 T 市中院 1978—1998 年刑事判决书为例》,《南京大学法律评论》2019 年第 2 期。

② 蔡定剑、刘丹:《从政策社会到法治社会——兼论政策对法制建设的消极影响》,《中外法学》1999 年第 2 期。

的现状。如表 19 所示,50 份样本判决书中,除了 4 份样本的字数超过 3 000 字(其中 3 起案件的被告人不认罪),其他样本的字数均在 800 字至 2 000 字之间,判决书样式符合最高人民法院办公厅《法院刑事诉讼文书样式(样本)》的规定,格式化较为明显,说理缺乏个性。有 11 份样本判决书叙述了控辩双方争议的焦点并作出了回应,争议主要集中在案件定性、涉案金额认定、量刑情节等方面,这些案件大部分有辩护人辩护。有 11 份样本判决书,系对无辩护人而由被告进行自我辩护案件作出的判决。

表 19　刑事裁判文书说理研究样本概况

| 罪　名 | 样本判决书数量(份) | 被告人数量(人) | 不认罪被告人数量(人) | 辩护人数量(人) | 对辩方意见回应数量(个) | 适用缓刑的判决书数量(份) | 超过 3 000 字的判决书(份) |
|---|---|---|---|---|---|---|---|
| 盗窃 | 9 | 10 | 0 | 1 | 0 | 1 | 0 |
| 开设赌场 | 9 | 9 | 0 | 1 | 1 | 3 | 0 |
| 故意伤害 | 7 | 9 | 0 | 1 | 1 | 4 | 0 |
| 交通肇事 | 5 | 5 | 0 | 0 | 0 | 5 | 0 |
| 危险驾驶 | 4 | 6 | 0 | 1 | 1 | 0 | 0 |
| 非法持有毒品 | 2 | 2 | 0 | 0 | 0 | 0 | 0 |
| 贩卖毒品 | 1 | 2 | 0 | 1 | 1 | 0 | 1 |
| 容留吸毒 | 1 | 1 | 0 | 0 | 0 | 0 | 0 |
| 贩卖毒品、容留吸毒 | 1 | 1 | 1 | 1 | 1 | 0 | 1 |
| 非法行医 | 1 | 1 | 0 | 0 | 0 | 0 | 0 |
| 非法经营 | 1 | 1 | 0 | 1 | 1 | 1 | 0 |

续表

| 罪　　名 | 样本判决书数量（份） | 被告人数量（人） | 不认罪被告人数量（人） | 辩护人数量（人） | 对辩方意见回应数量（个） | 适用缓刑的判决书数量（份） | 超过3 000字的判决书（份） |
|---|---|---|---|---|---|---|---|
| 故意杀人 | 1 | 1 | 0 | 1 | 1 | 0 | 0 |
| 挪用资金 | 1 | 1 | 0 | 0 | 0 | 0 | 0 |
| 职务侵占 | 1 | 1 | 1 | 0 | 1 | 0 | 1 |
| 挪用资金、职务侵占 | 1 | 1 | 1 | 0 | 1 | 0 | 1 |
| 敲诈勒索 | 1 | 1 | 0 | 0 | 0 | 0 | 0 |
| 受贿 | 1 | 1 | 0 | 1 | 1 | 0 | 0 |
| 非法拘禁 | 1 | 1 | 0 | 1 | 1 | 0 | 0 |
| 销售不符合安全标准的食品 | 1 | 2 | 0 | 1 | 0 | 1 | 0 |
| 诈骗 | 1 | 1 | 0 | 0 | 0 | 0 | 0 |
| 合　　计 | 50 | 57 | 3 | 11 | 11 | 15 | 4 |

总的来说,50 份样本判决书均从定罪与量刑两个方面进行了分析,对控辩双方存在的争议焦点进行了回应。经过分析,我们发现判决文书存在以下问题:

1. 定罪说理简单、缺乏个性。

在 50 起案件中,仅有 3 起被告人不认罪的,法官结合 3 起案件的具体事实,从被告人行为的主客观方面阐述了案件定性的原因,而对其他案件则仅仅在"本院认为"之后,引用《刑法》中关于该罪罪状的"一句话"概括被告人构成犯罪的理由。以 7 份故意伤害案的裁判文书为例,对被告人定罪定性部分的内容最少的只有 73 个字,最多的仅为 78 个字,均表述为"本院认为,被告人×××故意非法损害被害人的身体健康,致使被害人××××的后果,其行为已构成故意伤害罪。因此,控方指控的罪名成立,适用的法律规定恰当",差异大多体现在被告人、被害人名字的字数及伤害后果等方面。大多数裁判文书都严格遵循了《法院刑事诉讼文书样式(样本)》的体例结构,将说理部分放在"本院认为"后面,但是,"本院认为"后的定罪说理和量刑说理部分混在一个自然段中,未作出明显区分。现阶段,刑事审判越来越强调将法庭调查、法庭辩论分为对定罪事实的调查、对量刑事实的调查以及对定罪部分的辩论、对量刑部分的辩论,以凸显对量刑事实的重视。但龙泉法院判决书按照《法院刑事诉讼文书样式(样本)》的体例结构书写,对量刑说理尚未予以重视。

2. 量刑情节笼统、简略,量刑过程公开不足。

在 50 份样本判决书中,龙泉法院都对被告人可能存在的量刑情节(无论对被告人有利还是不利)进行了分析,但是,均采用"能当庭认罪,赔偿了被害人的损失并取得谅解"等简要陈述的概括形式,无一份样本详细阐述裁判者对某一量刑情节的理解,以及从轻或从重处罚的理由。同时,上述 50 份判决书样本中,有 30 份样本涉及量刑规范化的罪名,占比 60% ,但均未在样本中公开具体计算的过程。2013 年 12 月 23 日,最高人民法院为规范刑罚裁量权,落实宽严相济的刑事政策,增强量刑的公开性,实现量刑公正,发布了《关于常见犯罪的量刑指导意见》。随后,浙江省高院结合省内刑事审判实践,制定了具体实施细则。但在司法实践中,案件量刑规范化的计算过程均作为不宜公开的内容置于法院案卷的副卷中,未能在刑事判决书中予以说明。对于有量刑评价标准的常见罪名,一般都是在合议庭笔录、量刑标准评价表、审委会笔录中详细阐明具体刑期的量刑过程,而裁判文书对量刑的说理只是简单地以"被告人系累犯,应从重处罚""被告人有自首情节,可从轻处罚""被告人可适用缓刑"等语言,简要说明从轻或从重的理由,量刑过程依然神秘。简单的论述使得说理流于形式,很难起到教育作用,也难以让大众从这样的裁判文书说理中体会到犯罪事实与刑罚之间的关系。

3. 重主刑说理,附加刑完全不说理。

我国的刑罚分为主刑和附加刑。主刑包括死刑、无期徒刑、有期徒刑、拘役和管制;附加刑包括罚金、剥夺政治权利和没收财产。主刑和附加刑都是对犯罪分子适用的特殊制裁方法,都是对犯罪分子某种利益的剥夺,因此,无论是对犯罪分子科处主刑还是附加刑,判决书中都应予以说明。但样本判决书显示,刑事判决书往往只对主刑说理,而对于常见的罚金、没收财产等附加刑几乎不说理。在 50 起样本案件中,判处罚金的有 26 起,没收财产的有 1 起,剥夺政治权利的有 1 起。但为什么要剥夺政治权利,剥夺的期限是如何得出的,并处罚金的数额是如何计算的,为什么在并处罚金或没收财产的情况下选择罚金等一系列问题,在判决书中均无明确说明。

4. 缓刑说理格式化,说服力弱。

50 份样本判决书中共有 15 份适用了缓刑,缓刑适用率达到了30%,缓刑大多集中在交通肇事及因民间纠纷引发的故意伤害案件中。根据我国《刑法》第 72 条第 1 款的规定,必须同时符合四项条件①,才能适用缓刑。但是在 15 份适用了缓刑的样本中,关于缓刑适用的表述大多为"综合被告人的犯罪情节、悔罪表现及审前社会调查情况,被告人×××被宣告缓刑对所在社区无重大不良影响,可依法对其适用缓刑"。如此形式化的表述,未能揭示出承办法官判处缓刑的心证形成过程,也不能判断被告人是否存在罪轻、悔罪、无再犯的危险及对所在社区无重大不良影响的情况。

5. 对辩护意见的回应简单。

统计发现,被告人或辩护人对犯罪事实或量刑等提出辩护意见的裁判文书有 35 份,辩护意见被法院全部采纳的有 8 份,被法院部分采纳的有 23 份,而完全不被采纳的有 4 份。从对辩护意见的回应来看,法官大多重视控方意见,针对控方的指控进行阐述的文字较多,篇幅较长,而对辩方意见的阐述大多采用高度概括性的文字,对于是否采纳及采纳理由的阐述也略显简单,例如"×××的辩护意见与事实不符,本院不予采纳""×××的辩护意见与法律规定不符,本院不予采纳"。这样的简单回应难免导致说理不充分,无法让人信服,也易使人认为法院对控辩双方意见的态度存在差异,进而对刑事裁判结论的公正性产生怀疑。

凌斌曾从"法民关系"角度对裁判文书说理作出过讨论,他认为中国法官裁判说理的对象是普通大众,这决定了裁判者不可能进行比较深刻的法教义学说理②。更为重要的是,中国法院在整个

---

① 这四项条件为:犯罪情节较轻;有悔罪表现;没有再犯罪的危险;宣告缓刑对所居住社区没有重大不良影响。

② 凌斌:《当代中国法治实践中的"法民关系"》,《中国社会科学》2013 年第 1 期。

政治架构中的地位比较低,裁判者对法律适用采用了简约化的论证,其背后的原因是"言多必失"的防卫心理。囿于现有审判环境的巨大压力,法官如何做到在刑事判决书中既充分说理又不影响案件的办理节奏,让判决书成为法官游刃有余地发挥职业技能的平台,让正义在可以看得见的文书里得到展现,是以后基层法院亟需解决的问题。

# 第四章　上诉与执行

## 一　上诉

### （一）"严打"时期的上诉

刑事上诉制度作为刑事司法中的一项重要制度，具有权利救济与审判监督的双重职能。但是从龙泉的实践来看，在"严打"时期，刑事诉讼明显呈现出"重一审，轻二审"的特点，二审程序得不到应有的重视，上诉程序基本上沦为摆设。在笔者所见"严打"时期的档案卷宗中，少见有上诉改判的案例；即使有人上诉，大多数案件也未能改判。比如发生在1983年的吕应荣、周锦林、杨松元、林跃元等人流氓、强奸案，被告人吕应荣曾提出上诉，但是并未成功：

> 本院认为：上诉人吕应荣结伙他人，教唆青少年在公共场
> 所多次进行流氓犯罪活动，情节严重，对社会危害很大，已触

犯刑律。龙泉县人民法院为严惩刑事犯罪分子,保护妇女人身安全,判处吕应荣有期徒刑二十年;周锦林、杨松元有期徒刑六年;林跃元有期徒刑五年,并无不当。吕应荣借上诉之机妄图推翻全部犯罪事实,这是徒劳的。只有认罪伏法,早日改造成为新人,才是唯一的出路。据此特作裁定如下:驳回上诉,维持原判。

此为终审裁定,不得再行上诉。①

1996 年《刑事诉讼法》修改,二审程序得到重视,但实践中,二审上诉制度的功能仍受到诸多限制。在同龙泉法院刑庭法官交谈中,我们得知,在 20 世纪 90 年代,龙泉法院每年有 20% 左右的刑事案件进入二审程序,但只有极少数案件得到了改判。也就是说,尽管立法设置了二审程序,并且当事人对二审改判也抱有期待,但是二审程序功能弱化已是不争的事实。二审程序难以发挥作用的重要原因是,法院往往将刑事审判上诉率作为衡量审判质效高低的考核指标,二审法院对改判往往比较谨慎。

## (二)2012 年《刑事诉讼法》实施后上诉改判的状况

经过 2012 年以及 2018 年两次修订,我国《刑事诉讼法》得以逐渐完善。二审程序承担着纠错和终审判决的双重功能,对于上诉案件,《刑事诉讼法》规定,法院可以做出以下裁定:维持原判、依

---

① 吕应荣、周锦林、杨松元、林跃元等人流氓、强奸案,卷宗号:(1983)浙刑上字第 00060 号,浙江省龙泉市法院藏。

法改判、发回重审。

我们以龙泉法院 2016 年至 2020 年近五年中的 160 起刑事上诉案件为样本，着重分析上诉后二审改判的情况。研究发现，在 160 起上诉案件中，二审法院驳回上诉、维持原判的案件共有 125 起，占上诉案件总数的 78.1%；原告撤回上诉的案件有 15 起，占比为 9.4%；被依法改判的有 18 起，占比为 11.3%；发回重审的案件为 2 起，占比为 1.3%。总体来看，驳回上诉、维持原判的案子占大多数，改判率较低；另外，上诉人主动撤回上诉的案件和法院依法改判的案件占比也相对较高。

1. 上诉案件的基本情况

这 160 起上诉案件涉及的罪名主要分布于《刑法》第二章、第三章、第四章、第五章、第六章和第八章中，案件涉及罪名类型具体分布如下：48 起侵犯财产案件，38 起妨害社会管理秩序案件，29 起危害公共安全案件，20 起破坏社会主义市场经济秩序案件，16 起侵犯公民人身权利、民主权利案件，9 起贪污贿赂案件。

2. 上诉案件的改判情况

改判可以分为全部改判和部分改判，改判的 18 起案件都属于部分改判的情况，包括 5 起妨害社会管理秩序的案件，4 起危害公共安全的案件，3 起破坏社会主义市场经济秩序的案件，3 起侵犯公民人身权利、民主权利的案件，2 起侵犯财产的案件，1 起贪污贿赂的案件。

经统计发现，案件总的改判率为 11.3%。其中，侵犯公民人身权利、民主权利案件的改判率是最高的，达到 18.8%；虽然侵犯财产案件的上诉案件数量最多，但是法院仅对 2 起案件进行了改判，所以其改判率最低,仅为 4.2% 。在其他改判案件中,破坏社会主义市场经济秩序案件的改判率为 15% ,危害公共安全案件的改判率为 13.8% ,妨害社会管理秩序案件的改判率为 13.2% ,贪污贿赂案件的改判率为 11.1% 。

二审改判遵循了上诉不加刑的原则,但是该原则适用的前提条件是检察院没有提起抗诉或者自诉人没有上诉。18 起案件中,检察院仅对蔡冰故意杀人一案提起了抗诉①,二审判决加重了被告人的刑罚;其余 17 起案件均依据上诉不加刑原则,减少了被告人的刑罚或适用了缓刑。

3. 案件改判的原因

《刑事诉讼法》第 236 条规定:对于原判事实没有错误,但适用法律错误,或者量刑不当的应当改判;原判决事实不清楚或者证据不足的,可以查清事实后改判。因此,二审改判包括以下三种情形:量刑不当、事实不清或者证据不足、法律适用错误。

(1)量刑不当的改判

在改判的案件中,有 16 起案件的改判理由都可以归因为量刑不当,更具体的分类如下:

第一类,一审法院因未认定被告人立功、自首、悔罪情节,未区分主犯与从犯导致量刑不当而被改判。有 12 起案件属于这一类。例如,季东华危险驾驶一案中,二审法院认为原判认定事实清楚,证据确实、充分,定罪准确,审判程序合法,但被告人季东华犯罪情

———————

① 蔡冰故意杀人案,卷宗号:(2017)浙刑终 252 号,浙江省龙泉市法院藏。

节轻微,且有自首、悔罪情节,可以免予刑事处罚①。这是 18 起改判案件中唯一一起免予刑事处罚的案例,体现了二审法院对宽严相济原则的适用。

第二类,二审期间发生了新的立功、自首情节。18 起改判案件中有 4 起属于这一类型。我们将这一类案件单独归为一类的原因在于,相较于第一类的立功、自首等情形,该类案件的一审法院在事实认定、法律适用以及量刑上都没有过错,仅因为二审过程中上诉人有新的自首立功表现而得以从轻处罚。所以,该类案件属于因出现新证据而改变原裁判,原审法院裁判不得作为错案被追究②。在这里,二审程序发挥的不是纠错功能,而是给了被告人一次从宽处理的机会,二审法院发挥的是最终判决的功能。

(2)事实不清或者证据不足的改判

"事实不清、证据不足"是刑事二审改判的主要依据。事实、证据问题包括犯罪嫌疑人的客观行为、主观动机、犯罪数额等认定不清或者错误。在我们所统计的 18 起改判案件中没有一起是因一审法院事实认定不清而改判,更多的是发回重审,这符合司法实践的惯常做法。现实中,由于诸多因素的限制,中级法院大多数是撤销原判,将案件发回重审,而不是直接改判。

(3)法律适用错误的改判

《刑事诉讼法》第 236 条规定,原判决认定事实没有错误,但适用法律有错误,或者量刑不当的,二审应当改判。法律适用错误从

---

① 季东华危险驾驶案,卷宗号:(2017)浙 11 刑终 51 号,浙江省龙泉市法院藏。

② 岳蓓玲:《试论刑事二审中新证据的相关问题》,《人民司法》2013 年第11 期。

广义上可以分为两类：一类是对于定罪的法律适用错误；另一类是对于量刑的法律适用错误。具体而言，第一类即在法律认定上混淆了罪与非罪、此罪与彼罪，从而导致法律适用错误；第二类即在量刑中没有考虑法定的从轻、减轻、免除处罚或者从重、加重情节，从而导致量刑错误。18 起改判案件中，定罪方面没有因法律适用错误而改判的，而量刑方面，有 16 起案件因法律适用错误而改判。

通过对龙泉法院 2016 年至 2020 年 160 起刑事上诉案件的改判情况和原因进行的分析，我们发现，二审法院改判率较低，仅为 11.3%，改判和发回重审的原因中没有程序违法，均因实体问题改判或发回。改判率低一直是我国刑事二审裁判中普遍存在的现象。造成这种现象主要有以下原因：第一，公检法利益共同体的错误观念。由于目前实行错案终身负责制，且将改判率作为法官的考核标准，这容易导致司法系统内部出现抱团取暖的现象，具体表现为法院之间下请上示的做法。上级法院与下级法院之间本应该是监督与被监督的关系，但是由于责任追究以及考核的压力，下级法院在作出裁判前通常会询问上级法院的意见。这一做法削弱了下级法院的独立性，也使得二审程序在一定程度上流于形式，最终导致很大一部分上诉案件都维持原判。第二，二审法院书面审查的影响。法律规定，刑事诉讼二审需要对一审进行全面审查，但是实践中，主要采用的是书面审查，这使得二审法官接触到的只能是一审的案卷材料和证据，由于缺少了当庭质证环节，二审法院对一审证据收集的程序是否合法无法做出准确判断，致使其难以纠正一审案件存在的错误①。

---

① 陆旭：《"以审判为中心"视角下的二审检察监督》，《中国政法大学学报》2016 年第 1 期。

# 二　执行

改革开放前,国家强调以严刑峻法消灭犯罪,"刑罚万能"思想根深蒂固。改革开放后,刑罚制度出现了人本主义的转型,这主要表现为:在刑事政策上,从"严打"时期的"从重从快"到 2010 年最高人民法院"宽严相济"的刑事政策;在执行观念与实践上,从刑罚执行封闭化到刑罚执行社会化;在具体刑罚适用上,轻缓化特征日渐凸显等。这些都凸显了刑罚轻缓化的巨大转型。

## (一)"严打"时期的"从重从快"

改革开放以后,龙泉急剧转型,旧的社会规范与社会秩序被打破,而新的规范与秩序又迟迟没有建立。1983 年,国家为遏制犯罪率的急速增长开始"严打","从重从快"的做法必然导致重刑主义泛滥。在龙泉法院的实践中,"严打"时期刑事案件的"从重从快"主要反映在量刑从重与刑法打击扩大化两个方面:

1. 从重处罚,顶格判决。

所谓从重处罚,是指在"严打"时期公检法机关以非常手段对严重刑事犯罪所进行的一种比在通常情况下更为严厉的法律制裁,对犯罪分子量刑时,在法律规定的刑格幅度内优先选择相对较重的处罚。在刑事审判实践中,大多数在基层一线的审判人员和政法干警将重判、多判甚至多杀理解为"从重",甚至产生了"从重"

就是在刑罚规定的幅度内一律顶格判处犯罪分子刑罚的错误认识,在不少案件的裁判中不适当地加重了被告人的刑事责任。

2. 刑法打击扩大化。

在"严打"时期,刑法打击扩大化主要反映在流氓罪与强奸罪的定罪量刑上。对于涉及道德评价的案件,即平时可能不构成犯罪的行为,在"严打"期间,也被视为犯罪而予以严厉惩治。最高人民法院、最高人民检察院要求司法机关在处理流氓犯罪案件时,应把流氓罪同一般流氓违法行为严格加以区别,龙泉法院也一再强调在审判中注意划清以下界限:把以破坏公共秩序的流氓聚众斗殴、寻衅滋事犯罪与因民间纠纷、个人成见引起的公民间争吵、斗殴和报复行为区别开来;严格区分侮辱妇女情节恶劣和情节一般的界限;严格区别以淫乱为目的的男女流氓行为与一般通奸或者男女青年恋爱中的越轨行为的界限。但是,流氓罪这一"口袋罪"极为模糊的表述导致其内涵与外延难以把握,这加剧了司法的惰性与随意性。流氓罪中的聚众斗殴、寻衅滋事、侮辱妇女三项,本已包罗万象,"其他流氓活动"的外延更难确定。它内容过于模糊,给司法机关判断罪与非罪、此罪与彼罪带来很大困难。当时,常常把一些仅涉及道德评价,不应认定为流氓罪的行为当流氓罪处理。比如,发生在1983年的刘先荣流氓、强奸一案。该案的被告人刘先荣曾自我辩护,称其行为"属于道德和生活作风败坏范围之内",但法官并未采纳;而且,本案从侦破到审判结束只用了八天时间,最后,法院认为被告人"道德败坏,流氓成性,手段恶劣,情节严重,影响极坏,已触犯刑律,构成流氓、强奸罪",刘先荣以犯强奸罪被判处有期徒刑九年,犯流氓罪判处有期徒刑六年,决定执行有期徒刑十五年①。"严打"模糊了道德与法律的界限,法院对许多道德败坏的行为施以重刑。

纵观改革开放后几十年的历程,龙泉法院关于适用十年以上有期徒刑的案件主要集中在 20 世纪 80 年代,其中,"严打"时期最多,如,(1983)龙法刑字第 00124 号拐卖人口、流氓、诈骗案,被告人被判处有期徒刑二十年,剥夺政治权利五年;(1983)龙法刑字第 00026 号强奸案,被告人被判处有期徒刑十年,该案上诉以后维持原判;(1983)龙法刑字第 00027 号强奸、流氓案,被告人被判处有期徒刑十五年,上诉后维持原判;等等。这些案件的审期大多只有几天。上述案件反映出在"严打"时期,龙泉司法机关对流氓罪与强奸罪定罪量刑过重的倾向。

诚然,"严打"能够在短期内实现严厉打击犯罪的目的,一定程度上快速抑制犯罪,稳定社会治安,但是,"严打"的弊端也很明显,在短暂的安宁之后,龙泉县出现了更多更严重的犯罪。盲目采用运动式治理来治理犯罪,片面化、极端化地适用重罚只能实现阶段化的惩治效果,起不到根治的作用。"严打"的弊端促使各界对刑罚制度的目的与功能进行了深刻的反思,尤其是 1996 年《刑事诉讼法》的修订与 1997 年《刑法》的修订,标志着国家刑事法治进入了常态化进程②。在总结和反思多年"严打"的基础上,中央决策层开始提出"宽严相济"的刑事政策。2004 年,中央政法工作会议首

---

①　刘先荣流氓、强奸案,卷宗号:(1983)龙法刑字第 00072 号,浙江省龙泉市法院藏。

②　陈光中:《刑事诉讼法的成功修改是我国法制建设的一项重大成就》,《中国法学》1997 年第 5 期。

先提出"宽严相济"的刑事司法政策,国家刑事政策由"严打"向"宽严相济"转变,被法律界普遍认为是"严打"淡出中国刑事政策历史的标志。尽管此后龙泉发动了数次大大小小的"严打",但是影响力远不及1983年的"严打"。

## (二)刑罚轻缓化变革

改革开放后,人们越来越关注如何使犯罪分子更好地改过自新,回归社会。龙泉法院刑罚的适用也经历了由身体刑向自由刑、财产刑的过渡,展现了晚近几十年来刑罚适用轻缓化的趋势。

在我国,缓刑并不是一个刑种,而是调整短期自由刑的执行方式与执行时间的一种刑罚执行制度,也是有效弥补短期自由刑缺陷的重要途径。为了更好地研究龙泉法院近年来缓刑适用情况,我们选取了2016年至2018年龙泉法院判处缓刑的案件进行研究。龙泉法院在2016年至2018年间缓刑的适用情况如下:2016年受理案件274起,适用缓刑的有131起,占比为47.8%;2017年受理案件169起,适用缓刑的有85起,占比为50.3%;2018年受理案件262起,适用缓刑的有126起,占比为48.1%。总体来看,龙泉法院适用缓刑的案件比较多,基本上占案件总数的一半。

在随机抽取的2016年的100起样本案例中,罪犯人数总共145人,适用缓刑60人,缓刑适用率为41.4%;2017年的100起样本案例中,罪犯人数总共123人,适用缓刑59人,缓刑适用率为48.0%;2018年的100起样本案例中,罪犯人数总共133人,适用缓刑65人,缓刑适用率为48.9%。这说明龙泉法院意识到通过非监禁刑代替实刑来惩罚犯罪是当今社会的一大趋势,体现了刑罚理念的转变和社会文明的进步。

1. 缓刑适用罪名分布情况

2016 年至 2018 年龙泉法院适用缓刑的主要罪名为危险驾驶罪、故意伤害罪、交通肇事罪、寻衅滋事罪、盗窃罪、虚开发票罪等。以 2018 年为例,100 起样本案例中适用缓刑的被告人为 65 人。其中,危险驾驶罪案件适用缓刑的为 17 人,交通肇事罪案件适用缓刑的为 9 人,故意伤害罪案件适用缓刑的为 6 人,盗窃罪案件适用缓刑的为 5 人,寻衅滋事罪案件适用缓刑的为 4 人,虚开发票罪案件适用缓刑的为 4 人,这六种类型的罪犯占适用缓刑总人数的 69.2%。实践中,寻衅滋事罪被判处缓刑的人数在不断减少,法院对此类案件适用缓刑的把关愈发严格,反映了“扫黑除恶”政策在司法层面的落实。自 2011 年《刑法修正案(八)》规定“醉驾入刑”之后,危险驾驶罪案件不断增多,但适用缓刑的人数比例大体保持平稳。对于此类案件,法院基本采取简易程序审理,大多适用缓刑。

2. 缓刑多适用于初犯、偶犯

在 2016 年的 100 起样本案例中,初犯、偶犯的总人数为 93 人,适用缓刑的人数共有 53 人,适用缓刑比例为 57.0%;再犯的总人数为 52 人,适用缓刑的人数为 7 人,适用缓刑比例为 13.5%。在 2017 年的 100 起样本案例中,初犯、偶犯的总人数为 83 人,适用缓刑的人数共有 55 人,适用缓刑比例为 66.3%;再犯的总人数为 40 人,适用缓刑的人数为 4 人,适用缓刑比例为 10%。在 2018 年的 100 起样本案例中,初犯、偶犯的总人数为 96 人,适用缓刑的人数共有 63 人,适用缓刑比例为 65.6%;再犯的总人数为 37 人,适用缓刑的人数为 2 人,适用缓刑比例为 5.4%。从 2016 年至 2018 年龙泉法院初犯、偶犯与再犯适用缓刑的数据来看,初犯、偶犯适用缓刑率高于再犯,这与我国对初犯、偶犯从宽处理,对再犯从严处理的刑事政策是相适应的。

3. 外地户籍罪犯适用缓刑率相对较低

在 2016 年的 100 起样本案例中,本地户籍罪犯有 93 人,被判处缓刑的为 41 人,缓刑适用率为 44.1%;外地户籍罪犯有 52 人,被判处缓刑的为 19 人,缓刑适用率为 36.5%。在 2017 年的 100 起样本案例中,本地户籍罪犯有 74 人,被判处缓刑的为 37 人,缓刑适用率为 50%;外地户籍罪犯有 49 人,适用缓刑的为 22 人,缓刑适用率为 44.9%。在 2018 年的 100 起样本案例中,本地户籍罪犯有 111 人,被判处缓刑的为 57 人,缓刑适用率为 51.4%;外地户籍罪犯 22 人,被判处缓刑的为 8 人,缓刑适用率为 36.4%。从这些数据可以看出,外地户籍的罪犯较本地户籍的罪犯缓刑适用率低。导致这种司法现象出现的原因主要有以下两个:一是外地户籍的罪犯多为外来务工者,经济能力有限,不易调解;二是外地户籍罪犯的流动性较强,不易监管。

## (三)社区矫正的建设

社区矫正作为刑事司法实践中的一种非监禁刑罚执行方式,反映了刑罚执行目的从惩罚到矫正的转变,它是刑罚执行方式人道化、轻缓化和社会化不断演进的必然产物,是人们理性化认知犯罪与刑罚现象的结果,也是社会不断进步、刑事政策日趋理性的重要标志。自 2003 年开展社区矫正工作以来,浙江省逐步确立了"党政领导、政法牵头、司法为主、部门联动、社会参与、分工负责、相互配合"的工作思路,探索出以社区服刑人员信息化管控平台、刑事案件被告人审前评估、罪犯假释环境评估、心理矫治与干预、县级社区矫正管理教育服务中心执法平台建设等为代表的社区矫正"浙江经验"。截至 2015 年,龙泉市分别在乡镇和街道设立了司法所,其中有 7 个司法所分布于街道,另外 25 个司法所建立于龙泉市的乡镇。我们在龙泉市调研时发现,社区已经建立起了社区矫正对象与干警结对帮教制度,有力地践行了宽严相济的刑事政策,同时,依托社区志愿者的力量,整合社会力量与国家力量共同完成对犯罪分子的改造任务。

在社区矫正中,国家正式力量发挥组织与指导作用,而社区矫正的运作主体则更多地来自社会,如社会团体、民间组织和社会志愿者,他们与社区服刑人员"亲密接触",进行帮谈教育、提供咨询,组织服刑人员学习和参加公益劳动等活动。只有这样,社区矫正对象才能获得宽宥、谅解和接纳,才能实现"促进社区矫正对象顺利融入社会,预防和减少犯罪"的目的。比如 2013 年徐长永盗伐林木案:

> 被告人徐长永犯盗伐林木罪,判处有期徒刑一年,缓刑一年,并处罚金人民币六千元,上缴国库(缓刑考验期从判决之日起计算)。
>
> 如不服本判决,可在接到判决书的第二日起十日内,通过本院或者直接向丽水市中级人民法院提出上诉。书面上诉

的,应当提交上诉状正本一份,副本二份。

　　徐长永必须在本判决生效以后十日内到龙泉市司法局社区矫正中心报到,依法接受社区矫正。在矫正期间应当遵守法律、法规及矫正管理,接受教育,参加学习,完成公益劳动,做一个有益社会的公民。①

　　在刑事判决书中,法院要求被判处非监禁刑罚的犯罪分子徐长永依法接受社区矫正,明确提出,徐长永回到社区以后,必须严格接受社区矫正,服从管理,接受教育,完成公益劳动,要做一名有益社会的公民。

　　不过,尽管龙泉市在社区矫正上已取得了一些阶段性的成果,但是,现在仍处于摸索阶段。我们调研时发现,龙泉市社区矫正工作存在诸多困境,比如社区矫正队伍建设相对落后,社区矫正工作者的专业知识相对匮乏、理论素养较低;资金投入不足、经费来源匮乏,未建立相关的经费保障体系和制度;矫正措施流于形式,社会对社区矫正的认识不深。更为重要的是,龙泉市社区矫正的社会基础并未有效建立,这是社区矫正发展缓慢的根本原因。当前,基层社区本身的建设还很不完备,基本建立在一定的政府行政区划基础上,还没有形成真正意义上的社区。这种社会结构是目前基层完善社区矫正制度的根本性障碍。中国社区矫正中的"社区",实际上是以政府组织为基础和核心的,基本等同于行政区划的概念。城市社区也就是作为城市政府基层组织的街道、镇、乡,

————————

① 徐长永盗伐林木案,卷宗号:(2013)丽龙初字第 00076 号,浙江省龙泉市法院藏。

相应地,社区矫正的组织与实施机构也就是政府基层组织的司法所,社区的范围也就是该政府基层组织所管辖的行政区划范围。如果社区矫正政府化、行政化,那么,社区矫正的推行反而意味着政府职能和机构的扩张。从某种程度上来说,社区矫正便只是将犯罪人从政府一个部门的管理转向另一个部门,甚至可能是监狱的"异形"扩张,这就背离了制度设计的初衷和意义。

晚近几十年的国家转型为社会的自我治理腾出了一定的空间,市民社会初见端倪,然而,这与社区矫正扎根立足所需要的成熟的市民社会依旧存在很大差距。尽管国家的社区建设正在轰轰烈烈地开展,但是,在社区建设过程中,政府仍然承担着全能主义的角色,社区的单位化倾向严重,参与者也大多是退休老人和下岗职工。而社区参与性是社区矫正的本质属性之一,离开了社区居民的广泛参与,社区矫正制度的实施也就缺失了社会基础。只有壮大社会力量,让社会自治能够有效运转,才能实现基层社会的有效治理①。

---

① 郁建兴、任杰:《中国基层社会治理中的自治、法治与德治》,《学术月刊》2018 年第 12 期。

# 第五章　改革开放后刑事和解的
## 恢复与发展

改革开放之后,我国发动了数次"严打"斗争,尤其是1983年的"严打",对法律实践和社会生活产生了深远的影响,深化了司法机关从重从快办案的观念。在"健全社会主义民主与法制""严打整治斗争"等话语中,刑事和解的老经验、老办法逐渐退出了历史舞台。1989年5月5日,国务院第40次常务会议通过《人民调解委员会组织条例》,该条例第5条规定,人民调解委员会的任务为调解民间纠纷,并通过调解工作宣传法律、法规、规章和政策,教育公民遵纪守法,尊重社会公德。至此,刑事案件的和解退出了法律文本。

## 一　国家立法前龙泉刑事和解的地方性探索

1979年《刑事诉讼法》只规定了自诉案件的和解,故在1979年至1993年,龙泉法院撤诉结案的刑事案件不多,只占案件总数的

1—2%[①]。不过,在国家立法为公诉案件刑事和解制度"正名"之前,龙泉法院就曾做出过探索。由于龙泉"九山半水半分田",森林覆盖率达到71%,为了保护森林资源,龙泉法院在20世纪80年代专门成立了森林审判厅,森林审判在相当长的一段时间内是龙泉法院审判工作的重要内容。尽管森林审判是法院民事审判的一部分,但是在轻微的涉林刑事案件中,依旧可以通过刑事和解结案。涉林犯罪的特点决定了恢复植被、恢复生态应作为司法裁判首要关注的问题,对此,龙泉法院提出了"惩罚犯罪是手段,生态恢复是目的"的理念,实行打击、预防与恢复并重,在实践中探索出了"生态恢复性司法"模式,龙泉法院在森林审判中确立了"依靠群众、调查研究、就地解决、调解为主"的原则,这一时期就地调解的案件达到了95%以上,生态恢复性司法主要适用于起诉阶段与审判阶段[②]。

在审查起诉阶段,对于轻微涉林刑事犯罪案件,检察机关通过了解案件情况,在严格保证案件质量的前提下,依职权主动启动或犯罪嫌疑人在开庭审理前主动进行生态恢复性补偿工作,将恢复性补偿的情况作为公诉意见的内容或量刑建议的依据。检察院依据案件具体情况及相关职能部门做出的损害评估报告,对符合恢复性补偿条件的案件在庭审时提出对被告人判处恢复性补偿的公诉意见,对主动实施恢复性补偿的被告人根据实际情况提出酌定

---

①　浙江省龙泉市人民法院编:《龙泉法院志》,汉语大词典出版社1996年版,第81页。

②　浙江省龙泉市人民法院编:《龙泉法院志》,汉语大词典出版社1996年版,第99页。

从轻处罚的量刑建议,或作出不起诉处理。

在审判阶段,法院改变了以往"一判了之"的做法,积极引导犯罪分子修复受损害的生态环境,将被告人是否积极修复受损害的生态环境,作为认定其有无悔罪表现的重要考量因素,将其修复生态环境的情形作为对其从宽处理的依据。当被告人有积极修复的行为,即使没有完成修复,根据案件情况,法院也可以予以从宽处罚;对于有能力修复生态环境而拒不履行生态环境修复义务的,则一般不判处缓刑;对于判处缓刑却拒不履行生态环境修复义务情节严重的,可以撤销缓刑。通过对从宽和从严两方面的把握,鼓励被告人主动开展生态环境修复工作,并督促惫于修复生态环境的被告人全面履行生态环境修复义务。在表 20 中,我们将生态恢复性司法与传统刑事司法进行比较,从而可以看出二者的区别:

表 20　生态恢复性司法与传统刑事司法的比较

|  | 传统刑事司法 | 生态恢复性司法 |
|---|---|---|
| 司法模式 | 惩罚:国家—犯罪人 | 恢复:犯罪人—受害人 |
| 犯罪观 | 对国家的侵害 | 对被害人及社区的侵害 |
| 控制犯罪的手段 | 警察、检察官等国家力量垄断 | 社区、民众参与;犯罪人与被害人协商 |
| 责任 | 自由刑、生命刑等刑罚 | 赔礼道歉、社区服务、生态修复 |
| 社区民众地位 | 被排除在外 | 作为重要力量参与其中 |
| 被害人地位 | 边缘化 | 作为核心,得到尊重 |
| 刑事后果 | 以刑罚惩戒为主 | 实现犯罪者重返社会,修复受损的社会关系 |

与传统刑事司法模式相比，生态恢复性司法有利于被害人权益的保护，有利于修复被犯罪所损害的社会关系，也有利于加害人回归社会。生态恢复性司法依托现有的民间社会资源，引入"第三方力量"，邀请居委会、村委会的代表，双方当事人的亲属、朋友以及单位配合调解或列席参加，这就为国家、社会、个人之间的良性互动提供了平台。社会力量参与刑事司法既节约了司法资源，同时兼顾了国家利益与个人利益。它改变了传统刑事司法中国家主义至上的理念，弥补了国家单向度追诉机制下忽略被害人权益保护的缺陷，反映出司法权开始由国家独占向社会让渡的趋势。

## 二　国家立法之后龙泉刑事和解的实践

生态恢复性司法只是国家立法之前的试验状态与地方探索，尽管这种试验在其他地方也开展试点，但遭到了一定程度的质疑与反对。1996 年《刑事诉讼法》进行修改，但立法依旧仅规定了自诉案件的和解，然而 2012 年修订的《刑事诉讼法》以专章规定了当事人和解的公诉案件的诉讼程序，这使得公诉案件的刑事和解在基层由法律外的试验走向了制度化。

2012 年《刑事诉讼法》的第 277 条规定了适用刑事和解的案件范围："下列公诉案件，犯罪嫌疑人、被告人真诚悔罪，通过向被害人赔偿损失、赔礼道歉等方式获得被害人谅解，被害人自愿和解的，双方当事人可以和解：（一）因民间纠纷引起，涉嫌刑法分则第四章、第五章规定的犯罪案件，可能判处三年有期徒刑以下刑罚的;(二)除渎职犯罪以外的可能判处七年有期徒刑以下刑罚的过失犯罪案件。犯罪嫌疑人、被告人在五年以内曾经故意犯罪的,不适用本章规定的程序。"2013 年 2 月 1 日,丽水市根据《刑事诉讼法》、相关司法解释及上级机关的有关规定,就如何办理刑事和解案件出台了《丽水市办理刑事和解案件若干问题的规定》。该规定将国家立法进一步细化,要求公安机关、检察院、法院在刑事诉讼活动中,准确把握宽严相济的刑事司法政策,对于符合刑事和解规定的案件,要积极引导、促成当事人和解,化解社会矛盾,修复社会关系,实现法律效果和社会效果的有机统一。其中,《丽水市办理刑事和解案件若干问题的规定》的第 6 条规定了刑事和解案件的范围,进一步细化了《刑事诉讼法》的规定,明确了适用刑事和解的案件范围:

> 对于下列案件,在诉讼过程中双方当事人达成和解协议并履行完毕的,公安机关可以撤销案件,人民检察院可以作出不起诉决定,人民法院可以对被告人免予刑事处罚。
>
> (一)因民间纠纷引起的轻伤害案件;
>
> (二)因民间纠纷引起的故意毁坏财物案(毁坏公私财物价值不足 5 万元,且没有其他特别严重情节);
>
> (三)因民间纠纷引发的破坏生产经营案件(造成直接财产损失不足 5 万元,且没有其他严重情节);
>
> (四)因索取合法债务或其他民间纠纷而引发的非法拘禁、非法侵入他人住宅情节一般的案件。
>
> 存在下列情形之一的,不适用前款规定:
>
> (一)犯罪嫌疑人(被告人)在五年内曾经故意犯罪的;

（二）涉枪、持械、雇凶或受黑恶势力操纵的；

（三）涉及寻衅滋事、聚众斗殴的；

（四）多次故意伤害他人身体的；

（五）其他不宜和解处理的。

其他符合《刑事诉讼法》第二百七十七条规定并达成和解协议的案件，公安机关可以向人民检察院提出从宽处理的建议。人民检察院、人民法院按照《刑事诉讼法》第二百七十九条依法作出处理。

《丽水市办理刑事和解案件若干问题的规定》通过 10 个条文对刑事和解的阶段、主体、参与人员、范围、和解协议书的制作与模板等作出了规定。就龙泉的实践来说，各个阶段的刑事和解也不尽相同。为更为详细地了解 2012 年《刑事诉讼法》修改后龙泉刑事和解的运行状况，我们以 2016 年的司法实践为例，分阶段进行讨论。

## （一）侦查阶段的和解

调研显示，在 2016 年的一年时间里，龙泉市公安机关在侦查阶段适用刑事和解的案件主要集中在派出所与交警大队。刑事和解适用率比较高的两类案件分别是故意伤害和交通肇事，分别由派出所与交警大队负责。

侦查阶段的刑事和解呈现出以下特点：第一，故意伤害和交通肇事案件数量最多，达到适用刑事和解案件总数的 73%，这与案件自身的性质和特点有着密切的关系。第二，刑事和解在一定程度上显示出扩大适用范围的需求。根据《刑事诉讼法》的规定,聚众斗殴罪和寻衅滋事罪属于《刑法》第 6 章规定的罪名,不能适用刑事和解,但司法实践中有一些案件却适用了刑事和解程序,特别是寻衅滋事案件的适用率达到 9%。调查发现,龙泉市侦查机关对这些案件适用了刑事和解,也取得了一定的社会效果,由此我们有理由认为刑事和解的适用范围可以做出适当的扩大性调整。

刑事和解制度在侦查程序中的突出问题是侦查机关的和解效力问题。2012 年《刑事诉讼法》第 279 条明确提出,对于达成刑事和解协议的案件,公安机关只有向人民检察院提出从宽处理意见的权力,没有撤销案件的权力。这样规定的目的在于防止侦查机关滥用职权。然而,龙泉公安机关对于侦查阶段双方当事人已经和解的案件,尤其是轻伤害案件,一般都做撤案处理,即终止案件的刑事诉讼程序。

在侦查阶段,双方达成刑事和解后,公安机关撤销案件予以结案,其目的是对轻微刑事案件快速处理,减少诉累,节约司法资源。但无论其初衷是出于何种主观善意,这都是违法的,是对我国《刑事诉讼法》有关刑事和解规定的一种曲解。其产生的直接后果既是对应当接受刑事处罚的犯罪嫌疑人的一种放纵,也是对被害人利益的一种伤害。

## (二)检察机关适用刑事和解

调研发现,检察机关适用刑事和解的案件较少,其中一个重要原因是,如果案件存在和解的可能,在侦查阶段就差不多已和解完毕,剩余的案件往往都是难以达成和解的。检察机关适用刑事和解顾及的因素更多,不仅要协调双方当事人的利益,还要与公安机关、法院进行沟通协商,再加上受检察机关各项工作与考核机制等因素的影响,使得检察机关办理一起和解案件比按正常公诉模式办理一起案件所花的精力还要多。

调研数据显示,检察机关适用刑事和解的案件大多集中于故意伤害、盗窃、交通肇事、诈骗等案件,这与认罪认罚从宽案件类型相似。在审查起诉阶段,如果当事人、近亲属没有提出和解申请,但承办案件人员发现可适用和解,经审批同意并和解结案的,可以作出不起诉决定。但是,有些案件即使达成和解,加害人仍需承担部分刑事责任以实现罪责平衡,此时,检察机关则应提起公诉,并向法院提出从轻、减轻处罚的量刑建议。

## (三)审判阶段的和解

调研发现,2016年龙泉法院适用刑事和解的案件依旧集中在故意伤害案件和交通肇事案件,且故意伤害案居多。在适用刑事和解的故意伤害案件中,近90%是由邻里矛盾或者民事纠纷引起的轻伤害案件,仅有的一例死亡案件,为被告人故意伤害致人死亡,但事后确有悔罪表现,并积极对被害人家属进行赔偿并获得谅解,所以法院在量刑时予以从宽处罚。其他类型犯罪适用刑事和解的案件数量较少,例如情节轻微的盗窃案、诈骗案等,由于被告人认罪态度良好,又及时将盗窃或者诈骗的非法所得归还受害人并赔礼道歉,因而获得了被害人的谅解,以和解结案。

在审判阶段，当事人双方达成刑事和解后，法院无一例外地作出了从轻处罚的判决。在调研的 89 起故意伤害和解案件中，只有 15 起的被告人被判处有期徒刑或者拘役，69 起的被告人被判处有期徒刑并宣告缓刑，还有 5 起的被告人被判决免予刑事处罚。在处理其他和解案件时更是如此，比如在 48 起交通肇事和解案件中，只有 3 起案件的被告人被判处了拘役，其余全都被判处有期徒刑并宣告缓刑。

并且，在审判阶段进行刑事和解的受害人，都未曾提起刑事附带民事诉讼，或者在和解后即撤回刑事附带民事诉讼，在案件审结后，被害人也没有另行提起民事诉讼。这表明，审判阶段的刑事和解在一定程度上起到了终止附带民事诉讼的作用。调研发现，导致刑事和解失败的主要因素有以下三个。首先，被告人的赔偿能力有限。被告人是否具有赔偿能力是能否达成和解的主要因素，刑事案件造成的后果一般比较严重，赔偿数额相对较高，有的被告人确无赔偿能力，其亲属也不愿代为赔偿，因此丧失了和解的基础。其次，被害人的诉求过高。有的被害人以被告人构成犯罪需要判刑相要挟，漫天要价，加之被告人的赔偿能力有限，难以达成和解协议。最后，双方积怨过深。个别案件的双方当事人平时积怨过深，被害人根本就不愿与被告人进行和解，只要求对被告人判处刑罚。

从整体上看，2012 年《刑事诉讼法》颁布实施以后，龙泉的刑事和解有以下几个特点：

第一，刑事和解的适用范围和案件比较集中。龙泉公安司法机关办理的刑事和解案件主要集中在交通肇事、故意伤害、盗窃等案件。在刑事和解案件中,交通肇事案件和轻伤害案件占刑事和解总量的82%,其中,交通肇事案件占51%,轻伤害案件占31%,而抢劫、抢夺案件适用和解的很少。交通肇事案件作为日常生活中常发的案件,如果肇事者经济能力较强,并且能够积极认错、赔偿,往往容易得到被害人及其家属的谅解。

第二,刑事和解的阶段相对集中。刑事和解主要集中在侦查和审判两个阶段,尤其是在公安机关的侦查阶段,这就无形中增加了侦查机关的工作量。另外,和解结案方式多样化,龙泉市公安司法机关基本上采取以下方式:撤销案件、不起诉、免予刑事责任、从宽处理。在侦查阶段,侦查机关对受理的轻微刑事案件做出调解以后,可以撤销案件[1];在审查起诉阶段,检察院对于移送审查起诉的轻微刑事案件,如果符合条件,可以作不起诉决定或者建议法院从宽处理;在审判阶段,法院调解成功的轻微刑事案件,可以不再追究被告人的刑事责任或者对被告人从宽处理,其中从轻判决的情况居多。

## 三　改革开放后刑事和解的特征

如果我们放宽视野就会发现,改革开放后的刑事和解与其他

---

[1]　这里必须要指出的是,2012年修订的《刑事诉讼法》第279条规定,对于达成和解协议的案件,公安机关可以向人民检察院提出从宽处理的建议,所以,公安机关在侦查阶段无权作出撤销案件的决定。对于此问题的讨论参见陈光中主编:《〈中华人民共和国刑事诉讼法〉修改条文释义与点评》,人民法院出版社2012年版,第423页。

时期的刑事和解相比,具有以下特征:

## (一)调解主体:公安机关、法院、官方搭建的调解平台

如上文提到的,龙泉的刑事和解主要集中在侦查和审判两个阶段。与此相对应,调解主体主要是公安机关和审判机关,同时,在司法场域外部,调解越发依赖官方搭建的调解平台。

改革开放后,伴随着国家权力的退出,基层社会发生巨大变化,人口流动愈加频繁,龙泉的人际关系开始呈现陌生化,依附于熟人社会的德高望重者,或者基层干部依赖个人威望介入民间纠纷的情况逐渐减少,刑事和解的主体发生了变化,传统的德高望重型调解人员相继被具备专业优势的知识权威型调解人员所取代。所以,2012 年之后的民间调解可以看作是社团体制的力量,官方搭建的调解平台所发挥的作用越来越大,因为"基本只有官方的牵线搭桥才能在互不认识的纠纷当事人与专业调解员之间建立信任关系,也只有官方的现实激励才能大规模地复制陌生人调解模式"[①]。比如龙泉市 2013 年以后搭建的基层调解平台、联合调解平台、专业调解平台这"三大平台";比如锦溪镇"草根调解超市"、龙南乡"乡贤参与纠纷化解模式"、安仁镇"永和联调中心"等具有本土特色的"综合性、一站式"调解工作平台;再比如,龙泉市近年来建立的社会矛盾纠纷调处化解中心,它整合了"专职人民调解员+专业调解力量+特约调解指导员"三级人民调解

---

① 兰荣杰:《人民调解:复兴还是转型》,《清华法学》2018 年第 4 期。

员队伍,积极吸引行业性调委会、法律咨询、心理服务、仲裁、司法鉴定等社会力量进驻,为群众提供全覆盖、全领域、全过程的优质服务。这些都是官方推动的调解力量,在刑事纠纷解决中发挥了重要作用。

## (二)调解的依据:实体法与行业规则

从实践来看,当前刑事和解的结果将越发接近于实体法律规范,而并非简单地包容于人情世故之中。一直以来,调解之所以受到当事人的偏爱,一个重要原因就是调解可以根据当事人的合意,一定程度上可以忽视法律规则。在传统的熟人关系中,纠纷当事人之间通常不仅仅牵涉利益之争,往往还涉及历史恩怨或者家族颜面等复杂的法律以外的因素,所以,这就更需要借助灵活的调解机制进行处理。然而,在陌生人之间的纠纷中,更多强调的是金钱利益。纠纷处理的结果一般能够在既有的法律规范或者行业规则中找到较为明确的规定,和解方案与判决结果在实体上的区分并不会太大。以交通事故纠纷为例,龙泉市设立了专门的交通事故调解委员会,负责交通肇事罪的调解工作,调解人员的权威性显然不是其个人威望,而是对事故责任划分、维修费用以及赔偿标准的专业知识与调解经验。由于和解机制的程序性优势,比如成本更低、效率更高、操作更灵活,当事人更偏向刑事和解。所以,改革开放后,刑事和解的依据越发接近实体法律规范,其优势体现在司法运行的低成本性、程序的高效性、操作的灵活性等方面,而并非对人情世故的包容性。

## （三）调解的效果：繁简分流与以人为本

尽管法院可以对刑事和解案件的被告人从轻处罚甚至免除处罚，但是改革开放后刑事和解的核心价值在于诉前分流。可以说，犯罪形势的基本态势是刑事和解生成与改革的社会基础和内在动力。自 2013 年以来，我国刑事犯罪结构发生了显著变化，重罪案件所占比重越来越小，而轻微犯罪的比重持续增大。据统计，2015 年至2019 年的五年中，我国判处三年有期徒刑以下刑罚的案件每年占比均在 85% 左右，暴力犯罪案件占比持续下降①。尤其是在"醉驾入刑"的新规出台以后，危险驾驶罪等交通肇事类犯罪成为刑事犯罪案件的主要类型之一。尽管这些人的行为构成犯罪，但就人身危险性而言，他们却并非传统刑法意义上的"犯罪人"——他们并不具有明显的反社会人格，也不具有现实意义上的人身危险性、再犯可能性。大多数犯罪已非当年的犯罪，犯罪人也非传统刑法意义上具有社会危险性的犯罪人。为适应新的犯罪发展态势，刑事司法制度必须作出实质性调整，确立简案快办、繁案精审的刑事案件繁简分流机制，以推动刑事司法资源的有效配置。在新时期，刑事和解制度有效节约了司法资源，可以更好地促使司法人员集中精力去办理更为复杂的案件。

同时，与传统的刑事司法模式相反，刑事和解制度承认并尊重了被害人的主体地位，符合程序主体性原理。根据该原理，刑事司法程序的设计应当尊重程序参与者的人格尊严和意志自由，保障

---

① 吴宏耀、徐艺宁：《充分发挥认罪认罚从宽制度的社会治理功能》，《检察日报》2020 年 10 月 22 日。

具有实体利益的诉讼参与人能够通过诉讼手段维护自己的切身利益。如果被害人没有程序主体地位，不能够独立自主地参与决定与自己利益密切相关的事项，那么，他就只是国家刑事司法的客体，根本无法与被告人展开平等、理性的对话与协商，也就难以解决自己的权益保护问题。刑事和解制度体现了对当事人的尊重，对国家权力和个人权利的平衡的重视，被害人与犯罪人权益的平衡，从某种意义上说是"以人为本"观念在刑事司法领域的体现。刑事和解中，被害人可以以真正的诉讼当事人的身份面对犯罪行为人，将自己的诉请全部陈述出来，并与犯罪行为人进行协商，这更好地实现了止息纷争、案结事了的诉讼结果。

## （四）调解的民间力量：有待强化

刑事和解设立的初衷就是国家对刑罚权的有限放弃，因此应当充分调动社会资源，发挥刑事和解制度的案件分流作用，分担刑事司法的压力，从而提升刑事司法的效率。我们看到，民国时期的大量刑事和解案件是由民间完成的。并且，西方刑事和解制度的设计初衷也是最大限度地发挥社会的力量以治理犯罪，"尽管在国外也有多种调停人模式，如由警察、检察官、法官、宗教组织来担任，但是，其中绝对的主流，仍是由中立的社区组织来承担。因为，刑事和解的制度功能，部分地就是分担正式刑事司法的压力，并由此提升司法人员的工作效率"[1]。如果刑事和解中的社会参与力量

---

[1]　杜宇：《理解"刑事和解"》，法律出版社 2010 年版，第 14 页。

薄弱,就会动摇刑事和解的社会基础。但是,就目前龙泉市的司法实践来看,民间力量依旧十分薄弱,民间组织的数量、结构、类型与刑事和解的需求存在一定差距。

此外,另一个值得注意的问题是,案件和解完毕以后,后续程序及时跟进不够。当事人刑事和解协议的达成和履行,并不意味着双方矛盾的消除,公安司法机关应进行跟踪监督,开展社区矫正和回访工作,要求学校、家庭、单位及有关社区矫正部门落实帮教措施,给加害人和被害人创造沟通的机会,让加害人真正受到教育,让被害人真正获得精神上的安慰等等。这些在龙泉都未充分实现。

总之,刑事和解制度这一私力合作模式的回归与实践,意味着国家刑罚权的部分让渡,反映了国家本位主义观念的弱化,也说明了龙泉刑事司法从重刑主义到谦抑主义的转变。刑事和解将私人、民间的力量纳入刑事纠纷的解决过程之中,意味着国家垄断刑事处分权模式的瓦解①。但同时,由于刑事和解的配套措施不健全,尤其是民间力量介入有限,国家与民间的互动有限,刑事和解的完善之路依旧漫长。

---

① 陈瑞华:《刑事诉讼的中国模式》,法律出版社 2018 年版,第 32 页。

# 小　结

改革开放四十余年来的历程也是中国法治孕育并走向更加成熟的历程。从"法治"对抗"人治"的思想交锋到"法制"变身"法治"的理念演进,清晰可见的是法治话语日益崛起的历史轨迹。从"依法办事"原则的初启,到"依法治国"方略的确立;从"法治"载入国家根本大法,到"建设法治中国"的蓝图勾画,伴随着以法治为核心的国家价值观不断更新,法治终于成长为国家治理现代化的灵魂所系。而对于龙泉基层刑事司法而言,改革开放四十余年来,它走过了一条始于刑事法制,迈向刑事法治的变革之路。在这一过程中,国家力量起到了明显的主导作用,国家治理理念与治理方略的变化引发了基层司法的深刻变革。事实上,基层刑事司法的每一次巨大变革背后都有国家制度变革的身影,国家制度变迁和基层社会结构变革共同推动了基层刑事司法形态的演变。

# 一 刑事司法场域内部：迈向审判中心主义的诉讼构造

改革开放以来，在人本主义观念的冲击下，国家本位的刑事司法观念与制度安排发生了变革。在国家本位主义观念下，国家是刑事司法的价值主体，而如今，不特定的、个体的、现实的人构成了刑事司法的主体，人权保障观念革新了刑事诉讼的目的。为了保障公民个人的权利与自由不受侵犯，就必须对国家权力进行制约。

改革开放后，为淡化国家本位主义所做的努力主要体现在刑事诉讼构造的转型上，尤其是促使"侦查中心主义"向"审判中心主义"、"案卷笔录中心主义"向"庭审中心主义"的转型①。这些转型表现为：在辩护制度方面，辩护制度与律师制度得以恢复与发展，犯罪嫌疑人和被告人的辩护权明显加强，以及刑事辩护律师的地位明显提升；在证据方面，《刑事诉讼法》的修改、"两个证据规定"等国家立法以及司法实践中对刑讯逼供现象的遏制，对口供中心主义的消解，对证人出庭质证的努力；在审判公开方面，推行阳光司法，采取多种形式，把刑事庭审置于媒体、网络、旁听公众的监督下，通过电视、互联网等进行图文、音频、视频直播或者录播，不断提升庭审公开的质量和效果；等等。这些努力都是为了消除强职权主义诉讼模式所带来的庭审虚化的弊端，进而确立犯罪嫌疑人、被告人的诉讼主体地位，保障其诉讼权利。

---

① 孙长永：《审判中心主义及其对刑事程序的影响》，《现代法学》1999 年第 4 期。

但同时应当看到,审判中心主义的诉讼构造远未实现,基层刑事司法依旧无法摆脱外界因素的干扰。转型时期,尽管中国政治体制改革已经使法院的专政工具性色彩淡化,但基层刑事司法在程序自治与政法传统之间仍存在复杂的纠缠。尽管维护法院公正独立审判,维系社会公平正义已经成为共识,然而,当前国家始终强调严厉打击犯罪以维护社会稳定,强调法律治理化的政法传统,强调法院服务于国家的"中心工作",法律治理化的背后,司法机关被定位为"社会治理工具",法官的中立地位被削弱,依然带有维护社会稳定的管理者的色彩,他们代表国家公权力打击犯罪,践行的是权力角色,这导致刑事司法的自主性弱化。

## 二 刑事司法场域外部:国家主导、社会有限参与

改革开放四十余年来,基层刑事司法的多元化、民主化趋势具体表现为:第一,国家仍然是解决刑事纠纷的主体,但除此之外,民间力量、社会组织也享有一定的刑事案件解决权。也就是说,重罪依然属于国家专属的治理范围,而轻罪则可以诉诸民间力量。国家与民间有效合作,这不仅有效缓解了国家在刑事司法领域的压力,而且也实现了国家与民间社会的有效互动①。第二,关注社会

---

① 李林:《我国风险社会刑法观与风险治理》,《华中科技大学学报(社会科学版)》2013年第1期;又见卢建平、莫晓宇:《刑事政策体系中的民间社会与官方(国家)——一种基于治理理论的场域界分考察》,《法律科学》2006年第5期。

关系的恢复。改革开放后的基层刑事司法注重社区参与,能够有效恢复当事人之间以及当事人与社区之间的关系,从而达到社会和谐的目的,这与传统的国家主义刑法观有巨大差异①。第三,在刑罚执行方面,国家当然是重要的执行主体,但在某些领域,民间社会享有了一部分轻微刑事案件的执行权。这不仅减少了国家执行刑罚的成本,而且更利于犯罪人回归社会。总之,在价值理念上,这种转换完成了由"国家场域的管治与惩罚"向"社会场域中的多元与善治"的转变,龙泉基层刑事司法越来越显示出多元化协商治理的趋势②。

　　然而,当前龙泉的社会形态与市民社会之间仍旧有相当大的差距。实际上,人民公社解体以后,基层社会有一个相当漫长的转变过程,即使在今天,仍旧没有实现真正意义上的自治。龙泉的社区建设尤其是农村的社区建设仍处于初期,政府仍然承担着全能主义的角色,社区也日益成为一个高度行政化的封闭"单位化社区"。参与性是社区矫正的本质特性之一,但民众对社区矫正的参与度非常有限。2017 年,龙泉市检察院的一次调研表明,只有2.3%的人参与过社区矫正工作,且参与者大多是退休老人和下岗职工。其实,无论是刑事和解还是社区矫正,制度设立的初衷在于强化社会多元主体参与刑事司法,离开了多元主体的广泛参与,刑事司法的转型也就缺失了社会基础。

---

① 　John Braithwait, *Heahher Strang*, *Introduction*;*Restorative Justice and Civil Society*, Cambridge University Press, 2001, p.14.

② 　周建达:《转型期我国犯罪治理模式之转换——从"压力维控型"到"压力疏导型"》,《法商研究》2012 年第 2 期。

　　刑事司法的协商治理模式意味着犯罪治理的多元主体之间并不是领导与被领导的关系,而是协作关系。但问题是,目前的社会治理依旧是"自上至下"的单向度的国家治理模式,国家一家独大的格局并未得到显著改善,非政府组织等社会自主性力量难以充分发育,实现国家和社会力量之间的良性互动还有很长的路要走。

# 结　语

## 一　基层社会治理变迁的基本脉络

19 世纪末,大清帝国已是落日余晖。当帝制中国进入尾声的时候,龙泉这个地处浙西南的偏僻县城也进入了绵长的多事之秋。晚清以后,中国社会逐渐发生巨变。在某种程度上,这一巨变直接为此后的一系列社会革命提供了契机,其所产生的深远影响延续到今天。清末以后,国家权力下沉到基层,相应地,乡村社会的统治权威也被打破。所以,在改革开放之前,龙泉基层社会变迁的基本趋势就是国家权威不断加强,而地方自主性被不断削弱。

清代的龙泉,"皇权止于县政"。虽然皇权先后以乡官制、职役制和保甲制渗透其间,但是在乡村,乡里绅士和宗族势力往往拥有实际统治权,帝制政府只是一个上层结构,国家并没有直接进入到基层社会。皇帝任命的官员只有与当地士绅合作,才能对地方进行有效的治理①。在传统中国,历代中央政府都是通过依靠地方权威而非取代地方精英的方式来对地方进行治理,中央政府也始终未对基层社会进行过直接的管理。地方精英在治理乡村时既分享着国家权威,又对抗着国家权力向基层社会的渗透。

在乡村社会,国家法以外是社会广阔的相对自治空间。用以规范这一广阔自治空间运作的规范,是民间习俗、家族家规等民间法。维系和连接国家与社会这一运作模式的主体,则是广大作为"乡村精英"的士绅阶层。在基层社会生活的保甲长、士绅、族长以及家族亲友等群体与当事人有密切联系,他们是乡村社会纠纷解决中主要的调解人。这种相对自治的乡村治理模式"与其说是国家政权尚未完全集权或地方抵制国家入侵的结果,还不如说是根植于中华帝国的地缘政治环境以及相应的儒家意识形态。归根结底,中华帝国后期的乡村—国家关系,与其说是相互对立,不如说是互相依赖"②。

然而,这一"无为而治"的治理模式发展到近代却遭遇到了前所未有的挑战,传统的分散粗放的农业帝国极为薄弱的国家能力显然难以适应近代化战争③。晚清帝国的失败不仅是清王朝的败落,更代表着传统中国的治理模式已经出现了巨大危机。中日甲

① 〔美〕费正清著,张理京译:《美国与中国》,世界知识出版社 2000 年版,第 38 页。

② 〔美〕李怀印著,岁有生、王士皓译:《华北村治——晚清和民国时期的国家与乡村》,中华书局 2008 年版,第 310 页。

③ 自斯考克波提出"回归国家"的口号以后,学界对国家能力这一概念日益关注。国家能力作为一种历史制度主义的路径有助于理解一些宏大议题,比如国家转型与法治建设;国家建设与动员能力;等等。参见 Evans, P. et al. (eds), *Bringing the State Back In*, Cambridge University Press, 1985.

午战争的失败促使知识分子思考变法救国之策。从清末礼法之争到"五四"运动，移植西方法律、宪政民权等观念已经为知识分子所接受，成为了实现国家强大和民族独立的手段。民族国家观念的兴起为中国司法的近现代化改革提供了理论准备①。如何建立民族国家，如何加强国家权力对乡村地方资源的控制和汲取，从而进行有效的社会动员成为了时代的主题。

晚清时期，地方治理就开始进入统治者的视野中。1908年，清政府颁布了《城镇乡地方自治章程》。该章程明确规定城镇与乡为县领导下的基层行政建置，实行地方自治。它的颁布标志着近代中国地方自治开始"制度化"，近代以来国家政权建设的进程从此起步。

在民国初期，龙泉县的政权建设与行政制度就已发生了巨大变化。在1927年南京国民政府统治之前，北洋政权就采取措施吸收农村精英参与到国家正式的政治运作中，以扩大其执政的基础，比如成立县议会、确立警察制度等。1927年以后，南京国民政府的乡村治理取得几项突破性进展，基层社会发生了重大变化。首先，为削弱乡绅、宗族势力在基层社会的作用，国民党政权取消了县议会以及其他为精英所把持的县级机关。所以，在1927年以后，那些在晚清与民初曾经显赫一时的乡村精英开始逐步退出历史舞台。其次，成功设立了跨村的区公所，建立区乡政权和推行保甲制

---

① 吉登斯认为，民族国家是继传统国家、绝对主义国家之后出现的现代国家形式。吉登斯特别强调现代民族国家的控制能力，也正是在这个意义上，民族国家才被视为现代的基本政治组织单位。因此，学界常将民族国家等同于现代国家。参见叶麒麟：《现代国家建构：近代以来中国政治发展的主轴》，《理论与改革》2006年第5期。

度,强化国家的控制力。最后,淘汰了传统中国征税和治安的非官方地方代理人,比如保甲长、乡约等,进而把他们的责任转移给了由县任命的区级和乡级政府。

因此,我们看到,国民党延续了晚清时期乡村社会治理变革的主线,努力地推行国家政权建设。南京国民政府时期,政治一体化的进程大大加快,国家权力不断渗透到乡村社会,试图把权力的触角伸向社会的方方面面。对此有学者评论道:"1930 年代以后,中国乡村治理中的行政化倾向更完全压倒了自治化倾向。"[1]由于这些改革没有遇到乡绅有组织的抵抗,国家在乡村社会的影响力大大增强。在整个晚清、民初以及南京国民政府时期,乡村社会的国家政权建设,或者说中央控制下的国家正式制度一定程度上取代了地方非正式制度。这无疑是一个巨大的变革。

但是,由于各种原因,这种国家权力向下沉的努力并未成功。尽管民国时期实现了诸多改革,基层社会的国家政权建设也取得了不俗的成绩,但是,龙泉社会在相当大的程度上依旧保持原状;尽管这一时期科举制度的废除等因素导致绅权最终走向消亡,但宗族、家族势力的影响力仍旧庞大。换言之,此一时期,由于国家整合乏力和国家权力渗透有限,乡村自治的社会结构并未被打破,乡村自治力量保持了历史的张力。而乡绅力量的消失却削弱了传统社会的自治性力量,导致村棍、恶霸、劣绅在乡村社会的出现与横行。乡村社会资源整合的失败和农民动员能力的匮乏,无疑是

---

① 沈延生:《中国乡治的回顾与展望》,《战略与管理》2003 年第 1 期。

导致国民党丢失政权的一个重要原因。

新中国成立以后，尽管新政权对晚清、民国时期的政权作出了近乎决绝的否定，但是它依旧延续了国家权力下沉的主线。土地改革和随后开展的农业合作化运动从根本上消灭了宗族、家族生存的土壤，清除了曾长期主导乡村社会的社会结构与权力结构。与此同时，农村的集体化运动使得国家力量史无前例地渗透到农村的社会、经济、政治等方方面面，传统"乡村自治"走向终结。晚清时期杨度提出的"国家主义之国，必使国民直接于国家而不间接于国家"的理想状态在新中国初期实现了。此时，国家主义的观念已经登峰造极。

改革开放以后，国家权力有限地从基层社会退出。在乡村社会中，"去集体化"逐渐把农民从国家的高度管控中解脱出来，在农村社会开启了新一轮的乡村自治探索。随着国家管控的放松，在龙泉的许多地方，一些传统制度比如宗族、家族和非正式网络等开始复活，国家在基层社会的影响力开始减弱。改革开放后，国家已经认识到其没有必要，更没有能力对基层社会的方方面面进行高度管控，国家开始支持民间社会进行自我治理。当下，长达一个世纪的基层治理的过渡与转型仍旧在进行中，从传统模式向一个至今尚未清晰界定和定位的目标迈进。

总之，从晚清开始，国家政权建设在很大程度上主导了中国法律、中国社会的近现代化走向。晚清以后，一个大的历史趋势是国家权力的下沉与扩张。无论是民国初期的新文化运动，还是此后民国时期的社会运动、制度变革，乃至新中国成立以后诸多运动与革命，无不体现了这一条主线。家族主义等传统中国自治性的力量，是革命或者改革清理的对象。从晚清的"军国民运动"到民国时期的"公民教育运动"，乃至以后中华人民共和国的"土改""人民公社化"与"社会主义教育运动"等等，无一不是个人服膺于国家，国家对个人身体、社会进行改造与规训的过程。

近代中国经历过无数的变革与革命，所有变革的主线都可以追溯到晚清。晚清法律改革过程中，围绕《大清新刑律》制定而出现的礼法之争，不但涉及法律与道德、家族与国家、自然与理性、普遍与特殊等范畴之间的关系，而且关乎中国社会现代化的路径，以及变革过程中的身份认同等诸多问题。如今，这场世纪之争已经过去一百余年，回顾当年的论争，我们可以发现，今天仍然困扰我们的问题，无不可追溯于清末。当年的论争预示了后来的政治、社会与文化之变。晚清开启的变法移植大业，在经历了北洋政府、南京国民政府、中华人民共和国而绵延至今。晚清掀起的种种思潮、观念和话语实际上在一百多年以后的现在依旧或隐或现地呈现在我们的眼前。正是清末变法修律的成果"在一轮又一轮的革命、改造、战争和运动中，以或隐或现、或接续或断裂的方式存在着。在此过程中，这些历史遗产，为不同个人和群体，以不同方式，为不同目的所用，从而造就了我们今日的世界"①。中国自清末新政开启的现代国家政权建设进程，对基层刑事司法的运作产生了深远的影响，而基层刑事司法的建立与完善依旧是一个未完成的历史课题。

--------

① 梁治平：《礼教与法律：法律移植时代的文化冲突》，上海书店出版社 2013年版，第 133—134 页。

# 二 基层刑事司法的变革展开于国家治理转型过程之中

晚清以后,基层社会的总体发展趋势是由传统社会向现代社会转型。中国作为后发型的国家,在转型的同时面临着深刻的民族危机。于是,现代化转型与基层社会动员紧密联系在一起。无论是晚清开启的乡村改革,还是南京国民政府时期的乡村建设,抑或是新中国成立后的人民公社化运动,改革开放新时期逐步探索的乡村自治,都反映了国家试图将基层社会纳入到国家现代化进程之中的努力。在其中,国家政权建设作为一条红线或隐或现地主导了20世纪基层社会的变革,也对基层刑事司法产生了深刻影响。

传统国家向现代国家的转型意味着国家政权对社会的统治由间接统治转向直接统治,为确保国家权力向基层的有效渗透和控制,国家权威力量开始进入乡村。在中国现代民族国家形成过程中,法律被当成了国家政权建设的工具,国家法逐渐成为社会治理中最重要的一种规则。就龙泉而言,从民初急剧动荡的司法机关变革到1929年龙泉新式法院成立,在一定意义上实现了司法独立,龙泉法院拥有了较为专业的法律人士,并制定了较为精细的考核机制。在刑事诉讼过程中,一系列近现代刑事诉讼规则开始逐步得到落实,包括当事人权利的保障、侦查措施的规范化、证据制度的转型、被告人辩护权的实现、律师制度的出现与完善、审判中国家法的落实等。它体现了民国时期龙泉基层刑事司法对程序主义的追求，也表现了在其运作过程中依据国家法来改变与维护社会秩序的努力。在现代国家政权建设背景下，新式法院建设给基层带去了新的规则体系，改变了原来的纠纷处理方式，通过严厉的刑事处罚强化国家权威。国家主导的刑事纠纷解决机制的确立与新政权建设过程中国家权力下沉紧密相连，从而使基层逐渐具备了现代国家政权的基本面貌。

新中国成立以后，国家权力完全下沉至基层，个人生活的方方面面都被普遍而又广泛地纳入到国家的规划与管控之中。在司法场域，国家主义观念占据主导地位，刑事司法的目的与任务就是保护国家的整体利益，其最明显的特点就是以国家利益为出发点而限制公民自由，刑罚较重。而强调国家利益至上、阶级斗争的犯罪论，必然导致国家对被告人权利的忽视。在诉讼构造上，强职权主义诞生，甚至出现了公安机关一家独大的局面；在判决依据上，晚清开始的变法成果被视为"洪水猛兽"而被扫地出门，政策优先甚至完全替代法律成为了龙泉法院裁判的依据；在控制犯罪的手段上，强调重刑化，认为遏制犯罪必须使用重刑。改革开放前的基层刑事司法呈现出革命与运动的特征。在"文化大革命"动荡的十年间，法律虚无主义达到极致，在"和尚打伞""砸烂公检法"的口号下，社会结构与法律文化结构被彻底改变。

经历了改革开放前激进的革命与运动后，中国社会的发展仿佛再次回到了原来的历史轨迹之中①。改革开放时期，国家权力有

① 改革开放后，人们也开始重新认识与反思传统的力量，传统中国基层社会的自治性质又一次引起了学界的注意。然而，在这里必须指出，传统中（转下页注）

限地退出基层。以社会重建与成长为核心的社会转型,推动了刑事司法中国家与社会治理方式的演进。国家本位主义的刑事司法理念一定程度上被消解,刑事司法主体由一元化走向多元化。在基层,国家仍然是解决刑事纠纷的主体,但除此之外,民间力量也拥有了一定的刑事案件的解决权。这与传统的国家主义刑事司法观有巨大差异。在某些领域,民间社会分享了一部分轻微刑事案件的执行权,这不仅减少了国家执行刑罚的成本,更利于犯罪人回归社会。这种转换完成了在价值理念上由"国家场域的管治与惩罚"向"社会场域中的多元与善治"的转变,基层刑事司法越来越显示出多元化协商治理的趋势。

## 三 国家主导的基层刑事司法变迁受到诸多因素的制约

传统中国的基层司法强调士绅、宗族、行会等自治性力量的参与以及它们对国家力量的消解。在民国时期,尽管国家政权试图

---

(接上页注)国基层社会"自治"与市民社会自治存在的本质区别。任剑涛曾指出,传统中国的国家权力之所以无法下沉到基层社会,是因为国家生产能力有限,在提供给一个有限度的国家以运作手段之后,所剩寥寥,国家无法发展成一个全方位、多触角、到基层的控制体系。"皇权不下乡"显示了皇权的有限性,但是,不是说皇权不想下乡,而是皇权下不了乡,因为皇权控制的资源十分有限。而市民社会自治的"国家—社会"二元体系,则是一种典型的现代产物。这种体制定型于18世纪的欧洲,并最终形成了"一个以权力限制权力、以权利限制权力、以社会限制权力的规范体系"。参见任剑涛:《"皇权不下乡"的背后》,《中国新闻周刊》2013年第11期。更为精细的讨论又见王向民:《"没有政府的治理":西方理论的适用性及其边界——以明清时期的南方社会组织及其公共服务为例》,《学术月刊》2014年第6期。

强力进入基层,但是基层的自治性力量并未由此而断裂。经过我们对龙泉司法档案的考察发现,这一时期的刑事司法分为三个部分,首先是国家的正式司法系统,其次是通过民间宗族调处解决争端的民间体系,以及介于两者之间的"第三领域"。只要是严重的刑事案件,司法机关几乎是立刻批示受理案件,开展后续工作,而对于轻微乃至一般的刑事案件,司法官员一般要么要求双方自行调解,要么利用民间调解,要么官方交回民间处理,促使纠纷获得有效解决。传统中国依赖准官员和民间力量解决纠纷的简约治理方法,仍然被国民党政府所沿用,旧的草根阶层的简约治理方式仍然有相当部分保留了下来。在刑事司法场域中,代表国家公权力的国家司法机关和民间力量一起运作,两者展开充分互动以解决纠纷。这是一套复杂精细而又成本较低的国家控制与治理体系,它在肯定国家公权力在基层社会治理中发挥主导作用的同时,也对保甲、宗族、乡绅、行会等非官方力量参与基层社会治理予以认可。这填补了传统国家因受政治资源限制而留下的权力空白,国家的治理成本大大降低。

新中国成立以后,国家权力完全下沉,垄断基层,尽管群众在运动中广泛参与,但是被动的意味更浓厚。群众性的政治动员是国家发动政治运动消灭犯罪的替代性手段,因为国家正规的制度资源,以及具有一定理性色彩的刑事司法程序显然难以与政治运动相匹配。在长期的革命斗争过程中,中国共产党发展出一套政治控制、社会管理和政策贯彻的制度体系,而新中国成立以后,群众运动更是屡试不爽的法宝。然而,革命与运动式的刑事司法本身面临深刻的危机,它难以纳入常规性、制度化的途径。运动式治理的基本特征决定其在本质上与理性的制度化相背离,其自身也难以维持常规化运作。

改革开放以后,经济与社会的巨大发展引发社会结构整体性、深层次的变化,社会的自由空间日益加大,自由、平等和自主性意识开始出现,国家之外的社会力量开始以新的方式塑造中国法律①。尤其是伴随着学界与实务界对 20 世纪 80 年代"严打"运动反思的展开,长期以来存留的"孤立的个人反对统治关系的斗争"的犯罪观,以及以国家垄断犯罪追诉权为基础的国家追诉主义开始受到质疑。在基层,原来的由国家作为单一治理主体的格局发生变化,国家治理越来越基于社会与市场自身发展的逻辑与需要,"让利于市场,放权给社会,建立政府、市场和社区三者有机协调配合的'新三元治理结构'"②。具体到刑事诉讼,在不破除国家主导的情况下,注重多元主体之间民主协商机制的建立和社会资本的培育。刑事和解的复苏、社区矫正的发展等等都反映了基层刑事司法的多元化、民主化趋势。

不过,我们也应当看到这一转型过程的复杂面相。一方面,改革开放以后的基层刑事司法无论在形式上还是内容上,都可以看作是对清末变法修律以来中国近现代司法改革所做努力的某种延续,它代表着新中国成立后前三十年的激进与革命的刑事司法模式已经成为历史,改革开放后的刑事司法在很多方面已经"告别革

① 左卫民:《从国家垄断到社会参与:当代中国刑事诉讼立法的新图景》,《清华法学》2013 年第 5 期。

② 张克中:《公共治理之道:埃莉诺·奥斯特罗姆理论述评》,《政治学研究》2009 年第 6 期。

命"。但另一方面,改革开放以后的刑事司法改革依旧多少带有红色革命的标签,在一定程度上延续了政法传统。在后全能主义时代,国家权力虽然有所克制与自我限制,但是全能主义时期的组织能力与动员能力似乎并没有受到太大的影响①。

## 四　基层刑事司法变革的动力

刑事司法是一个历史范畴,不同历史时期龙泉地方刑事司法所处的环境、历史使命各有差异,内部之间的关系、结构与运作机制也不一样,导致其主体、对象、方式也千差万别。不同的刑事诉讼模式由特定社会环境塑造而来,它们之间并无优劣之分。通过对晚清民国时期、改革开放前与改革开放后中国刑事司法变迁的考察发现,刑事司法的历史变迁轨迹伴随着国家治理模式的变化,呈现出不同的特征。本书将刑事司法的变迁放在历史视角下讨论,初步总结出以下几个影响刑事司法变迁的因素:

第一,国家治理理念与治理能力的变化。在传统中国,儒家"不生事扰民"的治理理念遏制了国家对基层事务的过多介入。国家不仅"不能"而且也"不愿"铲除士绅、宗族、行会等非正式制度。这种治理模式的选择在很大程度上受国家的治理理念与治理能力的影响。这种依靠非正式制度介入犯罪治理的方式,就是我们提到的"简约治理"。并且,农业为主的国家的有限税收很难支撑起

---

①　萧功秦:《中国的大转型——从发展政治学看中国改革》,新星出版社 2008 年版,第 2 页。

庞大的国家组织运转,更难以将政权组织下沉到郡县以下,因此国家依赖非正式制度来完成庞杂的犯罪治理等事务。晚清民国时期,国家开始推动政权建设,但是,此一时期尽管国家政权试图强力进入基层社会,然而基层的自治性力量并未由此消失,刑事和解依旧存在。至新中国成立,全能主义治理模式建立,民国时期存留的非正式制度被彻底铲除,国家在组织架构、资源供给以及社会动员等方面拥有其他主体难以比拟的优势,国家依靠"两类矛盾"下的斗争与改造,广泛发动群众运动来解决基层社会轻微乃至一般的犯罪纠纷。"政法机关把斗争的锋芒始终指向革命事业的最凶恶的敌人"①,对政治色彩浓重的反革命等重要刑事案件依法判决,不仅是出于意识形态的考虑,更是由于治理资源的限制。改革开放之后,财政供给依旧是国家犯罪治理的限制性因素,面对案多人少的问题,国家不能仅寄希望于扩充编制与增加法官人数等制度资源的简单化扩张。应当看到,多元化犯罪治理模式主张社会、市场多元共治,这可以有效克服传统治理模式的缺陷,是当前犯罪治理模式转型的必经之路。

第二,经济转型与社会结构转型。社会结构的改变会影响到国家在刑事司法场域中所依靠的力量与所采取的方式,也会影响国家实现犯罪治理目标的能力。在传统中国乃至民国时期,国家不得不更多地依靠各种非正式制度甚至"土豪劣绅"治理犯罪。新中国成立后,国家实现了对社会经济的全部管控,因而就可以完全摒弃对非正式制度的依赖,并且通过广泛发动群众来协助其实现犯罪治理的目标。改革开放后,全能主义国家收缩,国家对社会的

① 郝晋卿、吴建璠:《在政法工作中如何严格区分两类矛盾和两种处理矛盾的方法》,《政法研究》1963 年第 2 期。

全面控制削弱,面对新的挑战,国家开始诉诸基层群众、自治组织、志愿者以及市场等新生社会力量。随着社会结构的变化,刑事诉讼的运行方式也发生了许多变化,比如未成年人刑事案件羁押替代措施中社会团体的参与,以及社区矫正中公民、社会团体的参与等。

第三,国家立法与刑事政策的影响。刑事司法模式的变迁深受国家立法与刑事政策的影响。国家立法与政策文本经由公安司法机关的运行,才能由"文字"转变为"行动",由此建构动态的刑事法律秩序。以新中国为例,新中国成立后,新生政权面临的一个最为紧迫的任务就是巩固政权、治理国家。"惩办与宽大相结合"的刑事政策深刻影响了改革开放前龙泉的刑事司法模式,使其呈现出革命与运动式的特征。1979 年,《刑法》《刑事诉讼法》等国家立法为基层刑事司法运行提供了基本的依据。1983 年 8 月,全国政法工作会议召开后,8 月 25 日中共中央发出《关于严厉打击刑事犯罪活动的决定》。同年的 9 月 2 日,全国人大常委会通过了《全国人民代表大会常务委员会关于严惩严重危害社会治安的犯罪分子的决定》和《全国人民代表大会常务委员会关于迅速审判严重危害社会治安的犯罪分子的程序的决定》,标志着严厉打击社会治安领域犯罪活动的"严打"斗争正式启动①。"严打"刑事政策正式产生后,运动式治理与压力维稳构成了综合治理模式的典型特征。进入 21 世纪,在"宽严相济"的刑事政策提出以后,《刑法》《刑事诉讼法》经历多次修改,龙泉的刑事司法模式开始由过去的"压力维稳型"转变为"压力疏导型",并向多元化犯罪治理模式转型,国家在

---

① 严励:《"严打"刑事政策的理性审读》,《上海大学学报(社会科学版)》2004 年第 4 期。

强调严厉打击严重犯罪的同时,注重社会力量的作用,通过社会力量的综合运用预防与减少犯罪。

# 五 基层刑事司法变革的经验与特征

基层司法机关处于中国司法体系的末端,它面向基层社会展开,能够直观地接收到来自外界的评价。同时,基层司法权又是国家权力的微缩样本,反映出国家权力在基层中的运行现状。通过对龙泉基层刑事司法变迁的研究,我们抽象出基层刑事司法变革的以下经验与特征:

## (一)国家立法与地方实践

回望晚近百余年的中国社会,其变迁与发展的一个明显特征就是国家主导变革,无论是革命还是改革,总是自上而下推动进行的。曾有学者指出,中国的政体是以中央政府为中心的一统体制,中央政府对其国土与居民的各方面事务拥有最高与最终决定权。在这一前提下,中央一统体制和地方有效治理之间的矛盾便成为了中国国家治理的深层矛盾。这一深层矛盾主要体现为过度集中的中央管辖权会削弱地方治理社会问题的能力,基层治理权过大则会各行其是,威胁一统的体制①。因此,以中央政府为中心的一

---

① 周雪光:《中国国家治理的制度逻辑——一个组织学研究》,生活・读书・新知三联书店 2017 年版,第 10 页。

统体制只能在中央管辖权和基层治理权之间寻找动态平衡。自新中国成立以来,中国的治理改革在很长一段时期内都是在坚持国家居主导地位的前提下,顶层设计与地方探索并行①。中国社会的不平衡发展制约了国家制定法在各地的真正落实,尤其是在基层。在司法实践中,基层司法机关运用实用主义的做法使各类纠纷得以妥善的解决。因此,基层司法基本是以问题为导向,通过多种措施并举,有序地解决问题。

　　并且,无论是理论还是实践经验都表明,当下中国司法的改革方向都应当是刑事司法的适度"地方化"。原因有以下几个:首先,正如吉尔兹所认为的,法律是"地方性知识"②。中国幅员辽阔,发展不平衡、不充分,在这样一个发展中的大国,而且它又正处于社会转型的时代背景下,追求中央集权下刑事司法的完全统一并不现实。尤其是改革开放以后,经济与社会急剧转型,新问题不断涌现,中央与地方、国家法与民间法之间的分化乃至冲突更为明显,这导致法律呈现多元化发展的局面。其次,在"宜粗不宜细"的立法理念指导下,国家刑事诉讼立法总体上呈现出抽象、笼统的特征,未明确规定诸多实践细节问题,尽管后续以出台实施细则等方式对各项规定加以细化,但基层法院仍不免遇到"无法可循"的尴尬,导致自创规则或者故意曲解法律规定的现象,所以,出于个案差异与地方特性,基层公安司法机关创设的诉讼规则就难免出现

　　① 　葛洪义:《顶层设计与摸着石头过河:当前中国的司法改革》,《法制与社会发展》2015年第2期。
　　② 　〔美〕吉尔兹著,邓正来译:《地方性知识:事实与法律的比较透视》,梁治平:《法律的文化解释》,生活·读书·新知三联书店1994年版,第126页。

"地方化"色彩①。最后,在司法改革进程中,出于谨慎的需要,国家在仅就全局性改革框架提出总体规划的同时,允许地方根据本地实际情况进行一定程度的制度创新,采取"先试点,后推广"的渐进式改革模式。该模式有以下三方面优点:一是可对比择优,通过尝试不同的改革方案,对比选择最优进路;二是可控制成本,这样,改革的负面效果能被及时、有效地限制在局部范围内;三是适用灵活,允许地方创新,减少了改革的阻力,从而提高改革进程的弹性。司法"地方化"是国情所需,也是改革进程下解决历史遗留问题的政策选择。当下更亟待解决的是如何保持因地制宜和程序正义之间的平衡②。

由于现行体制对地方因地制宜的宽容甚至鼓励,加之各地客观情况的差异,基层刑事司法呈现出一定的"地方化"现象。这种以权力行使方便性为导向的"地方化"规则尽管有一定的合理性,但容易造成对诉讼程序与当事人诉讼权利的随意剪裁,损害到司法统一、程序透明,由此导致治理结构碎片化,忽视了司法的规范导向,在一定程度上会引发司法地方保护主义等问题。

对此,一方面,我们应当坚决否定法律一元主义、法律万能论、"一刀切"思维等法律霸权主义,倡导以契合于本区域文化的方式解决纠纷;另一方面,我们必须反对地方司法机关对国家诉讼立法的任意裁剪,因为这是权力的恣意,将导致司法直接服务于地方权力运行的方便性甚至个人私利,地方司法的潜规则将成为司法不

---

① 沈伟:《地方保护主义的司法抑制之困:中央化司法控制进路的实证研究》,《当代法学》2019 年第 4 期。

② 郭松:《刑事诉讼制度的地方性试点改革》,《法学研究》2014 年第 2 期。

公、司法腐败和非法治主义的温床。毕竟，对司法机关与裁判者来说，现代诉讼法本质上是一部"限权法"，程序规则的作用是成为"紧套在司法者头上的紧箍咒"①。因此，司法者应当严格遵循既定、公开的国家立法，贯彻执行以事实为依据、以法律为准绳的原则，不能根据案件需要甚至在利益驱动下调整、修改或故意曲解规则。

为此，司法改革应选择将顶层设计的宏观统筹与基层司法的实用主义相结合的举措，在肯定基层司法机关职能的同时，强调自上而下的整体协调，以点带面的辐射效应，既保持地方积极性又强调发挥中央的作用。事实证明，这种司法改革举措能够解决司法治理的系统性体制难题。从司法改革实践来看，目前针对提升司法权威、提高裁判效率、改革案件管理制度等方面开展的司法改革，均是在总结地方试点经验的基础上，不断推进改革进程所取得的成果。从改革的目的上看，顶层设计的宏观统筹与基层司法的实用主义相结合的治理路径，直接回应了基层司法实践中的地方化、碎片化和缺乏更高的权威法律依据的现实难题，这有利于司法机关依法运作，从而最大限度地化解体制阻力，降低地方的治理风险。

## （二）规范导向与问题导向

基层司法机关作为国家治理的末端，它的工作是以问题为导

---

① 谢佑平：《程序法定原则研究》，中国检察出版社2006年版，第8页。

向的,应秉持实用主义,经验地解决纠纷,而非对法条主义的坚守。它始终以解决现实纠纷,提升基层社会治理水平为目的。在法理学经典概念中,规范性是司法权的核心属性①,而司法权更是法院与法官根据国家立法作出裁判的理性判断权。然而,在龙泉刑事司法变迁中我们看到,基层司法的运行往往是规范性与非规范性并行,因为基层社会产生的大量矛盾并不完全符合法律的规范性要求,这就要求基层司法机关采用多种策略来化解纠纷。这是由其所处的基层社会的境况,及其所承担的治理职能所决定的②。从这种意义上来说,基层司法权是国家对基层社会进行治理的重要组成部分,是国家治理在基层社会中的延伸。它不仅维护了基层社会稳定,而且服务于国家革命与建设各个时期的"中心任务"。

在现实世界中,没有一个国家的司法机关可以与其所处国家的政治体制做出绝对的切割。在基层,司法机关秉持"通过法律的治理"的理念,必须要积极作为,必须要立足于本区域的地方治理与发展,在服务大局的理念下发挥作用。这便是基层司法治理的核心要义所在。所以,基层司法机关作为国家治理的末端,它的核心是以问题为导向,以解决基层社会现实问题,提升基层社会的治理水平为宗旨。

不过,这种以问题为导向的司法模式与以规范为导向的法律

① "形式主义法治"和"实质主义法治"之间的关系可高度简化为:前者通常与"过程主义"或"程序主义"紧密联系,而后者则是与"结果主义"紧密相关。参见丁卫:《秦窑法庭:基层司法的实践逻辑》,生活·读书·新知三联书店2014年版,第306—311页。

② 郑智航:《乡村司法与国家治理——以乡村微观权力的整合为线索》,《法学研究》2016年第1期。

模式之间存在着某种矛盾与张力。在基层刑事司法的运行过程中,中央立法与地方实践、正式制度与非正式制度、常规治理与运动式治理错综复杂的关系,凸显了基层治理的复杂面相。以问题为导向的基层司法机关必须直面来自社会各个领域的矛盾与压力,所以,司法机关不得不求助于各类社会资源和规则来解决现实问题。这些资源可能会与法律规则产生冲突,在一定程度上消解法律的权威性。同时,以问题为导向的基层司法治理要求司法机关向其他国家机关与社会力量吸收资源,这导致基层司法机关依附于地方,出现司法地方保护主义等问题;而国家主导立法的自上而下的治理固然可以破除地方利益的格局,却又可能忽视地方差异性带来的司法实践多元化等特征,由此,基层刑事司法呈现出极为复杂的面相。

## (三)常规治理与运动式治理

中国的基层社会治理呈现出纠纷的多样性、复杂性与异质性等特点,对复杂的地方社会进行治理时可能很难一定要遵循严格的规则,或许,包括运动式治理在内的非正式制度,恰好是中国基层的官僚制组织应对复杂情况所提出的一套治理技术。在实际运作中,运动式治理通常与常规治理相结合,互相依存,交织运作,以此来应对基层各个时期的中心工作,实现对基层社会的有效治理。

既有的研究认为,常规治理与运动式治理相互冲突、不可调和,二者存在显著区别。常规治理是以科层化、法治化、常规化方式进行治理的一种公共官僚体制。规则为本、按章办事是官僚体系运作的基础。常规官僚制的普遍特征是强行政控制，行政人员的行为在很大程度上受到规则的约束①。运动式治理打破常规治理按部就班的运作模式，代之以非制度化、非常规化、非专业化的运作方式，运动式治理的执行者通常是政治化了的官僚，他们执行政策，一般采取"一刀切"式的方式，要求上命下从，执行政策不能产生任何变形②。运动式治理更被认为是"头痛医头、脚痛医脚"。运动式治理存在于日常化的治理逻辑之外，强调短期从重从快，容易矫枉过正，对公民权利造成误伤，最终难免落入低效甚至无效的窠臼③。然而，反观百余年龙泉的刑事司法实践，两种治理模式并非是严格的相互替代关系，正如周雪光所指出的，运动式治理在中国历史上反复出现并非偶然，而是国家治理制度逻辑的重要组成部分④。两者可以互动，产生协同。一般情况下，中国超大型国家治理依赖于庞大而又多层次的常规治理机制，然而，信息不对称、监管成本高等缺陷往往会导致治理失效，而运动式治理的作用在于暂时叫停常规治理的运行程序，从而达到纠偏、规范边界的目的。这说明，运动式治理恰恰是常规治理失败的重要应对机制。

具体到纠纷治理方面，常规的纠纷治理属于国家治理的一般性方案，它在国家正式司法与社会规范的体制内进行。常规的纠

①　宋琳、赖诗攀：《中国官僚体制与普通官员行为：三个治理工具》，《甘肃行政学院学报》2016 年第 3 期。

②　魏程琳、赵晓峰：《常规治理、运动式治理与中国扶贫实践》，《中国农业大学学报（社会科学版）》2018 年第 5 期。

③　曹龙虎：《国家治理中的"路径依赖"与"范式转换"：运动式治理再认识》，《学海》2014 年第 3 期。

④　周雪光：《运动型治理机制：中国国家治理的制度逻辑再思考》，《开放时代》2012 年第 9 期。

纷治理机制主导了基层社会的犯罪治理与秩序，而运动式治理则是在常规的纠纷治理模式失灵时的有效补充。一方面，转型时期基层社会各种复杂的矛盾和冲突激增，治安形势严峻，时常冲破日常治理的限度，而支撑常规治理的资源仍旧比较单薄；而运动式治理能够在短期内打击犯罪，恢复社会秩序，有较强的公众基础。另一方面，在常规犯罪治理机制中，公权力滥用会导致犯罪治理效率低下，遭到公众的质疑，所以当常规治理出现部分失灵时，就需要以运动式治理作为补充。它体现了国家治理的实用理性，适应了中央政府对基层社会强控制的治理方式。

从一定意义上讲，运动式治理在一定程度上延续了新中国的政法传统①，而基层社会经常出现的专项运动则是动员型政治在刑事司法领域的体现。在基层社会治理转型的大背景下，运动式治理逐渐成为了一种弥合常规治理机制与基层社会之间张力的策略。不过，应当充分评估运动式治理潜在的风险与负面影响。运动式治理显然是一把"双刃剑"，从某种意义上说，其发挥的作用越大，效用越明显，潜在的风险与副作用也就可能越高，因为这些风险和副作用是运动式治理的弹性逻辑对常规治理（刚性制度）带来的伤害。运动式治理无形之中强化了权威主义，构成了对司法规则的僭越与伤害。由此可见，问题的解决之道依然是稳步推进制度改革与建设，建立长效治理机制，增加制度的有效性供给，从而

---

①　学界有观点认为，运动式治理在传统中国就已存在，并以孔飞力的《叫魂：1768 年中国妖术大恐慌》一书作为佐证材料。参见周雪光：《运动型治理机制：中国国家治理的制度逻辑再思考》，《开放时代》2012 年第 9 期。不过，就龙泉司法档案所反映的情况而言，运动式治理更多地为新中国成立之后所使用。

促进制度自我更新,减少运动式治理弹性逻辑的运作空间。

## （四）正式制度与非正式制度

在基层刑事司法运行的框架中,正式制度是国家正式规定的制度,非正式制度是社会中自发形成的制度。可以说,正式制度是指国家为了建构某种秩序或者实现某一目标所采取的制度措施;非正式制度的产生则是与自下而上的经验理性有关,它要么来源于传统,要么来源于人们日常生活中的博弈演化①。在晚近百余年国家政权建设的过程中,基层的司法机关利用诸多手段与策略,诉诸其可资利用的资源,以便达到实现治理犯罪的目的,这些策略与手段就包括了正式制度与非正式制度②。其中,非正式制度既包括了传统中国与民国时期的宗族、家族、士绅等非正式官僚体系,也包括了新中国成立初期的群众运动,改革开放后的社会组织以及基层群众自治组织等。非正式制度的合理、有效运行不仅可以补充正式司法制度的不足,同时还能沟通法律与社会的联系,改善法律实施的效果。正式制度与非正式制度之间既相互对抗也相互依存。

中国基层社会的刑事司法既具有长期的由非正式制度主导的传统,也经历过国家主导的近乎脱胎换骨的正式制度的变革。在

---

① 于浩:《推陈出新:"枫桥经验"之于中国基层司法治理的意义》,《法学评论》2019 年第 4 期。

② 周雪光:《从"黄宗羲定律"到帝国的逻辑:中国国家治理逻辑的历史线索》,《开放时代》2014 年第 4 期。

传统中国，基层社会的犯罪治理主要依靠非正式制度，自发秩序强于国家秩序，非正式制度在基层社会的秩序中占据主导地位。改革开放前，全能主义治理模式建立，国家在面临常规治理资源短缺的背景下，借助"政社合一"的体制，通过强有力的政治动员发动群众，既增加了群众对政治系统合法性的认可，也提升了犯罪治理的绩效，然而，政治运动的不可控性不符合常态治理的要求，强控制秩序的成本上升，收益下降。改革开放初期，政治运动式微，常规化治理手段得以重建。如何在严峻的治安形势与资源有限的前提下完成治理任务？国家采取了综合治理模式，强调党委与政府协调各部门，齐抓共管。伴随着改革开放的深入，国家开始尝试将权力下放给市场与社会，引导市场与社会力量参与治理，缓解国家面临的治理压力。这其中，国家依旧担任领导角色，同时，市场与社会力量等多元主体参与其中，实现了体制内外力量的合作。

## 六　基层刑事司法变革的未来

改革开放后的四十余年，是中国法治发展波澜壮阔的四十余年。改革开放营造了适宜法治生长发展的环境，同时也不断产生和形成对法治的巨大需求；而法治则适应改革开放的需求，不断地为其提供规范和指引，促进和保障改革开放沿着正确的方向不断前行。这一时期，社会在国家强控制的格局中逐步释放出活力。当下的中国社会，逐步形成了国家利益、集体利益及个人利益共存的利益多元化格局。国家统治、社会自治与个人自主三个维度协同发展,合力实现人民日益增长的对美好生活的追求。

## (一)国家主导,社会参与的多元治理

就国家与社会的关系来说,我们认为,未来中国基层刑事司法的走向将是国家有限主导、社会广泛参与的多元治理模式。

首先,国家依旧处于刑事司法场域的主导地位。在当前,尽管刑事法网开始不断由封闭走向开放,民间社会逐渐成为刑事司法中治理犯罪的重要力量,但同时必须看到,转型时期基层社会出现大量越轨行为,犯罪的防控难度骤然增大。在基层刑事司法场域中,国家在治理犯罪中必须占据主导地位,因为与民间力量相比,国家在治理犯罪方面有其独有的优势,国家有强大的技术能力做支撑,这是民间社会所难以企及的。同时,治理犯罪的公共产品属性决定了国家必须在刑事司法场域占据主导地位。

不过,承认国家在刑事司法场域中的主导地位,并不是说国家是基层刑事司法的唯一主体,必须承认社会与市场力量在犯罪治理中所发挥的巨大作用。在改革开放新时期,刑事司法的多元化治理,就是在坚持国家主导地位的前提下,强调社会与市场在犯罪治理中独立的作用。当前,由于市民社会发育不够成熟,社会力量参与社会治理的热情还没有充分发挥,所以需要处理好国家与社会的关系,用制度来规范国家公权力的运行方式与权限①。此外,还要重视培育社会自主性,壮大社会力量,尤其是社会的经济力量

①　李本森:《社区司法:保障基层社会治理》,《中国社会科学报》2014 年 3 月 5 日。

和非政府组织的发展。

## （二）推进以审判为中心的诉讼改革

在国家本位主义的观念下，国家是刑事司法的价值主体，刑事诉讼被看作是实现国家刑罚权的工具。国家本位主义的诉讼观念导致侦查中心主义盛行，刑事诉讼的重心实际在侦查阶段，即对案件进行全面的、实质的调查是通过侦查程序来完成的，而之后的起诉、审判程序一般只是对侦查阶段形成的卷宗和证据的进一步确认，法院在公检法三者中地位最低。

当前，推动以审判为中心的诉讼改革就是要实现整个刑事诉讼制度应围绕审判程序来建构，整个刑事诉讼活动应围绕审判程序来展开，审判程序在整个刑事诉讼中具有中心地位和决定作用。因为理想的刑事诉讼模式是以裁判为中心的审判中心主义而非侦查中心主义、笔录中心主义。尽管以审判为中心的诉讼改革不等同于以法院为中心[①]，不涉及到诉讼制度的重新建构，但是从长远

---

[①] 不过，新中国成立后，法院的政治功能及社会地位经历了一个逐步提升的过程。在改革开放前，法院系统虽然也积极凸显自己在国家治理中的重要地位，但其并未得到应有的重视。由于维护社会治安是政法机关承担的最主要功能，相比于公安机关和检察院，法院在公权力体系中的功能序列始终较低，也就无法在充足的制度空间内彰显其独立性。另一方面，在法治话语被否定的政治环境中，法院作为与这一话语亲缘关系最近的机关，始终受到有意无意的压制。到了改革开放以后，由于保障经济活动有序进行在国家权力功能中的重要性显著上升，从这一功能的发挥而言，法院获得了比公安机关和检察机关更大的作为空间。这不仅表现在治理行为专业化程度的提高，更体现在法院对实现权利保障这一国家治理策略方面的当仁不让。参见李文军：《政法传统与司法的治理功能研究——基于 S 省一个基层法院 60 年实践变迁的观察》，《南京大学法律评论》2017 年第 2 期。

来看,以审判为中心的诉讼改革就是让审判回归到刑事诉讼的中心地位,使得侦查、起诉成为开启审判程序的准备阶段,并有效发挥审判对侦查、起诉等审前程序的制约和引导作用,重塑法院的社会形象,树立司法权威和司法公信。所以,以审判为中心是从整体诉讼制度的宏观层面提出的改革要求,它面向的是刑事诉讼构造革新,它要把刑事诉讼构造从"流水线结构"拉回到"正三角结构"。

但是从现实来看,以审判为中心的诉讼改革面临法律治理化的政法传统、国家本位的诉讼构造等一系列障碍,所以,以审判为中心的诉讼改革乃是一项极为复杂而又艰巨的系统工程。从宏观上看,法律治理化和国家本位的权力架构作为一种政治现实仍具备相当的稳定性。这与目前的"维稳"思维相符,这一机制在当下仍有生命力。鉴于以审判为中心的诉讼改革有相当的模糊性与伸缩性,所以改革可以划分为三个阶段进行:近期目标是立足现行刑事诉讼法的框架,推进以庭审为中心的诉讼改革,推进"技术型"审判中心改革[1];中期目标则涉及司法体制改革,跳出侦查中心主义的桎梏,有效实现审判对侦查工作与公诉活动的牵制与制约;远期目标则是推动《宪法》《刑事诉讼法》的全面修改,建立制约与监督均衡的刑事司法体系,建立符合程序法治与司法规律的刑事诉讼制度。

## (三)妥善处理超大规模国家治理中中央与地方的关系

自元明清以来,中国就面临着超大型国家如何进行有效治理

---

① 龙宗智:《"以审判为中心"的改革及其限度》,《中外法学》2015 年第 4 期。

的问题。中央集权与地方治理之间存在着深刻矛盾,国家如何在保证中央集权的前提下实现对地方的有效治理一直是历史难题①。像中国这样的超大规模的国家,顶层设计不可能解决所有具体的问题。基层治理日趋复杂、各种情势瞬息万变、突发事件层出不穷,国家立法的稳定性、统一性、有限性与基层社会情境的多样性、差异性、无限性之间的紧张关系凸显。这就需要我们客观认识基层实用主义治理策略的现实合理性,但同时,也要警惕极端法治工具论可能带来的危险。过度放纵基层的法治实用主义,往往导致为了达到公共或个人所谓"正确"或"良善"的目标而将法律置之脑后甚至公然挑战法律权威的法律虚无主义,这实际上就是人治的回归。

为了缓解国家立法与基层实用主义司法观的矛盾,促成二者求同存异、对话相容,我们有必要提炼出两种法治观乃至全社会都能认同的"最低限度法治",而这也是构建一个有效运作的规则体系的必要条件和最低限度的形式特征。其主要内容应大致包括:第一,法治并不是古典正统意义上的简单"规则之治"和机械"法条主义",而是以现代立法民主为基础、以公共利益为导向的"良法善治"。法治即使是被视作工具意义的存在,也应当是为公共福利服务的工具。第二,法律规则的规范性、稳定性与权威性是现代社会赖以存续和发展的必要条件。必须充分强调法律规则在政策、道德、乡规民约等基层多元化社会治理体系中的主导地位。第三,限制公共权力的恣意任性是现代法治的基本价值,也是维护社会安

---

① 彭勃、张振洋:《国家治理的模式转换与逻辑演变——以环境卫生整治为例》,《浙江社会科学》2015 年第 3 期。

全与公民基本权利的必然要求。社会管理者应在法律的界限之内履行日常职责,应当注重运用法治思维和方式来推进各项社会改革。第四,在基层,司法机关通过不断向社会输出规则和社会公正来承担基层社会治理法治化的政治功能。法官应在一个变革的时代努力追求司法判决的客观性与确定性,实现遵守法律规则与推动社会改革目标的统筹结合①。

同时,地方的司法实用主义必须坚持以下三个原则:第一,合法性原则,即司法的"地方化"不能够突破法律的禁止性规定;第二,公开性原则,它要求司法机关"平等地告知每一方当事人有关程序的所有事项"②,避免"地方性"规则沦为"潜规则";第三,参与性原则,即在"地方性"规则的制定过程中,应当保持开放性,听取不同主体的意见,特别是对当事人的权利予以关注与保障,避免"闭门造车"。有鉴于此,地方性司法创新必须遵循合法性、公开性、参与性三个原则,才能够在保持司法改革充满活力的同时,约束地方权力的恣意,进而保障司法公正,保障当事人的权利,从而塑造一个多元、互动、灵活的法律生长系统③。

由上观之,对于规则主义法治论者而言,不仅要保持对规则约束等合理因素的坚守,并以此来修正和纠偏实用主义法治观可能带来的负面效果,还要贴近和理解基层治理的现实;对于实用主义

---

① 封丽霞:《大国变革时代的法治共识——在规则约束与实用导向之间》,《环球法律评论》2019 年第 2 期。

② 兰荣杰:《诉讼规则"地方化"实证研究——以裁判权配置为视角》,《法制与社会发展》2008 年第 2 期。

③ 葛洪义、江秋伟:《中国地方司法权的内在逻辑》,《南京社会科学》2017 年第 1 期。

法治论者而言,虽然可以为了实现某项社会治理目标而对一些法律规则进行所谓"良性"规避或突破,但必须尊重法律规则的普遍约束力并为其完善而努力。

的确,作为中国数千个基层司法机关的一个缩影,龙泉的刑事司法深嵌在浙南地区特定的历史、社会经济结构与政治生态之中,然而,龙泉又不是基层治理研究孤立自洽的个案,这里发生的故事每天都在中国广大基层尤其是城镇化进程中的乡镇,以相似的实践逻辑与不一样的主人公周而复始地上演。而这个复杂多元的世界——由"法治""现代性""乡土""全球化"等编织而成的话语世界和渺小人类栖居的物质世界——每一天都在以不同的速度发生变化,我们伫立其间,感受着不一样的天地。

# 主要参考文献

## 一、档案文献

包伟民主编:《龙泉司法档案选编》(第一辑晚清时期),中华书局 2012 年版。

浙江省龙泉市档案局(馆):《龙泉民国档案辑要》,中国档案出版社 2010 年版。

周功富:《龙泉法院志》,汉语大词典出版社 1996 年版。

浙江省龙泉县志编纂委员会:《龙泉县志》,汉语大词典出版社 1994 年版。

《龙泉司法档案(晚清民国时期)》,浙江省龙泉市档案局藏。

《龙泉司法档案(新中国成立以后)》,浙江省龙泉市法院藏。

## 二、研究论著

卞建林等:《改革开放 40 年法律制度变迁·刑事诉讼法卷》,厦门大学出版社 2019 年版。

陈光中:《中国古代司法制度》,北京大学出版社 2017 年版。

陈光中等:《中国司法制度的基础理论问题研究》,经济科学出版社

2010 年版。

陈光中等:《中国现代司法制度》,北京大学出版社 2020 年版。

陈瑾昆:《刑事诉讼法通义》,法律出版社 2007 年版。

陈瑾昆著,吴允峰勘校:《刑法总则讲义》,中国方正出版社 2004 年版。

陈瑞华:《刑事诉讼的中国模式》,法律出版社 2018 年版。

陈瑞华:《刑事诉讼的前沿问题》,中国人民大学出版社 2016 年版。

陈卫东主编:《刑事诉讼基础理论十四讲》,中国法制出版社 2011 年版。

戴炎辉:《中国法制史》,台湾三民书局 1966 年版。

董必武:《董必武政治法律文集》,法律出版社 1986 年版。

董磊明:《宋村的调解:巨变时代的权威与秩序》,法律出版社 2008 年版。

杜宇:《理解"刑事和解"》,法律出版社 2010 年版。

法学教材编辑部编审:《刑事诉讼法讲义》,法律出版社 1983 年版。

范愉:《纠纷解决的理论与实践》,清华大学出版社 2007 年版。

费孝通:《乡土中国·生育制度》,北京大学出版社 1998 年版。

高华:《革命年代》,广东人民出版社 2010 年版。

高铭暄、赵秉志:《中国刑法立法之演进》,法律出版社 2007 年版。

公丕祥主编:《近代中国的司法发展》,法律出版社 2014 年版。

何勤华主编:《检察制度史》,中国检察出版社 2009 年版。

侯欣一:《创制、运行及变异:民国时期西安地方法院研究》,商务印书馆 2017 年版。

怀效锋主编,李俊等点校:《清末法制变革史料》,中国政法大学出版社 2010 年版。

黄源盛:《法律继受与近代中国法》,台湾元照出版有限公司 2007 年版。

黄源盛:《民初大理院与裁判》,台湾元照出版有限公司 2011 年版。

黄源盛:《中国法史导论》,广西师范大学出版社 2014 年版。

劳东燕:《罪刑法定本土化的法治叙事》,北京大学出版社 2010 年版。

李启成:《晚清各级审判厅研究》,北京大学出版社 2004 年版。

李心鉴:《刑事诉讼构造论》,中国政法大学出版社 1997 年版。

里赞:《晚清州县诉讼中的审断问题:侧重四川南部县的实践》,法律出版社 2010 年版。

梁漱溟:《中国文化要义》,上海人民出版社 2005 年版。

梁治平:《法律史的视界》,广西师范大学出版社 2021 年版。

梁治平:《礼教与法律:法律移植时代的文化冲突》,上海书店出版社 2013 年版。

梁治平:《清代习惯法:社会与国家》,中国政法大学出版社 1996 年版。

林钰雄:《检察官论》,法律出版社 2008 年版。

刘清生:《中国近代检察权制度研究》,湘潭大学出版社 2010 年版。

龙宗智:《相对合理主义》,中国政法大学出版社 1999 年版。

龙宗智:《刑事程序论》,法律出版社 2021 年版。

陆永棣:《1877 帝国司法的回光返照——晚清冤狱中的杨乃武案》,法律出版社 2006 年版。

马长山:《法治进程过程中的民间治理》,法律出版社 2006 年版。

闵钐编:《中国检察史资料选编》,中国检察出版社 2008 年版。

那思陆:《清代州县衙门审判制度》,中国政法大学出版社 2006 年版。

那思陆:《中国审判制度史》,上海三联书店 2013 年版。

瞿同祖著,范忠信等译:《清代地方政府》,法律出版社 2011 年版。

邵羲著,吴宏耀、种松志点校:《1911 年刑事诉讼律释义》,中国政法大学出版社 2012 年版。

沈国琴:《中国传统司法的现代转型》,中国政法大学出版社 2007 年版。

宋英辉:《刑事诉讼目的论》,中国人民公安大学出版社 1995 年版。

苏力:《法治及其本土资源》,中国政法大学出版社 1996 年版。

苏力:《送法下乡——中国基层司法制度研究》,北京大学出版社 2011 年版。

孙长永主编:《中国刑事诉讼法制四十年:回顾、反思与展望》,中国政法大学出版社 2021 年版。

田文昌、陈瑞华:《刑事辩护的中国经验》,北京大学出版社 2013 年版。

汪海燕:《刑事诉讼模式的演进》,中国人民公安大学出版社 2004 年版。

王进喜:《刑事证人证言论》,中国人民公安大学出版社 2002 年版。

王觐著,姚建龙勘校:《中华刑法论》,中国方正出版社 2005 年版。

王立民主编:《中国传统侦查和审判文化研究》,法律出版社 2009 年版。

王铭铭、王斯福主编:《乡土社会的秩序、公正与权威》,中国政法大学出版社 1997 年版。

王志强：《法律多元视角下的清代国家法》，北京大学出版社 2003
　　年版。

夏勤著，任超、黄敏勘校：《刑事诉讼法释疑》，中国方正出版社 2005
　　年版。

谢冬慧：《中国刑事审判制度的近代嬗变：基于南京国民政府时期
　　的考察》，北京大学出版社 2012 年版。

谢振民：《中华民国立法史》，中国政法大学出版社 2000 年版。

徐朝阳著，范仲瑾、张书铭点校：《刑事诉讼法通义》，中国政法大学
　　出版社 2012 年版。

徐中约：《中国近代史》，香港中文大学出版社 2008 年版。

应星：《村庄审判史中的道德与政治：1951—1976 年中国西南一个
　　山村的故事》，知识产权出版社 2009 年版。

俞可平：《论国家治理现代化》，社会科学文献出版社 2014 年版。

俞可平：《治理与善治》，社会科学文献出版社 2000 年版。

张晋藩：《中国法律的传统与近代转型》，法律出版社 2019 年版。

张静：《现代公共规则与乡村社会》，上海书店出版社 2006 年版。

张培田：《法的历程——中国司法审判制度的演进》，人民出版社
　　2007 年版。

张仁善：《近代中国的主权、法权与社会》，法律出版社 2014 年版。

张仁善：《礼·法·社会——清代法律转型与社会变迁》，商务印书
　　馆 2013 年版。

张文显：《法理泛在：法理主题致辞集》，法律出版社 2020 年版。

中国人民大学法律系审判法教研室编著：《人民司法工作是无产阶

级专政的锐利武器》，中国人民大学出版社1958年版。

朱晓阳：《小村故事：罪过与惩罚（1931—1997）》，法律出版社2011年版。

左卫民：《实证研究：中国法学的范式转型》，法律出版社2019年版。

左卫民等：《中国基层司法财政变迁实证研究（1949—2008）》，北京大学出版社2015年版。

〔荷〕冯客著，徐有威等译：《近代中国的犯罪、惩罚与监狱》，江苏人民出版社2008年版。

〔美〕杜赞奇著，王福明译：《文化、权力与国家：1900—1942年的华北农村》，江苏人民出版社2008年版。

〔美〕富勒著，郑戈译：《法律的道德性》，商务印书馆2005年版。

〔美〕黄宗智、尤陈俊：《从诉讼档案出发：中国的法律、社会与文化》，法律出版社2009年版。

〔美〕黄宗智：《民事审判与民间调解：清代的表达与实践》，中国社会科学出版社1998年版。

〔美〕黄宗智：《中国的新型正义体系》，广西师范大学出版社2020年版。

〔美〕孔飞力著，陈兼、刘昶译：《叫魂：1768年中国妖术大恐慌》，生活·读书·新知三联书店2012年版。

〔美〕李怀印著，岁有生、王士皓译：《华北村治——晚清和民国时期的国家与乡村》，中华书局2008年版。

〔美〕罗伯特·C.埃里克森著，苏力译：《无需法律的秩序》，中国政法大学出版社2003年版。

〔美〕米尔伊安·R.达玛什卡著,郑戈译:《司法和国家权力的多种面孔:比较法视野中的法律程序》,中国政法大学出版社 2015 年版。

〔美〕西达·斯考切波著,何俊志、王学东译:《国家与社会革命:对法国、俄国和中国的比较分析》,上海世纪出版集团 2007 年版。

〔美〕虞平著,郭志媛编译:《争鸣与思辨:刑事诉讼模式经典论文选译》,北京大学出版社 2012 年版。

〔美〕詹姆斯·C.斯科特著,王晓毅译:《国家的视角:那些试图改善人类状况的项目是如何失败的》,社会科学文献出版社 2019 年版。

〔美〕詹姆斯·N.罗西瑙主编,张胜军、刘小林等译:《没有政府的治理》,江西人民出版社 2001 年版。

〔美〕R.罗德里克·麦克法夸尔、〔美〕费正清著,俞金尧等译:《剑桥中华人民共和国史:下卷——中国革命内部的革命(1966—1982)》,中国社会科学出版社 1992 年版。

〔日〕沟口雄三著,王瑞根译:《中国的冲击》,生活·读书·新知三联书店 2011 年版。

〔日〕韩敏著,陆益龙、徐新玉译:《回应革命与改革:皖北李村的社会变迁与延续》,江苏人民出版社 2007 年版。

〔日〕田口守一著,张凌、于秀峰译:《刑事诉讼法》(第 7 版),法律出版社 2019 年版。

〔日〕滋贺秀三等著,王亚新、梁治平编:《明清时期的民事审判与民间契约》,法律出版社 1998 年版。

〔英〕哈耶克著,王明毅等译:《通往奴役之路》,中国社会科学出版
　　社 1997 年版。


**三、期刊论文**

陈光中:《刑事和解再探》,《中国刑事法杂志》2010 年第 2 期。

陈光中:《刑事诉讼中公安机关定位问题之探讨——对〈刑事诉讼
　　法修正案(草案)〉规定司法机关包括公安机关之质疑》,《政
　　法论坛》2012 年第 1 期。

陈光中、陈瑞华、汤维建:《市场经济与刑事诉讼法学的展望》,《中
　　国法学》1993 年第 5 期。

陈光中、葛琳:《刑事和解初探》,《中国法学》2006 年第 5 期。

陈光中、龙宗智:《关于深化司法改革若干问题的思考》,《中国法
　　学》2013 年第 4 期。

陈如超:《刑讯逼供的国家治理:1979—2013》,《中国法学》2014 年
　　第 5 期。

陈瑞华:《论协商性的程序正义》,《比较法研究》2021 年第 1 期。

陈瑞华:《刑事司法裁判的三种形态》,《中外法学》2012 年第 6 期。

陈瑞华:《刑事诉讼的私力合作模式——刑事和解在中国的兴起》,
　　《中国法学》2006 年第 5 期。

陈瑞华:《刑事诉讼法学研究范式的反思》,《政法论坛》2005 年第
　　3 期。

陈卫东:《认罪认罚案件量刑建议研究》,《法学研究》2020 年第
　　5 期。

陈卫东:《司法"去地方化":司法体制改革的逻辑、挑战及其应对》,

《环球法律评论》2014 年第 1 期。

陈卫东:《司法机关依法独立行使职权研究》,《中国法学》2014 年第 2 期。

陈新宇:《宪政视野下的大清新刑律——杨度〈论国家主义与家族主义之区别〉解读》,《政法论丛》2014 年第 6 期。

陈永生:《论辩护方当庭质证的权利》,《法商研究》2005 年第 5 期。

程金华:《迈向科学的法律实证研究》,《清华法学》2018 年第 4 期。

程为敏:《关于村民自治主体性的若干思考》,《中国社会科学》2005 年第 3 期。

戴福康:《刑事诉讼证据为什么具有阶级性?》,《政法研究》1964 年第 4 期。

邓建鹏:《词讼与案件:清代的诉讼分类及其实践》,《法学家》2012 年第 5 期。

杜正贞、吴铮强:《龙泉司法档案的主要特点与史料价值》,《民国档案》2011 年第 1 期。

樊崇义:《从"应当如实回答"到"不得强迫自证其罪"》,《法学研究》2008 年第 2 期。

范忠信:《中西法律传统中的"亲亲相隐"》,《中国社会科学》1997 年第 3 期。

方乐:《司法说理的市场结构与模式选择——从判决书的写作切入》,《法学》2020 年第 3 期。

范愉:《诉讼社会与无讼社会的辨析和启示——纠纷解决机制中的国家与社会》,《法学家》2013 年第 1 期。

公丕祥:《马克思主义国家与法的学说中国化百年行程》,《社会科学战线》2021 年第 5 期。

公丕祥:《新中国 70 年进程中的乡村治理与自治》,《社会科学战线》2019 年第 5 期。

郭烁:《法院信息化建设二十二年:实践、问题与展望》,《浙江工商大学学报》2019 年第 1 期。

何邦武:《亲属作证制度在近代中国的演变及启示》,《中国法学》2014 年第 3 期。

何家弘:《论职务犯罪侦查的专业化》,《中国法学》2007 年第 5 期。

贺雪峰:《转型时期国家在保持乡土秩序中的作用——对国家权力上收论与国家权力下渗论的评论》,《中州学刊》1999 年第 5 期。

胡铭:《法律现实主义与转型社会刑事司法》,《法学研究》2011 年第 2 期。

胡铭:《刑事司法引入 ADR 机制:理念、困境与模式》,《政法论坛》2013 年第 3 期。

胡铭:《冤案背后的程序逻辑——从晚清四大奇案透视正当法律程序》,《政法论坛》2009 年第 4 期。

胡玉鸿:《法理的发现及其类型——清末变法大潮中的法理言说研究之二》,《法制与社会发展》2020 年第 3 期。

黄杰:《从家族、单位到社区:国家治理体系变迁的微观逻辑》,《南京社会科学》2013 年第 12 期。

黄宗智:《民主主义与群众主义之间:中国民众与国家关系的历史回顾与前瞻愿想》,《文史哲》2021 年第 2 期。

黄宗智:《集权的简约治理——中国以准官员和纠纷解决为主的半

正式基层行政》,《开放时代》2008 年第 2 期。

计国豪:《又红又专,就能解决怕犯错误而不安心政法工作的问题》,《法学》1958 年第 9 期。

康树华:《新中国成立以来的犯罪发展变化及其理性思考》,《中国刑事法杂志》1998 年第 3 期。

李建明:《刑事诉讼法学研究的品格与态度》,《法学研究》2012 年第 5 期。

李里峰:《土改中的诉苦:一种民众动员技术的微观分析》,《南京大学学报(哲学·人文科学·社会科学版)》2007 年第 5 期。

李若建:《理性与良知:"大跃进"时期的县级官员》,《开放时代》2010 年第 9 期。

林喜芬:《认罪认罚从宽制度的地方样本阐释——L、S、H 三个区速裁试点规则的分析》,《东方法学》2017 年第 4 期。

刘思达:《法律职业的政治命运》,《交大法学》2013 年第 1 期。

龙宗智、左卫民:《转折与展望——谈刑事诉讼法的修改》,《现代法学》1996 年第 2 期。

马贵翔:《刑事诉讼对控辩平等的追求》,《中国法学》1998 年第 2 期。

马静华:《辩护律师作用实证研究——以 D 县为个案》,《南京大学法律评论》2012 年第 1 期。

马锡五:《关于当前审判工作中的几个问题》,《法学研究》1956 年第 1 期。

茆巍:《清代司法检验制度中的洗冤与检骨》,《中国社会科学》2013 年第 7 期。

前进:《谈谈刑事诉讼证据的阶级性》,《政法研究》1964 年第 3 期。

渠敬东、周飞舟、应星:《从总体支配到技术治理——基于中国 30 年改革经验的社会学分析》,《中国社会科学》2009 年第 6 期。

任剑涛:《从政党国家到民族国家——政党改革与中国政治现代化》,《江苏行政学院学报》2013 年第 3 期。

任剑涛:《政党、民族与国家——中国现代政党—国家形态的历史—理论分析》,《学海》2010 年第 4 期。

桑本谦:《科技进步与中国刑法的近现代变革》,《政法论坛》2014 年第 5 期。

宋英辉:《建构我国刑事诉讼合理构造的理念与原则》,《政法论坛》2004 年第 3 期。

苏力:《法律规避和法律多元》,《中外法学》1993 年第 6 期。

孙笑侠:《论法官的慎言义务》,《中国法学》2014 年第 1 期。

孙长永:《审判中心主义及其对刑事程序的影响》,《现代法学》1999 年第 4 期。

万毅、林喜芬:《宪政型与集权型:刑事诉讼模式的导向性分析》,《政治与法律》2006 年第 1 期。

汪海燕:《论刑事庭审实质化》,《中国社会科学》2015 年第 2 期。

王禄生:《论刑事诉讼的象征性立法及其后果——基于 303 万判决书大数据的自然语义挖掘》,《清华法学》2018 年第 6 期。

王敏远等:《刑事和解的模式和程序》,《国家检察官学院学报》2007 年第 4 期。

王绍光:《国家汲取能力的建设——中华人民共和国成立初期的经验》,《中国社会科学》2002 年第 1 期。

王向民：《"没有政府的治理"：西方理论的适用性及其边界——以明清时期的南方社会组织及其公共服务为例》，《学术月刊》2014 年第 6 期。

王云生：《审判工作怎样贯彻群众路线》，《法学研究》1959 年第 6 期。

王志强：《辛亥革命后基层审判的转型与承续：以民国元年上海地区为例》，《中国社会科学》2012 年第 5 期。

吴磊：《运用唯物辩证法研究刑事诉讼证据问题》，《法学研究》1965 年第 3 期。

吴纪奎：《从独立辩护观走向最低限度的被告中心主义辩护观——以辩护律师与被告人之间的辩护意见冲突为中心》，《法学家》2011 年第 6 期。

吴佩林：《论清代州县衙门诉讼文书的多样性与复杂性——以"南部档案"中的"点名单"为例》，《档案学通讯》2019 年第 4 期。

吴佩林：《明确边界：清代地方档案研究的若干问题》，《南京社会科学》2021 年第 4 期。

吴佩林：《万事胚胎于州县乎：〈南部档案〉所见清代县丞、巡检司法》，《法制与社会发展》2009 年第 4 期。

吴毅、吴帆：《传统的翻转与再翻转——新区土改中农民土地心态的建构与历史逻辑》，《开放时代》2010 年第 3 期。

吴铮强：《传统与现代的互嵌：龙泉司法档案民事状词叙述模式的演变（1908—1934）》，《史学月刊》2020 年第 12 期。

吴铮强：《龙泉司法档案所见晚清屡票不案现象研究》，《浙江大学学报（人文社会科学版）》2014 年第 1 期。

武树臣:《从"阶级本位·政策法"时代到"国、民本位·混合法"时代——中国法律文化六十年》,《法学杂志》2009 年第 9 期。

夏锦文主编:《"法治中国"概念的时代价值》,《法制与社会发展》2013 年第 5 期。

谢佑平:《理想与现实:评修改后的〈刑事诉讼法〉》,《现代法学》1996 年第 2 期。

熊秋红:《冤案防范与权利保障》,《法学论坛》2010 年第 4 期。

徐勇:《"政党下乡":现代国家对乡土的整合》,《学术月刊》2007 年第 8 期。

徐忠明:《明清刑事诉讼"依法判决"之辨正》,《法商研究》2005 年第 4 期。

许纪霖:《从寻求富强到文明自觉——清末民初强国梦的历史嬗变》,《复旦学报(社会科学版)》2010 年第 4 期。

闫召华:《认罪认罚不起诉:检察环节从宽路径的反思与再造》,《国家检察官学院学报》2021 年第 1 期。

杨奎松:《新中国巩固城市政权的最初尝试——以上海"镇反"运动为中心的历史考察》,《华东师范大学学报(哲学社会科学版)》2004 年第 5 期。

杨一平:《两类矛盾学说对刑法科学的指导意义》,《法学》1958 年第 7 期。

叶青:《非法证据合法排除的程序思考》,《东方法学》2013 年第 3 期。

易平:《日美学者关于清代民事审判制度的论争》,《中外法学》1999 年第 3 期。

易延友:《证人出庭与刑事被告人对质权的保障》,《中国社会科学》2010 年第 2 期。

尤陈俊:《批评与正名:司法档案之于中国法律史研究的学术价值》,《四川大学学报(哲学社会科学版)》2020 年第 1 期。

尤陈俊:《"案多人少"的应对之道:清代、民国与当代的比较研究》,《法商研究》2013 年第 3 期。

尤陈俊:《"厌讼"幻象之下的"健讼"实相? ——重思明清中国的诉讼与社会》,《中外法学》2012 年第 4 期。

尤陈俊:《清代简约型司法体制下的"健讼"问题研究——从财政制约的角度切入》,《法商研究》2012 年第 2 期。

张建伟:《超越地方主义和去行政化——司法体制改革的两大目标和实现途径》,《法学杂志》2014 年第 3 期。

张培田:《近代中国检察理论的演进——兼析民国检察制度存废的论争》,《中国刑事法杂志》2010 年第 4 期。

张文显:《"三治融合"之理》,《治理研究》2020 年第 6 期。

张文显:《法理:法理学的中心主题和法学的共同关注》,《清华法学》2017 年第 4 期。

张文显:《构建智能社会的法律秩序》,《东方法学》2020 年第 5 期。

张文显:《新时代"枫桥经验"的理论命题》,《法制与社会发展》2018 年第 6 期。

张文显:《中国法治 40 年:历程、轨迹和经验》,《吉林大学社会科学学报》2018 年第 5 期。

周长军:《后赵作海时代的冤案防范——基于法社会学的分析》,《法学论坛》2010 年第 4 期。

周平：《对民族国家的再认识》，《政治学研究》2009 年第 4 期。

周新：《论我国检察权的新发展》，《中国社会科学》2020 年第 8 期。

周雪光、邓小南、罗祎楠：《历史视野中的中国国家治理》，《中国社会科学》2019 年第 1 期。

周雪光：《运动型治理机制——中国国家治理的制度逻辑再思考》，《开放时代》2012 年第 9 期。

朱明国：《村庄：构建怎样的公域秩序？》，《广东社会科学》2014 年第 2 期。

左卫民：《中国在线诉讼：实证研究与发展展望》，《比较法研究》2020 年第 4 期。

左卫民：《范式转型与中国刑事诉讼制度改革——基于实证研究的讨论》，《中国法学》2009 年第 2 期。

左卫民：《刑事诉讼制度变迁的实践阐释》，《中国法学》2011 年第 2 期。

Heather Strang, John Braithwaite, *Restorative Justice：Philosophy to Practice*, Dartmouth Publishing Company Ltd, 2000.

John Braithwaite & Heather Strang, *Introduction：Restorative Justice and Civil Society*, Cambridge University Press, 2001.

Lubman Stanley, *Bird in a Cage：Legal Reform in China after Mao*, Stanford University Press, 1999.

Melissa Macauley, *Social Power and Legal Culture：Litigation Masters in Late Imperial China*, Stanford University Press, 1998.

Paul H. Robinson & Michael T. Cahill, *Law Without Justice，Why*

*Criminal Law Doesn't Give People What They Deserve*, Oxford University Press, 2006.

Ronald Dworkin, *Law's Empire*, Harvard University Press, 1986.

# 后　记

　　对于法学研究者而言,如何理解与解释晚近百余年中国司法制度变迁的图景与法理,是一个具有持久魅力的话题。这不仅仅是因为司法制度内部错综复杂的结构与其背后波澜壮阔的变迁背景,更因为在某种程度上,我们依旧身处制度变迁的洪流之中。本书所用的龙泉司法档案时间跨越了一百多年。一百多年的时间长吗?一百多年对于中国历史而言,实在是过于短暂;龙泉地方大吗?龙泉其实只是中国辽阔版图中一个不起眼的小县。但是,这近代百余年巨浪滔天、跌宕起伏的革命、战争、运动与变革,深刻影响了龙泉的每一个个体。这些个体所形成的档案成为了本书的素材,也由此拥有了新的生命力。

　　这部著作是在我主持的国家社科基金项目结项报告与博士论文基础上修改完成的。这本书我断断续续写作数年,如果从 2013 年冬天我写第一篇关于龙泉司法档案的文章算起,历时七八年,写作背后的艰辛可能只有触摸到原始档案的人才能体会到。借助档案素材反推、还原出的历史面貌,本质上只是某个时空的片段,因此,对司法档案的研究不能仅仅停留在清晰和准确地描述档案文本这个层次,还需要研究者根据本人所能达到的认知能力,以相对合理、自洽的逻辑,排布这些档案片段,使之形成有内在逻辑的因果关系,甚至在材料欠缺的情况下,需要在方法论维度上做出更多的新探索,还原整个诉讼的流程。

目前学界对改革开放前基层刑事司法的实证研究有很多空白,并且本著作所使用的档案有数十万卷,浩如烟海,我的研究实际上一直是在摸索中前行。这七八年,从学生到副教授,档案研究也历练了我的心性。我一直感慨自己写作期间内心的平静,经常一个人走在九溪的小路上,或者独坐在浙江大学之江校区 2 号楼的档案室小屋里思索,迎接寒来暑往、春夏秋冬。对于学者来说,著书立说是非常重要的学术工作,理应在精神上保持敬畏和洁癖。然而,本书研究的对象时间跨度长、主题多,尽管我多次努力修改书稿,仍心有余而力不逮,意高远然技难支。目前看来,本书依然多有不足。"文章千古事,得失寸心知",对于这部著作的评价,我想把它留给读者。

一部作品的创作,总会烙上一段时光的印记,也与同行的人们息息相关。

在浙大读书数年,有幸遇到良师。感谢导师胡铭教授。从诉讼法理论的学习到学术论文的写作,从硕士论文鞭辟入里的修改意见到博士论文密密麻麻的指导建议,导师把懵懂的我领进了学术的殿堂。老师敏锐的学术眼光、活跃的学术思维、精益求精的工作态度以及诲人不倦的师者风范,是我终生学习的楷模。

感谢我的博士后合作导师张文显先生。能追随先生学习法理,得以继续深造,是我一生的荣幸。张老师是法学大家,高远深邃却又平易近人，他深厚而精湛的学术造诣、严谨勤奋的治学风格，深刻影响了我的工作和生活。

感谢在浙大读书时夏立安老师对我的关爱。感谢梁治平老师、王敏远老师、葛洪义老师、陈林林老师、李华老师以及其他传道授业解惑的恩师，他们对我博士论文的完善提出了很多很好的修改建议。

感谢博士毕业论文答辩委员会的卞建林教授、李建明教授、马贵翔教授、翁晓斌教授、汪海燕教授，他们从北京、上海、南京等地远道莅杭，在给予我的博士学位论文高度评价的同时，还提出了很多宝贵的修改意见。

感谢侯欣一教授、张仁善教授、范忠信教授、赵晓耕教授。不只是因为他们把第七届法律文化博士生论坛最佳论文奖评给了我；更为重要的是，在博士论文开题、写作的过程中，我曾多次求教于他们，而他们总是耐心详细地给以解答，让我感受到了法律史人的宽厚。

感谢龙泉司法档案首席专家包伟民老师对学生的信任与关爱。感谢龙泉司法档案研究团队，尤其是浙大历史系的老师们。特别是傅俊姐，我都记不清曾有多少次向她请教过了。感谢龙泉市法院的朋友们，尤其是郑向东院长，在龙泉调研时他们给我提供了太多的帮助。感谢中华书局慨允将此书作为"龙泉司法档案研究丛书"中的一种予以出版。特别感谢本书的责任编辑王贵彬老师，他为本书的出版付出了艰辛的劳动：从错字、错句的修改、删除，到书稿内容的调整、修订；从页下注、参考文献信息的规范、统一，到国家政策、法律条文等的核对，王老师认真把关，使本书的质量得以有较大提升，但这同时也给他增加了很多的工作量。王老师专业、认真、负责的精神，让人感动！然而，由于本人学识有限，书中存在纰漏错误之处在所难免，当然文责自负。

本书的主要内容作为博士论文曾被评为 2016 年全国诉讼法优秀博士论文，获得第三届陈光中诉讼法学优秀学位论文奖。同时，本研究得到国家社科基金项目的资助。书中的部分内容曾经在《浙江大学学报》《中国刑事法杂志》《暨南学报》等杂志刊发，部分内容获得第七届法律文化全国博士论坛最佳论文奖、第七届全国司法文明博士生博士后论坛论文一等奖、第九届中国法学青年论坛征文二等奖、第十届全国法学理论博士生论坛优秀论文奖、第十届法学家论坛二等奖、法治与改革国际高端论坛（2016）二等奖等奖项，在此感谢各位专家学者的肯定。

感谢生我养我的故乡与家人，感谢在我读书时向我传道授业解惑的恩师与一同成长的朋友，感谢帮助与关心我的领导、同事与同学，他们陪伴了我人生的每一段旅程。

感谢我自己。人生就像行进的火车，路过一个个站台，而目标永远都是下一个……

张　健

2015 年 6 月初稿于杭州之江月轮山

2021 年 3 月修改于镇江古运河畔